# 湖南外国语职业学院校史

## （1993—2023）

| 主　编 | 宁　平 | 丁　蕾 | | | | |
|---|---|---|---|---|---|---|
| 副主编 | 高嘉庆 | 付兴华 | | | | |
| 顾　问 | 宁　翔 | 黄　硕 | 陈广勤 | 肖建安 | 谢艳梅 | 王明明 | 孔矩高 |
| 成　员 | 樊　静 | 曹　杨 | 邹　莎 | 罗　珊 | 刘　丰 | 夏　静 | 马亚琴 |
| | 谢　莉 | 李　胜 | 彭晓珍 | 毛先勇 | 卢方龙 | 张梦婷 | 王建平 |
| | 刘星杏 | 赵雯珊 | 陈萃婕 | 王欧辉 | 冯　媛 | | |
| 主　审 | 宁　平 | | | | | | |

·上海·

图书在版编目（CIP）数据

湖南外国语职业学院校史：1993—2023 / 宁平，丁蕾主编 . —上海：同济大学出版社，2023.10
ISBN 978-7-5765-0934-2

Ⅰ.①湖… Ⅱ.①宁…②丁… Ⅲ.①湖南外国语职业学院—校史—1993-2023 Ⅳ.①G649.286.41

中国国家版本馆CIP数据核字（2023）第185103号

## 湖南外国语职业学院校史（1993—2023）

**主　编**　宁　平　丁　蕾　**副主编**　高嘉庆　付兴华

**责任编辑**　金英伟　**助理编辑**　府晓辉　**责任校对**　徐逢乔　**封面设计**　潘向蓁

| 出版发行 | 同济大学出版社　www.tongjipress.com.cn |
| --- | --- |
|  | （地址：上海市四平路1239号　邮编：200092　电话：021-65985622） |
| 经　　销 | 全国各地新华书店 |
| 排　　版 | 南京文脉图文设计制作有限公司 |
| 印　　刷 | 上海安枫印务有限公司 |
| 开　　本 | 787mm×1092mm　1/16 |
| 印　　张 | 17.75 |
| 字　　数 | 443 000 |
| 版　　次 | 2023年10月第1版 |
| 印　　次 | 2023年10月第1次印刷 |
| 书　　号 | ISBN 978-7-5765-0934-2 |
| 定　　价 | 188.00元 |

本书若有印装质量问题，请向本社发行部调换　　　　版权所有　侵权必究

# 《湖南外国语职业学院校史（1993—2023）》编纂委员会

主　编：宁　平　丁　蕾
副主编：高嘉庆　付兴华
顾　问：宁　翔　黄　硕　陈广勤　肖建安　谢艳梅　王明明　孔矩高
成　员：樊　静　曹　杨　邹　莎　罗　珊　刘　丰　夏　静　马亚琴
　　　　谢　莉　李　胜　彭晓珍　毛先勇　卢方龙　张梦婷　王建平
　　　　刘星杏　赵雯珊　陈萃婕　王欧辉　冯　媛
主　审：宁　平

# 湖南外国语职业学院记

李牧童

　　闻夫生民之道，以教为本。古贤怀明德、秉至仁，自任以天下之重，是以先知觉后知，先觉觉后觉，发蒙启蔽，化性移风，社稷因而昌盛，文明赖以绵延。虽根器有利钝，世道有清浊，而此纯纯济世之心，未尝稍懈。盖知识者，天下之公器也，故校虽或有官私之分，而学本不宜门户之见，有教无类，因材以施。惟此独立之人格，与夫仁爱之精神，实乃修身之要旨，亦为立学之圭臬。

　　兹校肇端于上世纪末，迄今卅载矣，凡五迁其址，三易其名，风云时变，转折屡经。忆昔浏邑草创之初，筚路蓝缕，蓄势借力，改弦更张。尔后赴省会，战湘江。革故鼎新，审时度势；搏艰负重，沐雨经霜。敢为人先，术业专而广拓；耻寄篱下，师生奋以自强。于是鸠工庀材，一展鸿鹄远志；同心勠力，终开历史新章。观夫校园今貌，层楼笔峙，满目堂皇。高阁凌霄，虹桥卧水；平湖舟映，曲岸茶香。花木葱茏，人文蓊蔚；亭台错落，大道康庄。至若笃行高质育才，筑巢引凤；力主专家治校，重德尚贤。广延名师，深耕一体两翼；屡创佳绩，勇闯阔海长天。增强国际交流，以诚以信；巩固校间合作，互助互联。壮哉斯况，可谓云蒸霞蔚，气象万千。

　　然则入是院者，必先诚意正心。须知功崇惟志，业广惟勤。格物致知，岂为争名逐利；安身立命，更当匡世济民。增益见闻，求同存异；会通中外，汲古开新。道器双修，登高致远；知行一体，向善求真。惟此方能光明日盛，境界宏通。积德累功，稳铸胸中伟业；培英毓秀，共襄天下大同。志学弘仁之士，自当端本正源，孜孜以求焉！是为记。

# 内 容 提 要

校史是高校落实立德树人根本任务的生动教科书。在这部《湖南外国语职业学院校史（1993—2023）》中，编纂委员会遵循湖南外国语职业学院（下文简称"湖外"）极具个性特征的发展轨迹，将其发展划分为蓬勃拔节的浏阳办学蕴力蓄势期（1993～2005）、艰苦卓绝的新校区筹建期（2006～2018）和革故鼎新的望城校区战略转型期（2019～2023）三个时期，以编年的方式进行史实解读与阐发，以期从不同维度来呈现"湖外梦想"的魁伟与"湖外精神"的雄浑。

学校发展的主要经纬与重要支脉基本都在网罗之列，同时本书选采了许多不见录于一般材料，抑或从未有人细致探究的文献遗存。本书主体内容的安排繁简适中，其中一些极具湖外特色的改革经验颇为可取。在正文之外，本书还收录了用于印证主体材料的重要附录内容。

# 一、创业历程

2006年4月，湖南省人民政府批复同意在浏阳外国语进修学院的基础上建立湖南外国语职业学院，同时撤销浏阳外国语进修学院的建制

2011年2月13日，学校举行湖南外国语职业学院新校区建设项目启动暨"湖外路"命名揭幕仪式

2011年2月23日,原教育部副部长柳斌(右三)、时任中国教育交流协会秘书长江波(第一排左二)、学校董事长宁平(右四)等人参加新校区奠基典礼

2017年10月25日,学校在建设工地举办新校区建设指挥部落成仪式

2019年5月12日,新校区北公寓主体封顶。至此,北食堂、三教学大楼、外教楼、北公寓等二期工程主体建筑全面封顶。新校区建设全面进入内部装饰与设备设施安装攻坚阶段

2019年7月22日,学校举行税专校区校牌迁址仪式

2019年7月22日,学校举行新校区挂牌仪式

## 二、校园变迁

湖南外国语职业学院浏阳校区旧校门（2010～2014）

湖南外国语职业学院浏阳校区新校门

湖南外国语职业学院税专校区校门。学校自 2006 年 8 月至 2019 年 7 月在该校区办学

湖南外国语职业学院在湖南税务高等专科学校内办学时使用的教学楼

湖南外国语职业学院长沙校区南门景观

湖南外国语职业学院长沙校区平湖花园景观

湖南外国语职业学院长沙校区全貌

湖南外国语职业学院长沙校区西门景观

## 三、国际交流

2010年7月23日，湖南外国语职业学院与日本京都情报大学院大学签订友好合作协议

2011年5月11日，湖南外国语职业学院与西班牙纳瓦拉公立大学签署合作办学协议

2011年5月25日,由湖南外国语职业学院和德国欧福应用技术大学主办的"湖南省-黑森州高等职业教育研讨会"在长沙隆重举行

2014年12月,湖南外国语职业学院成为世界职业教育院校联盟成员单位

2017年5月18至20日,学校师生志愿者助力2017 WFF世界足球论坛,为詹卢卡·赞布罗塔(Gianluca Zambrotta)等足球巨星提供随行翻译、会务管理等服务

2017年9月21日,湖南-非洲地方产业合作对接会在长沙正式开幕。湖外学生志愿者为大会提供全程贴身管家兼随行翻译服务

2018年3月29日，日本大阪滋庆教育集团常务理事桥本胜信到访湖外浏阳校区，面向护理专业学生就赴日本大阪滋庆学园介护福祉士留学就业项目进行宣讲，并与湖外签订合作协议

2019年5月23日，法国驻武汉总领事馆代表访问湖外

2021年6月2日,法国驻武汉总领事馆总领事贵永华一行来访我校

2023年2月21日,葡萄牙驻广州总领馆安娜·科尔代罗总领事一行来访我校

2023年3月2日,宁翔副董事长与韦恩州立大学修华静副校长代表两校签署合作协议

2023年7月13日,安哥拉共和国驻广州总领事朱蒂特·科斯塔与学校名誉校长江波共植友谊树

2023年7月13日,莫桑比克驻华大使馆参赞若昂·希林达与学校副董事长宁翔共植友谊树

2023年7月13日,全国葡萄牙语职业教育产教联盟落户湖外

## 四、校企合作

2021年5月,理光图像技术（上海）有限公司总经理田边亮一行到访湖外,商定共同推进校企合作深度融合,共育"日语+"技能型人才

2023年4月6日,学校举办安哥拉中国湖南总商会订单班签约授牌仪式

学校举办外语专业校企合作订单班集中签约仪式

2023年5月23日,学校与湖南省第二人民医院举办校医合作协议签约仪式

2023年6月,学校与浪潮卓数(北京)大数据技术有限公司举办校企合作签约仪式

# 五、多彩校园

2009年3月8日,湖外举行庆祝中华人民共和国成立60周年合唱比赛

2011年5月31日,学校成功举办第二届国际美食交流大赛

2014年12月16日,我校举办国际文化节之文艺表演及美食节活动

学校公共课部思政理论教师别玉满先后7次率领湖外"大手牵小手"爱心支教队赴湘西土家族苗族自治州的多个村开展暑期支教活动

2020年10月25日,"外研社·国才杯"大学生英语演讲、写作大赛(高职高专组)湖南赛区复赛在学校举行

2021年1月12日,学校举办捕鱼大赛

2021年3月29日,首届"湖外青春杯"篮球联赛开赛

2021年9月22日,学校召开中非经贸博览会志愿者誓师动员大会

2023年2月17日,学校组织开展为叙利亚地震灾区人民捐赠物资的公益活动

2023年4月21日,学校举办首届"玉娥"采茶节

# 序一

## 越山海　担重任　闯未来

宋　勤

非常高兴我在83岁时见证了湖南外国语职业学院30周年校庆。多年来，我对这所民办院校非常关注并寄以厚望。我访问过湖外的浏阳校区、在湖南高等税务专科学校校内设置的办学场地，以及刚刚建成的望城新校区。从租赁校区办学到在长沙、浏阳两地的自有校区办学，学校的发展真可谓日新月异。

纵观湖外校史，通过图文呈现出的空间变换与时序演进，透视出学校自觉传承改革开放历程中产生的崇高理想信念和独特奋斗基因，展现了教师学者们赤诚为国、勤勉治学的精神标杆，以及德高为师、身正为范的道德品质，教育和引导学生在学思践悟、知行合一中传承优秀教师、杰出校友的理想信念，用理想之光照亮奋进之路。从而观湖外、知湖外、爱湖外。

湖外校史是学校落实立德树人根本任务的生动教科书。学校办学发源地浏阳，是享誉世界的花炮之乡，生产的烟花内销总产值占全国总量的50%，出口占全国的60%。据校史记录，在浏阳烟花出口企业亟需的外语外贸人才中，湖外毕业生占比高达80%以上。湖外外语外贸类毕业生45%以上就业方向为湖南省外贸或跨境电商企业。观滴水可知沧海，湖外为推动地域经济发展培养了大批助推山海协作、文化交融与商贸往来的跨域使者，着实作出了不可小觑的贡献。

湖外校史是学校以极佳表现完成时代所交付的历史使命的优异答卷。湖南省积极实施"湘企出海""湘品出境"战略，涉及二十多个外语语种，湖外被赋予了贯通职业教育、国际教育、终身教育的时代重任。学校为此设置融合行业背景知识、国别文化知识、政策法律知识等内容的课程，建立"语言文化技能＋相关专业知识＋职业素养"课程体系，通过教育教学改革促进人才需求对接，全面提升高层次复合型外语人才的培养质量。我在校史中还看到了许多本人曾耳闻目睹、亲身参与的建设掠影。比如，我曾坚定支持学校成立湖南教育卫星应用技术有限公司，将优质教学资源通过卫星发送到农村偏远落后地区的中小学，拓宽中小学生的知识接收渠道。这些都是湖外"不忘教育初心、牢记育人使命"担当意识的集体呈现。

湖外校史是脉络清晰、波澜壮阔的奋斗史，是坎坷曲折、精彩纷呈的编年史，也是传承和弘扬伟大改革开放精神的文化史，体现了求真务实、自强不息等中国特色社会主义大学的精神气质。作为一名杰出的实干家，宁平董事长在创业、兴业过程中展现出的浏阳人自强不息、敢为人先的精神令人叹服。他在《展望 湖外未来30年发展方向》中提到，要为湖外未来30年的发展配置"老年康养"与"国际化办学"双轮驱动。如此宏阔的思想格局，不但振奋人心，而且直击发展痛点、解答变革之问。有这样的前行智慧与精神导引，湖外必将会闯出一个前景更为广阔的未来。

惟愿持续深度挖掘湖外所积淀的文化、历史，以30周年校庆为契机，将校史图文资料以全方位、可视化、立体式的形式予以配套展现，让史料从尘封的文献档案中"走出来""动起来"，构筑真实感人的历史场景，让公众在校史的情境感召之下，理解"湖外梦想"，领悟"湖外精神"，让校史和校史馆真正成为传承文化基因、展现湖外"越山海、担重任、闯未来"决心与意志的重要阵地。

我爱我的家乡浏阳，衷心祝福从家乡浏阳走出来的湖外，明天更美好！

# 序二

 **以史为鉴　勇毅前行　再创佳绩**
刘玉娥

翻阅完这部《湖南外国语职业学院校史（1993—2023）》，结合我15年前担任湖南省民办教育协会会长的实践感悟，我真是百感交集、思绪万千。在高等教育普及化背景下，民办高等教育作为我国高等教育事业的重要组成部分，在满足多样化高等教育需求、缓解公共教育财政压力、推动高等教育改革、为社会培养高素质人才等方面发挥了重要作用。许许多多如宁平董事长一样的早期民办教育投资者和工作者，披荆斩棘、殚精竭虑，为此倾注了大量心血，实属不易。

修史立典，存史启智。这本书展示了大量图文资料，对学校过去30年的发展作了比较详尽的记载，可以很好地帮助后来者从学校发展历史进程中洞察发展规律，提高认识水平和辨识能力，增强勇气和信心，使之更加坚定地朝着既定目标奋勇前进。正所谓"观今宜鉴古，无古不成今"。

回首湖外走过的30年，从当年规模不大的浏阳外国语进修学院，到如今在长沙占地超过0.67平方千米，有近千名教职员工和15 000余名在校学生的湖南外国语职业学院，成为教育部批准的民办全日制普通高等专科院校，进步不可谓不大。走出浏阳、立足省会长沙已成为湖外的光辉过去，未来的湖外必将实现走出中国、走向世界的宏图抱负。学校目前拥有的近2万名在校生、数万名毕业生，都是助力"湘企出海""湘品出境"的国际化人才，相信他们必将成为实践跨文化交流与合作的坚实力量。

党的二十大报告提出，要办好人民满意的教育，并赋予教育在全面建设中国特色社会主义现代化强国新征程中新的战略地位。2023年5月29日，习近平总书记在中共中央政治局第五次集体学习时强调，要加快建设教育强国，为中华民族伟大复兴提供有力支撑，并对中国特色社会主义教育强国进行了深刻阐述。从教育大国到教育强国，是一个系统性跃升和质变，对育人方式、办学模式、管理体制等都提出了新的、更高的要求。湖南外国语职业学院作为一所历经风雨并有所成就的民办高校，在今后的发展中，要经受住历史与时代的考验，不负时代所托。唯有深刻领会这些精神，才能自觉将其作为工作的总指导和总统领。要始终坚持和加强党的全面领导，始终坚持教育的公益性，始终坚持"育人为本、质量至上"，始终坚持依法办学、特色办学、差异化发展，始终坚持改革创新、突破思想束缚。

诚愿学校继续着力将人才培养的目标与实现中华民族伟大复兴的中国梦紧密结合，建设一支高素质、专业化的创新型教师队伍，为党育人，为国育才，培养德智体美劳全面发展的社会主义建设者和接班人，培养担当民族复兴大任的时代新人。祝福湖外的教师在这里找到自己的人生舞台，实现自己的人生理想与价值，爱生如子，爱校如家，传道授业，再谱新篇。希望湖外学子做有理想、敢担当、能吃苦、肯奋斗的新时代好青年，以"功成不必在我、功成必定有我"的精神境界和历史担当，将新时代中国青年的奋斗精神与扎实业绩展现在国际舞台上，将中国与世界共赴和平发展之境的愿望和能量传递给全世界。为祖国争光，为母校添彩。

是为序。

# 序三

 **知史增信　鉴往昭来**
许云昭

一直以来，我都在密切关注着湖南外国语职业学院的成长与发展。今日之湖外，业已成为湖南省唯一一所以应用外语专业为主导的高等职业院校。建校以来，学校始终坚持以全面贯彻党的教育方针为主线，以立德树人，培养中国特色社会主义事业接班人和建设者为根本任务，坚持以"办有情怀的教育、育有作为的学生、建有品质的学校"为基本理念，坚持"全日制普通教育与继续教育并举，规模、结构、质量与效益协调发展，依法依规与诚信办学"的原则，致力于将学校打造成为中南地区非通用语种人才培养基地、"一带一路"应用型人才输送中心、国际交流与合作品牌院校，努力建成在省内具有较强示范性、在国内具有较大影响力、与国际优质高校稳步推进深度合作的多科性应用型大学。

这些是我们已知的湖外，而这部校史的重大价值在于它展现了学校在改革开放与国家发展的大背景下创立、建设、成长、奋斗和发展的道路轨迹，引导我们了解应知而未知的湖外。有了它，我们才能知道湖外两地办学、三更校名、五迁校址、六经转折的历程；才能知道湖外如何从1个专业，发展到今天有36个专业，8个二级学院，数万名具备外语特长的应用技能型人才的育人规模；才能知道学校在不断加强师资力量、改善教学设施、优化办学环境等方面付出了多少努力、收获了多少系统化的成果；才能知道精耕专业技能的师生，如何在相对困难的条件下，代表学校在各级、各类比赛中斩获骄人的成绩；才能知道学校如何吸引优秀专家、学者到此任职，并通过在行政管理、教学科研领域凝练出成绩，为学校的发展和教育事业的繁荣作出卓越贡献；才能知道学校是如何不断开拓思维、创新实践，积极探索民办院校的教育改革之路，逐渐形成自己的办学特色；才能知道学校如何通过扶贫济困、开展社会服务、推进校地合作与校企合作等事务，承担社会责任……

通过通读校史，我们还能沿着湖外历史发展既有的规律和轨迹，对学校未来建设提出设想。一是坚持中国特色社会主义办学方向，坚持立德树人根本任务，与公办院校共同承担起培养中国特色社会主义事业建设者和接班人的重任。同时，通过建立科学的治理体系与运行机制，发挥民办高校灵活的办学优势，走出一条与公办院校共同发展的道路。二是坚持以涉外服务为主的办学方向，坚持差异化发展、错位发展的办学特色。及时掌握自身实际情况、发展规律、特色优势及产业服务面向，了解其他院校在高等教育生态系统中的专业结构、办学规模、教研质量、校企合作模式等具体情况来进行科学定位。这将有助于发挥院校的比较优势与特色，在统筹地方特色产业、新兴优势产业与传统产业的过程中部署错位发展战略，找到适合学校各项事业发展、提升核心竞争力的路径。

"求木之长者，必固其根本；欲流之远者，必浚其泉源。"这本校史，既是鲜活的历史资料的集中呈现，汇聚了真切的情感与宝贵的经验，又是与故交知己共同畅想湖外愿景，展现"铸国之重器，育时代新人"这一坚定志向的绝佳场域。诚愿湖外这支极为宝贵的社会办学力量，纵揽八方、不惧风雨，为国家培养新时代优秀青年，为学校建设的最高目标而拼搏奋斗，为实现中华民族的伟大复兴作出应有贡献。

# 序四

## 远征图卷　奋进挥毫
欧代明

弹指一挥间，湖南外国语职业学院迎来了30周年校庆。

翻阅完手中这部湖外30年校史，勾起了我对往事的回忆。我第一次听说这所学校是在1993年，校名为湖南中山外国语学院浏阳分院。当时，浏阳市委市政府准备修建319高等级公路，我看到该校师生踊跃捐款，支持公路建设的新闻报道。师生与国家建设发展休戚与共的情怀，给我留下了深刻的印象。后来，我专程去了这所学校，当时学校租用了浏阳市教师进修学校的校舍来办学，只有几个班，学生多数是浏阳的农家子弟。学校总体氛围积极向上，师生热情朴实，有礼貌，很阳光。学校校长为陈贤旭，他来自农村，毕业于湖南师范学院，属恢复高考后的前几届大学生。陈贤旭在中学当过英语教师，后来自己创办了这所学校。恢复高考后的前几届大学毕业生是当时整个社会的新生力量，在那个时候辞掉工作潜心开办民办教育，是极有勇气、抱负和情怀的举动。

学校引进了外籍教师朱利安先生，这在当时的浏阳是一件很稀罕的事情。正值浏阳企业改制时期，陈贤旭将浏阳市供销社的茶厂买了下来，易址于此办学。万事开头难，一个学校从无到有，几年之内能获得此番业绩，是沐浴改革开放春风砥砺前行的结果，彰显了民办教育强大的生命力，也倾注了创业者的心血与汗水，这也为之后学校于2006年正式升格为高职院校打下了坚实基础。即使初创时规模不大，又是一所民办院校，但它作为浏阳历史上第一所高等学校，依然掀开了浏阳教育新的一页，是"邓小平同志南方谈话"那个伟大时代的新生事物，凭这一点就理应将其载入湖外及地方发展的史册。

在学校办得风生水起的时候，为顺应当时浏阳市委、市政府关于兴办职教城的号召，学校与浏阳市卧龙房地产公司联合，在浏阳市关口办事处建校，学校的规模迅速扩大。这是学校发展史上非常关键的一步，也是艰难曲折的一步。当时，包括时任教育部部长周济在内很多重要领导都曾来校视察。与此同时，关于学校负债累累、举步维艰的种种传闻不绝于耳，真是为学校的发展前景捏把汗。后来，终于传来了浏阳市卧龙房地产公司董事长宁平完全接管学校的消息。彼时，关于学校发展前景不明朗的预测不再是"时有耳闻"，而是"众说纷纭"，归纳起来就是一句话：宁平不是办学校的料子！但愿学校不至于夭折在他手里。

后来，听说学校邀请了中南大学校长助理邓恢光教授担任校长。这个消息令人为之一振，宁平这是在用企业家的思维办学呀！过了没多久，听说学校搬到长沙办学了，通过采取与湖南高等税务专科学校联合办学的方式解决校舍问题。又过了一段时间，宁平邀我去望城看地，说是要建新校区。转眼几年的功夫，他果然建成了一处崭新的现代化校舍。

望城校区还在建设的时候，我曾去看过。宁平对每一栋楼、每一处景观都了若指掌，为我介绍时滔滔不绝、如数家珍。特别有意思的是，在新冠疫情防控期间，宁平抓住师生线上教学的间隙，亲力亲为，在校园里移栽了很多大树，将绿化、美化工程作了全面的规模提升。

听说学校贷款近10个亿用于新校区建设，一次与交通银行信贷负责人在学校食堂吃饭时，我问她给湖外提供贷款是否有风险。这位来自浏阳的女士非常乐观地告诉我，学校的工程造价控制得很好，按工程的完工量评估，远远超过了现值。我仔细察看了施工现场，秩序井然，施工队是学校自己招的，没有层层转包，工程造价肯定是较低的，工程质量非常好。差不多同一时间段，我偶遇一位职业技术学院的主要负责人。寒暄之间，我问他近况如何，他说学生放假了，自己就宅家写点东西。宁平或许没有心思耗在激扬文字上，但也绝不会闲着，他抓住这个空档栽树。两位都是高职院校的掌舵者，在疫情肆虐之时，各尽所能，也算是各有千秋。

新校区有个平湖，与茶山相互映衬，装点了亭台楼榭，十分雅致，湖面游弋的几只黑天鹅更是增添了勃勃生机。夕阳西下，不少学生站在各个角度拍摄平湖美景，画面温馨愉快。宁平陪我们参观校园的时候，依然对每栋校舍、每处景观、每尊雕像津津乐道。只有把全部心力投注于校园建设的人，只有事必躬亲的人，才会有如此细腻的情感。学校食堂干净整洁，各类特色小吃应有尽有、琳琅满目。学生就餐很有秩序，没有脏乱嘈杂的场景。食堂都能办成陶冶性情的地方，真是让我大开眼界。学校周边没有餐馆酒肆林立的情况，宁平认为，食堂办好了，学生自然就不会到外面吃饭。这时，我不禁暗暗敬佩湖外在后勤管理方面的高人之处。学校的后勤保障体系，是学校建设的重要组成部分，是学校实力的重要标志。湖外在这方面是有其特色的。

宁平讲，学校坚守为党育人、为国育才的教育使命，始终坚持将理想信念教育作为立德树人工作的首要环节，将爱国主义教育作为思政教育的核心内容，将社会主义核心价值观教育纳入教育教学体系。坚持这样的育人导向所建设的人才培养工程成效是卓著的。我曾多次在湖外校园散步，看到学生们或夹着学习资料走进图书馆、教学楼学习，或在篮球场、足球场奔跑运动，或提着清洁工具打扫校园，没有见过举止懒散、形容扭捏的学生，大家都都展现出昂扬向上的青春风貌。这是学校最靓丽的风景线，是学校风气的底色。

我特别赞赏校史前言中所介绍的"湖外不断擦亮'外'字名片"之说。学校从一开始就积极寻求国际合作交流的机会，我也曾协助学校开展过多次外事考察与外宾接待工作。目前来看，学校的国际交流合作事务，数量越来越多，范围越来越宽，层次越来越高。而且，湖外的国际交流合作不拘形式，讲求实效。湖外在对外交流方面的这种"擦"法，就是把握住了以外语为专业特色，扎扎实实地做到与国际接轨。这是湖外的国际朋友圈越拓越宽、影响力越来越大的根本。

每当宁平给我介绍学校的领导和教师时，从来没有在名字后面挂上诸如"教授""博士""校长""主任"等头衔。学校好像不怎么兴这些东西，不大拘束于一些清规戒律，而更注重实实在在的干事氛围，形式主义、官僚主义在这里缺乏生长的土壤。我很欣赏这种风气，一个学校，虚头巴脑的东西不宜太多，能把学生培养好才是学校的"硬通货"。

我对湖外还有一个深刻的印象就是毕业生对学校的情感。我见过学校前几届的一些毕业生，在深圳、东莞等地就业的很多，不少校友会将自己事业成功的喜悦反馈给母校，鼓舞学弟学妹们，也一直关心母校的建设发展。听说近五年来，湖外陆续输送数百名学生赴国外深造、实习和就业，学生遍布50多个"一带一路"沿线国家的优秀企业。无论走得多远，他们依然牢记母校的殷殷嘱托，坚持将个人发展与民族复兴伟业紧紧相连。毕业生走向社会后还能对学校保有深厚的情感，常回家看看，这一优良传统一直延续至今。

陈贤旭和宁平必然是湖外历史上的两座丰碑。陈贤旭作为一介书生，能够充分理解邓小平同志南方谈话的精神，从体制内跳出来兴办教育，着实有着令人叹服的胆识和卓越的远见。这位学校的奠基人、开创者的功勋事迹值得大书特书。而事物的发展存在各种机缘巧合，在学校越办越好的时候，风云际会，陈贤旭和宁平共同打造了湖外浏阳校区。在办学面临空前负债压力的时候，两人在事业征程上最终分道扬镳。不管如何书写，终究是一种历史的遗憾。湖外新阶段远征的领航重任意外地落在了宁平这位武生身上。面对极其危急的形势，宁平毅然担起了这个担子，最终成为学校的破圈人、改革者。

宁平是个有故事的人，他曾当过兵，退伍后，宁平被分在邮政局，从最基本的岗位干起，用7年的时间，干遍了所有的岗位，最后在改革开放浪潮的席卷下，下了海。他做过煤炭、塑料花生意，后来辗转搞房地产，最后又被推到办学者的位置上来了。谁都不会认为宁平是个搞教育的人，但历史又雄辩地证明，他的的确确是个成功的办学者。他干事执着，锲而不舍，庞大的债务压力和种种纠纷都没有难倒他。他始终紧紧地抓住了学校发展的关键，把握住了"教学育人"的首要宗旨。他始终是个不安于现状的人，如果历史没有选择他，学校也许不会来到长沙，更不会有崭新校园和如此规模。他是个善于学习的人，而且有其独特的悟性，所以他不断地与时俱进、接轨国际、提升自我。一个在湖外工作超过10年的教师告诉我，宁平是一个向心力、凝聚力极强，且为人坦荡的人，跟着他征战多年，被他那常人难以企及的顽强毅力和不屈斗志所折服，这是吸引她留在湖外这所民办院校安心教学的重要原因。宁平胸怀宽大、性情豪爽，对人与事的包容性极强，鼓励大家大胆创新，从而激发出整个团队的进取精神。

  湖外能够在狭缝中发展壮大到今天这个规模，走过极其艰难的历程。一些偶然要素和必然趋势造就了湖外与众不同的质朴品格、精神气象与独特文化，应予以发扬光大。宁平跟我说，他要在很多国家建立湖外分校，构建融汇中西优秀文化的教育体系。这样的豪言壮语，想必有不少人听了会暗暗发笑，我又要继续为他捏把汗了。可是，谁知道呢？湖外未来可期，让我们拭目以待。

  本书漫溯湖外校史，有如一幅远征图卷，其中虚实点染，深浅落笔，一个立体而丰富的"湖外"徐徐呈现。展卷细品，沉思万千。愿其成为提升育人功能、传承进取精神的精神富矿。

  是为序。

# 前 言

从浏阳河畔到湘江之滨,湖南外国语职业学院在30年的建设与发展过程中积蓄了厚重的历史。如今的湖外,在时代的演进与光阴的沉浮之中,为每一位见证者、亲历者、建设者,带来了一场又一场感官的洗礼、一次又一次认知的重建。对于所有在人生档案中刻下"湖外"印记的教职员工与学子而言,无论经历的是蓬勃拔节的浏阳办学蕴力蓄势期、艰苦卓绝的新校区筹建期,还是革故鼎新的望城校区战略转型期,都一定从不同维度感受到了"湖外梦想"的魁伟与"湖外精神"的雄浑。

随着中国特色社会主义新时代的到来,职业教育在高等教育系统中的地位愈发凸显,在促进教育改革创新、地方产业转型升级和经济与社会发展等方面的作用愈发突出。正如习近平总书记在提到职业教育时所言:"职业教育前途广阔、大有可为。"职业教育担负着传承技术技能、培养多样化人才的重任。改革开放40多年来,我国民办教育事业从补充性教育逐渐成为社会主义教育事业的重要组成部分,在推动教育教学改革、满足就业市场多样化需求等方面起到了重要作用。湖南外国语职业学院正是沐浴着职业教育的时代荣光而葳蕤生长,正是把握住民办教育的历史机遇而趋势发轫。

30年来,砥砺深耕伴随着风雨洗礼,学校全面贯彻党的教育方针,始终遵循现代职业教育发展规律。董事长宁平想落天外、意出尘嚣,凭借手中的如椽巨笔,将其远见卓识转化为舒卷往复、五音繁会的咏叹调,擘画成笔酣墨饱、气象不凡的纵横图。依靠全体教职员工的不懈努力,在办学历程中一路筚路蓝缕、栉风沐雨的湖外,在人才培养、教学研究、校园建设、国际交流与合作等方面取得的成绩令人击节赞叹。

湖南外国语职业学院建设发展之历程,或昂扬、或沉重、或平顺、或坎坷,时而天开地阔、时而寸步难行,此间数度起落,如同一部经由熔炉锻造而生的壮阔诗篇。培育学校成长的雨露来自各级政府、热心湖外发展的社会各界人士的关心、帮扶与支持,助力学校茁壮向上的养料源于学校历届董事会领导、党政领导以及全体教职员工日夜兼程、躬亲不辍的倾力奉献，以及珍贵的时与运。

30年来，湖外两地办学（浏阳市、长沙市）、三更校名（湖南中山外国语学院浏阳分院、浏阳外国语进修学院、湖南外国语职业学院）、五迁校址（在浏阳市教师进修学校办学、租赁改建浏阳市茶厂办学、在浏阳市关口街道李畋路自有校区办学、与湖南税务高等专科学校合作办学、在长沙市望城区丁字镇自有校区办学）、六经转折（2002年3月浏阳外国语进修学院与浏阳市卧龙房地产公司协议联合办学；2004年5月宁平任浏阳外国语进修学院法人代表；2006年4月学校正式升格为高等职业院校；2006年7月学校开启在长沙办学的历史；2012年12月学校通过教育部人才培养工作评估；2019年秋季开启在望城新校区办学的历史），培养出一大批具有较强外语基础和职业能力、家国情怀和国际视野的应用技能型人才。他们业已成为国家和地方关涉商务外语、现代商贸服务、涉外护理康养、现代信息技术、教育与艺术相关行业与产业的重要生力军。

30年来，湖外扎根湖南、立足中南、辐射全国、走向世界，在兴学育才过程中，保持"职业化、市场化、国际化"办学特征，培养具有"砥砺品学、融会东西"认知素养的人才，恪守"独立之人格、仁爱之精神"的校训精神。学校始终保持和发扬锐意进取、开拓创新的良好势态，形成具备湖外特色且日臻完善的治理体系及文化格局。

30年来，湖外不断擦亮"外"字名片，加强教育国际交流与合作，构建全方位、多层次、宽领域的教育对外开放格局；坚定执行中西教育优化结合的办学理念，积极拓展全球合作伙伴关系，充分利用国外优质教育资源，搭建多元合作平台，培养国际化人才，提升教育国际化水平，从而推动中外语言文化交流，实现多样化、高质量发展，为世界文明互鉴和民心相通注入新活力、新动能。

30年来，省、市、区各级政府为学校的建设、改革与发展提供了鼎力协助和大力支持，为湖外渡过发展难关提供了宝贵的时间与空间，为长沙、浏阳两地办学的平稳运作提供了极大便利。

30年来，湖外卧薪尝胆、奋发图强、励精图治、厚积薄发，不断夯实基础、提升内涵、厚植优势、凝练品牌。作为湖外壮阔历史的"剧中人"和"剧作者"，坚韧不拔的湖外人把青春热血、凌云壮志融进了建设祖国、发展湖外的征程。

本书呈现的每一幅图片、每一段文字、每一组数据，无不彰显着学校发展进步的鲜活与生动，无不展示着学校昂首阔行于我国高等职业教育优秀梯队中的矫健身姿，无不验证着湖湘文脉学统所蕴含的正大气象。一部湖外校史，是改革开放以来，民办院校积极进取、勇毅革新的时代缩影；是全面建设社会主义现代化国家伟大征程中，职业教育搏击长空、砥砺前行的动人诠释；是发扬伟大的改革开放精神，在艰苦磨砺中愈挫愈奋、愈战愈强的典型例证。因之，为实现让校史成为赋能新时代人才培养的源头活水，助力学校真正成为培育时代新人、实现中华民族伟大复兴的先锋力量这一编纂目的，编纂过程持"继往开来，上下求索"之道，通"兵无常势，水无常形"之法，御"按图索骥，且钩深索隐"之术。

正如《易传》中所言："尺蠖之屈，以求信也；龙蛇之蛰，以存身也。"回首过往，学校虽一度在困境中逡巡，然而，全体湖外人在历届董事会，历任党委、行政领导的坚强领导下，从未放弃"湖外梦想"。即使面对"雄关漫道真如铁"，依然敢于与困境抗争、与挫折较劲，这得益于将"湖外精神"作为永续支撑。志存高远的奋斗意识，居安思危的忧患意识，让湖外安度峥嵘岁月中的无数险况。湖外人面对鲸波万仞、浊浪排空，仍可履险如夷、腾身百变，是因为心中矗立着永生不灭的灯塔。那是梦想之荣光、精神之皓刃汇聚而成的隽永的光亮。

"诚者，天之道也；思诚者，人之道也。"湖外人以诚与天地通，挺立起强健的人格。这部《湖南外国语职业学院校史（1993—2023）》呈现的大量历史文化资源、思想理论成果和追求真理的感人故事，都是宝贵的教育资源和文化资本。湖外在各个历史时期涌现出了一批又一批胸怀祖国、献身建设、甘为人梯、拼搏奉献的模范人物，他们的优秀事迹为社会主义建设者和接班人的持续培育提供了强大的精神动力。唯有不断挖掘校史中的榜样力量，注重提炼校史中蕴藏着的丰富的爱国主义精神，才能持续释放校史中的精神价值，起到育人导向和示范激励的作用。

在激越不息的奋斗岁月里，湖外人共同奏响了湖南外国语职业学院踔厉奋发的盛大旋律，谱写出湖南外国语职业学院光辉耀目的弘文典章。白驹过隙之间，这部校史铭刻了湖外人面对"创业艰难百战多"的意志与信念、光荣与梦想、奋斗与成就。而今，学校密切研判教育国际化的发展趋势，以人才培养与每一位学子的高品质、全方位对口就业为抓手，积极参照符合自身科学发展与治校方略的发展规划，努力提高核心竞争力，努力办好人民满意的教育。湖外从历史的深处、时代的高处，观察并恪循着新时代高等职业教育发展的内在逻辑。这部校史就像一幅精谨细腻的工笔画，在湖外人前仆后继的雕饰之下闪现出与时俱进的光芒。

《湖南外国语职业学院校史（1993—2023）》编纂委员会
2023年8月

# 目　录

序　一　越山海　担重任　闯未来 ………………………………………… 宋　勤
序　二　以史为鉴　勇毅前行　再创佳绩 …………………………………… 刘玉娥
序　三　知史增信　鉴往昭来 ………………………………………………… 许云昭
序　四　远征图卷　奋进挥毫 ………………………………………………… 欧代明
前　言

第一章　咬定青山不放松　立根原在破岩中
　　——蓬勃拔节的浏阳办学蕴力蓄势期（1993～2005）………………（001）

第二章　欲渡黄河冰塞川　将登太行雪满山
　　——艰苦卓绝的新校区筹建期（2006～2018）………………………（010）

第三章　满眼生机转化钧　天工人巧日争新
　　——革故鼎新的望城校区战略转型期（2019～2023）………………（122）

展　望　湖外未来30年发展方向 …………………………………… 宁　平（235）

编后记 ……………………………………………………………………………（241）

# 第一章　咬定青山不放松　立根原在破岩中
——蓬勃拔节的浏阳办学蕴力蓄势期（1993~2005）

　　湖南外国语职业学院创办于1993年，前身为湖南中山外国语学院浏阳分院和浏阳外国语进修学院，浏阳外国语进修学院属国家学历文凭考试单位，办学初期，仅有1间教室和2名教师。2002年，学校入驻浏阳市职教园，仅有240名学生、200多万元资产、1个商务英语专业。就在这一年，时任浏阳市卧龙房地产开发有限公司董事长的宁平接手了学校，以自己原本准备建设水泥厂的150亩（约0.1平方千米）土地作为投入的股份，对学校实行股份制合作建设。后来由于其他股东资金无法到位，学校遭遇了项目停建、学校停运、学生停课的重大危机。最终，宁平倾尽自己十几年打拼累积的千万资产，独资承担学校的建设与发展重任，力保学校各项事务和秩序的逐步恢复。2004年，学校启动高职院校的筹建工作。

　　回望历史，我们应当把握住的一个逻辑起点是：湖外取得今日之成就，不是天然的，不是应然的，不是必然的。也就是说，湖外没有含着金钥匙出生，不是理所当然发展成今日这番景象，更不是"命中注定"或"必将"获得诸如坐拥"园林化、数字化、国际化、现代化"校园等建设成果。如果在这一过程中某些决策出现重大失误、站在分岔路口时选择了错误的道路、没有把握住时代机遇顺势而为，或者将承载着发展使命的办学指挥棒置于不恰当的人手中，都极有可能迷失方向甚至断送未来。湖外能有今天的成绩，绝不是靠高呼口号、空想计划或者模仿他人的成功经验和既有方案，就可以实现的。

　　在参与过湖外事业肇始阶段的人中，恐怕鲜有人会相信湖外在建校30年时，能够拥有此般风景如画、设施先进的校园。而新校区落成后才加盟湖外的教职员工、领导干部在翻阅过去的老照片、旧材料时，可能也很难想象和理解当年条件的困苦与窘迫。现在的湖外早已没有了硬件之忧，似乎一切优越的条件都是理所应当的，这与办学初期湖外人彷徨、犹疑、局促的心境形成了鲜明的反差。同理，见证了湖外艰辛创业史的人，又有几个能想到满身泥泞的湖外竟然会成就这样一番事业呢？不知不觉中，我们跨越了不少"雪山"和"草地"，未来也许还要征服许多"娄山关"和"腊子口"。在追溯各个阶段的历史时，我们才能真正理解"执古之道，以御今之有"的意义。

湖外创立之初，万务待兴，没有可以直接照搬的实践模式与经验材料，一切都是摸着石头过河。学校掌舵者几经变更，学校在办学初期力量非常薄弱，却奇迹般地在艰难的历程中形成综合竞争力，展现出持久生命力。总体来看，关键原因还是学校主动适应了所在区域社会和经济发展的需要，在无数逆境之中，没有委顿、没有消沉，而是大胆革新、勇于创新，办学特色越来越鲜明，办学亮点越来越突出。伴随着时代节奏的疾徐数变，湖外以稳健之姿掌舵领航，借以浩荡东风扬帆划桨，最终呈现出"潮平两岸阔，风正一帆悬"的恢宏画卷。

以现在的眼光来看，不能否认当时的一些制度和办法确实显得有些陈旧、粗糙，但这些制度和办法在过去曾经帮助我们解决过不少棘手问题。我们通过查阅历史文件、采访事件相关者，将这一时期零碎的历史碎片进行拼凑、整合、还原，大致形成以下经验概述。

**一是逐步形成具有"外"字特色的办学理念、办学特色。**

**办学理念：** 坚持"面向世界，面向未来，面向现代化"，以市场为依托，以就业为导向，以服务为宗旨，培养高素质、强技能的应用型人才。

**办学特色：** 注重培养学生综合素质和专业技能。特别重视聘请外国专家、学者来校举办讲座、演讲，使之成为助力学生形成"博学广闻"知识体系的有效途径。

第一，"育人为本，德育为先"。学校重视对学生的思想政治教育，制定并组织实施《德育系列化方案》。"方案"根据学生在不同年龄阶段的身心特点、认知水平、品德形成规律以及客观影响因素，遵从循序渐进原则，寓德育于丰富多彩的活动之中，月月有主题，周周有活动。如：1、2月有法律与道德教育，3月有学雷锋活动，4月有自尊自爱自强教育，5月有劳动教育，6月有文明礼仪教育，7月有求职就业教育，8月有社会公益教育，9月有养成教育，10月有爱国主义教育、国际文化月开展相关活动，11月有感恩教育，12月有目标与理想教育。

再如，学校开办青年党校，对学生进行"三观""三德"教育。"三观"即世界观、人生观、价值观，"三德"即传统美德、社会公共道德、社会主义道德。"三观""三德"教育培养了一批批入党积极分子。

第二，紧贴市场需求，坚持职业教育方向，彰显专业特色。学校大刀阔斧地进行了教育改革，建立"多证制"（学历证书＋能力等级证书＋职业资格证书）和"考教分离"（考证考级由国家相关部门组织进行）的教学体系。一张证书代表一项技能或一种专业能力，学生在拿到学历证书的基础上，还可以获得外语等级证书、外贸跟单员从业资格证书、市场营销资格证书、计算机操作员证书、秘书资格证书、普通话水平测试等级证书等各类证书。

第三，为使学生能够在激烈的就业竞争中获得先机，学校注重提高学生综合素质。例如，学校制定了《学生目标管理评价》《学生素质训练考核方案》，认真组织考核评估，督促学生提高综合素质和专业能力；开设每天一节的素质训练课，要求学生完成"五个一"，即每周写一页钢笔字、写一篇周记、学唱一首中文或外文歌曲、上台进行一次中文或外文演讲、进行一次计算机操作训练。再如，学校开展多种多样的校园文化活动，形成健康向上、朝气蓬勃的校园氛围。同时，学校强化国际交流与合作意识，使多元文化在校园中交相辉映，国内外优秀的教育资源得以共享。

**二是建立管理体制，提高管理层次。**

学校按照"投资者与办学者分离"的原则设立董事会，实行董事会领导下的校长负责制，赋予学校党政领导应有的人事权和财经权，使学校能够较好地依法办学和按教育规律办学。学校制定了一套完整的管理考核制度，对学校内部机构实行"五定"管理，即定机构、定编制、定岗位、定职责、定任务。每个部门有明确的岗位职责，做到"事事有人管，人人有事做"。学校鼓励教授、院长自主经营管理，对各二级单位和个人进行逐月考核和学期考核，考核结果与绩效工资挂钩，较好地调动了广大教职员工的积极性。

学校配备了具有较高政治素质、管理能力、熟悉高等职业教育运行规律的领导班子。校长邓恢光、副校长欧阳琦等都是教授，长期在高校担任领导职务。学校二级机构负责人均具有副高以上高级职称，具有多年从事学校相关工作的管理经验。专任教师中有副高以上职称的占20%，有本科及以上学历的教师占教师总数的90%以上。学校长期从美国、英国、加拿大、日本、菲律宾等国聘请外籍教师，外教占教师总数的6%以上。

**三是严格教学管理，强化质量监控。**

学校始终把教学摆在中心位置，狠抓常规教学管理，建立了教学保障体系和教育质量监督体系。因此，学校形成了良好的教风、学风，取得了较好的教学成效，教学质量逐年提高。如在国家学历文凭考试中，"英语写作"2002年及格率为85.3%，2004年提高到94.5%；"英语阅读"2002年及格率为68.2%，2004年提高到72.5%。其中，第33班及格率达到100%。在2005年1月的国家学历文凭考试中，学校有1 600多名学生参考，4门科目中有3门大大超过湖南省平均及格率。其中，"英语语法"超过12%，"大学语文"超过28%，"马列主义哲学"超过20%。2004年有

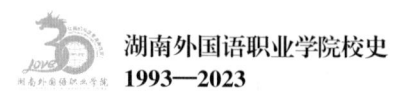

135名学生通过大学英语四级考试，33名学生通过大学英语六级考试。

学校坚持组织召开常态化专业建设研讨会。通过研讨会使教师明确本专业培养目标、就业方向以及知识与能力的结构和要求，使之与教学紧密结合，促进了教学质量的提高。同时，学校会定期进行教师业务培训。

学校还制定了教师集体备课制度，要求分年级、分科目进行教师集体备课，由系主任负责组织。集体备课教案包括课题、课型、重点、难点、教学目标、教学方法、学法指导、板书设计和教学后记等内容。集体备课的教案由授课者撰写，上课前进行说课，其他教师对教案提出修改意见。该科目所有教师须参加听课，并在课后组织评教。这一制度有效提高了教师的教学水平和能力。

**四是招生就业工作日渐规范化、规模化。**

学校自2004年起就成立了招生就业处，负责招生与就业工作。招生工作采用线上线下相结合的形式。线上招生即通过网络、电话直接与考生联系，介绍学校情况与招生政策，征集考生志愿。线下招生要求教职员工直接深入生源学校或家庭走访动员。2004年招生近500人，是2003年的两倍；2005年招生达600余人；2006年，仅浏阳校区就招收了1 200多名中、高职学生。

学校以"走出去，请进来"作为毕业生就业工作指导思想。"走出去"指就业处安排专人常年与外地，特别是沿海地区的企、事业单位联系，落实就业岗位，安排毕业生就业。"请进来"指每学年上学期邀请一些本地和外地的用人单位来校举办校园招聘会。同时，学校还经常组织毕业生走出校门，参加用人单位组织的招聘会。这些举措为毕业生提供了更多的就业机会，历年毕业生的就业率达90%以上。

自1993年至2005年，学校多次荣获湖南省或浏阳市"社会力量办学先进单位"和"外事工作先进单位"等称号，为社会输送了数千名各专业领域的人才。其中有专业翻译560多人，企业部门经理70多人，企业管理人员400多人，外贸公司文职人员2 000多人，各级各类英语、外语教师200多人，毕业生自办公司50多家；赴美国、法国、日本、阿联酋等国，以及香港、澳门等地区留学或工作者有100多人；毕业后在国内继续深造者有200多人，其中20多人获得了硕士学位。在浏阳市，90%的涉外企业都聘有我校学生。另外，浏阳是花炮之乡，花炮产品销往世界100多个国家和地区。在浏阳市花炮行业的外语人才中，我校毕业生占了80%以上。浏阳每年举行花炮贸易交流会，许多外商前来参观洽谈，绝大部分接待和翻译工作均由我校师生承担。

## 年度大事记

1993年5月，湖南省教育工作委员会批准设立"湖南中山外国语学院浏阳分院"。

学校在浏阳市教师进修学校办学。院长为陈贤旭。

1994年8月，湖南中山外国语学院浏阳分院获评"浏阳市社会力量办学先进单位"。

1995年3月11日，湖南省中山外国语学院浏阳分院成立董事会，主要成员为董事长江山如（浏阳市政协副主席），副董事长陈贤旭（院长），董事张磊、邓长青、戴建文、谢建国。

1995年6月21日，浏阳市人民政府市长欧代明，浏阳市政协副主席、湖南省中山外国语学院浏阳分院董事长江山如，浏阳市教育局局长罗传学视察湖南省中山外国语学院浏阳分院。学校获赞"培养和造就外语人才，促进对外经济发展"，欧代明为学校题词"光明之举"。

1996年8月19日，《浏阳日报》以《一个"严"字办大学》为题，报道湖南省中山外国语学院浏阳分院办学育才优秀事迹。

1997年1月，德国教育专家马克罗特一行应邀来校考察。院长陈贤旭、外籍教师朱利安陪同。

1997年4月，经湖南省教育工作委员会批准，学校校名由"湖南中山外国语学院浏阳分院"更名为"浏阳外国语进修学院"。同时，学校成立理事会。

1997年9月，浏阳外国语进修学院租赁浏阳市茶厂办学，将茶厂装修改造成新校区，在此办学至2004年3月。浏阳市市委书记欧代明等市领导以及浏阳市教育局相关领导出席开学典礼。

1997年12月，浏阳外国语进修学院获"湖南省社会力量办学优良学校"称号。

1998年6月23日，湖南省教育工作委员会社会力量办学处张学军处长一行视察浏阳外国语进修学院。浏阳市人民政府副市长计荣海，浏阳市政协副主席、浏阳外国语进修学院董事长江山如，浏阳外国语进修学院院长陈贤旭全程陪同。

1998年6月，浏阳外国语进修学院获评"浏阳市社会力量办学先进单位"。

1998年12月3日，《浏阳日报》以《时代的弄潮儿》为题，报道浏阳外国语进修学院院长陈贤旭办学的优秀事迹。

1999年5月，湖南省教育工作委员会批准浏阳外国语进修学院为"国家学历文凭考试单位"。

1999年6月，浏阳市人民政府市长徐湘平、浏阳市人民政府副市长计荣海、浏阳市教育局局长罗传学，在浏阳市政协副主席、浏阳外国语进修学院董事长江山如的陪同下，赴浏阳外国语进修学院指导工作。

2000年4月16日，《浏阳日报》以《外院学生走俏山城》为题，报道浏阳外国语进修学院学生服务当地经济建设的优秀事迹。

1999至2000学年，国际友人帕特女士应邀来到浏阳外国语进修学院进行为期22天的访问，就学校英语听说教学工作组织教师进行调研和集训。

1999至2000学年，浏阳外国语进修学院开展了系列校园活动。例如：邀请浏阳市妇女联合会副主席黎丽举办主题为《自尊、自爱、自强、自信，做新时代女性》的讲座；首次校级学生干部"连心日"活动受到浏阳市教育局和共青团浏阳市委员会的好评；为切实加强精神文明建设，组织开展"淳化读书风气"活动，邀请浏阳市委宣传部部长吴震来校举办读书报告会。

1999至2000学年，浏阳外国语进修学院开展了系列教育教学活动。例如：比较系统地开设形体课，将其推广为社会公开课，并邀请浏阳市政协、浏阳市文化旅游广电体育局、浏阳市总工会、浏阳市妇女联合会等单位的领导前来听课评课；先后邀请湖南师范大学欧阳琪、谢财融教授来校讲学，有效提高教学整体水平。

2000年11月，浏阳外国语进修学院在深圳就业的毕业生举办校友会。陈贤旭院长及部分在深圳就业的毕业生出席。

2000年11月，浏阳市人民政府成立以计荣海副市长为组长的职教园筹建领导小组，设立职教园管理办公室，任命孔矩高为办公室主任，负责规划建设、招商引资工作。在职教园第一期工程的建设过程中，浏阳市人民政府拨付规划设计费69.4万元，免收浏阳市人民政府财税收入360余万元。此后，浏阳外国语进修学院率先在职教园建校。

2001年2月，浏阳外国语进修学院设立成人教育部并启动招生工作。肖立民被任命为教务处处长。

2001年3月，浏阳外国语进修学院接管原浏阳市商业学校。

2001年5月，湖南省教育工作委员会领导赴浏阳外国语进修学院进行督导评估。陈贤旭院长、苏飞跃副院长全程陪同。

2001年6月18日，浏阳外国语进修学院成立家长委员会，让家长代表参与学校管理工作。部分湖南省教育工作委员会和浏阳市教育局的领导、陈贤旭院长和苏飞跃副院长到场见证。

2001年3月31日至6月底，为了帮助浏阳市内各中学提高英语教学水平，浏阳外国语进修学院组织外籍教师欧文、罗伯特、杰佛雷开展义务支教活动，深入浏阳市20余个乡镇、33所初中，行程共计1 000余千米。这一举措得到市教育局的充分肯定和各中学师生的一致好评。

2001年11月，浏阳外国语进修学院在国际烟花质量技术安全论坛暨第五届中国浏阳国际花炮节上获评"先进单位"。

2001年11月27日，美国华盛顿大学校长马龙博士来校考察。

2002年1月，湖南省教育考试院批准浏阳外国语进修学院为"国家学历文凭考试考点"。

2002年1月4日，浏阳市委书记袁观清赴浏阳外国语进修学院视察，并受聘担任名誉院长。

2002年1月8日，《浏阳日报》刊文《外国语学院成为全市社会力量办学典范》。

2002年，为了响应国家号召，大力发展职业教育，浏阳市人民政府决定创办职业教育园，要求民办学校集中在园区建校办学。

2002年3月，浏阳外国语进修学院与浏阳市卧龙房地产开发有限公司签订联合办学协议，商定在卧龙房地产开发有限公司已征收的土地上新建校舍，率先在职教园建校，基建工作主要由公司董事长宁平负责。

2002年3月，成立职教园建设工程指挥部。指挥长为宁平，副指挥长为孔矩高、张怡新，成员有聂珠奇（协调）、许稳祥（采购）、宁瑶林（会计、现场验收）、陈伟文（技术）、邓芳（出纳）、陈月明（后勤）、江先明（监理）和王国荣（监理）。

2002年3月，日本活水学院（日本活水女子大学）院长来校进行友好访问。

2002年4月22日，浏阳市卧龙房地产开发有限公司、浏阳市外国语进修学院、浏阳市教育建筑工程公司发起成立浏阳市浏阳河职业教育集团。宁平任法人代表和董事长。

2002年9月5日，日本活水学院渡边诚治教授来校考察，商定互派教师和学生交流的相关事宜。

2002年10月20日，朝鲜平壤艺术团与浏阳外国语进修学院师生在浏阳市第一中学体艺馆举办联合演出活动。

2002年11月，日本活水学院渡边诚治教授赴浏阳外国语进修学院进行学术交流。浏阳市人民政府副市长计荣海、浏阳外国语进修学院院长陈贤旭全程陪同。

2002年11月，浏阳外国语进修学院获"浏阳市2001年度社会力量办学目标管理"一等奖。

2003年2月，浏阳外国语进修学院被评为"浏阳市2002年度外事工作先进单位"。

2003年3月6日，浏阳外国语进修学院举行新校区奠基仪式，校区位于湖南省浏阳市关口街道李畋路。浏阳市委副书记郑耀频、浏阳市人民政府副市长计荣海、浏阳市政协主席李中琪、浏阳市人大常委会副主任刘仙娥，以及浏阳外国语进修学院董事长宁平、院长陈贤旭出席仪式。

2003年3月，为顺应浏阳花炮产业的外贸需求，浏阳外国语进修学院组织编写《实用花炮英语》，作为英语专业必修教材。教材主编李志奇现任中南林业科技大学外

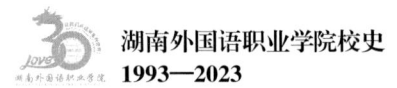

语学院副院长，任教授、硕士生导师。

2003年5月19日，中华人民共和国教育部部长周济视察浏阳外国语进修学院新校区建设工地。湖南省人民政府副省长许云昭、湖南省教育厅厅长张放平、长沙市教育局局长彭新、浏阳市人民政府副市长计荣海、浏阳市教育局局长肖长礼，以及浏阳外国语进修学院董事长宁平、院长陈贤旭全程陪同。浏阳外国语进修学院成为当时在任教育部部长来湘唯一考察过的民办高校。

2003年9月26日，日本语言学院理事长加藤善一来我校访问。

2003年4月，浏阳河职业教育集团取得社会力量办学许可证，办学层次为职高、中专、大专。法定代表人为宁平。

2003至2004年，朝鲜平壤艺术团，埃及、毛里求斯艺术团，以色列国家歌舞剧团先后来校开展文化交流活动。学校师生多次与外国艺术家同台演出，切磋技艺。

2004年3月1日，浏阳外国语进修学院董事会聘请中南大学原校长助理邓恢光教授出任浏阳外国语进修学院院长。正式组建以湖南师范大学欧阳琦、高迈玉、彭天翼教授，中南大学唐阳永、何辉荣教授为核心成员的高职院校申办专家团队，以教学、师资、管理为改革着力点，开启向高等学历教育领域迈进的征程。

2004年4月4日，浏阳外国语进修学院与英国兰德里洛国际学院签订合作办学协议。英国兰德里洛国际学院副院长露易丝教授，浏阳市人民政府副市长刘明理、浏阳市教育局局长肖长礼，以及浏阳外国语进修学院董事长宁平、院长陈贤旭到场见证。

2004年4月8日，浏阳市人大常委会主任张贤近、浏阳市人民政府副市长刘明理和浏阳市教育局局长肖长礼视察浏阳外国语进修学院新校区。

2004年4月28日，湖南省人大常委会副主任唐之享，原湖南省人大常委会副主任、湖南省民办教育协会会长刘玉娥，湖南省军区原副司令员、湖南省民办教育协会副会长肖求如，湖南省人民检察院原检察长、湖南省民办教育协会副会长张树海，湖南省教育厅常务副厅长朱俊杰，长沙市教育局副局长王建林，浏阳市人民政府市长赵建强，浏阳市人大常委会主任张贤近，浏阳市人民政府副市长计荣海及浏阳市教育局局长肖长礼出席浏阳外国语进修学院新校园竣工典礼。

2004年4月，新校园第一期工程竣工，校园占地面积150亩（约0.1平方千米），建筑面积45 000平方米。其中有教室64间，面积为9 186平方米；学生宿舍三栋，面积为17 461平方米；师生食堂一栋，面积为2 758平方米；教工宿舍三栋，面积为11 952平方米。新校区修建了一个拥有250米环形跑道的运动场。校内水电设施完备，绿化、美化、亮化工程和校园文化设施同时高标准完成。校园可同时容纳3 000余人学习、工作和生活，为学校进一步发展奠定了良好的基础。

2004年5月21日，浏阳外国语进修学院法人代表正式变更，宁平任浏阳外国进修学院法人代表。

2004年5月，宁平董事长代表浏阳外国语进修学院师生，赴北京中南海看望宋任穷夫人钟月林，向钟月林同志汇报家乡风貌的变化和学校的办学成就与发展愿景。

2004年6月10日，日本活水学院村下昭仁教授偕同其学生小木佐智子来到浏阳外国语进修学院，协助学校的第二个外语专业——日语专业的开设及组建工作，结束了学校以商务英语专业为唯一专业的办学历史。

2004年9月20日，原浏阳外国语进修学院院长陈贤旭，以及浏阳教育建筑工程公司因多方面原因退出浏阳河职业教育集团董事会，经浏阳市人民政府协调、浏阳市教育局批准，浏阳市卧龙房地产开发有限公司接手学校所有的办学主体工作。

2004年11月23日，长沙市召开职业教育现场经验交流会，与会代表赴浏阳外国语进修学院参观。宁平董事长、邓恢光院长在会上介绍建校办学经验。

2004年12月3日，浏阳市人民政府批复同意"浏阳市外国语进修学院"升格为"湖南外国语职业学院"。

2004年12月8日，长沙市人民政府批复同意"浏阳市外国语进修学院"升格为"湖南外国语职业学院"。

2004年下学期，浏阳外国语进修学院与浏阳市永和镇磷矿机修厂签订协议。浏阳外国语进修学院机械加工专业学生到该厂实习，并聘请该厂技术员作为实习指导老师。

2004年下学期，浏阳外国语进修学院与浏阳市图书馆签订共建学院图书馆协议。浏阳市图书馆长期在浏阳外国语进修学院图书馆存书2万册以上，每个季度更换图书一次。浏阳外国语进修学院师生可通过网络查阅目录，在浏阳市图书馆进行预约借阅。

2004年，学校招生近500人，是2003年的两倍。

2005年3月12日，湖南省人民政府副省长许云昭来校视察。浏阳市人民政府副市长刘明理，学校董事长宁平、校长邓恢光全程陪同。

2005年4月8日，湖南省高等教育设置评议委员会专家组一行6人来校进行高职院校申报考察评估。学校董事长宁平、校长邓恢光全程陪同。

2005年5月，湖南省人大常委会副主任唐之享、浏阳市人大常委会副主任刘仙娥来校考察。学校董事长宁平、校长邓恢光全程陪同。

2005年6月12日，湖南省人民政府副省长许云昭、湖南省教育厅常务副厅长朱俊杰、浏阳市委书记李亿龙、浏阳市人民政府副市长刘明理、浏阳市教育局局长肖长礼、浏阳市教育局副局长王建林等领导调研浏阳市民办教育工作，期间赴学校调研。

2005年，学校招生达600余人。

## 第二章　欲渡黄河冰塞川　将登太行雪满山
——艰苦卓绝的新校区筹建期（2006～2018）

2006年4月，经湖南省人民政府批准、中华人民共和国教育部备案，湖南外国语职业学院正式升格为高等职业院校。为满足建设发展需求，学校于2006年7月搬迁至湖南省长沙市，采取与湖南税务高等专科学校（下文简称"税专"）合作办学的模式，力图在长沙立定脚跟。同时，学校将浏阳校区设为湖南外国语职业学院分校。从浏阳河畔到湘江之滨，这一办学地址变迁的重大举措，从现在来看，无疑是抓住了时代机遇的"神来之笔"，属湖外历史上的重大转折。至此，学校进入发展快车道。

湖南税务高等专科学校位于长株潭"四化两型"建设发展核心区域——长沙市雨花区，获批在该校建立教学场地使得学校办学规模陡然增大。彼时，湖外在长沙和浏阳的两个校区占地面积39.36万平方米，建筑面积15.5万平方米。除了硬件升级以外，进入省会高职院校序列的湖外，在规章制度、生源规模、教研成果、各项事业的交流与合作平台方面，实现了惊人的跨越。2008年，湖外在校生人数迅速扩张到逾7 300人，继而很快跻身拥有逾万名在校生的高职院校行列。

所有与这段办学历史有交集的湖外人，都会不约而同地称其为"税专时期"。这是湖外最为艰难、最为吃紧的"新校区筹建期"，没有得以安身立命的自有校区，几乎成为当时所有湖外人心头的"创痛"。正因这一掣肘，在2013年的湖南省文明高校评估中，湖外虽然得到939的高分，位居前列，却依然受自有办学场地这一硬性指标的制约，未被授牌为"文明高校"；正因这一掣肘，时至2017年前后，随着搬迁新校区这一关键时间节点的临近，学校遭遇数起重大舆情危机，全部负面舆情均来自学生对于校内硬件设施陈旧的投诉；正因这一掣肘，湖外在各个赛道与其他院校同场竞技时，还需首先解决经费短缺的问题。但形势之困窘既能倾覆一项事业，也能成就一番辉煌。

发展是解决一切问题的基础和关键。这段历史也是湖外何以成为"湖外",且不断锤炼本领、精进特色、修正步调、雕琢路线的重要时期。查阅这一时期的各项汇报文件、评估材料、往来公文、会议纪要和工作总结,"瓶颈"二字成为高频词。因巨大资金缺口和拆迁问题,新校区建设推进工作举步维艰。办学规模迅速扩大,而办学条件与办学资源的极度紧张,这一对矛盾看似难以调和,但历届董事会和党委、行政领导千方百计地寻求合理规划,将极为紧缺的资金优先用于基础建设的不断加强与基础工程的逐步夯实,较好地平衡和处理了这对矛盾关系。这需要智慧、勇气、决断与时运。

历史最大的魅力就是它的不可知与不可假设。今天说起来,与税专合作办学的决定是湖外发展史上何等重要的历史事件,然而,当年有多少人能给出乐观的预判?又有多少人能笃定学校的掌舵人、决策者关于未来的设想是值得期待的?曾经关于湖外应该如何发展,有过数之不尽的提案,但能经受住艰难岁月的洗礼,在实践的检验中稳稳立定的属实不多。2006年的那个炎热的夏天,湖外刚刚获批在税专校区建立教学场地,师资、设施、设备、物资等全部得从零开始筹备,谁都不敢保证能否顺利迎接在长沙校区的第一批学生。距离开学仅剩21天的那一日,董事长宁平、校长黄旭和人事处处长向华,坐在沙沙作响的樟树下的石板凳上,看着除了建筑物之外几乎空无一物的校园,用小树枝在地上拨动、比划,描绘着开学后的画面,勾勒出学校未来若干年在长沙办学的走向,画就一幅许多人看不见也无法理解的盛大图景。在40℃的高温下,几个小时竟不知不觉地过去,三人依然自得其乐。这样的画面,即使无人知晓、无人在意,也会牢牢定格在时代对湖外的价值认同之中,绝不会淹没在湖外的历史记忆里。

与税专合作办学的漫长岁月中,湖外成为中南地区唯一独立设置的外国语职业学院,是中南地区小语种最齐全的外国语职业学院。《长沙市中长期教育改革和发展规划纲要(2011—2020)》中明确提出"支持湖南外国语职业学院创办成与国际接轨的高职院校"的建设目标。学校将服务市场需求、服务学生成才、服务区域经济与社会发展作为自己的责任担当,在时代的脉动和市场的节奏中坚持走特色化、职业化、国际化的发展道路,逐步形成了独具优势的办学特色,可以总结为以下5点。

**一是打造了极具竞争优势的专业品牌。**

学校坚持外语应用类专业与商贸服务类专业齐头并进、互融兼通的专业建设思路。陆续开设商务英语、应用日语、应用西班牙语、应用阿拉伯语、应用葡萄牙语、应用俄语、应用德语、应用法语、应用韩语和应用意大利语10个外语类专业,以及国际贸易、市场营销、物流管理、酒店管理、涉外文秘、旅游英语、会展策划等商贸服务类专业,形成了多语言平台上的商贸服务类高端技术技能人才培养特色,小语种

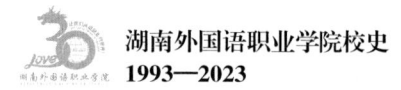

专业已经成为湖南省高职教育的知名品牌。

**二是创新了适应文科专业特征的人才培养模式。**

学校的人才培养目标为"多语言平台上的商贸服务类高端技术技能型人才",人才培养规格为"双素养+双技能+双证书",即"人文素养+职业素养、语言技能+专业技能、毕业证书+职业资格证书";学校构建了"能力本位、双证融通"的"模块化专业课程体系",以典型工作任务为导向,以职业活动过程为主线,以职业能力形成为目标,课程体系突出"岗、证、课一体融通"。学校灵活采用现场教学、案例教学、项目教学、情景模拟教学等教学组织形式和方法,实现"教、学、做"合一,"导、练、研"结合。同时,学校与多所国外高校合作开展人才培养,通过学分互认合作模块、语言研修合作模块、带薪实习合作模块,形成了"国际合作培养"模式。

**三是创建了以职业能力为本位的实践教学体系。**

学校构建了"五步骤四中心"全程覆盖式实践教学体系,"五步骤"是指职业认知实训、语言技能实训、专业技能实训、情景模拟综合实训和顶岗实习;"四中心"是指语言技能实训中心、专业技能实训中心、人文素养培育中心和情景模拟实训中心。校内建有47个专业实训室;建立了职业技能鉴定中心、服务外包人才培训基地以及翻译文化传播公司等生产型实训公司;建立了"涉外服务仿真实训基地",这是中央财政支持的实训基地建设项目;建立了学生校外实训基地,即由4个区域板块、7类职业方向和3种出国实习形式构成的"473"校外实习实训基地。

**四是建立了立体多元的学生就业网络。**

学校坚持以就业为导向,在上海建立了"华东办事处",专职负责上海、江苏、浙江等长江三角洲地区的就业市场开发;学校与数百家企业合作建立学生就业基地,每年可为毕业生提供7 000多个就业岗位。毕业生最终就业率、职业资格取证率、外语等级过关率、用人单位满意率逐年上升。学生在全国、全省多项技能竞赛中,获得荣誉的含金量越来越高,数量越来越多,因而学生就业优势更明显。学校多次获评湖南省就业先进单位和湖南省普通高等学校毕业生就业工作"一把手工程"优秀单位。

**五是形成了"东西交融、互动合作"的国际交流模式。**

学校注重办学国际化,与美国劳伦学院、美国达拉斯浸会大学、澳大利亚墨尔本金融管理学院、日本京都情报大学院大学、西班牙纳瓦拉公立大学、德国欧福应用技术大学、英国胡弗汉顿大学、智利贝尔纳多·奥西金斯大学、加拿大阿尔哥玛大学等20余所国外院校建立了以教学、科研、人才培养、学生就业为主体内容的国际合作办学关系。学校与美国劳伦学院合作建立了"中国服务中心",与智利贝尔纳多·奥希金斯大学合作筹建了"亚洲留学服务中心",与德国欧福应用技术大学、西班牙纳瓦拉公立大学、加拿大阿尔哥玛大学等国外大学建立了学生分段培养模式。学校每年组织学生开展"国际夏令营"、假期带薪实习、国外高校短期教育等体验式教学活动，全面拓展了学生的国际视野和职业发展能力。

学校经过这一时期的建设与发展，各项事业取得了长足进展，逐步形成了以全日制高等职业学历教育为主体，非学历教育与职业技能培训为补充，职业教育、职业培训、国际合作交流一体化的办学格局，发展成为了湖南省小语种应用型人才培养基地、涉外商务人才培养基地、服务外包人才培训中心和国际教育合作交流中心。学校的办学特色、办学成果、办学经验引起了社会广泛关注。湖南省委、省政府领导，以及相关厅、局领导多次到学校指导办学。学校获得"湖南省社会力量办学质量优良学校""湖南省职业技能鉴定先进单位""社会力量办学目标管理先进单位""湖南省大学生思想政治教育先进集体""中国社会组织评估5A级单位"等多项荣誉，成为中国国际教育交流协会常务理事单位、中国西部教育顾问单位、湖南省教育国际交流协会副会长单位、湖南省民办教育协会副会长单位、服务外包人才培训基地，以及世界职业教育院校联盟会员单位。校内校外宣传矩阵逐步成形，公共关系品牌不断凝练。中新社、红网、《湖南日报》、湖南经视、《长沙晚报》、湖南教育电视台、《三湘都市报》等主流媒体刊发（播放）学校办学动态和办学成果的新闻报道数量逐年增多，质量逐年提高。

## 年度大事记

### 2006年

2月16日，湖南外国语职业学院董事会聘任黄旭教授为校长。

3月，宁平董事长参加中国国际交流协会组织的出国考察活动，出访阿根廷、巴西等国。返校后，与董事会其他成员研究决定：湖外将陆续开设小语种专业。开设小语种的标准为：以该语种为母语的国家人口达5 000万人以上，或该国位列世界主要经济发达地区序列。

4月，湖南省人民政府同意在浏阳外国语进修学院的基础上建立湖南外国语职业学院，同时撤销浏阳外国语进修学院的建制。

4月28日，湖南省人民政府批准设立湖南外国语职业学院。

4月，湖南外国语职业学院成立湖南浏阳河职业教育集团培训中心。开设平面设计、商务英语、机械制造、日语、电脑模具制造、酒店管理等专业。采取"文凭、证书、能力"三位一体的教学模式，培养适应市场经济发展的应用型、职业技术型人才。该中心法人代表为宁平，主任为黄旭，副主任为欧阳琦、陈广勤。

5月，学校启动搬迁至长沙的系列工作。与湖南税务高等专科学校合作办学前的

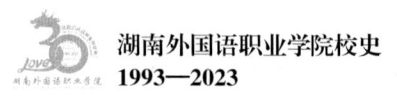

准备工作已基本就绪。

7月，为满足建设发展需求，湖南外国语职业学院搬迁至长沙，原浏阳校区设为湖南外国语职业学院分校。同时，在国防科技大学政治学院内设立北京外国语大学培训学院和湖南外国语职业学院联合培训中心。

8月，长沙市教育局同意湖南外国语职业学院在湖南税务高等专科学校内建立教学场地。湖南外国语职业学院正式开启在长沙办学的历史。

宁平董事长亲自率领工作组，仅用20多天时间面向社会（包括湖南税务高等专科学校）招聘了30多名优秀教师加入学校，以缓解开学之后师资紧张的压力。

9月，站在新起点上的湖南外国语职业学院成立英语教研室、日韩法语教研室、计算机教研室、公共基础教研室、体育教研室。根据学校发展形势，成立日语系，日语、韩语专业升格为高职专业。设立国际经济与贸易、酒店管理、物流管理、计算机应用技术专业。

10月，学校成立教学督导团、教学工作指导委员会、学术委员会。

11月，学校成立专业建设指导委员会。

11月25日，湖南外国语职业学院与湖南税务高等专科学校签订《合作办学协议》，学校正式进入省会高职院校序列，从此迈入快速发展之路。在与湖南税务高等专科学校合作办学的最初几个月时间内，湖外后勤处工作人员发扬自力更生、敢想敢干、迎难而上的作风，高效完成学生公寓、教学楼、办公场所、生活配套用房等校舍的修缮改造与设施设备的配置安装，实现"当年签订协议、当年正式启动办学"的目标。

11月，聘任陈广勤为湖南外国语职业学院副校长兼浏阳校区校长。

12月，成立湖南外国语职业学院党委。

2006年，浏阳校区招收中、高职学生1 200多人。

**2007年**

1月，第十四届中国共产党中央委员会委员，中华人民共和国教育部原副部长、原总督学，中国教育国际交流协会会长柳斌，原中国驻美大使馆公使衔参赞、中国教育国际交流协会副会长钱一呈，中国教育国际交流协会秘书长江波及中国教育国际交流协会党组全体成员来校视察。浏阳市人民政府副市长刘明理、浏阳市教育局局长肖长礼，以及学校董事长宁平、校长黄旭陪同到访领导瞻仰胡耀邦故居。

5月，《浏阳日报》以《育苗的沃土，成才的摇篮》为题，报道学校办学典型经验。

6月，成立浏阳校区教学督导室。

7月至8月，招生人数与日俱增，而湖南税务高等专科学校的办学条件极为有限，为容纳更多新生，后勤处在陶祥和处长的带领下，利用学校投入的近500万元资金，租赁、改造洞井村刚建设好的居民安置房7栋（共500多套宿舍），临时装修改造并添置了各项生活设施设备，共安置新生3 500人左右。后勤处利用1楼门面的位置，建设食堂和澡堂等生活配套设施；又在校区内搭建了一个大型蓝色活动板房作为教学用房，增加12间教室。这解决了8月底新生开学的学习、生活问题，为在办学规模陡然扩大的形势下继续实现稳健发展提供强有力保障。

8月，学校成立系级教学、行政管理机构。公共基础课部设立综合教研室、政治教研室、体艺教研室；涉外经管系设立管理教研室、经贸教研室、计算机教研室，增设文秘、市场营销专业；多语系设立韩语教研室、法德俄教研室；日语系设立日语教研室；商务英语系设立商务英语教研室、公共英语教研室。

9月，学校成立教学督导办公室，任命姜明军为办公室主任。

9月，学校成立英语系。

9月，经过汇总、修正、增补，编印了浏阳校区第一部《管理制度选编》。全书约10万字。

9月，学校成立心理健康教育中心。办学30年来，学校对待学生始终秉持人本主义关怀。令人扼腕叹息的是，办学期间还是发生了一些学生轻生的不幸事件。学校曾面向全校学生开展心理健康测试，竟有65%的学生在入校时就存在不同程度的心理疾病，其中值得高度关注的、有自杀倾向的学生占比高达35%。这让我们强烈地感受到心理健康教育的重要性。心理健康教育中心的建立，意味着学校决心投入更多的力量用于引导并帮助学生拥有健康向上的心态，坦然面对来自家庭、学业、社会的多重压力。这是一项永不停歇的重大工程。

9月，学校教师周新云获得"长沙市优秀教师"荣誉称号。

10月，学校设立商务英语精品专业建设委员会。

12月8日，浏阳校区召开专业建设研讨会。宁平、黄旭、邓伯勋、陈广勤、李明德、徐华珍等领导，以及各处室负责人参会。

12月17日，在开国上将宋任穷长女、学校名誉校长宋勤的鼎力支持下，学校成立湖南教育卫星应用技术有限公司，注册资金1 000万元，公司位于长沙市芙蓉区的湖南省电化教育馆。公司董事长为宁平，副董事长为黄德生。公司经营范围包括卫星远程教育软件开发销售、卫星远程教育资源与视频课件的开发，同时提供法律、法规、政策允许的远程教育卫星网络传输、信息广告传输、行业教育远程培训和职业技能远程培训传输的技术服务，以及应急通信保障服务。湖南教育卫星应用技术有限公司旗下的湖南卫星教育网台是经中华人民共和国工业和信息化部无线电管理局〔2008〕14号专函批复（湖南省只批准1家）、湖南省相关主管（业务）部门批准成立，由湖南外国语职业学院与航天讯联（北京）网络技术有限公司共同组建的湖南省唯一"天网地网"合一的卫星远程传输网络平台。公司拥有自己独立的卫星地球站，该站由北京航空部503所集成实施和全程提供技术支持，配有最先进的美国阿纳康（AnaCom）公司和比利时纽泰克（Newtec）公司的卫星传输设备。发射主站通过"亚太六号"通信卫星进行数据传输，并可与互联网、移动互联网（4G/5G信号）或物联网（Internet of Things, IOT）有机结合，可全方位不间断进行IP（Internet Protocol，网际互联协议）数据广播和视频信号无障碍高速传输。平台可广泛应用于各领域，如远程教育、新闻、气象、民航、人民防空、银行、地震和军事相关部门以及边远地区通信等。

2007年，学校组织全体教师先后开展两次教学专题讲座。校长助理李明德主讲《构建多证制体系，培养应用型人才》，副校长陈广勤主讲《教师与教学》。

**2008年**

经过在长沙校区两年半的实践初探与经验沉淀，学校办学实力大大提升，各项管理制度日渐规范。为了吸引优质生源，这一年，学校将工作重点确定为"以科学发展观统领全局，以校风、教风和学风建设为基础，以建设省级精品课程为重点，进一步加强内涵建设，推进应用型人才培养模式创新，稳步提高教学质量"。这一年，在校生总人数迅速增长到超7 300人。同时，学校吸引了有海归背景、有相关行业经验或具备硕士研究生及以上学历的132名高素质专职教师，教师队伍的专业结构和学历结构日趋合理。学校逐渐适应长沙的办学环境，学校品牌塑造步入正轨。

**（一）学校总体工作**

年初，学校首次实行目标管理制，建立了一套极具湖外特色的绩效考核体系，以促进教职员工队伍建设，推进全年各项工作的开展。中层干部实行竞聘上岗，期末开展述职汇报和民主评议；行政教辅人员实行月度考核、学期考核和学年考核；专职教师实行月度教学常规检查、学期考核和学年考核。考核的结果与绩效工资、绩效奖金挂钩，实行末位淘汰制。

年初，受百年罕见的冰灾影响，校内12间钢结构教室损毁严重。冰灾正值春节前后，学校后勤处全体员工上阵铲冰铲雪。为了保证安全，学校决定将钢结构教室进行拆除重建。建好之后，又遇连日大雪，为防止积雪再次压垮教室，后勤处全员轮流上屋清扫，片刻不敢懈怠。彼时，因办学场地限制，全校共95个班级，仅有44间教室、6间阶梯教室、6间机房和4间语音室，教室资源极度紧张。即便如此，教学秩序仍然保持稳定。与此同时，学校在自身遭受冰灾带来严重损失的情况下，仍以最快的速度组织全校师生捐款赈灾。

5月12日，汶川大地震震动全国。学校第一时间组织发动全校师生捐款，成为湖南省首批组织捐款的高校。学校在短时间内筹款近20万元，宁平董事长个人捐款2万元。

7月，经过多轮角逐，湖南民办教育网的承办权最终花落湖外。湖南民办教育网可为学校开展对外宣传工作提供快捷可靠的信息发布与形象展示平台，扩大学校的社会影响力。10月，网站全面上线，正式运营。

10月，湖南外国语职业学院党校正式成立。

**（二）人才培养工作**

4月，学校将商务英语专业列为省级精品专业，将商务英语专业技能课程"外贸函电"课程列为省级精品课程。

8月，学校将国际经济与贸易专业列为省级精品专业，将"湖湘旅游文化"课程列为省级精品课程。

9月，商务葡萄牙语班成功开班，精准对标各类小语种商务应用型人才的巨大缺口。至此，学校开设专业达16个。同时，为推动专业设置顺应市场需求，确立商务应用外语类专业、经济管理类专业作为学校两大重点建设的专业大类。

这一年，为加强教学质量监控，学校成立督导办公室，聘请专任教师担任教学督查员，聘请学生担任教学信息员，定期编制教学督导通报，逐步建立教学质量监控和教学质量评估体系。

**（三）招生就业工作**

8月，学校成立就业指导中心，以应对2008年全球金融危机造成的全国性"就业恐慌"，并确定毕业生一次性就业率达到80%的硬性指标，围绕这一关键目标，拟定、实施促进毕业生就业的各项工作计划。学校通过各种方式与全国各地用人单位、高校就业指导中心联系，商洽制订切实可行的毕业生就业方案。经过多次考察与交流，建立上海交大昂立教育集团、湖南省青苹果数据中心有限公司、中信宁波国际大酒店3家实习与就业基地。该年，学校实现初次就业率超84%的目标。

**（四）师资队伍建设**

这一年，"专家治校，名师治系"的目标初步实现。学校先后邀请湖南省职业院校教育教学评估与咨询专家委员会委员黄旭教授，湖南省职业院校教育教学评估与咨询专家委员会专家刘世昌书记、卓佰泉副教授、姜明军教授，以及陈爱平教授、佘协斌教授、罗小玲教授、陈伟建副教授共同助力学校发展。

这一年，学校加大对青年教师的培养力度，启动教师低职高聘工作，建立青年教师导师制，积极开展教师资格认定岗前培训工作和职称外语等级考试报名工作。参加

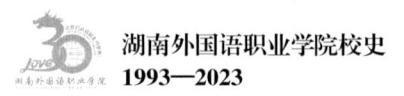

岗前培训的教职员工共 108 人，其中 107 人通过培训。

### （五）国际交流合作

11 月，浏阳校区菲律宾籍教师维拉获湖南省外国专家局颁发的两年一次的"潇湘友谊奖"，这是湖南省为外国专家颁发的最高级别奖项。

### （六）校园文化生活

3 月，学校举办"心怀感恩，以实际行动向雷锋同志学习"活动月。

4 月，由校团委主办、各系承办的"第二届校园文化艺术节开幕式暨民间艺术风情艺术展"，以及"首届寝室文化艺术节""首届心理健康节"活动顺利举行。

### （七）社会服务

这一年，学校获得湖南民办教育网的承办权。网站致力于服务全省民办学校（教育机构），提供及时的行业动态，分享有价值的业界信息，加强会员单位之间的互动。

### （八）主要荣誉成果

**学生获奖**

9 月，在"湖南省职业学校学生英语口语大赛"中，学校学生段佳云、林红艳分别获得非专业组一等奖、专业组三等奖。段佳云作为湖南省唯一的代表参加"全国高职院校学生英语口语大赛"并获得二等奖。

11 月，日语系李文雨同学，在"湖南省第五届日语文化节暨日语竞赛"中，获写作比赛大学二年级组一等奖。

涉外经济管理系会计专业彭青燕同学、计算机专业钟海鹰同学，在"湖南省职业院校冬季技能竞赛"中均获三等奖。

**教师成果**

6 月 18 日，学校申报的三个 2008 年湖南省职业教育"十一五"重点建设项目在顺利通过项目陈述和专家答辩环节之后成功立项。省级精品专业商务英语的项目负责人为陈伟建副教授；省级精品课程"湖湘旅游文化"的项目负责人为唐永芳副教授；国际贸易专业省级带头人姜明军博士，实现了民办高职院校在湖南省职业教育"十一五"重点项目上零的突破。为获此成果，学校成立了以校长为组长的精品课程和精品专业领导小组，正式启动精品课程、精品专业建设。

涉外经济管理系主任唐永芳副教授主持申报的国家"十一五"教育科学规划重点课题"提高课堂教学实效性的教学策略研究"的子课题"'124'人才培养教学模式实效研究"获批立项。

陈伟建副教授主持的"EEBVRM 架构打造多语言平台上的多证书复合型商务应用人才"和姜明军博士主持的"基于'6＋2'模式构建我校以服务为主旨的教学督导系统"两项教学成果，被评为 2007～2008 年度湖南省教育教学改革发展优秀成果二等奖,实现了学校教学科研成果省级奖项零的突破。

这一年,全校教师公开发表学术论文、教研论文150余篇;主编、参编专著、教材20部。

**2009年**

年初,学校定下的工作重点是:全面启动教育部人才培养工作评估的迎评工作;为稳定办学规模,完善招生工作制度,巩固生源基地,扩大招生网点,提高生源质量;在专业建设方面,狠抓2008年申报成功的三个省级重点项目的建设工作,迎接教育厅的中期检查,同时申报一个省级外语教育培训基地、一门省级精品专业、一门省级精品课程、两个省级专业带头人;因地制宜,建设一个综合性的实训基地,形成以职业岗位作业流程为导向的实训模式和面向市场的实训体系,同时实习实训设施设备达到企业现场设备中等以上水平,设施设备项目达标率和实习实训项目开出率达到100%;进一步加大开放式办学力度,提升对外合作与交流的层次与水平;加大培训力度,逐步形成学历教育与培训、国际交流相结合的办学格局。

为实现以上目标,学校明确"为学生服务"的理念,坚持将推进教育教学改革作为重点,认清"职业教育需要鲜明专业特色"的努力方向。在新校区建设缓冲期间,务必实现"内修质量、外树形象"的紧迫目标,以应对产业的扩大与延伸带来的系列考验。学校通过建章立制提升管理水平,强调在处理复杂的矛盾与关系的过程中发扬"大胆管理、放手工作"的"湖外精神"。

**(一)学校总体工作**

2月20日,董事会高瞻远瞩,根据学校总体发展规划,成立以董事长宁平为指挥长,肖长礼、刘世昌、黄旭、陈伟中、陈俊雄为副指挥长,学校相关职能处室人员为成员的新校区建设指挥部,正式启动新校区选址、项目申报、设计、建设用地规划等建设前期工作。

6月9日,学校董事会正式向望城县人民政府提交《关于择址建新校区的请示》的报告,获望城县人民政府批准,新校区建设正式拉开帷幕。

9月,学校完成2009年迎新工作,以及2 500多名新生中的1 600人迁往浏阳校区与迁回长沙校区的工作。

10月,学校党委工作部与学校办公室合并为党政办公室。

11月,防控甲流工作成效显著。学校制订《防控甲型H1N1流感工作方案》,成立防控工作领导小组、学生工作组、教职员工工作组,开展宣传教育、消毒处理、学生晨检、物资发放等工作。学校对1名确诊学生及相关人员果断采取隔离措施,有效防控疫情在校园内的传播。

12月，时任中共中央政治局常委的李长春，时任中共中央政治局委员、中央书记处书记、中宣部部长的刘云山在湖南调研，来到学校实训基地青苹果数据中心有限公司了解新兴文化产业发展情况。

12月，时任中共中央政治局委员、国务院副总理的王岐山在湖南调研，考察学校实训基地青苹果数据中心有限公司。

这一年，征兵工作取得巨大成绩。学校向部队输送了男兵8名，首次向部队输送了女兵2名（湖南省总计输送女兵100名）。

这一年，在校园安全方面，查处"9·19"学生公寓盗窃案、"10·17"重大盗窃案；处理"9·27"商务英语系学生现金被盗案；圆满调解"10·22"学生车祸受伤赔偿事件，为学生争得赔偿约43 000元。继续保持无重大安全事故、师生犯罪率为零、非正常死亡率为零的"三零"指标。

这一年，为迎接教育部人才培养工作评估，在全校17个部门的参与下，学校成立评建工作小组，各部门负责人担任小组负责人，全面建立从上而下的评建机构。为了将评建工作落到实处，学校将评估指标体系进行分解，按部门、分步骤下达评建任务书；组织召开两次迎评工作全校教职员工动员大会；围绕迎评促建对评建工作进行宣传，深度解读《湖南省高等职业院校人才培养工作评估实施细则》文件精神；编印《高等职业院校人才培养工作评估文件汇编》，印制《评建工作简报》。11月，开通评建网。同时，对标评建工作细则、学校基本办学条件数据进行摸底，制订《基本办学条件指标现状一览表》，向董事会递交《关于我校基本办学条件的测算报告》。

**（二）人才培养工作**

1月20日，学校组织召开大学生思想政治工作会。

这一年，应用日语专业作为湖南省职业教育精品专业成功立项，并于2012年通过验收；涉外经管系成立会计专业、计算机信息管理专业；申报应用葡萄牙语专业、阿拉伯语专业获得批准。

这一年，学校与长沙创思维力信息科技有限公司、深圳市皇庭地产集团开展校企合作，并在涉外经济管理系、日语系分别建立皇庭班和SWL国际服务外包班。

**（三）招生就业工作**

9月开始，学校成功举办1次大型综合招聘会（151家企业参加）、1次主题招聘会（17家企业参加的文职专场）和31次专场招聘会，吸引了包括深圳市皇庭地产集团、湖南五强集团等知名企业在内的共计199家省内外优秀企业来校选拔人才。11月3日举办的大型综合校园招聘会，是当年湖南省最早的一场大型校园招聘会。

这一年，设立珠三角办事处，学校向就业工作的市场化迈出了重要一步。同时，成立就业指导课程教研小组，开始分模块、分领域进行就业指导课程的教学。在长沙市教育局的指导下，引进GYB（Generate Your Business Idea，产生你的企业想法）创业教育课程。

**（四）师资队伍建设**

这一年，结合人才培养水平评估及学科建设，制订2010年人才需求计划，修订《2010～2012三年师资队伍建设规划》。引进各类人才共45名，基本满足各处室、系部的行政和教学工作需要。在对外籍教师的培训与管理方面，多次召开全体外籍教师会议及外事工作会议，新聘8名外籍教师，延聘7人。组织50多名教师参加了2009年高校教师岗前培训，通过率在95%以上。同时，依照学校董事会的部署，重新修订了教职员工薪资改革方案，全面提高教职员工整体工资水平。

**（五）国际交流合作**

暑期，7名研修生顺利启程赴日。

9月24日，日本进和外语学院近藤胜彦校长来校访问。

10月10日，湖南外国语职业学院与墨尔本金融管理学院就合作的澳洲项目正式签署协议。

10月起，学校正式启动赴美暑期实践项目。共有25名学生通过测试，取得赴美资格，并匹配实践岗位。

12月3日，美国达拉斯浸会大学副校长来校访问。

12月18日，学校乌兹别克斯坦教师迪约贝克获颁长沙市人民政府首届"星城友谊奖"。

**（六）校园文化生活**

学校举办了"各献一首曲，同暖幸福家"校园歌手大赛、"天下兴亡，我的责任"系列主题活动、"抗击甲流 我们在一起"主题晚会、"友谊杯"拔河比赛等活动。学校校园文化活动开始形成一定规模与特色。

9月，涉外经济管理系学生参加长沙市十万大学生颂祖国合唱活动。

10月，学校举办秋季学生田径运动会和教师趣味运动会。

**（七）社会服务**

学校通过湖南省商务厅和长沙市商务局的各项检查，成为全市高职院校中两个服务外包培训基地之一。

学校通过长沙市考试院自学考试考点的审查，成为湖南省高等教育自学考试考点，并于10月第一次成功组织自学考试。

这一年，学校完成200多名考生的全国成人高考的培训、组考工作；组织逾3 000名考生的大学英语三、四、六级考试；组织逾2 000名考生的计算机信息高新技术考试；组织英语过级培训、日语过级培训、普通话测试培训、会计从业资格考试培

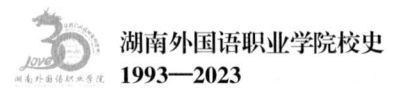

训,总计培训学员超6 000人。

**(八)主要荣誉成果**

*学校荣誉*

学校被先后授予"长沙市民办学校首届寝室文化节活动优秀学校""首届湖南省十佳民办高校""长沙市2008~2009学年度民办学校年检优秀单位""湖南省普通高等学校毕业生就业工作优秀单位""长沙市创业教育示范基地""全省高等学校英语应用能力考试优秀考点""湖南省高校岗前培训工作先进单位"等荣誉称号。

*学生获奖*

商务英语系学生在"湖南省第六届高等职业学校学生实用英语口语大赛"、第十五届"21世纪杯"全国英语演讲比赛湖南省决赛中,获得3个三等奖。

商务日语系学生参加"湖南省第六届作文和演讲比赛",获得三等奖。

*教师成果*

商务日语系陈爱平主任被评为"湖南省百佳教师"。

招生就业处李准颖被评为"湖南省就业工作优秀个人"。

这一年,教职员工编写并出版(含准备出版)校本教材9种。其中,涉外经济管理系1种,商务英语系2种,日语系6种。教职员工公开发表论文70篇。

## 2010年

经过2006至2009年在长沙初始办学阶段的经验积累,学校进一步廓清将人才链建立在产业链上的决策重点,并更加明确地意识到,推进教育教学改革、课程改革是永恒的主题;获奖级别高、奖项多,高就业率和精就业率是教育教学改革成功与否的评判标准。学校要求教师加大科研力度,争做行业、领域、项目的里手,以教师成才推进学生成才。此时,要攻克的难题不是做大,而是做专、做细,深耕"外国语"特色。

纵观湖外校史,2010年可称为"改革年""发展年"。学校对组织机构、运行机制、员工队伍进行了大调整,剥离了后勤服务系统,体现了去行政化的趋势。面对艰难的整体招生形势与就业压力,董事长、校长和全体教职员工精耕招生、就业两条生命线。

《长沙市教育事业发展第十二个五年规划》中明确表示:"支持湖南外国语职业学院走国际化职业教育之路,办成与国际接轨的学校。"因此,这一年湖外的国际化办学特色极为明显。学校党委书记刘世昌在年初提出:湖外的发展既不能走公办高校办学的老路,更不能走民办高校办学的套路,湖外必须走有自己特色的办学之路。校长刘国宪引进"行政服务教学、全校服务学生"的国际化办学理念和管理模式,以期优化办学模式、提升教学质量、提高办学品质，走湖外特色发展之路。

**（一）学校总体工作**

1月8日，在望城县招商项目签约大会上，宁平董事长与望城县人民政府副县长王华英就新校区落户望城丁字园区的项目正式签约，成为新校区建设工作正式启动的标志。新校区占地700亩（约0.47平方千米），计划分两期开发建设。历时4年的选址工作，终于尘埃落定。湖外完成了新校区校址的选定，迈出了建设新湖外的坚实步伐。

3月1日，学校召开董事会，会议同意黄旭校长辞去校长职务的请求，决定聘请刘国宪博士任校长。

4月23日，湖南外国语职业学院新校区建设项目通过长沙市发展和改革委员会批准，正式立项。

5月5日至6日，北京外国语大学网络教育学院院长曹文、院长助理白志勇、学历教育总监阎建峰来校访问。双方就两校远程合作进行深入交流。

5月18日，学校召开第四次团员代表大会暨第四届学生代表大会正式会议。校党委书记刘世昌、工会主席金百林、校长助理蒋永光、学工处处长周自艳、校团委书记曾卉及各系学工主任、团总支书记出席大会。大会代表团由318名学生代表和5名教工代表组成。

5月起，董事会打破传统的招聘、竞聘模式，采取领导、职能部门、普通教职员工参与组建招聘委员会的模式，公开、公平、公正地面向社会广纳贤才，夯实发展基础。

5月，通过全球招聘，学校引进刘国宪博士，又先后引进朱乐红教授、叶洪博士、谢艳梅教授、伍伟青研究员、田晓山博士、吴辉球博士、谢建全博士等一大批高学历、高职称、高素质、经验丰富的教研与管理人才加入教职员工队伍，大大提升学校的人才任用层次与人才效能。

6月，长沙学院党委书记李咏芳、党委副书记李云龙、办公室主任周明侠、组织部部长甄洁洪一行到访学校。董事长宁平、党委书记刘世昌、校长刘国宪及相关部门负责人接待了来宾。

7月，时任中共中央政治局常委、国务院总理的温家宝在长沙就经济发展情况调查研究，到访学校实训基地青苹果数据中心有限公司。该企业是中国最早从事数字化加工和出版的企业之一，也是一家服务外包企业。包括湖外学子在内的员工们，将海内外浩如烟海的铅印报纸，转化为图文并茂的数字化"电子版"；将历代权威史料、重要文献和视频资料，压缩成小小的光盘。温家宝对员工们说，中国历史文化底蕴丰厚，本身就是一个取之不竭的大"数据库"。中国开放包容、兼收并蓄，善于借鉴世界先进文化。中国人尤其是年轻人勤奋耐劳，富有智慧。这家企业如同一棵树苗刚刚破土，终将会长成参天大树。

7月，刘国宪校长入选2010年长沙首批"313计划"（长沙市3年内引进100名国际高端人才和30个国际高端人才团队），成为长沙市高职高专院校中唯一入选的专家。

7月，董事会决定对学校进行管理体制调整，以响应教育部号召，推进高校"去行政化"工作。经董事会批准，学校对组织机构进行了大调整，精简机构。将原有的27个系、处、室整合成5个学院（东语院、西语院、涉外院、浏阳院、国际院）和3个部（综合部、教导部、招生就业部）。同时，面向社会招聘中高层管理人员。

8月2日，学校新校区的683.33亩（约0.46平方千米）项目建设用地通过望城县人民政府审查。

8月24日，董事会批准学校以教师为主体的招聘工作委员会推荐的中高层管理人员名单。

9月10日，学校召开教师节座谈会。来自各院系教学一线的20余名教师代表和各行政部门的数十位员工代表参加座谈会。会议由叶洪博士主持，董事长宁平、校长顾问朱乐红、校长助理顾松麒出席座谈会。

9月20日，学校召开全体外籍教师中秋节座谈会。

9月，为统一认识、增强凝聚力，学校在江西宜春召开主管以上干部务虚会。

9月，学校建立国际学院。

10月8日，湖南省民办教育协会、长沙市民办教育协会领导肖求如、张伟玦、韩轶凡、张驱美、黄为等人来校进行现场调研。调研组对学校在着力保障教职员工福利待遇、优化教师资源配置、狠抓教学和重视科研工作等方面的成绩给予肯定。肖求如副会长鼓励学校组织全体教职员工认真学习《国家中长期教育改革和发展规划纲要》，继续以人才培养为中心，提高教学质量，找准办学定位。

11月9日，湖南外国语职业学院第六期党校开学典礼在图书馆报告厅举行。学校董事长助理唐启金、校团委书记曾卉、西语系支部委员付兴华等应邀出席。

11月10日，宁平董事长与刘国宪校长正式签订2010～2011学年度《目标管理责任书》，校长与各院、部负责人逐级签订《目标管理责任书》，以期通过建章立制规范管理，明确权责和考核指标。

12月，学校在广泛征求教职员工意见后，以"向一线教师和干部倾斜"为原则，开始调整工资体系。

12月，董事会决定成立湖南湘外物业服务管理有限公司。

12月，学校完成主管竞聘上岗程序。董事会批准主管以上管理人员和各院教研室主任名单。

这一年，学校大刀阔斧进行行政工作改革。将后勤、保卫"看门守栋"的日常业务剥离出来，成立湖南湘外物业管理有限公司。这一举措成为"服务外包"理念的大胆实践，让业务归口，符合社会分工专业化的大趋势，从组织形式上强调了职能，为学校和公司突出主业、明确主攻方向、提升工作质量指明了道路。同时降低成本，扩大市场，充分发挥民办教育的灵活机制。

这一年，湖外更加重视其作为高校的功能与特征的体现。学校完善了对学校教学指导委员会和学术委员会的建设，制定了《教学指导委员会章程》《学术委员会章程》。从组织上和制度上保证和激活了广大教职员工在学科建设、教学科研工作中的主导作用和骨干示范效应。"湖外大讲堂"正式启动，邀请了一批专家教授在长沙和浏阳两个校区举行学术讲座，营造"学术至上"的氛围。

这一年，为了舒缓因校区建设而日趋紧张的办学压力，确保各项工作的顺利推进，进一步规范和控制学校运行成本，学校首次制订并发布《全校行政经费预算控制方案》，将费用控制项目和具体额度下发到各院、部执行。后相继制定下发《业务招待费管理办法》《车辆管理制度》《网站信息管理办法》《重大活动组织程序》《信息栏管理规定》《教职员工培训进修管理办法》《业务招待费管理办法》等规章制度。

**（二）人才培养工作**

3月11日，助学自考班开班典礼顺利举行。全校700多名报考了短线自考的学生参加自考班，以获取有关自考分班、教学管理、考试等方面的信息。

3月20日，学校培训中心和湖南省商务厅培训中心联合举办"外贸类和证券职业资格证书考试"讲座。讲座解读了报关员、报检员、证券从业人员的工作性质、市场需求和行业趋势，并对报关员资格证书、报检员资格证书、证券职业资格证书的价值、考试特点、考试内容进行了全面分析，使学生接触并了解这些"黄金行业"的准入证书。

7月，湖南外国语职业学院与通程集团签订"通程班"合作协议。

9月，学校成立东方语言学院、涉外经济管理学院。英语系、多语种系合并为西方语言学院。东方语言学院设置应用阿拉伯语专业。

11月16日，学校举行"融程花园集团班"开班典礼暨签约授牌仪式。

自2010学年下学期起，为落实"全校服务学生"的办学理念，学校以教学班为单位，首创学业导师制度，针对学生的素质特点和个体差异，为每一位学生量身定度，进行学习方法、专业发展、课程选择、职业规划等方面的指导。学校要求所有中青年教师，必须经过学业导师岗位的锻炼。

这一年，学校积极组织探讨教学改革焦点议题，根据高职教育的自身特点，学校建立了实习报告替代毕业论文的制度，使学生有更多的时间在实习一线练习技能，增强实践综合能力。

### （三）招生就业工作

10月25日，"长沙市创业女性报告团进校园"巡回演讲报告会在学校举行。此次报告会由长沙市妇女联合会、长沙市教育局联合主办，湖南外国语职业学院协办。当时，学校90%的在校生为女性。举办报告会的目的在于鼓励女性培养独立自主意识和创业就业能力，学习女性创业者们吃苦耐劳的精神，积极面对创业、就业压力，为国家多作贡献。

10月，宁平董事长、东方语言学院陈爱平主任、就业处李淮颖处长一行3人前往江苏镇江，实地考察了江苏奥博洋信息技术有限公司，并与之共建就业创业基地。

11月3日，学校组织举办"毕业生对话企业家"讲座活动，邀请了6位来自温州、西安、郴州、长沙等地的企业家和资深企业管理顾问，与300余位即将走向工作岗位的准毕业生围绕求职、创业等话题进行对话与探讨。

11月16日，著名企业管理咨询师、职业规划师杨学飞老师来校，与众多学生共同探讨大学生"就业难"问题。在这场以《材料 才华 财富》为主题的公益讲座中，杨学飞邀请了数百家企业的负责人出席，设置企业与学生现场互动环节，让学生直接对话企业管理者，了解最真实的企业人才需求。

11月23日，由湖南省人力资源和社会保障厅、湖南省教育厅联合主办的"首届湖南职业院校联合供需见面会"在学校举行。186家省内外企业进驻这场大专生专场招聘会，提供岗位3 000多个，为毕业生提供多样的岗位选择。

这一年，学校招录新生逾1 500人。毕业生首次就业率达到82.23%。

### （四）师资队伍建设

3月11日，学工系统全体会议在图书馆报告厅举行。党委书记刘世昌、校长助理蒋永光应邀出席，校团委书记曾卉、各系学工主任、团总支书记以及学工系统全体人员参加会议。会议由学工处处长周自艳主持，旨在为学工系统明确工作目标，理顺工作思路，有助于学生管理工作的顺利开展。

11月16日，在教导部组织下，朱乐红副校长在图书馆报告厅举办《学术论文撰写技巧与职称评定指导》主题讲座，旨在提高学校教师的科研水平。

### （五）国际交流合作

1月8日至9日，中国教育国际交流协会召开理事会换届大会暨第六届理事会第一次全体会议。会上，宁平董事长当选第六届理事会理事，湖南外国语职业学院成为中国教育国际交流协会理事单位。宁平在小组讨论中提出，文化交流应该多元化，国家提倡的软实力应从教育入手，大力实施"引进来、走出去"战略方针，通过协会全方位搭建平台，不断拓展教育国际交流与合作的新领域、新内容、新形式。期待协会给予学校业务指导和专业化培训，切实提高学校国际化办学的质量和水平，将理事单位的强势专业资源，统一在协会网络平台实现交流共享，最终形成优质资源，走向世界。

3月15日，湖南外国语职业学院与美国达拉斯浸会大学正式启动"2+2"合作项目，双方同意对商务英语专业、国际贸易专业、市场营销专业、会计专业、酒店管理专业、计算机应用专业实行学分互认。

3月29日，湖南外国语职业学院与墨尔本金融管理学院正式启动"中澳双学历"项目。中澳双学历项目是指湖外学生在国内学习两年，成绩合格者可同时获得由澳大利亚政府承认、墨尔本金融管理学院颁发的高等大专商科文凭和湖南外国语职业学院颁发的国家大专文凭。学生雅思成绩如果在5.0分以上，即可申请进入与学校合作的澳大利亚公立大学学习一年的本科课程。在澳学习期间，如果考试成绩合格，还将获得由澳大利亚的大学颁发的学士学位。

6月2日，来自英语系、涉外经管系、多语系的16名学生在北京首都国际机场登机赴美，开始暑期带薪实习工作。学生加入美国奥兰多的环球影视城等国际知名企业进行实习，获得每小时7.5到10美元的报酬。赴美带薪实习项目吸收全世界的大学生赴美工作、生活，在体验美国风土人情之余，还能和来自各国的同龄人交流，在全英文环境中提高英语水平与跨文化交流能力。

6月22日，党委书记刘世昌携党政办公室、国际交流处和多语种系相关人员热情接待了韩国全罗南道代表团。双方就基本情况进行简要介绍，针对两校合作办学、互派访问学者和留学生、建立实习实训基地等事宜进行探讨。

6月，学校与英国胡弗汉顿大学确立初步合作意向和合作框架。

7月，宁平董事长一行前往韩国、日本考察。先后参观、考察了韩国建国大学、大邱大学、岭南大学、大邱工业大学及日本福冈国际学院、日本京都情报大学院大学等多所国际知名高校。

8月，宁平董事长应邀参加由中国教育国际交流协会和财团法人日本语教育振兴协会共同主办的"2010年日语教学研讨会（北京）"。

9月30日，我校乌兹别克斯坦籍专家迪约贝克获颁"第五届潇湘友谊奖"。这是我校教师继维拉之后，第二次获此大奖。"潇湘友谊奖"是湖南省人民政府为表彰在湘外国专家在文教和经济领域所作出的杰出贡献而颁发的奖项。此次共18位外国专家获颁该奖。

10月，宁平董事长、刘国宪校长和叶洪博士赴北京参加由中华人民共和国教育部批准、中国教育国际交流协会主办的第十一届中国国际教育年会。广泛参与国际交流、积极拓展国际合作业务成为湖外工作常态。

12月19日至20日,湖南外国语职业学院与日本美罗斯言语学院签订友好协议。

12月20日,由东方语言学院日语系主办的"留学MEROS学园"讲座在图书馆报告厅举办。主讲人为MEROS学园执行理事长香川顺子、事业部部长伊原久惠。他们分别从日本文化以及学园的教学环境、师资力量、环境设施等方面和同学们分享了日本学校的学习和生活。

**(六)校园文化生活**

5月4日,我校举行2009年评优评先暨2010年"五四"表彰大会。与会领导有学校党委书记刘世昌、校长助理蒋永光、党政办公室主任金百林、校团委书记曾卉等。各系团总支书记、辅导员以及所有获奖班级和个人到场参与。

5月12日,是国际母亲节和汶川大地震2周年纪念日,在这个特殊的日子里,多语种系全体师生以"缅怀逝者,感恩母爱"为主题,举行了一场以语种为单位的大型主题班会。

5月25日,学校首届国际美食交流大赛成功举办。来自德国、法国、俄罗斯、韩国、西班牙、葡萄牙等国的外教带领学生变身大厨比拼厨艺。此时,学校已有来自11个国家的19位外籍教师,是湖南省外教最多的高校。为营造语言学习的文化环境,学校开展了丰富多彩的活动,激励外教为湖外的发展贡献力量。国际周、美食节、运动会、文艺汇演等校园活动中,都有外教积极参与的身影。

5月25日,首届教职员工气排球比赛拉开帷幕。

6月12日,由校团委主办,校学生会、社团联合会承办的以"青春湖外、缤纷社团"为主题的第四届社团成果汇报演出在学校俱乐部举行。

6月20日,由学生工作处主办、校团委承办的主题为"谢师恩、恋湖外、启航程"的2010年毕业生晚会在学校俱乐部举行。

10月18日,学校2010年经典诵读大赛在俱乐部举行。"中华诵"大赛是为了提高学生语言文化素质,提升学生对通用语言文字的实际应用水平,弘扬中华优秀文化传统,深入贯彻落实党的十七大提出的"弘扬中华文化,建设中华民族共有精神家园"的要求。

11月11日,浏阳校区首届趣味运动会拉开帷幕。

12月8日,涉外经济信息学院第二届"十佳歌手"大赛在俱乐部举行。宁平、陈俊雄、顾松麒、宁瑶林、鲁平等董事会领导,刘国宪、伍伟青、田晓山、陈永华等校领导参加晚会。

12月20日至24日,学校成功举办首届国际文化周。

12月20日,学校部分学生同法语教师高山,葡萄牙语教师帕特丽夏,西班牙语教师宙斯、邓肯、安东尼，在欢快的乐曲和热闹的氛围中庆祝"圣·尼古拉斯"节。

12月21日，国际美食节顺利举办。外籍教师在学校食堂现场烹饪异国美食，将新鲜出炉的特色美食分发给在场学生品尝。

12月22日，西班牙语外教宙斯为同学们举办了一场介绍西班牙城市塞维利亚民俗风情和文化的讲座。现场，宙斯即兴跳了一段弗拉明戈舞，将讲座氛围推向高潮。

12月23日，由韩语外教杜米组织的韩服体验活动在教学楼一楼大厅举行。韩服体验活动是学校首届国际文化周众多活动中的一项，学生们通过体验异域服饰，加深了对异国文化的了解。

12月24日，刘国宪校长协同有关领导为全体外籍教师举办圣诞晚宴。

12月30日，"青春湖外，拥抱梦想"2011年元旦晚会在俱乐部举行。

这一年，学校组织部分员工赴新加坡、马来西亚等国，以及香港、海南、江西等地旅游；举办教职员工拔河比赛、教职员工合唱比赛、教职员工文艺演出等活动。工会为每位教职员工举办生日派对成为例行活动。

**（七）社会服务**

3月，学校作为培训外包人才的唯一一所大专院校成功加入长沙服务外包行业协会。同协会一道致力于推进长沙服务外包行业全方位、多渠道发展，为服务外包行业的高速发展奠定坚实基础。

4月14日，青海省玉树藏族自治州发生7.1级强烈地震。4月26日，学校多语种系师生在图书馆会议厅举行主题为"永不放弃，向生命致意"的赈灾募捐仪式，为灾区募集善款15 111.7元。

6月19日，全国大学英语三、四、六级考试举行。我校作为考点，顺利完成组织考试任务。

10月23日，橘子洲国际摄影文化节开幕，来自中南大学、湖南大学、湖南师范大学和湖南外国语职业学院等高校的200名志愿者，为参展者和参观者提供多项服务。学校共派出12位学生志愿者，他们主要负责摄影节期间所有文字材料的英文撰写与翻译工作、英文官网的信息更新工作，以及现场同声翻译与外宾接待事务。

10月，宁平董事长向湖南省教育基金会捐款50万元。

12月14日，刘国宪校长应邀赴郴州市第一中学举办题为"中美文化与教育"的学术讲座。随行人员有招生就业培训部部长陈永华、工作人员沈平和湖南教育卫星应用技术有限公司总经理鲁微。郴州市教育局局长周余武，郴州市教育督导专员陈刚，市、县各级教育局、社会科学研究院负责人和各中学的校长等300余人参会。刘国宪表示，为促进郴州教育事业的发展，愿意以湖南外国语职业学院为平台提供包括外教、支教等在内的一系列服务支持。

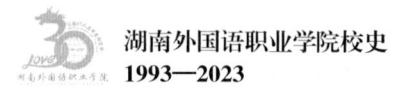

这一年，学校毅然担负起高校服务地方经济的使命，完成涉及 3 758 人的各类培训工作，成功组织近 3 000 人报名参加各类考试，考生取证率达到 80%，计算机和秘书等专业职业技能鉴定的合格率稳步提高。

### （八）主要荣誉成果

*学校荣誉*

3 月，长沙市商务工作会议召开，各级商务主管部门领导、各相关企业负责人、服务外包示范院校等参会。会上，长沙市政府领导对学校服务外包人才培训基地提出表扬，并颁发了 5 万元奖金，鼓励学校继续加强服务外包人才的培养与输送。

4 月，学校被湖南省商务厅授予"湖南省服务外包人才培训基地"。

5 月，学校被湖南省教育厅授予"英语应用能力考试优秀考点"。

6 月，学校被湖南省人力资源和社会保障厅授予"2009 年职业技能鉴定工作先进单位"。

11 月，学校被湖南省教育厅评为 2010 年度湖南省高校毕业生就业工作"一把手"工程优秀单位。

学校作为唯一一所高职院校加入长沙服务外包行业协会。

学校获评 2010 年度"湖南省高校教师岗前培训工作优秀组织奖"

宁平董事长被中国民办教育协会评为"全国优秀民办教育家"。

*学生获奖*

9 月 29 日，由长沙市人民政府和长沙市教育局共同举办的"第二届长沙市大中专学生创业教育活动之创业大赛总决赛"在湖南商贸旅游职业技术学院落下帷幕。我校东方语言学院应用日语专业陈卉同学、杨思铭同学分别获得职业生涯设计比赛二等奖和三等奖，参赛项目"爱语玫瑰特色店"获得创新创业项目竞赛三等奖。我校成为本届唯一获得奖项的民办高校。

10 月，在"湖南省实用英语口语大赛"中，杨晓凤老师指导的学生刘子瑜获非英语组二等奖，周新云老师指导的学生左伊伶获英语组三等奖。

*教师成果*

6 月，曹杨荣获湖南省人力资源和社会保障厅颁发的"2009 年度湖南省职业技能鉴定工作先进个人"称号。

9 月 29 日，李淮颖、周芳和刘子琛三位老师在"第二届长沙市大中专学生创业教育活动之创业大赛总决赛"中获得"优秀指导教师奖"。

## 2011 年

年初，学校明晰"行政为教学服务，一切为学生服务"办学理念，确立"坚定不移地走国际化的职业教育办学之路"的总体目标。具体指标包括：按市场细分要求，着力建设学历教育、培训、国际合作三大业务；吸引优秀人才，提升师资队伍水平和教学质量；积极深化校企合作，确保学生一次性就业、优质就业；不断优化体制和运行机制，管理做到规范化、制度化、程序化；董事会、党委、行政部门的关系需进一步理顺，以解决制度化管理落实不到位、与"制度面前人人平等"尚存距离等问题；面对因生源减少、教育市场由卖方市场向买方市场转变所导致的办学竞争日益激烈的形势；把握新校区建设进度，解决办学评估时间紧、任务重等一系列关键而紧迫的问题。

学校锐意改革、精诚治校，大胆引进国内外先进的办学理念，大力引进专家学者治校。学校致力于锤炼素质优良的教师队伍，加强学科与专业建设，逐步健全行政和教学管理制度，进一步夯实发展基础。此时的湖南外国语职业学院，已多次被湖南省人民政府、长沙市人民政府授予"长沙市服务外包人才培训基地"称号，连续多年被湖南省教育厅评为"湖南省普通高等学校毕业生就业工作优秀单位"，拥有较好的改革基础与办学品牌。同时，学校设有17个专业，已是中南地区小语种最全的学校之一，是省内唯一以小语种人才培养见长的高职院校，拥有湖南省高职院校中规模最大的英语系、日语系和韩语系。其中，英语和日语为省级重点专业，"湖湘旅游文化"为精品课程。学校开设了多个湖南省唯一的小语种专业，如应用阿拉伯语、应用葡萄牙语等。同时，学校积极申报人力资源管理专业、会展策划专业和对外汉语专业三个新专业。

**（一）学校总体工作**

2月23日，学校在长沙市望城县丁字镇举行新校区启动暨湖外路命名揭幕仪式。参加奠基仪式的领导有：中华人民共和国教育部原副部长柳斌，湖南省委原常委、省人大常委会原副主任刘玉娥，湖南省人大常委会副主任肖雅瑜，湖南省人大常委会原副主任、湖南省人民政府原副省长唐之享，湖南省原军区副司令员萧求如，湖南省教育厅厅长张放平，湖南省教育厅副厅长杨定忠，原北京外国语大学校长、学校名誉校长陈乃芳，中国教育交流协会秘书长江波，湖南省人民检察院原检察长、湖南省民办教育协会副会长张树海，长沙市人民政府副市长何寄华，望城县委书记黄佳惠，望城县人民政府县长谭小平，以及省、市、县、街道相关部门负责人、多所省内兄弟院校代表，共500多名来宾共襄盛会。柳斌为新校区奠基盛典题写贺词："润物三春雨，育人百代功。"还亲笔题写湖外校训、湖外院报（月刊）刊名。

3月22日，时任中共中央政治局常委、中央书记处书记、国家副主席的习近平来到湖南调研，走进湖外实训基地湖南省青苹果数据中心有限公司车间，与我校日语系学生臧冬晖亲切交谈。习近平对该企业高度重视科技攻关、努力掌握产业发展急需的关键技术、不断提高核心竞争力表示赞赏。青苹果数据处理中心是一家从事数字化产品制作的文化服务企业，该企业通过"订单式"的综合培养策略，引进了大批人才，两度入选"中国成长型服务外包企业100强"。臧冬晖来自我校"青苹果班"，该订单班的湖外学生全部入职青苹果数据中心。作为其中的优秀代表，当时年仅22岁的她管理着108名员工。

3月，参照新的工资体系发放工资。努力实现学校发展与教师福利同步推进。

5月，学校被列为《长沙市中长期教育改革和发展规划纲要（2011—2020）》中的高等教育结构优化工程之一，成为唯一入选长沙市"十二五"规划的民办高职语言类院校。政校联动，共同致力于将学校建设成与国际接轨的高职院校。

6月2日，《湖南日报》以《湖南外国语职业学院开启你走向世界之门》为题，对学校的国际化办学特色进行专题报道。

6月4日，学校新校区约683.33亩（0.46平方千米）的项目建设用地通过湖南省人民政府审批。

8月，湖南省教育厅下文同意湖外正式借调朱乐红教授、陈钢教授。

8月，学校引进肖建安教授。

9月3日，全校师生在学校俱乐部举行新学期开学典礼。参加典礼的有党委书记刘世昌、校长刘国宪、副校长朱乐红、副校长李绍新等领导。

9月6日，学校工会在西配楼会议室召开教职员工代表座谈会。会议由工会主席陈爱平主持。董事长宁平、副校长李绍新对湖外的愿景规划进行解读。与会教职员工在会上积极为湖外招生、教学和管理等方面的工作出谋划策。

9月9日，学校于图书馆报告厅举行第27个教师节表彰大会。

10月8日，学校进行后勤社会化改革，全体后勤服务管理人员识大体、顾大局，支持改革置换身份，成立湖南湘外物业管理有限公司。学校后勤服务体系正式开启社会化、标准化、专业化、企业化管理的进程。

10月10日，时任中共中央政治局常委、国务院副总理的李克强在湖南考察。他来到湖外实训基地湖南省青苹果数据处理中心有限公司，向技术人员详细了解行业态势和应用前景。李克强说，把传统文化资源和现代信息技术结合起来的创新之举，能够催生新产业、引领新需求。要统筹发展传统产业和新兴产业，推动研发与应用结合、科技与产业融合，加快发展先进制造业、高技术产业，积极发展文化产业，提升服务业比重和水平，推动经济步入创新驱动、内生增长的轨道。

10月25日，学校召开干部交接大会。根据湖南省委组织部湘组干函〔2011〕261号通知，委派周庆宪同志担任中国共产党湖南外国语职业学院委员会书记、督导专员，免去刘世昌同志中国共产党湖南外国语职业学院委员会书记、督导专员职务。参加此次大会的领导有：湖南省教育厅副巡视员陈飞跃，湖南省教育工委组织部部长陈小奇，长沙市委组织部副部长杨意平，长沙市委组织部四处处长李湘越，原湖南外国语职业学院党委书记、政府督导专员、时任长沙学院副院长刘世昌，新任湖南外国语职业学院党委书记、政府督导专员周庆宪，湖南外国语职业学院董事长宁平、校长刘国宪、常务副校长朱乐红、副校长李绍新。

12月7日，长沙市公安局人口与出入境管理支队副政委兼纪委书记周左一行来校进行外事年检工作，对学校高度重视外事工作，定期召开外籍教师会议、部门联席会、外籍教师与中国合作教师会，进行外籍教师岗前培训，签订外籍教师法律法规和规章制度学习确认书，以及开展一系列国际文化活动等举措给予高度评价，认为学校外事管理工作扎实、细致、到位，一些好的做法值得推广。

这一年，为保证信息沟通渠道畅通，建立稳定的通讯员队伍和媒体记者网络，学校创设《湖外快讯》（周刊）、《湖外院报》（月刊），新添LED（Light-emitting Diode，发光二极管）告示牌，全面推动二级学院的网站建设。新闻宣传工作体系完成初步搭建。

这一年，全校由原来的30多个部、系、处室整编成6个二级学院和14个处室，全面精简整合行政机构，同时面向社会招聘高管、实行公开竞聘上岗、优化教职员工结构、提升教职员工整体素质。为了达到优化管理资源、合理设置处室岗位职责、明确分工协作范围、细化教学管理流程等目的，学校进行了一系列的人事制度改革。

这一年，通过向全社会公开招聘专家，学校从湖南省外语院校吸收了一批语言教育和管理专家，行政机构基本形成以下特色：校务会由熟知办学政策、教育教学规律的专家组成，二级学院院长和行政高管由具有高级职称和经验丰富的学者担任，中层干部由懂专业且务实的中青年教师领衔。

**（二）人才培养工作**

12月14日，湖南外国语职业学院与上海颐尊水疗管理集团签订校企合作意向书。学校宁平董事长、刘国宪校长、李绍新副校长等领导与上海颐尊水疗管理集团戴岩圣总裁一行出席会议。双方就联合办学、员工培训以及战略合作内容达成意向，同意就深入开展合作事务在上海签订正式战略合作伙伴协议。

这一年，学校关于人才培养的各项规章制度开始陆续修订、完善，包括《学业导师制的实施管理办法》《教学事故认定及处理暂行规定》《课堂教学质量评估办法》《课程教学进度计划编写和管理的规定》《教学任务管理规定》《考试管理暂行办法》《学生成绩考核管理办法》等十几个教学规章制度。

这一年，学校推行双专业制，即"双语言＋选修、辅修双学位＋国际教育"的育人模式。其中，"双语言"指学生在三年之内选择主修和辅修语言专业，"国际教育"指学生在三年之内选择国际合作办学伙伴进行学历提升或学业研修。

这一年，学校为学生有的放矢开设辅修专业，制定《湖南外国语职业学院辅修专业管理办法（试行）》《辅修专业工作实施管理办法》，组织各学院制订并审批了英语、日语、韩语、法语、国际贸易、会计、文秘7个辅修专业培养方案。

这一年，学校逐步建立专业导师制的人才培养模式。要求任课教师全程对学生进行专业规划，在新生入校时就开始进行职业生涯规划指导，例如：职业生涯发展目标的设定、职业生涯发展路线的选择、职业生涯规划的形式与内容、职业生涯规划的实施策略等。为加强职业规划的针对性和科学性，邀请心理培训师陈婕、行业专家杨学峰和管理学教授刘上游等，定期给学生上职业规划课。

**（三）招生就业工作**

这一年，学校不断拓展培训基地和校企联合办学模式，提高学生就业率。青苹果班、徐记班、通城班都是与知名企业签署"订单式"人才培养协议的成果。

这一年，为提升学校学生就业的质量，积极开拓校企合作渠道，学校建立校企合作单位13个，挖掘优质企业60多家，建立长期性校企合作机制。广东大亚湾核电服务（集团）有限公司、深圳富士康科技集团、远大空调有限公司、中联重科股份有限公司、上海交大昂立教育集团、湖南省青苹果数据中心有限公司等知名企业均与学校建立了长期稳定的人才合作关系，为学生的就业提供稳固的保障。同时，浏阳烟花产业的出口企业中超80%的员工是湖外学子。学校还为美国、英国、韩国、日本等10多个国家的孔子学院输送了文职人员，更是成为京沪高速铁路股份有限公司、厦门航空有限公司、海南航空控股股份有限公司在湖南省内唯一指定招聘乘务员的高校。

这一年，在校园招聘会上，引进的企业为我校学生提供了1 200多个招聘岗位。其中代表性企业有：世界大学生运动会组委会、上海昂立教育科技集团有限公司、京沪高速铁路股份有限公司、阿里巴巴有限公司、北京元培世纪翻译有限公司、厦门傲基电子商务有限公司、厦门航空有限公司、海南航空控股股份有限公司等。

这一年，2008级毕业生就业率达95%，专业对口就业率为47%，其中1%左右的学生选择自主创业。

**（四）师资队伍建设**

这一年，为提高教师的教学水平，学校选派多名教师赴美国进行为期三个月的学习，开展赴美社会实践、赴日教师研修、赴韩短期游学等访问活动。同时，聘请国外专家来校讲学、开展外语专业师资培训。

**（五）国际交流合作**

1月，刘国宪校长出访葡萄牙、西班牙、英国和德国四国，并在英国会见了毛里求斯国家商学院院长。此次出访促成学校与西班牙、英国相关院校的协议签订，并完成对在长沙召开的中德研讨会的相关策划。

4月12日，第一批赴美国劳伦学院开展为期3个月进修学习的教师罗小玲、唐亮荣启程。

4月12日至23日，宁平董事长和刘国宪校长一行访问美国，并与美国劳伦学院、布特学院签订合作办学协议，劳伦城市学院同意面向我校学生按美国学生标准收费。

4月17日，湖南外国语职业学院与加拿大阿尔哥玛大学签订合作办学协议，启动中加交换生项目。

4月18日，湖南外国语职业学院与加纳大学就合作办学进行磋商，签订合作办学协议。

5月11日，西班牙纳瓦拉公立大学副校长贾维尔·卡萨利、市场学教授贾维尔·卡巴利多、主任内坎、北京代表处经理路易斯·赫尔南德斯等一行6人来校访问。湖南外国语职业学院与西班牙纳瓦拉公立大学签订合作办学协议，启动中西交换生项目。

5月25日，由湖南外国语职业学院和德国欧福应用技术大学主办的"湖南省-黑森州高等职业教育研讨会"在长沙华天大酒店隆重举行。来自德国和德国驻中国大使馆的14位领导、专家和教授，包括德国黑森州经济、交通及地区发展部部长第特·伯士出席了本次研讨会。在研讨会上，我校学生用流利的德语就德国"双元制"教育的具体内容、如何在德国进修高等教育等问题向德国专家进行提问。宁平董事长表示学校大力发展国际化教育，促进高就业率转化为高层次就业率。会上，学校与德国欧福应用技术大学签订长期合作协议。省、市领导作出重要指示，批准该项目为长沙高校的特色项目。

6月，湖外第二届赴美带薪实习项目启动，34名学生启程赴美。赴美带薪实习项目由学校联合中国对外友好合作服务中心（北京）共同举办。参与此项目的学生利用暑假时间，持J-1签证进入美国企业进行为期10到16周的短期实习。学生利用实习之余的时间，在美境内旅游或体验美国生活，了解美国风土人情。

7月10日，学校国际学院、东方语言学院与韩国江原大学合作举办的韩国游学营开营仪式举行。韩国游学营的16名学生、2名随行教师，以及国际学院相关负责人参加本次开营仪式。此次韩国游学营为期10天，内容包含韩语课12课时、文化课9课时，以及赴春川市、首尔市观光等文化体验活动。

8月28日，学校迎来德国欧福应用技术大学的10名大学生，与我校8名学生组成湖外游学夏令营。国际学院全程负责此次夏令营的接待工作。营员们上午在学校学习汉语语言课程及武术等文化课程，下午参观市区及企业。学校还为营员们安排了张家界国家森林公园游学活动，邀请参营学生参加第二届中德（湖南）高等职业教育研讨会。

9月开始,在宁平董事长、刘国宪校长的领队下,湖外考察团赴美国、日本、韩国、葡萄牙、西班牙、英国和德国等十几个国家进行调研。通过开展长期性的国际交流实践,深化对国际化办学内涵的理解,拓展国际化办学道路,为湖外学生走向世界打开多种渠道。学校积极开发与本科院校专本连读,与高中外语学校合作办学,与多个国家进行国际办学、学生国际就业和带薪实习等项目。

9月28日,中国教育国际交流协会成立30周年座谈会在北京举行。学校宁平董事长应邀参加。

11月,湖外首批赴日访问学者陈爱平、马亚琴老师启程。

11月,湖外第二批赴美访问学者朱盛娥、罗东元、朱依老师启程。

11月8日至11日,应马来西亚TOC汽车科技学院总裁胡丽筠邀请,宁平董事长、刘国宪校长、鲁微院长以及唐晓娴老师赴马来西亚进行考察访问,商讨两校建立合作关系以及联合办学等事宜,签署备忘录,积极开创国际职业教育的新领域。

12月7日至10日,马来西亚TOC汽车科技学院代表团来校考察调研,洽谈合作办学事宜。调研期间,TOC代表团受到长沙市人民政府市长张剑飞、副市长姚英杰,湖南省教育厅副厅长陈湘生的会见。TOC代表团参观了学校浏阳校区、长沙校区以及新校区建址。

12月9日,长沙市人民政府市长张剑飞会见TOC总裁胡丽筠和宁平董事长一行,两校就投资办学、项目开发等事宜交换了意见。张剑飞简要介绍了长沙市汽车工业发展的现状和未来规划,指出TOC来长沙投资发展,将会为长沙汽车维修业的发展增添新的活力。希望TOC准确认识长沙得天独厚的区位优势、汽车工业发展潜力、政府支持政策,制订行之有效的计划,有条不紊推进计划的实施,推动长沙汽车维修业发展。

2010至2011年,美国圣路易斯大学教授、美国圣路易斯"希望工程"负责人鲍勃博士,为学校收集美国原版书籍20 000多册。2011年,他被学校聘为客座教授。鉴于鲍勃博士对中国教育事业的关注、热爱与贡献,2008年他被密苏里州评为"全州最杰出国际教育家"。

这一年,学校外籍教师的数量与质量有了显著提升。学校吸引了美国、英国、德国、法国、加拿大、日本、韩国、西班牙、葡萄牙、俄罗斯、比利时和菲律宾等13个不同国家的外籍专家教师23名。在教学与管理的平台上,有着百余位具有硕士、博士学位,中高级职称的中外教师勤奋耕耘。

这一年,"走出去""请进来"成果突出。学校派出各类学术团队赴美国、马来西亚以及欧洲等地的高等院校进行学术交流、校际合作及考察访问等。学校在促成领导高层访问方面取得了突破性成果,为提高学校的国际知名度,巩固特色语种教学起到了重要的促进作用。自 2010 年起，学校组织了近 60 名学生赴美国进行带薪实习、赴新加坡就业等，为我校学生的实习就业提供了广阔的国际市场，开阔学生的国际视野，提高学生的外语水平和工作能力；接待短期访问专家学者 30 余名，分别来自韩国、法国、德国、加拿大、美国等 7 个国家，其中大部分专家是以项目合作研究的方式来校开展讲学、学术研讨活动，以及参加国际会议，国际合作交流从一般性交流向实质性的深度交流发展。

这一年，学校拓展中外合作办学渠道，签订中外合作办学协议。与美国劳伦学院、美国布特学院、加拿大阿尔哥玛大学、英国胡弗汉顿大学、日本美罗斯言语学院、日本京都情报大学院大学、墨尔本金融管理学院、德国欧福应用技术大学、法国里昂第二大学、韩国建国大学、韩国岭南大学、韩国大邱大学、韩国江原大学、西班牙纳瓦拉公立大学共 14 所国际高等学府分别签订了专升本、专升硕、互换留学、师生研修等合作协议。学校还成立了国际生培训班，每半年或一年与合作大学进行交换留学。由国际学院输送的国际生就读美国劳伦学院的本科、研究生项目，可享受与美国国民同等的受教育的权利，以每年五六万元的经费就能实现留学梦。

**（六）校园文化生活**

9 月 27 日，北京大学光华管理学院客座教授刘上游来校举办讲座，为学生讲解《弟子规》总序的内涵与释义。

11 月 15 日，我校第五届学生秋季田径运动会、第三届教师运动会召开。

12 月 28 日，"我们迎新，我们迎兴" 2012 年元旦晚会在俱乐部隆重举行。2 000 多名师生共聚一堂。湖南省人民政府督导专员、校党委书记周庆宪，副校长朱乐红、李绍新，董事陈俊雄、宁瑶林，教务处处长肖建安，西方语言学院院长谢艳梅，涉外经济信息学院院长鲁微等领导出席晚会。

这一年，学校开展了丰富多彩的校园文化活动和中西文化讲座，如"人文讲座""名家讲坛"。异彩纷呈的圣诞节、新年晚会、樱花节、中外教师合唱团表演也为丰富的校园文化活动添姿增彩。特别是一年一度极具湖外特色的"国际美食交流节"，以"学世界语言、品世界美食、传世界文化"为主题，由各国外籍教师带队、各个语种的学生为队员组成的参赛队伍，在规定的时间内做出与所学语种相对应国家的菜肴，中外师生共享世界美食盛宴，以美食交流达到人文交流的目的。

这一年，校工会组织了异彩纷呈的教职员工趣味运动，如拔河比赛、大合唱表演、元旦文艺汇演、汽排球比赛、农家乐团建等形式多样的团队活动。

这一年，学校体察海外归国留学教师，召开海外归国留学教师座谈会，转达湖南省归国华侨联合会对我校几十名海归教师的亲切慰问，了解海归教师工作和生活情况，给予与会教师极大的精神温暖和人文关怀。

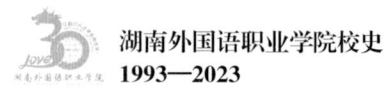

### （七）社会服务

5月，宁平董事长向湖南省教育基金会捐款50万元。

5月至6月，刘国宪校长偕同美国教授鲍勃，先后在郴州、凤凰、麻阳、长沙、衡阳、衡东、娄底、韶山、永州、桂东、临武等地的教育局和中小学，进行公益讲学和师资培训，受到当地教育部门的大力支持和广大师生的热烈欢迎。主讲的内容为美国本土学生的大学课程、中美基础教育和中美文化比较。强调在知识教育的同时，也要狠抓素质教育、学前教育和爱国主义教育。这一活动受到当地师生称赞，也扩大了我校的知名度。自2010年9月以来，刘国宪校长同鲍勃教授的足迹遍布省内二十余所学校。

9月，长沙市教育考试院批准我校设立全国英语等级考试（Public English Test System, PETS）考点，湖外成功举办首次PETS考试。

10月，我校为省、市政府重要外事活动承担了翻译工作，如：在长沙召开的国际著名大学图书馆馆长会议的资料翻译工作；翻译张家界首届国际旅游文化节上的领导发言稿等材料（负责湖南省人民政府省长徐守盛、湖南省旅游局局长杨光荣等领导的现场发言稿的翻译工作）；翻译2011年湖南国际旅游节的资料（负责湖南省政协主席胡彪、湖南省人民政府副省长于来山的现象发言稿的翻译工作）。

### （八）主要荣誉成果

**学校荣誉**

4月26日，学校被湖南省旅游局授予"湖南省旅游教育培训示范点"，获"湖南省第三届旅游企业大型人才招聘会组织奖"荣誉。

同年4月，我校国家职业技能培训鉴定所被湖南省人力资源和社会保障厅评为湖南省"2010年职业技能鉴定工作先进单位"。

**学生获奖**

5月，周新云老师（专业组）、杨小凤老师（公共英语组）指导学生参加"全国英语写作大赛"，分别获专业组二等奖（学生段艺凡）、公共英语组二等奖（学生盛友元）。

10月10日至12日，在"第一届全国高职高专日语技能竞赛"决赛上，周蕴珊同学夺得个人决赛最高奖项——特等奖，获得日本免费7日游的奖励。肖青同学获个人演讲比赛三等奖。二人与王丹、刘雅璐、聂山长等学生组成的团队获团体决赛（日语情景剧表演）三等奖。我校总成绩排名全国第四，获"优秀组织奖"。

**教师成果**

4月，培训中心主任曹杨被授予"2010年度湖南省旅游教育培训先进个人"荣誉。

4月，培训中心主任曹杨被评为湖南省"2010年度职业技能鉴定工作先进个人"。

10月,在"第一届全国高职高专日语技能竞赛"上,陈爱平、马亚琴等教师获"优秀教师指导奖"。

12月,培训中心主任曹杨荣获湖南省高等教育自学考试委员会颁发的"2011年度高等教育自学考试工作先进个人"称号。

国际经济与贸易专业教学团队被湖南省教育厅评为"省级重点建设教学团队"。

## 2012年

2012年,是学校建设与发展史上极不平凡的一年,更是具有里程碑意义的一年。这一年,学校面临着建校以来,特别是升格高职以后最严峻的挑战。教育部高职院校人才培养工作评估、湖南省高校党建工作合格评估、湖南省两年一次的毕业生就业"一把手工程"专项评估全部集中在这一年,工作任务十分艰巨。同时,新校区建设的巨额资金使得学校财政压力逐日加大,资金问题似乎成为制约我校各项事业有序发展的"软肋"。学校自1993年创办,时至2012年,顺逆交替、荣辱数变,第一次接受如此高规格的办学综合指标评估考核。学校敢不敢,又能不能亮出一份经得起四方审视、铸就自我认同的优异成绩单呢?

最终,全校各部门、全体教职员工按照董事会、校务会设计的评建方案和工作思路,圆满完成了各项评建任务。党建评估获得专家组全票通过;就业"一把手工程"专项评估取得良好成绩;教育部人才培养工作评估在历经11月的省教育厅预评估、12月的21名省内外专家网上评估和专家组现场考察评估三个阶段的严格评审后,22个分项均获得较高的综合评价,最终获得专家组高票通过。

这一年,学校以各项重大评估工作为契机,按照现代高等职业教育的本质特征和基本要求,盘点历史、总结经验、寻找差距、厘清思路,有效促进学校办学定位本质的回归、办学目标与市场的对接和办学功能的综合提升。我校的顶层系统设计得到了各项评估工作专家组的充分肯定,这一系统设计应用于办学实践所取得的系列成果为评估的顺利通过奠定了重要基础。

**(一)学校总体工作**

1. 教育部高职院校人才培养工作评估

(1)评估过程

2月7日,学校董事会成员、校委会领导及全校教师、教学辅导员、行政工作人员,在图书馆报告厅召开人才培养评估动员会,全面启动2012年湖外迎评工作。

2月29日,我校教育技术中心主任鲁微与景乐老师,就大学城空间的建设问题邀请校长刘国宪,副校长朱乐红、李绍新,评估办副主任周自艳召开培训会议。

3月14日,学校评建工作报告会在图书馆报告厅召开,报告会由朱乐红副校长主持。首席顾问李滨孙教授，以及黄旭教授在报告会上讲话。黄旭以湖南都市职业学院在迎评工作中的经验教训为例，列出迎评工作的七项内容与七大注意。李滨孙教授作了题为《密切关注我国职业教育发展的新动向　建设高水平合格高职院校》的报告。

11月6日，由湖南省教育厅指派的专家组来到我校进行人才培养工作预评估。预评估是对评估工作有着重要指导意义的专家指导，对正式评估的顺利通过起到了指示性作用。

11月26日至12月21日，21名省内外职教评估专家和企业专家通过职教新干线网络平台，对湖外进行了近1个月的网络评估。在网评工作中，专家组认真研读并分析了我校《人才培养工作状态数据采集平台》《自评报告》及其他相关材料。最终，22项关键评估要素的网评结论均为"通过"。至此，我校人才培养工作评估中的"网络评估"环节完美收官。

12月26日，由教育部任命的评估专家组一行6人对我校进行人才培养工作现场考察评估。通过此前近1个月的网络评估以及当日现场考察、专家深度访谈、资料察看之后，在人才培养工作评估反馈会上，马必学教授代表评估专家组宣读评估考察报告。他高度评价了湖外人才培养工作所取得的优异成绩：一是依法办学，管理有序，办学定位明确；二是突出教学中心地位，促进内涵建设；三是对接行业产业，培育专业特色，按照服务面向和产业对接领域，结合本校的外语专业优势，探索"人文素养+职业素养、外语技能+专业技能、学历证书+职业资格证书"的"三双"人才培养规格；四是注重师资队伍建设，教师素质明显提高；五是规范教学管理，加强教学督导与评价；六是重视综合素质培养，提升学生综合竞争能力。

至此，全校上下一心，完成了22个分项自评报告，学校自评及3个特色专业建设方案等10个主体材料，专业建设、师资队伍建设规划及实施方案等12个单项材料以及包括佐证材料在内的材料撰写工作；完成了说专业、说课和校长汇报等12个视频材料的拍摄与制作工作；完成了评建专题网站建设、数据平台采集和933个大学城师生空间建设任务；网评期间，回答了专家的91个提问，问题答复的汇编总计51 000多字。

（2）成果凝练

教育部高职院校人才培养工作评估的顺利通过，是学校截至当时，最重要、最关键的一项评估工作和办学水平检阅，成为学校抖擞精神，转向下一个战略目标的重要标志。学校以评估为契机，形成了更加优良的教风、学风、校风和工作作风，凝聚力、战斗力、发展力不断增强。同时，凝练出极具参考价值、直至今日依然有参鉴价值的宝贵成果和优秀经验。

第一，办学思路日渐明晰。学校按照"以评促建、以评促改、以评促管、评建结合、重在建设"的工作方针，以"加强顶层系统设计、强化高职教育理念、推动市场深度对接"为重点，全面、系统、科学地修订了"十二五"事业发展规划以及与之相配套的单项建设规划与实施方案，以现代高职教育的本质追求和学校的具体实际为背景，深入且系统地研究并确定了学校的办学指导思想、总体发展目标、服务面向定位、专业建设思路、人才培养模式等，形成了学校建设与发展的行动纲领。

第二，立足专业特征，加强人才培养的研究与探索。学校设计了"重岗位对接、强职业外语、通专业技能、融国际理念"的人才培养思路，"人文素养+职业素养、外语技能+专业技能、毕业证书+职业资格证书"的"三双"人才培养规格，"能力本位、双证融通"的模块化课程体系，"五步骤四中心"实践教学体系和"以典型工作任务为导向"的实践教学模式，在总结多年教育教学实践成果的基础上，对我校的人才培养思路进行了系统梳理和综合提升，为文科类高职院校人才培养的实践创新提供了整体的思路设计。

第三，师资队伍整体优化。学校制订《师资队伍建设规划及实施方案》，明确了今后一段时期内学校师资队伍的规模、结构及建设思路与举措；加大了专任教师队伍建设力度，全年引进专业人才74人，从年龄、学历、职称上进一步优化了师资结构；出台了行政管理人员兼课制度；完善了企业兼职教师聘用管理办法和兼职教师数据库，初步建立了适应教学需要的企业兼职教师队伍，为真正落实专兼教师"双进"制度奠定了较好基础。

第四，行政管理规范化。学校扩大了督导队伍规模，新增了行政工作督导职能；制订了档案管理办法，建设了综合档案室和档案信息员队伍；完成了大学城空间建设和政务信息网建设，提高了信息化管理水平；举办了工会工作研讨会，强化了人本管理理念；外事管理忙而不乱、合理合法合情展开；人事管理、财务管理、接待管理、学生宿舍管理、后勤服务管理等工作均逐步步入制度化、规范化、精细化的管理轨道。

第五，继续努力推进学校建设。按照以评促建的工作要求，董事会加大了新校区征地拆迁工作力度。第一期建设用地手续已基本完成，整体拆迁工作已进入实质运行阶段。董事会邀请了深圳大学建筑设计大师吴家骅对新校区总体规划进行调整与完善，校区设计的生态化、园林化、景观化特征更加鲜明。为促进学校办学条件达到国家标准，学校从三个方面改善办学基本条件：一是理顺校区的办学功能，将浏阳校区三年制高职学生整体迁入长沙校区，在浏阳校区为涉外护理学院的发展预留了相对独立的发展空间；二是对长沙校区的教学楼、办公楼、学生宿舍、图书馆等进行了内外装修，对学生食堂进行了提质改造，扩建了学生澡堂；三是改扩建47个校内外实训基地，外语技能实训中心、专业技能实训中心、人文素养培育中心和情景模拟实训中心四大板块的学生校内实训基地基本建成。

2. 其他工作

3月15日，望城区委书记、区人民政府区长谭小平主持召开湖南外国语职业学院项目建设协调会议，会议同意湖南外国语职业学院约683.33亩（0.46平方千米）项目建设用地的70%作为科研、教育出让用地，另外30%的土地作为配套的教职员工宿舍商住出让用地。

4月，学校同意增补李绍新、朱应华、付兴华、邵崇云、周芳、徐兆6名同志为学校党委委员，同意李绍新同志担任学校党委副书记。

5月7日、8日，中国教育国际交流协会秘书长江波访问我校，对我校的教学工作进行了为期2天的考察调研。听取学校关于教学管理、教学创新方面的工作汇报，共同探讨中国民办高校学分制的实施途径。

5月，宁平董事长陪同中华人民共和国教育部原副部长、原总督学，中国国际教育交流协会会长柳斌，于北京拜访胡耀邦夫人李昭。宁平还向中华全国工商业联合会第一副主席、党组书记胡德平汇报有关"三农问题"的事宜，提出农村土地产权交易、家庭农场主体、农民自主支配经营转让等建议。2013年，时任国务院总理李克强在政府工作报告中首提有关农村"家庭农场"政策的实施。

6月22日，位于长沙市望城区湖外路的约245亩（0.16平方千米）商住用地，被我校以1.9665亿的价格成功摘牌，该商住用地与新校区连成整体。届时，学校将在这里建设教职员工住宅区。

8月2日，湖南省委宣传部部长许又声等领导一行，在宁平董事长的陪同下，视察学校教学基地——位于宁乡市工业园内的湖南省雕塑院。世界顶尖级雕塑家雷宜锌陪同参观。

9月1日，全校教职员工以及2012级新生在田径场举行开学典礼。出席典礼的领导有：宁平董事长、湖南旺旺医院李永国院长，以及黎光明代理校长、李绍新副校长、成强副校长、陈爱平院长、谢艳梅院长、肖建安处长。

9月，宁平董事长一行访问杭州绿城育华学校。在参观该校设计独特、精致优美的校园环境及教学设施之后，宁平认为，向杭州绿城育华学校学习校园建设经验，对新校区的规划建设有极其重要的借鉴意义。

10月14日，宁平董事长，全国人大代表、长沙市邵阳商会会长曾小山，大汉控股集团有限公司董事长傅胜龙一行访问福建正兴车轮集团，并在该集团董事长赖建辉、副总经理陈伯良的详细介绍下，了解了该企业的运营情况及企业概况。此行增进了闽湘两地企业、单位的沟通与交流。

11月5日，学校党委书记周庆宪对我校党建评估工作进行督察。在党建评估办，周庆宪仔细翻阅已印制好的评估材料，并在党委工作部部长朱应华的陪同下，来到西方语言学院、东方语言学院，要求党总支、党支部高标准完成党建评估任务。

11月14日，长沙市外国专家局局长田赟、处长朱文敏等领导来校，对我校2012年度的外事工作进行检查与考核。外专局领导在听取我校外事办关于2012年外事工作的汇报之后，鼓励学校争做省内外事工作排头兵。

11月28日，学校党委理论学习中心小组举行党的十八大精神专题学习会，对全校学习贯彻党的十八大精神进行部署。学校党委理论学习中心组全体成员、党总支及党支部书记参会。党委副书记李绍新主持学习会。

12月14日，由湖南省教育厅党组成员、省委教育工作委员会委员唐展生率队的湖南省高校毕业生就业工作"一把手工程"督查组一行莅临学校，对湖外毕业生就业工作进行督查。督查组采取听汇报、看材料、开座谈会、实地查看等方式对毕业生就业工作进行全面了解。督查组对我校就业工作"领导重视，保障到位""制度健全""双元制校企合作""全方位整合资源促就业""注重就业指导人员培训"五个方面给予高度评价，并就学校进一步做好毕业生就业工作提出了许多宝贵建议。

12月17日至18日，以湘潭大学正校级督导员为组长的湖南省教育工委高校党建工作评估组领导、专家来校检查工作。通过一天半的检查，评估组一行对我校党建工作给予了充分肯定和较高评价。此次党建评估最终顺利通过，有利于学校党建工作的规范化发展。

这一年，我校取得的办学成果进一步扩大了学校的知名度与美誉度，引起学生、家长、媒体、教育主管部门关注。国家、省级新闻媒体刊发我校办学动态和办学成果的新闻稿件逾40篇。新闻宣传工作至此进入规范化、常态化运行阶段。

**（二）人才培养工作**

利用湖南教育卫星应用技术有限公司的技术优势，我校的汉语文化推广项目《多语种系列成语动画电子辅助教材》获得教育部批准。

我校申报的护理专业、空中乘务专业和语文教育专业，获得湖南省卫生厅、湖南省教育厅的新增专业批准。涉外经济管理学院设置人力资源管理专业、会展策划专业与管理专业。

学校与湖南涉外经济学院签订了全日制专升本的合作项目，为大三毕业生提供了一条获得全日制本科文凭的通道。

8月22日，25岁的周才秀结束了历时3个多月，骑行1万多千米的"骑车去伦敦看奥运"行程，回到长沙将游学护照送到了母校湖南外国语职业学院。她每天负重超20千克装备骑行10个多小时，遇到了无数感动与窘迫的事情。骑行国内9个省市和欧洲7个国家，周才秀总共花费不到12 000元。除了往返机票6 500元和国内2 000元的开支，在欧洲7个国家，她总共才花费3 400元。周才秀以语言为工具、以游学为形式、以展现当代中国青年风貌为目的畅行欧洲7国，身体力行投入中外人文交流活动的精彩故事得到红网的专访报道。

### （三）招生就业工作

3月9日，海南航空2012年空中乘务员校园招聘的长沙首场专场招聘会在我校举行。

4月，2009级法语专业三名毕业生赴非洲西部国家几内亚首都科纳克里市任法语翻译，供职于几内亚森强木业有限公司。岗位试用期内月薪为1500美元，转正后可达1900美元。

10月16日，广东兆丰实业（东莞）有限公司来校招聘英语、西班牙语外贸业务专员40名；东兴商标织绣（东莞）有限公司来校招聘英语、西班牙语外贸业务专员50名。

11月22日，我校校园招聘会成功举办，吸引184家企业参会。参与招聘会的应届毕业生达2200多人，现场提供的就业岗位超过8600个。岗位需求和应届生数量平均比例为4∶1，小语种女性人才成为职场"香饽饽"。

这一年，通过政策制定、制度设计、方案谋划以及强有力的指挥与组织，学校进一步彰显专业品牌优势，彰显职业化、市场化、国际化办学特色。这一年共招收学生2299人，其中三年制统招生到校报到人数为1745人，高考成绩达到三本控制线的有86人，总分超过500分的有55人。

这一年，稳步提高的教学质量促进了毕业生就业率和就业质量的同步提高，共有465家用人单位来校招聘，2012届1724名毕业生的初次就业率达90.45%，葡萄牙语专业的27名毕业生中有15人出国工作。

### （四）师资队伍建设

这一年，秉持迎评促建理念，优化师资队伍。学校制订《师资队伍建设规划及实施方案》，明确了今后一段时期内学校师资队伍的规模、结构及建设思路与举措；加大了专任教师队伍建设力度，全年引进专业人才74人，从年龄、学历、职称上进一步优化了师资结构；出台了行政管理人员兼课制度；完善了企业兼职教师聘用管理办法和兼职教师数据库，初步建立了适应教学需要的企业兼职教师队伍，为真正落实专兼教师"双进"制度奠定了较好基础。

### （五）国际交流合作

2月16日，湖南中美国际学校项目成功签约。

3月2日，阿布扎比大学教务长詹姆斯博士一行4人访问我校。刘国宪校长、东方语言学院陈爱平院长和国际学院相关人员接待了来访客人。双方就师生互派、学生交换、短期游学营等具体项目进行了深入洽谈。

3月16日，刘国宪校长会见阿联酋湖南商会会长常琪和中联重科海外分公司人力资源部部长苏永景。双方就我校小语种学生赴海外带薪实习的相关问题进行商讨，达成共识。

4月19日，刘国宪校长抵达阿根廷首都布宜诺斯艾利斯，开展为期3天的国际办学拓展活动。刘国宪校长考察了当地著名的公立大学布宜诺斯艾利斯大学，会见了该校校长。双方就选派该校老师来我校任教、留学等问题进行了友好洽谈，达成共识并签署备忘录。

4月24日，刘国宪校长抵达智利，对贝纳多·奥希金斯大学开展国际办学拓展考察。贝纳多·奥希金斯大学校长在会上表示，湖南外国语职业学院将是他们在亚洲的第一个合作办学伙伴，希望在湖外设立第一个亚洲留学生服务中心。双方达成共识，签署合作意向书。9月，贝纳多·奥希金斯大学派遣第一位交换教师来湖外开展西班牙语教学。2013年3月，我校5名西班牙语系学生赴该校免费留学。学生可在留学期间勤工俭学。

5月9日，我校客座教授、美国圣路易斯大学教授、美国圣路易斯"希望工程"负责人鲍勃在我校开展为期7周的公益性讲学。他向我校再次捐赠5 000余册美国原版书籍。2010至2012年，他一共收集了美国书籍25 000多册，并无偿捐赠给我校，为我校增添了大批宝贵的外文资料。

5月31日，美国劳伦学院中国服务中心授牌仪式在省电化教育馆举行。长沙市人民政府副市长夏建平，长沙市教育局副局长王建林、李平，劳伦学院副校长克鲁克斯博士，劳伦学院文学院院长罗伯特博士，劳伦学院国际部主任安努什卡，湖南高尔夫旅游职业学院院长孙跃博士等国际教育专家，以及我校主要领导、有意留学深造的各校学子，出席本次授牌仪式。至此，美国劳伦学院中国服务中心落户我校。由湖外转入美国劳伦城市学院学习的学生均可享受美国国民学费待遇。每学年学费3 200美元，每学年总费用约8万元人民币。

6月1日，刘国宪校长与美国劳伦学院代表团接受长沙市外事办公室的邀请并参与座谈。

6月8日，宁平董事长、刘国宪校长等领导参加了与纽约梅隆银行集团执行董事卡罗尔、澳大利亚实用逻辑公司执行董事菲利普、美国NetApp公司高级总监黛比等国外服务外包商的一对一洽谈，围绕服务外包人才培训、国际交流、企业战略合作等议题达成初步合作意向。双方确定专人负责，落实此次双方达成的共识。

6月，由我校25名学生组成的赴美带薪实习团队顺利抵达美国。他们将开始为期4个月的精彩生活：3个月的带薪实习，以及1个月的全美旅游。

7月，我校国际学院组织参加湖南站文化交流的28名美国、意大利学生，来到我校教学基地——位于宁乡工业园的湖南省雕塑院。世界顶尖雕塑家雷宜锌陪同外国学生们参观雕塑院,并为大家作了细致的解说。

7月30日,国际学院组织参加湖南站文化交流的28名美国、意大利学生,来到历史悠久的长沙靖港古镇参观,受到相关领导的热情接待。

7、8月,我校国际学院在浏阳和长沙分别主办了两场国际夏令营:中美夏令营和德国学生长沙夏令营。中美国际夏令营由4名来自美国劳伦学院的外教和近120名来自岳阳华容小学、长沙韶山南路小学的学生组成。营员们先在长沙岳麓山和科技馆等地进行1天的双语游学,而后在我校浏阳校区正式入营。夏令营期间,孩子们上外教英语课、玩美式游戏、品外国美食、学做外国料理、学习国际象棋。中德夏令营吸引了12名德国欧福应用技术大学学生。在为期7日的夏令营中,营员们上午在湖外上汉语、中华武术(功夫扇和双节棍)及中德文化比较课程,下午赴岳麓书院、橘子洲头、雷大师雕塑工业园、德国企业博世公司等地开展游学活动。此外,夏令营团还前往湘西凤凰领略湖湘文化的魅力。结营仪式上,宁平董事长对全体夏令营成员的努力予以肯定,并为学员颁发学习证书。

10月19日,在宁平董事长的带领下,国际学院副院长罗东原、西方语言学院副院长罗秀娟以及教师周玲,赴北京参加了为期3天的第13届中国国际教育展。在高职院校项目洽谈会上,我校与美国圣地亚哥州立大学美国语言学院初步探讨了湖外师生前往该校进行交流的事项。双方都表达了继续磋商合作的意向。同时,我校与法国巴黎大区西部大学联盟达成初步合作意向。另外,宁平与德国巴伐利亚州对华高教中心邓菲力就我校德语专业学生赴德国留学、工作的相关事宜进行了多轮商谈。湖外还与智利瓦尔帕莱索天主教大学国际学院初步达成意向,与俄罗斯托姆斯克理工大学校长塔基亚娜·佩特罗夫斯卡娅等人就湖外学生赴该校交流留学,以及双方互派教师等事项进行洽谈。

11月1日,由教育部批准、中国教育国际交流协会主办的2012中国国际教育展于长沙世纪金源大酒店拉开帷幕。作为中国教育国际交流协会理事、湖南省国际交流协会副会长,宁平董事长对此次活动格外重视,组织湖外逾200名有志于就读国外高等院校的学生参展。

12月14日至15日,湖南省教育国际交流协会第三届理事会第二次常务理事扩大会议在吉首大学召开。宁平董事长、国际学院罗东原副院长和周玲副院长出席了此次会议。

**(六)校园文化生活**

这一年,在全校学生中开展以"和谐之室""求真之室""创新之室""精神之室"为主题的宿舍文化建设活动。

### （七）社会服务

6月5日，湖南省第二个国家级考古遗址公园——长沙铜官窑国家考古遗址公园开园，我校1 000名学生在此次开园仪式上用陶笛演奏"龙的传人"。这次表演阵容强大、组织有序、呈现专业水准，学生用来演奏的这1 000支陶笛都是由取自铜官窑的泥土烧制而成。

6月7日至8日，第三届长沙国际服务外包项目对接会在长沙世纪金源大酒店举行，我校作为服务外包人才培训机构派代表参加了此次会议。

这一年，学校在稳步扩大常规项目的培训考试和学生职业技能鉴定规模的基础上，不断拓展社会服务渠道，增强社会服务能力。学校引进日本语能力测试考试和剑桥商务英语考试的考点和培训点；与长沙市人事局考试中心合作设立了长沙市计算机职称考试考点；与北京外国语大学成功开展远程教育的合作，开辟了学历教育招生的新渠道。同时，为综合利用专业优势与师资优势，学校成立了翻译文化传播有限公司，建立了一支适应各类翻译需求的服务团队。

### （八）主要荣誉成果

*学校荣誉*

3月21日，学校在长沙市教育局组织召开的2012长沙市大中专毕业生工作会议上，获誉"2011年度就业先进集体院校"。

3月31日，在湖南省职业技能培训工作会议上，我校继续教育学院被湖南省人力资源和社会保障厅评为"2011年湖南省职业技能鉴定工作先进单位"。

4月8日，学校在"第三届全国高职高专英语写作大赛（湖南赛区）决赛"中，获得"优秀组织奖"。

10月，在"全国第二届高职高专日语技能竞赛"中，学校获"优秀组织奖"。

学校被湖南省旅游局授予"优秀组织奖"。

学校被评为"长沙市2012年外事管理先进单位"。

这一年，在湖南省教育厅组织的民办教育发展专项资金奖励评审中，我校获得70万元项目奖励经费。我校申报的"涉外服务仿真实训基地"获得中央财政支持的职业教育实训基地建设项目立项，国家财政支持建设经费160万元。

*学生获奖*

4月8日，在湖南安全技术职业学院举办的"第三届全国高职高专英语写作大赛（湖南赛区）决赛"中，我校西方语言学院参赛团队载誉而归：商务英语专业2010级学生李倩获专业组一等奖，俄语专业2010级学生李玉获非专业组一等奖，法语专业2010级学生梅兰获非专业组二等奖。

7月，我校12名学生在"第三届全国高职高专英语写作大赛"上，获得特等奖

1项，二等奖4项，三等奖7项。

10月，在"全国第二届高职高专日语技能竞赛"中，周蕴琳、陈倩梅、张群等5名同学获得团体第一名。周蕴琳同学获个人特等奖，聂山长同学获个人一等奖。学校获"优秀组织奖"。陈爱平教授获团体指导一等奖、个人指导特等奖，马亚琴老师获个人指导一等奖。

郑英姿同学获"全国大学生英语竞赛"特等奖，李倩同学获"全国大学生英语竞赛"一等奖。

杨巧同学获"湖南省职业技能大赛第七届高职高专英语口语演讲竞赛（专业组）"一等奖。

*教师成果*

3月，继续教育学院曹杨院长被评为"2011年湖南省职业技能鉴定工作先进个人"。

4月8日，在"第三届全国高职高专英语写作大赛（湖南赛区）决赛"中，罗小玲、周新云老师获"优秀指导老师奖"。

4月，继续教育学院曹杨院长荣获湖南省教育考试院、湖南省教育学会社会考试分会颁发的"2011年度全国大学英语四六级考试工作先进工作者"称号。

10月，在"全国第二届高职高专日语技能竞赛"中，陈爱平教授获团体指导一等奖、个人指导特等奖，马亚琴老师获个人指导一等奖。

陈爱平、罗小玲通过省级专业带头人建设项目验收。

## 2013年

2013年，在顺利通过教育部高职院校人才培养工作评估之后，学校的工作重心已逐步向加强规范管理、深化内涵建设转变。为此，学校董事会、校务会将2013年确定为"内涵建设年"和"整改提高年"。学校积极总结教育部高职院校人才培养工作评估经验及专家反馈结论，围绕社会组织评估、教学工作、招生工作、专业建设、师资队伍建设、实训基地建设、学生管理工作、社会服务工作、国际交流合作工作、人才培养工作评估整改工作十个方面设立具体的工作目标，以推动管理体制、人事制度、教育教学三个方面的改革。坚持"夯实基础、巩固成果、深化内涵、提升水平"的工作方针，谋大事、抓重点、补短板、创品牌，开启湖外崭新的发展篇章，引领湖外进入全新的历史时期。

**（一）学校总体工作**

1月，湖南教育电视台国防教育频道以《宁平：一位退伍老兵的教育事业》为题，对作为湖南省退伍军人创业典型的宁平董事长进行人物专访报道。

2月17日，即农历正月初八，为配合学校护理专业的申报工作，后勤处在黄硕处长的带领下，踏上设备设施选型考察之旅，历时8天，行程5 000多千米，走访企业20多家。在此后的6个月时间内，他们先后与几十家供应商联系洽谈，展开竞争性谈判。最后，后勤处圆满完成护理专业申报所需的设备、场所等硬件建设工作。

3月7日，长沙市教育局副局长李平一行来校开展市属高校春季开学工作情况调研。校长黎光明、副校长成强以及全体中层干部列席调研工作会议。

3月15日，学校与深圳中红东方基金管理有限公司举办投融资战略合作签约仪式。

3月18日，宁平董事长与黎光明校长签订2013年度《目标管理责任书》。董事会主要成员列席签订仪式。

3月，学校接受由湖南省教育厅组织、长沙市教育局负责实施的"民办学校2012年办学情况评估"，这次评估是对学校2012年度办学状况、整体办学质量和规范化办学水平的一次总体考评。专家组对我校2012年的办学情况进行全面考察后认为：学校办学规范、管理有序、特色突出、成绩显著。在本次评估中，湖南省民办教育机构优秀率为27.72%，我校在全市83家受检单位中荣获"优秀"评价等级，为15家优秀单位之一。这是我校升格高职以来首次获得年度办学情况评估"优秀"等级。

4月23日，督导室组织召开青年教师代表座谈会。成强副校长、教务处郭利华副处长，以及10名青年教师代表参加了此次会议。会上，谢艳梅教授就科研论文的撰写、课题项目的申报对教师们进行指导。

4月23日，我校召开2012～2013学年第二次全体外籍教师会议。外籍教师们围绕生活和教学工作提出了各自的问题和建议，比如公寓环境卫生、网络速度、教材征订与遴选、学生学习态度等问题。

4月24日，黎光明校长主持召开外籍教师意见落实工作联席会议，针对外籍教师指出的关键问题，结合各领导和主任的建议和意见，提出具体要求。同时，黎校长限定各部门必须在5月份解决所负责的问题或提交整改方案。

6月，湖南省委教育工委组织开展"全省文明高校评估"。文明高校评估时间跨度大、涉及面广、考评点多、指标体系复杂，是对学校办学理念、办学思路、办学能力、办学水平的全方位考核与评价。学校党委、行政部门周密部署，文明创建办精心组织，全校各部门密切配合，全体师生主动参与，形成了"统一指挥、条块结合、分工协作"的联动机制和"人人关注、人人参与、人人奉献"的创建氛围。在现场考察中，专家组对我校的创建工作和创建成果给予了充分肯定和高度评价，在接受评估的多所高校中，我校得分939分，位居前列。尽管受自有办学场地这一硬性指标的制约，文明高校暂未授牌，但评估结论证明我校已达到省级文明高校建设标准。

9月13日，学校召开党委扩大会议，全体党委委员、各总支书记参加会议，宁平董事长应邀出席会议。会议由党委书记周庆宪同志主持。经讨论，会议对党委班子成员进行了调整，建议由黎光明、周静、成强、陈爱平、彭建平同志任党委委员，提名周静同志任党委副书记，待长沙市教育局党委审批。

10月9日，我校学生向《潇湘晨报》等媒体投诉，认为学校要求在连续5天的劳动周内，每天早上、下午各打扫一次校园方可修满1学分的劳动课这一规定不合理，有"强制劳动"之嫌。教务处副处长成浩在面对记者采访时给出合理解释：自2006年开始，学校就有劳动课，每个班轮流开展劳动课，劳动强度其实并不大，而且这种劳动教育能够培养学生的自律和卫生习惯。学校始终坚持劳动教育是全面提升学生综合素质的重要途径。最终，《潇湘晨报》在进行周密采访之后给予了正面报道。我校关于"强化劳动观念，弘扬劳动精神"的先行试验和大胆尝试，在2020年教育部印发的《大中小学劳动教育指导纲要（试行）》，以及2021年颁布的将大学生劳动素养教育纳入学分的相关规定中得到充分支持。

10月，学校接受了由中华人民共和国民政部组织、长沙市"社会组织"评估领导小组负责实施的"教育培训类民办非企业单位规范化建设评估"。对民办高校来说，这项评估与教育部人才培养工作评估具有同等地位，是对学校基本条件、内部治理、业务诚信、办学质量、社会影响的全面考察与评价。其评估等级将如实向社会公布，势必直接影响学校的生源拓展、学生就业和社会服务合作等。对于本次评估，我校高度重视、精心组织、创新设计，规范化办学成果和"职业化、市场化、国际化"办学特色受到专家的一致好评。最终，学校成为湖南省首批获得最高评价等第"5A级"的民办高校之一。评估组织工作和材料准备工作成为民政部推介的范例。

11月13日，由尹红处长一行带领的湖南省考试院领导小组来校进行2013年自学考试年度审查工作。校长助理曹杨主持了年审接待会议。领导小组对我校自学考试的各项文件资料进行了全面的检查和指导，并予以肯定。

这一年，学校启动新校区征地工作。由于该项工作政策性强、涉及面广、审批程序复杂、涉征对象关注度高，新校区项目建设遭遇了一些政策上的"瓶颈"和拆迁中的"障碍"。在宁平董事长的亲自谋划下，董事会累计投资1.3亿元，依靠长沙市人民政府、望城区人民政府以及各职能部门的全力支持，成功取得了483亩（约0.32平方千米）的教育用地和199亩（约0.13平方千米）的商住用地的土地权证，基本完成了地面76户民房的拆迁工作。同时，学校邀请以国内著名设计大师吴家骅教授为核心的团队完成了新校区规划设计，为开展第一期工程建设奠定了坚实的基础。

这一年，学校内部治理逐步科学化。主要的表现有：调整了系部建制，优化了专业组合，使系部设置和专业归口更符合高校管理规律，更适应专业发展需求；对内部机构进行了整合优化,调整了中层骨干队伍,明确了各部门和各岗位的工作职责,内部管理更为科学、有序、高效;按照董事会下达的考核目标和制定的考核细则,分解了分管校领导、职能部门、教学系部的年度建设目标和考核指标,细化了考核办法,使全员工作做到了目标清晰、任务明确、责任到位;理顺了浏阳校区的管理机制,通过垂直管理模式,实现了管理过程的统一领导和系统指挥。

这一年,学校行政管理逐步规范化。主要的表现有:完善了党委会议和校务会议制度、一周一次的部门负责人工作例会制度以及教学工作例会、学生工作例会等专项工作会议制度,做到了解情况及时、研究问题及时、布置任务及时;成立了资产管理领导小组,对全校资产进行了全方位的盘点核对,实现了资产的集中管理和有效利用;规范了劳动合同管理,与全校教职员工签订了新的劳动合同,并按国家规定实行人事档案托管;建立了用电、用水专人巡查制度,人均水电支出额较上年下降了13%;推行了教师教学工作考核制度、辅导员绩效考核办法、后勤服务目标管理考核制度,增强了责任意识与服务效能;完善了财务管理、预算管理、会议管理、文印管理、用车管理、接待管理、考勤管理、安全管理、后勤管理等的管理办法,尽力做到有章可依、有规可循。

这一年,省级以上新闻媒体正面宣传我校典型经验的报道数量逾40篇。这些报道不仅产生了广泛而良好的社会影响,也为提升高等职业教育水平和学校形象作出了重要贡献。这些报道包括中新社刊发的《10名洋专家喜获星城友谊奖》,红网刊发的《韩国游学夏令营即将开营 职业教育进入"游学时代"》,《长沙晚报》刊发的《国外"曲线就业"积累再就业资本》《职校生期待更适合的岗位》《护理人才全球紧缺 涉外护理成就业热门》,等等。

**(二)人才培养工作**

6月,新设国控专业——医疗护理专业首次招生。为推动该专业的建设与发展,学校在浏阳校区设立医护学院,投资1 200万元改造教学场地、生活设施和实训条件,初步建成了由32个实训室组成的"医疗护理实训中心",为学生专业技能提升打造了完备的实践教学平台。

9月,涉外经济管理学院设置空中乘务专业。

10月,浏阳校区启动"英语500句口语等级考试"项目,由校长金晓东牵头,由英语教研室承办,组织编制《英语500句》校本教材,开展组考工作。

11月,在湖南省教育厅开展的高职院校2011级学生技能抽测中,市场营销专业的11位学生顺利通过湖南省技能抽测验收工作。

这一年,创新了校企合作人才培养实训基地建设模式。各教学单位在巩固校外实训基地的基础上,以"加强校企深度对接、实现人才合作培养"为目标,不断探索校外实践教学基地建设新模式。例如涉外经济管理学院在新增华雅国际大酒店、长沙凯莱国际大酒店、通程国际大酒店、融程花园大酒店、湖南国际会展中心、步步高超市等实训基地的同时，与张家界禾田居度假酒店高层管理者进行反复沟通和深度探讨，基本形成了以实践教学基地建设为合作抓手，以"共建实践基地、共建教学团队、共商培养方案、共管学生就业"为合作内容的校企合作人才培养模式。

这一年，成立了实习实训中心。学校实行实训场地与资源的统一管理与集中调配；在教务处增设专门负责实训室建设、管理与学生实训教学组织的副处长，加大了实践教学的领导力量与管理力度。同时，学校组织2011级、2012级共计19个专业75个班级的学生，进行了为期9周的实训工作；按照"校企合作、工学结合"模式，组织2010级学生开展顶岗实习工作。

这一年，服务学生继续教育需求的能力不断提升。学校制订了新的《继续教育工作管理办法》，实现了目标、责任、利益的有机统一。通过各职能部门的大力支持和各教学系部的精心组织，湖外学生自学考试报名人数达410人，远程学历教育招生人数达169人，均创历史新高。

这一年，学生考证培训服务领域不断拓展。针对新增的护理专业，学校与中南大学签订了联合办学合作协议，开辟了护理专业学生专升本的绿色通道；根据韩语专业的实际需求，学校引进韩语能力测试考试的考点和培训点，成为长沙市除湖南大学外独立设置的考点，搭建"三双"培养新平台。

**（三）招生就业工作**

10月9日，中国南方航空公司在我校举办招聘会，面向湖南省内2014、2015届毕业生招收空中乘务员、空中安全员，吸引了近2 000人参加初试。

11月12日，学校举办面向2014届毕业生的大型校园招聘会，吸引了中国移动湖南分公司、苏州西门子电器有限公司、深圳德昌电机集团、美国美孚石油集团股份有限公司、上海春森集团、中华茂详集团、湖南晟通科技集团有限公司等在内的160余家企业及单位前来招聘，提供了4 800多个工作岗位。招聘职位涉及外贸、翻译、市场营销、财会、金融、行政、教育等领域。这是截至当时，我校单场校园招聘规模最大的一次。与企业达成初步签约意向的有700多名同学。当日下午有6家单位举行面试，当场签约60余人。

这一年，我校不断总结经验，优化方案，根据专业发展需求和市场需求状况，科学组织招生，有序开展招录，超额完成了湖南省教育厅下达的2 140人招生计划和董事会下达的2 300人的招生目标，新生实际到校报到人数为2 700人。其中，高职学生有2 251人，报到率为80.4%；新生中高考分数为500分以上的有68人，分数段在400至499分的有627人。新生志愿填报率、高分学生率、学生报到率均创新高。招生工作基本形成整体指标完成好、专业分布结构好、指标调度运作好、招生团队配合好的特点,学校逐步构建起独特的招生模式与招生特色。

这一年,加强学生就业服务支持和就业市场开拓,构建学生有效就业的服务平台。学校继续强化就业"一把手工程",通过就业教育、就业指导、就业服务和建立就业基地、开拓就业渠道、构建就业市场,不断提升学生就业率和就业质量。学校共举办128场专场招聘会,1场大型校园人才交流会,邀请了800多家用人单位来校招聘,为毕业生提供了16 000多个求职岗位。2013届1 375名毕业生就业率达90.67%,就业对口率达60%以上;有98名毕业生出国工作,月薪达2 000至3 500美元;有10多名学生自主创业,其中,韩语专业彭韬创办的彭氏生态养殖科技有限公司的产品成功打入韩国市场。

### (四)师资队伍建设

3月,为提升课题申报质量,学校邀请湖南省教育科学研究院规划领导小组副主任易志勇研究员来校,围绕省级规划课题申报问题举办讲座。

3月19日,学校举行教育科学研究工作动员部署大会。黎光明校长、成强副校长就"开门搞科研、围绕顶层设计搞科研、围绕解决实际问题搞科研"主题,对全体教师提出要求并展开培训。

4月9日,我校辅导员技能大赛在学工处的组织下顺利进行。组织此次比赛是为了进一步提高辅导员的职业技能和服务水平,选拔优秀选手参加湖南省辅导员职业技能竞赛。

这一年,为满足教学需要和专业发展,我校加大师资引进力度,共引进专任教师44人,其中博士1人、硕士21人,教师的规模、结构得到有效改善。小语种专业教师团队、商贸服务类教师团队、医疗护理教师团队已能基本适应专业发展的需要。

这一年,学校有计划地进行各类教师培训、培养工作,促进教师队伍素质提升。学校组织了56名教师参加高校教师岗前培训,推荐了20余名教师参加国家级骨干教师培养、青年骨干教师培训、中青年骨干教师国内访问学者培养、省级精品资源共享课程建设与教师综合能力提升培训、市属高职院校骨干教师高级研修、高职学校骨干教师赴企业顶岗实习培训、省级教育网络信息安全管理员培训、高校教师网络课程培训等。

这一年,学校投入120多万元,加强外教队伍建设,共聘请了来自17个国家的18名外籍教师。为使外教安居乐业,为我校的人才培养尽心尽力,学校定期召开外籍教师会议和外事工作联系会议,有效解决外教在教学、生活、学习、安全管理等方面的诉求。我校形成了外事办牵头,各部门联动的"一盘棋"管理模式。

这一年,学校加强辅导员队伍的培训、考核与素质提升。学生处以经验交流、专题讲座、问题探讨、现场观摩等多种形式，举办了3次辅导员培训，培训内容涉及如何做好学生工作、如何塑造自身形象、如何增强常规管理与德育教育的针对性；举办了第二、第三届辅导员职业技能大赛，选送3位老师参加湖南省第二届高校辅导员技能竞赛，通过技能比赛提高辅导员队伍的教育、管理水平和对学生成长的影响力。

**（五）国际交流合作**

3月28日，法国中央大区卢瓦尔河谷酒店餐饮及旅游高等职业学校校长迪迪尔一行，在湖南省人民政府外事侨务办公室外事专员的陪同下来校访问。会谈开启了我校与法国高职院校交流与合作的大门。法国高职教育成熟发达，酒店餐饮和旅游管理专业的教学质量世界闻名，为我校法语专业、酒店管理专业及其他有兴趣的学生出国深造提供了条件，为我校职业化教育提供了有益借鉴。迪迪尔还为我校法语专业学生举办了留学讲座。

4月24日，俄罗斯乌拉尔联邦大学国际交流部副部长谢尔盖，南乌拉尔大学国际留学部负责人罗佳科娃·叶卡捷琳娜一行4人来校进行合作访问与交流。双方商讨了如何在相关专业领域开拓提升学历的模式，推广师生互派、短期游学营，继而推进到研究生教育领域的合作。

5月9日至20日，宁平董事长率领湖外代表团对俄罗斯的俄罗斯联邦总统直属经济与行政管理学院、奔萨国立大学、下诺夫哥罗德国立经济工程学院、托木斯克理工大学几所高校进行访问和洽谈。访问团成员有长沙市教育局副局长李平，我校副董事长陈俊雄、财务部部长鲁平、多语系副主任罗秀娟，以及国际合作交流处副处长周玲。此轮访问是为了加快落实我校和俄罗斯多个知名高校的合作，为湖外师生赴俄罗斯留学进修开辟新通道。

5月，韩国江原大学国际语学院院长苏珍熙一行到访我校，就赴韩国江原大学留学、暑假短期赴韩夏令营和韩语语言培训等项目，向数百名到场学生进行推介。

6月，美国布鲁克莱恩大学在华代表考察我校护理学院。

7月29日，旧金山总领馆袁南生大使亲切接见我校赴美开展国际交流合作工作的宁平董事长一行。

8月3日，全美湖南同乡联合总会成立，宁平董事长受邀出席盛会。

11月1日至3日，2013中国国际教育交流年会在北京召开。作为中国国际教育交流协会理事单位，我校派出校长助理曹杨及国际交流处黎鸿、彭敏两位老师出席此次会议。通过此次大会，学校进一步建立起与俄罗斯、西班牙、智利、墨西哥等国的大学的初步合作意向，为我校小语种学生的出国深造与就业提供了坚实平台。

11月20日，由长沙市人民政府主办，长沙市人力资源和社会保障局、长沙市外国专家局承办的第二届"星城友谊奖"颁奖典礼在湘麓山庄举行。市委副书记、市长张剑飞，市委副书记张迎龙等领导出席。此次获奖的10名外国专家分别来自7个国家，都是参与长沙市经济建设及社会发展的外国专家中的杰出代表。多语系法语教师约瑟夫是获奖者中唯一一位从事教学工作的专家。学校对约瑟夫的获奖高度重视，并按照长沙市外国专家局的要求，派出十余名外籍教师共襄此次盛会。

**（六）校园文化生活**

6月1日，涉外经济管理学院党支部开展韶山花明楼红色之旅社会实践活动。

9月20日，"点燃激情、放飞梦想"迎新晚会举行。学校董事会、校务会全体成员，全体中层干部、部分教职员工代表与全体学生到场观看。

11月8日，我校第五届教职员工运动会落下帷幕。此次教职员工运动会由校工会组织报名，由八个工会小组成员组成参赛单位。

这一年，聚力培养学生素质的多元平台和拓展学生素质的途径不断丰富，素质培养的模式不断创新。学校强化了社团组织的建设与管理，在新生中吸纳了大批学生社团成员，实现了素质教育的"以老带新"；开展党团知识讲座、学雷锋活动月、"我的中国梦"主题教育；组织残疾人艺术团文艺晚会、"五四"表彰会等励志教育活动，以及户外零元生存、野外生存训练等素质拓展训练活动；扩大了学生志愿者队伍，组织学生参加公益义卖、慰问孤老、扶残助残、义工服务等公益服务活动；举办迎新晚会、圣诞嘉年华、元旦晚会、大学生心理健康节、系部篮球交流赛、大学生运动会、社团文化月等校园活动。

**（七）社会服务**

这一年，我校在稳步扩大常规项目的培训考试和学生职业技能鉴定规模的基础上，不断拓展社会服务渠道，增强社会服务能力。学校对国家级考试的培训与组考能力不断增强，先后组织了6 000多人次的全国高等教育自学考试、4 000多人次的大学英语等级考试、1 000多人次的普通话培训与测试、1 000多人次的一级建造师考试和长沙市事业编制人员招聘考试；组织了300多人次的全国计算机信息高新技术考试的报名、培训和考务工作，通过率达85%；组织了300多人次的日本语能力测试及商务英语证书（Business English certificate, BEC）的考务和培训工作；组织了人力资源师、秘书、涉外秘书、外贸业务员、计算机操作员、导游等多个职业证书考试的报名、培训和考务工作。

**（八）主要荣誉成果**

*学校荣誉*

1月25日，湖南省自学考试研究会年会召开，总结了湖南省2012年度自学考试工作，讨论研究了2013年工作方案，并对2011、2012年度自考工作先进集体和先进个人进行了表彰。我校继续教育学院被湖南省高等教育自学考试委员会授予"2011年度高等教育自学考试先进考点"荣誉称号。

1月，学校获评"长沙市涉外学校外事管理工作先进单位"。

2月，学校获颁"2012年教育系统办公室优质服务竞赛活动先进单位""2012年全市教育系统安全维稳工作先进单位"荣誉。

2月，学校获湖南省教育工作委员会颁发的"湖南省普通高等学校党建工作合格高校"称号。

我校团委荣获"湖南省直优秀基层团组织"荣誉称号。

学校被湖南省旅游局授予"湖南省旅游教育培训工作优秀组织奖"。

**学生获奖**

4月27日，在"全国高职高专英语写作大赛（湖南赛区）决赛"中，西班牙语专业1201班徐奇同学获非专业组一等奖，将代表湖南赛区参加全国总决赛；法语专业1101班杨广华同学获非专业组三等奖。周新云、陈松、谢莉老师获"优秀指导教师"称号。

5月9日至11日，在"湖南省职业技能竞赛"中，西班牙语专业1201班徐奇同学在非英语专业口语赛项中获二等奖，商务英语专业1208班夏晨峰同学在英语专业组口语赛项中获二等奖，2012级酒店管理专业学生在中餐主题宴会设计赛项中获三等奖。周新云、罗小玲老师获"优秀指导教师"称号。

5月12日，在"全国大学生英语竞赛（湖南赛区）决赛"中，旅游英语专业1101班康雪华同学获特等奖，商务英语专业1209班代开明同学获一等奖，商务英语专业1105班王芳同学获一等奖。周新云、于捷、罗小玲老师获"优秀指导教师"荣誉。

11月，在湖南省高校"我的中国梦"主题征文活动中，商务英语专业1103班学生黎明撰写的《中国梦——爱让梦延续》获评二等奖。

**教师成果**

1月25日，继续教育学院院长曹杨被授予"2011年度高等教育自学考试先进个人"荣誉称号。

4月，多语学院院长陈爱平被教育部职业院校外语类专业教学指导委员会任命为日语分委会委员。

周新云、陈松、谢莉老师在"全国高职高专英语写作大赛（湖南赛区）决赛"中获"优秀指导教师"称号。

5月，周新云、罗小玲老师在"湖南省职业技能竞赛"中获"优秀指导教师"称号。

周新云、于捷、罗小玲老师在"全国大学生英语竞赛（湖南赛区）决赛"中获"优秀指导教师"称号。

**2014 年**

2014 年是党的十八届三中全会以及全国职教工作会议召开之后,我国教育体制改革的启动年,也是我校教育教学和内部管理改革的深化年。这一年,学校按照"改革创新、开拓进取"的工作思路,坚持以"日常工作规范化、重点工作创品牌"为工作主题,依靠董事会的坚强领导和各部门、各系部以及全校教职员工的坚定支持,不断革新观念、夯实基础、深化内涵、塑造品牌。学校继续围绕应用外语专业、商贸服务专业、医疗护理专业三大专业版块,做品牌、出精品,专业建设、人才培养、学生就业等方面的成果卓著。

学校董事会和党委、行政领导针对办学条件与办学资源难以适应快速扩张的办学规模这一"瓶颈性"问题,在建设资金极度紧张的状况下,以身示范,号召全体教职员工秉持"勤勉奉公"的职业操守。此时的湖外,办学条件进一步改善,办学能力进一步增强,办学特色进一步强化,办学水平进一步提升,办学影响进一步扩大。核心竞争力和综合发展实力与日俱增,呈现出蒸蒸日上的良好发展态势。

**(一)学校总体工作**

3 月,学校召开党委扩大会议,专题部署党的群众路线教育实践活动。会上,党委书记周庆宪传达了长沙市委书记易炼红同志在第二批党的群众路线教育实践活动工作会上的重要讲话,解读了中共长沙市委《关于深入开展党的群众路线教育实践活动实施方案》和长沙市教育局关于深入开展党的群众路线教育实践活动的安排,设置党的群众路线教育实践活动领导小组。学校按照上级党组织的统一部署,深入、持久地开展党的群众路线教育实践活动。在教育实践活动中,党委、行政部门在进一步理顺办学思路、加强系统设计的基础上,立足学校以外语教育为主导的文科类高职院校的基本属性,将深化全员职教理念、强化学校内涵建设作为学习、实践、提高的永恒主题。

4 月 9 日,学校召开党的群众路线教育实践活动动员大会。全体党员、中层干部出席会议。长沙市教育局党的群众路线教育实践活动第四督导组组长胡慎信、副组长刘凯希和督导组成员到会指导。会议由校长黎光明主持。

4 月 28 日,《湖南日报》以《湖南外院:出重拳查改问题》为题,对我校开展党的群众路线教育实践活动形成的典型经验进行报道。学校党委班子成员通过登门走访、个别访谈、召开征求意见会、开通电话和电子邮箱、设置意见箱等形式,广泛征求师生的意见建议。针对师生反映强烈的突出问题,出重拳、下猛药,一项一项地查、一件一件地改。

5 月 6 日,学校召开党委扩大会议,开展"做群众贴心人""五项教育""五项反思"专题讨论。

5月11日，美国北加州湖南商会会长、时年76岁高龄的谭吴保仁女士及其子谭长生博士一行五人，赴湖南开展为期1周的慈善爱心行。我校董事长宁平、校长助理曹杨、新闻办丁蕾、国际交流合作处武澜澜等人全程陪同。此次爱心行路线涵括湘西凤凰文昌阁小学、岳阳市职业技术学院和湖南外国语职业学院两大校区等。5月15日，谭吴保仁出席了湖外长沙校区举办的"美籍华人谭吴保仁会长励志讲座暨名誉校长授聘仪式"。湖南省外事侨务办公室党组成员、副主任符华兴出席讲座，学校千余名师生到场参加。宁平董事长向谭吴保仁颁发"名誉校长"聘书，向谭长生及其太太谭瑛颁发"名誉教授"聘书。谭吴保仁在湖外专门设立20万美金的"湘西地区学生扶贫助学奖学金"。此次爱心行受到中新社等中央媒体的全程报道。

5月13日，长沙市教育局副局长王建林以《强化基层服务型党组织建设的实践与探索》为题，为我校全体党员干部上党课。王建林阐述了加强基层服务型党组织建设的重大意义，指出：面对新形势、新任务，基层党组织要转变工作方式，改进工作作风，把服务作为自觉追求和基本职责，寓领导和管理于服务之中，真正服务群众、贴近群众、团结群众、引导群众、赢得群众。

5月20日，长沙市社会组织党的群众路线教育实践活动第十二督导组组长、市委副秘书长邢之国，副组长、市民政局副局长、党委副书记丁文，副组长、民政局副局长何水军，副组长李四海等领导莅临我校检查指导党的群众路线教育实践活动开展情况。

5月20日，长沙市教育局第四督导组组长胡慎信书记、熊石林科长，来校对党的群众路线实践活动民主测评进行意见反馈。胡慎信向我校党委班子成员反馈民主测评意见。熊石林与我校中层干部、教师代表进行座谈。

5月21日，学校党委班子召开专题会议，研究长沙市教育局第四督导组关于民主测评的反馈意见，落实有关整改措施。

5月，湖南税务高等专科学校需提前收回学生宿舍第3、4栋进行装修改造。为解决当时1 200名学生的住宿问题，后勤处在黄硕处长的带领下，租用长安郡酒店式公寓。在暑假2个月的时间内，将其装修改造为学生公寓，添置各项生活设施设备，建设配套食堂。最终提供了289间宿舍，可容纳学生2 400人左右。既解决了学生住宿安置问题，又为当年新生扩招提供强力保障。

6月11日、13日，长沙市教育局党的群众路线教育实践活动第四督导组，安排党政一把手、班子成员征集反馈意见。我校党委书记周庆宪、校长黎光明高度重视，认真对待反馈意见，推动教育实践活动向纵深发展。

6月27日，中新社以《小语种人才需求量成倍增长 成就业"香饽饽"》为题，对我校小语种专业骄人的就业形势进行专题报道。

7月5日,学校邀请湖南省部分高校国际交流处负责人在浏阳校区举办联谊座谈会以及校区考察活动。座谈会由符华兴副校长主持,中南大学国际交流处白毅处长、邹俐宏副处长,湖南大学国际交流处左权文处长、赵亚辉副处长,湘潭大学国际交流处曾新民处长,湖南师范大学国际交流处唐存忠副处长,长沙理工大学国际交流处吴迪龙处长,湖南科技大学对外联络处张亚东处长,湖南商学院国际交流处张漾滨处长参会。我校宁平董事长、金晓东副院长,以及相关部门负责人出席。符华兴希望本次联谊座谈活动能成为一次湖外与省内主要高校交流与互动的良好开端,希望兄弟高等院校能多关注、帮助和支持湖外的建设与发展,特别是湖外的国际交流与合作工作,深信湖外能在职业教育现代化建设以及国际交流中取得更多更大的成效。

7月29日,学校党委召开领导班子专题民主生活会。与会人按照"照镜子、正衣冠、洗洗澡、治治病"的总要求,以"为民务实清廉"为主题,通过聚焦"四风",紧密联系思想、工作和生活实际,以整风精神开展批评和自我批评,认真查摆"四风"方面存在的突出问题,深刻剖析产生问题的思想根源,进一步明确努力方向和整改措施。长沙市教育局第四督导组副组长刘凯希,以及熊石林、柳笛等领导参加会议并给予指导。

7月至8月,为进一步改善学生住宿条件,提升办学实力,学校克服困难,筹集资金600万元,启动长安郡学生公寓提质改造工程。学校在公寓内安装空调、直饮水设备、热水系统、储物柜和窗帘等;同时,粉刷墙面,改造独立卫生间,建设公寓配套学生食堂等。这使得整体住宿环境与条件得到质的改善。

9月1日,全校教职员工以及2014级新生在田径场举行新生开学典礼。参加典礼的领导有:长沙市教育局副局长李平、长沙市教育局民办教育处处长刘凯希、湖南税务高等专科学校副校长张昭,以及我校董事长宁平、党委书记周庆宪、校长黎光明、副董事长陈俊雄、党委副书记周静、副校长符华兴等。典礼由副校长成强主持。

9月10日,为纪念第三十个教师节,2014年教师节庆祝大会举行。董事会、校务会主要领导,全校教职员工,以及2013、2014级学生到场参加盛典。湖南省教育厅教师工作处处长张大伟、长沙市教育局机关党委书记胡慎信应邀出席。在参与优秀教师表彰的队伍中,有一个特殊的教师方阵格外引人注目,那就是由近20位来自十余个不同国家的外籍专家组成的教师队伍,其中不少专家是第一次过中国的教师节。中新社以《近20位"洋教师"湖南长沙体验中国教师节》为题作专题报道。

10月9日,学校召开党的群众路线教育实践活动群众测评大会。党委副书记周静出席会议,会议由党群工作部部长曾卉主持,机关职能部门负责人、教师代表、行政人员代表共35人参加测评。

11月11日,学校在图书馆报告厅召开党的群众路线教育实践活动总结大会。长沙市教育局党的群众路线教育活动第四督导组副组长、市教育局民办教育处处长刘凯希，长沙市教育局党群众路线教育活动办公室主任陈祺琛，湖外监事会主席宁瑶林出席会议。党委班子成员、中层干部、全体党员及教工代表参加了会议。刘凯希认为学校认真组织群众路线教育活动，达到了不走过场，取得实效的目的，具体表现在三个方面：一是认识到位，各个环节工作积极主动，报送材料质量较高；二是整改扎实，积极为师生排忧解难，成效显著；三是党组织生活逐步规范，两个组织生活会达到预期目的。刘凯希还对今后工作提出了明确要求：一是要继续抓好问题整改，切实强化制度落实，着力加强班子建设；二是要保障学校良性循环的长远发展机制；三是要坚定不移抓好党建工作，坚持党要管党，从严治党的要求，不断加强党组织思想、组织、作风建设，发挥党组织的战斗堡垒作用和党员的先锋模范作用。

11月14日，以中南林业科技大学正校级督导任湘郴为组长的湖南省教育厅督查组来校督查毕业生就业"一把手工程"贯彻落实情况。黎光明校长作专题汇报。通过听汇报、查资料、看现场，督查组认为：学校高度重视毕业生就业工作，建立了校领导亲自抓的工作机制；依据企业和市场的需求办专业，强化学生就业能力与专业技能的培养；形成了富有外国语特色的就业环境。督查组建议：一是加强就业指导的精细化和个性化，加强对就业指导老师的培训和培养；二是进一步提升就业工作的常规化管理水平。

这一年，新校区建设工作紧锣密鼓地推进。一是加快了新校区征地步伐。累计投入2.5亿元，取得了191亩（约0.13平方千米）商住用地的土地权证，争取政府支持，明确了教育科研出让地的用地结构，基本完成了683亩（约0.46平方千米）新校区建设用地的地面附着物拆迁任务，完成新校区总体建设规划，并由望城区政府主持召开了建设规划专家评审会；二是明确了建设资金筹资方案。鉴于新校区高达10余亿元的庞大投资，董事会以壮士断腕的勇气，明确了整合已有资源、坚持自主建设的基本思路，并对所持商住用地、浏阳校区资产、万达广场写字楼等进行资产整合，通过资产处置或股份转让等形式先期筹集4亿元左右的建设资金，确保2015年启动并初步完成第一期工程建设。

这一年，学校在省级以上主流媒体上刊载的原创报道有52篇。其中，中新社刊发的《七旬美籍华人湖南开展"慈善爱心行"》《小语种人才需求量成倍增长 成就业"香饽饽"》《13国外教湖南长沙秀厨艺 舌尖上的异国美食受捧》，以及湖南日报刊发的《湖南外院出重拳查改问题》等角度新颖、宣传效果较好的新闻稿件，被国内各大新闻媒体多次转载，为全年宣传工作，特别是招生阶段的外宣工作提供了源源不绝的媒体支持与宣传动力，同时也为各项评估工作提供充足而有力的佐证材料。这些报道不仅产生了广泛而良好的社会影响，也为提升高等职业教育水平和学校形象作出了重要贡献。

**（二）人才培养工作**

4月16日，浏阳校区首届"天使之梦"医学知识大赛在体艺馆举行。比赛分必答题、抢答题和风险题三个部分。每班各派出两支参赛队。

5月，浏阳校区首届校园汉字听写大赛落幕。此次大赛的举办是为了弘扬汉字文化，提高大学生汉字书写能力，顺应"中国汉字听写大赛"热潮。

11月11日，学校特邀中南大学外语学院博士生导师、教授、应用语言学研究所所长、享受国务院政府特殊津贴的专家彭金定，在俱乐部大礼堂举办以《如何提高英语水平》为主题的讲座。其精彩演讲受到在场200余名师生的热烈欢迎。

这一年，思想政治教育载体不断丰富。学校制订《湖南外国语职业学院2014年学生思想政治教育工作实施方案》。学工处通过"精英工程"培养计划等载体持续不断地加强学生思想品德教育和人格塑造，全年开展"社会主义核心价值观教育"等12个主题的班会教育活动。

这一年，服务人才培养的信息化工程启动。按照省教育厅的要求和学校制订的信息化建设方案，学校投入20多万元专项建设资金，建立了特色专业建设平台、课程资源库管理平台、顶岗实习管理平台、毕业设计管理平台、网络共享课程运行平台、教务管理平台、教研活动管理平台、专业技能检测与竞赛平台等10余个管理平台，发挥现代网络技术与信息化手段对人才培养的支持作用。

**（三）招生就业工作**

3月16日至22日，就业处处长曾佳、涉外经济管理系书记章鹏辉，对长三角地区、华中地区一些企业进行了为期一周的考察及回访。此行目的在于深度了解长三角地区各用人企业的人才需求情况，建立和巩固一批校外实习实训基地，拉动华东地区就业信息与湖外毕业生就业需求的互补对接，开辟长三角地区新的就业市场。考察小组走访了无锡、海门、南通、扬州、南京、武汉6个城市的8家用人单位，并与在企业工作的湖外学生进行座谈。

4月19日，单独招生工作大幕拉开。2014年是我校单独招生试点工作实施的第一年。本次招生考试的内容分为三个方面：综合面试、英语笔试和语文笔试。笔试分为5个考场，共有105人参加单招考试。

5月14日，由就业处主办的校园专场招聘会在图书馆举行。长沙新东方外语学校、长沙天为工程机械有限公司、广东中山子弹头电子科技有限公司、深圳红叶杰科技股份有限公司4家用人单位前来参会，提供280多个岗位，涉及各语言、贸易、会计等专业，最终录用学生75名。

6月18日至20日，校长助理曹杨、就业处处长曾佳、副处长刘丰出席在华为集团深圳总部举办的为期3天的"华为校企合作交流大会"。参会期间，曹杨一行还看望了在华为工作的毕业生段艺凡、秦英。

6月20日，学校举行国际海乘就业培训班复试。60多名通过初试选拔的应聘者，在复试中回答来自美国、加拿大等国际游轮工作人员的提问。有50人获得进入培训班的资格。

10月15日至16日，南方航空乘务（安全）员招聘湖南站在我校举行。此次南航计划在长沙招140人，往届毕业生均可应聘。

11月，就业处特邀华为有限公司人力资源专家蒋荣林来校开展《扬帆校园、启航职场——企业HR高管谈职业生涯规划及择业》专题讲座。逾千名师生到场学习。2012届商务英语专业毕业生、现在华为工作的刘江琴，结合自己在华为2年的成长经历给学弟学妹们上了生动一课。

11月，华为公司来校举办湖外专场招聘会。根据以笔试成绩占60%、面试成绩占40%的比例得到总成绩，结合综合评定、查档等程序，共有38人被预录。湖外毕业生最高分达到89分。这些学生将按照公司安排进行体检、报到、上岗。

12月，我校举办2015届毕业生校园招聘会。此次招聘会邀请了省内外的150多家用人单位参会，提供外语翻译、外贸、经济、管理、艺术、通信、设计等多个行业的就业岗位5 000余个。岗位范围覆盖2015届所有毕业生的专业，特别是语言类专业，如西班牙语、俄语、德语、日语等九个外语语种专业。

这一年，我校招生计划为2 140人，多个小语种专业取得单独考试资格。董事会下达的招生目标为2 600人。得益于多年来打造的特色专业群形成的市场吸引力和社会影响力，实际到校报到新生人数为2 815人。录取的新生中，500分以上的为57人，400分以上的为319人。浏阳校区招生375人。

这一年，学校共举办1场大型校园人才交流会及128场专场招聘会，为毕业生邀请了600多家用人单位来校招聘，提供了16 000多个求职岗位，922名毕业生初次就业率为91.67%，年终就业率为94.84%，专业对口就业率达到60%。有118名毕业生实现国（境）外高质量就业。

**（四）师资队伍建设**

3月11日，为提升省级科研课题申报的质量，提高教育科学规划课题申报通过率，学校特邀湖南省教科院规划办杨敏主任来校举办课题申报指导讲座。讲座由副校长成强主持，全体教师到场学习。

9月3日，我校来自13个国家的13名外籍教师在西配楼会议室参加了由国际交流合作处组织的外籍教师法律法规、校规和安全知识培训。

9月9日，国际合作交流处组织召开加强外籍教师教学管理专题会议。会议由符华兴副校长主持,教务处肖建安处长出席。为进一步规范和加强我校外教的聘用管理,学校修订了《关于进一步加强学院外教管理工作的意见》,董事会和学校党政领导、相关处室及系部主要负责人通过外教见面会、外教合作教师座谈会等形式广泛征求意见,制订《外籍教师教学工作考核实施方案》《外籍教师教学工作考核标准》等外教管理制度。

这一年,学校全面锤炼专业教师的"职业型"素质。学校组织系主任、骨干教师参加第二届民办高职院校创新发展论坛、长沙市高职教育重点项目建设大会、国际职业教育先进办学经验报告会、湖南省高职院校制订专业基本技能抽查标准研讨会、高职院校学生专业技能抽查标准开发与修订研讨会、长沙市高职院校校企合作大会等职教工作专题会议和研讨活动,引导教师强化职业教育观念,全面提升职业教育的适应能力与创新能力。学校还结合全国、全省职教工作会议精神在全体教师中举办职教改革专项培训活动,召开全校实践教学工作专题研讨会。

这一年,教务处与人事处共同组织开展了教师职业道德与课堂教学要求的培训。相关校领导分别作《高职教育与人才培养》《贯彻全国职业教育精神 做好教学工作》《教师职业道德与教学要求》等专题讲座。培训活动将教师的职业教育理念和职业道德规范贯穿始终,不仅丰富了师德建设的形式,更为师德师风建设提出了更为明确、具体的要求。

这一年,学校以党的群众路线教育实践活动为契机,按照"为民、务实、清廉"的要求,聚焦"四风"突出问题,加强校领导班子和中层骨干队伍的世界观、人生观、价值观、权力观、利益观、服务观教育,通过中层干部工作例会、集中培训活动、个别交心谈话等形式,从学习型领导、服务型领导、创新型领导等方面对各级干部提出具体要求。

这一年,学校投入外国专家费用 120 多万元,聘请了来自 13 个国家的 18 名外籍教师;推动教师团队的国际化合作培养,选派教师赴国外高校学习、交流、访问和研修;丰富了师资校本培训途径,形成了提升青年教师教学能力与教学水平的"传帮带"模式;进一步优化师资团队的年龄、学历、职称结构,改善了专任教师与兼职教师、学校教师与企业教师的比例配置。

**(五)国际交流合作**

3 月 10 日至 12 日,中国教育国际交流协会第六届第五次理事大会暨第二次会员代表大会在宁波召开。董事长宁平、校长助理曹杨应邀参加会议。

4 月 15 日,西班牙阿尔卡拉大学亚太区代表拉斐尔教授再次来校访问,并与校长助理曹杨、多语学院院长陈爱平和国际交流合作处相关人员就两校国际交流合作项目进行洽谈。自 2012 至 2014 年,我校先后派出 10 余名西班牙语专业学生到西班牙学习。随后，拉斐尔为西班牙语专业的同学上了一堂精彩的留学说明会。

9月15日，日本圣泉大学人文学院教授、国际交流中心副主任、日本平和堂株式会社（总部）顾问唐乐宁应邀访问我校。副校长符华兴、多语学院院长陈爱平在会议室与唐乐宁就两校教师交流、学生短期交流和出国留学深造等事务进行洽谈，双方达成初步共识。接着，唐乐宁教授在图书馆报告厅分别为多语系日语专业大二、大三学生及大一新生举办两场讲座。黎光明校长为其颁发"客座教授"聘书。

10月24日至26日，应中国教育国际交流协会邀请，由学校宁平董事长带队，携以符华兴副校长为谈判指导、国际交流处相关人员陪同的洽谈小组，赴北京参加在国家会议中心举办的世界职教院校联盟2014年度峰会。大会期间，宁平、符华兴会晤了韩国富川大学、德国国际合作机构、加拿大拉萨尔大学及巴西联邦高校协会的负责人，与多所海外知名院校达成了积极的合作意向。

10月28日，英国胡弗汉顿大学常务副校长兰·达克斯一行到访我校，双方就中英两校教育交流事务进行会谈。出席此次会议的有我校董事长宁平、副校长符华兴、国际交流处干事彭敏。双方就"3+1"合作项目、教师互派等项目进一步明确合作意愿，续签合作备忘录。

10月28日，宁平董事长、符华兴副校长携湖外代表团参加了加拿大应用技术大学联盟在湖南科技职业学院举行的中加职业院校合作洽谈会。本次洽谈会的加方代表，是由世界职教联盟主席及加拿大职教协会主席兼首席执行官尤迪理率领的11所加拿大知名院校校长组成的代表团。湖外40名学生同赴洽谈会参与此次学习交流。

11月3日，韩国江原大学国际语学院负责人柳孝珍、李莲雨到访我校，这是江原大学继2012年该校崔海柱教授访问我校以来第四次派出代表来访。学校副校长符华兴与国际交流与合作处相关人员接待了来宾。柳孝珍在多功能报告厅为韩语系学生呈现了一场精彩的韩国教育制度及出国留学说明会。

11月11日，符华兴副校长接见了来校参加印度夏尔达大学与湖南外国语职业学院合作协议签约仪式的中印教育科技联盟代表。签约仪式后，中印教育科技联盟中方主席盛之教授为我校部分师生介绍了赴印度留学的相关情况。同时，中印教育科技联盟印方主席穆迪教授对夏尔达大学与我校的合作项目进行详细讲解。

11月，学校代表团参加2014年加拿大应用技术大学联盟长沙对接洽谈会。

12月，为进一步拓宽国际交流合作渠道，我校申请加入世界职业教育院校联盟并通过申请，成为世界职业教育院校联盟成员单位，成为中国高校中被该联盟吸纳为会员的4所高校之一，为国际交流搭建更为高端的合作平台。

这一年，我校还与海南大学国际交流部门就"中国高职高专学生赴日本学习和实习项目"达成初步的合作意向，与澳大利亚麦考瑞教育集团签订了双方联合培养幼教和护士合同,与山东省威海国际经济技术合作公司签署了我校护理专业毕业生前往德国、日本等国学习、培训、就业的合作协议,与加拿大萨尔特学院、卡纳多学院等院校就投资我校新校区和合作开展专业建设与人才培养等事宜进行了初步沟通与有益探讨。通过项目引领,我校的国际交流与教育合作不断务实、创新。

### (六)校园文化生活

11月13日,第六届教职员工运动会在田径场落下帷幕。本次教职员工运动会由工会组织,以工会小组为单位组成了9个参赛代表队。

12月8日至19日,2014年校园国际文化节大型活动成功举办。本届湖外国际文化节举办了三大主题活动:国际文化讲座、国际文艺节目表演、国际美食比赛,旨在彰显我校办学特色,拓展师生国际视野。

12月16日,国际文化节之文艺表演及美食节活动顺利开展。节目表演以语种为单位,由每位外教确定节目表演内容和形式,以该外语类专业学生为参演人员,展现各国文化特色和文艺风采。表演形式非常多样化,如合唱、舞蹈、小品、朗诵等。国际美食比赛是国际文化周的重头戏,外籍教师带着来自各个语种专业的学生组成参赛队,在规定的时间内完成与所学语种相对应国家的两种以上菜肴。中新社以《湖外13国外教湖南长沙秀厨艺 舌尖上的异国美食受捧》为题作专题报道。

这一年,浏阳校区陆续开展以下主题活动:3至4月的大学生文明月;5月的"我运动,我健康"学生健美操比赛;6月的十佳歌手大赛;8至10月的新生入学教育、"迎新生,庆国庆"文艺晚会;11月的"我运动,我健康,我快乐"第四届趣味运动会;12月的元旦文艺晚会。

这一年,学校坚持一月一主题开展校园文化活动。学校开展首届文明活动月、学风班风建设活动月、心理健康活动月、社会实践活动月、军训暨入学教育活动月等寓教于乐的活动。学工处、团委、国际交流处以及各系部举办了迎新晚会、中秋联欢活动、寝室装饰设计大赛、首届校园健美操大赛、十佳歌手大赛、首届辩论赛、国际文化节、圣诞嘉年华、大学生心理健康节、篮球交流赛等丰富多彩的校园文化建设活动。

### (七)社会服务

5月,谢莉老师受邀担任2014年湖南省职业院校竞赛评委。

7、8月,在暑期大学生德育实践项目研究活动中,思政教研室别玉满老师带领部分大二学生赴湘西花垣县支教。尽管在支教实践活动中,条件差、困难大、任务重,支教队师生们依然在当地群众的支持下,克服困难,把为期半个月的支教活动搞得有声有色。我校学生所教授的英语课备受欢迎。花垣县宣传部和教育局的领导对这次支教活动给予高度评价,为志愿者们颁发奖牌。

这一年，继续教育学院强化学生自学考试、职业技能考证的咨询服务，有效扩大学生报考的覆盖面和参考率，不断拓宽业务渠道，增设自学考试合作学校和计算机等级考试考点，增强服务能力。自考本科注册人数新增 701 人，较上一年度增长 98.5%；普通话、计算机、英语等级、小语种等级、各类职业资格证等考试的报考人数累计达 11 873 人。

### （八）主要荣誉成果

**学校荣誉**

3月31日，长沙市社会组织党的群众路线教育实践活动动员暨社会组织评估授牌大会在长沙人民会堂召开。本次大会对 2013 年获得 3A 以上等级的 10 余家社会组织进行了授牌。我校在本次评估中获得最高等级——5A 级。获得 3A 以上评估等级的社会组织，意味着将优先接受政府职能转移，优先获得政府购买服务，优先获得政府奖励。

12月，学校获中共湖南省委教育工委和湖南省教育厅颁发的湖南省首届高校校园好声音大赛"优秀组织奖"。

我校在湖南省教育厅组织的 2013 年度办学情况综合评估中再次荣获"优秀"评价等级。

我校申报的"长沙市骨干民办高校"喜获成功，建设方案与建设举措得到教育局领导和专家组的一致肯定，职教项目建设成果日益丰富。

**学生获奖**

5月，学生获湖南省教育厅颁发的"2014 年湖南省职业院校技能竞赛（高职口语）"一等奖。

6月，在"第五届全国高职高专英语写作大赛"中，西班牙语专业 1306 班学生邱媛芳获非专业组一等奖，西班牙语专业 1304 班学生冯美荣获非专业组二等奖，商务英语专业 1208 班学生夏晨峰获专业组三等奖。

10月16至19日，由教育部职业院校外语类专业教学指导委员会主办，日本 J.TEST 中国事务局、日中教育文化振兴会协办的"J.TEST 杯"第三届全国高职高专日语技能竞赛在宁波职业技术学院举行。我校参赛学生勇夺个人赛一等奖，以及团体赛三等奖。

**教师成果**

10月，陈爱平、蒋小莹、马亚琴、武思思老师在"J.TEST"杯第三届全国高职高专日语技能竞赛中获"优秀指导老师奖"。全体日语老师和外教参加了编剧和赛事指导。

12月，我校 5 个项目顺利入围 2014 年长沙市高等职业教育重点项目建设名单，具体有：长沙市对接地方产业的校企合作（实习实训）示范基地——小语种应用基地；长沙市高等职业教育精品网络课程——"涉外职场礼仪""外贸函电""湖湘旅游文化"；长沙市高等职业教育技能名师工作室——周新云外贸业务技能名师工作室。立项资助的总经费达 90 万元。

这一年，科研处牵头开展以"互联网时代现代职业教育体系建设和多语言平台商贸服务类人才培养研究"为主题的职业教育教学改革研究活动。在本次活动中，我校共有 12 个各级各类课题立项，5 个市级重点项目立项；共有 62 篇学术论文在国内公开刊物发表，有 23 篇论文获省级优秀成果奖，其中一等奖 3 篇，二等奖 8 篇。

**2015 年**

2015 年是"十二五"发展规划收官之年，也是全国职教改革深化之年。此时的湖外亟待解决的问题有：一是办学基础相对薄弱，新校区建设推进艰难，对招生、教学、基础条件建设、品牌形象塑造等形成严重制约；二是办学经费紧张，筹资渠道有限，新校区建设经费与学校正常运转与发展经费有时难以兼顾，如何对内涵建设、队伍建设、文化建设、国际化特色建设等工作予以及时、足额投入，成为令董事会、校务会领导倍感忧虑的问题；三是教职员工队伍稳定性受到一定影响；四是师资队伍整体水平有待提高，一线教师的职教理念和执业水平有待提升，具有显著社会影响的"拳头产品"不多，办学特色的凝练与强化大有文章可做；五是管理体制有待理顺，管理的科学化、规范化、精细化水平有待提高；六是学校的核心竞争力不足，小语种特色主要停留在专业设置上，没有形成以小语种为核心，覆盖招生、就业、社会服务、校园文化、国际合作的鲜明特色与综合竞争力。

为应对以上迫在眉睫的问题，学校将这一年的工作指导思想确定为：坚持以党的十八大、十八届三中全会与四中全会的精神为指导，紧抓职业教育与民办教育的发展契机，立足文科类高职院校的基本属性和小语种人才培养的基本定位，全面推进学校的建设发展。

**（一）学校总体工作**

1 月 18 日，长沙市望城区第一届人民政府第十五次常务会议讨论有关湖南外国语职业学院协议出让用地有关问题，同意按照《中华人民共和国民办教育促进法》第三条、第四十五条、第五十条规定，扶持湖南外国语职业学院 1 500 万元用于学校基础设施建设。

3 月 6 日，学校组织召开系部主任会议。成强副校长提出围绕设备设施、师资、教材、课表、检查协调"五到位"来开展开学准备工作，对学期教学重点工作进行了具体安排。

3月18日，学校党委在西配楼会议室召开扩大会议，研究部署年度党建工作。与会同志对《2015年工作要点》草稿进行讨论，并提出了许多修改意见。会议由党委副书记周静同志主持。

4月2日，长沙市教育局组成的2014年度市民办学校办学情况评估工作领导小组，在组长封纪琴的带领下，来我校进行考察评估。

4月29日，副校长符华兴在党政办主任彭建平的陪同下，做客湖南教育政务网在线访谈，就"加快湖外发展，有效服务国家和湖南国际化人才需求"话题与网友在线交流，并回答了网友关注的热点问题。

5月12日，校务会全体领导在西配楼会议室就开展"湖南省职业教育宣传活动周"举行座谈会。本次2015年首届湖南省职业教育宣传活动周的宣传主题是"加快发展现代职业教育，有效服务四化两型建设"。会上就国家加快发展现代职业教育的方针、政策、法规进行重点解读，强调学校的服务定位是"立足长株潭、面向湖南、辐射全国、走向世界"，人才培养的重点是"服务湖南经济建设与社会发展"。副校长符华兴就学校关于"国际化人才"的培养定位进行阐述。

5月18日，党委副书记周静与全体中层领导干部分别签订《2015年度党风廉政建设责任书》。

5月26日，党委中心组成员，党总支、党支部书记集体学习湖南省教育系统"三严三实"专题教育工作视频会议精神。

6月9日，根据湖南省委教育工委的部署，学校组织全体党员、中层以上领导干部开展"三严三实"专题教育党课。

9月4日，全校教职员工以及2015级3 000余名新生，在田径场举行新生开学典礼。参加典礼的领导有长沙市教育局机关党委书记胡慎信，长沙市教育局民办教育处处长刘凯希，湖南税务高等专科学校副校长张昭，学校董事长宁平、副校长符华兴，以及董事会、校务会主要领导。典礼由符华兴用中英双语主持。

9月18日，我校2015年军训总结大会在长沙校区主训练场举行。

11月17日，纪念胡耀邦同志诞辰100周年油画艺术展在省展览馆开幕。宁平董事长及学校领导班子全体成员出席此次油画展。省委常委、市委书记易炼红出席开幕式并讲话，胡耀邦同志长子胡德平、副省长李友志、省政协副主席武吉海、省军区政治部主任姜英宇出席。市委副书记、市长胡衡华主持开幕式。宁平希望校领导在油画艺术展观览过程中，加深对胡耀邦同志生平业绩和奋斗历程的了解，感受胡耀邦同志耽于为民的无私情怀和严谨不苟的工作作风，更要了解胡耀邦同志不断追求真理的精神风范和高尚品格。

12月1日，我校第三次党员大会举行。学校上届党委委员、全体教工党员及学生党员代表共计 125 人（其中预备党员 24 人）参加了大会。长沙市教育局民办教育处处长刘凯希同志应邀出席。会议由党委副书记周静主持。党委书记符华兴同志宣布了新一届党委成员分工并讲话。他强调新一届党委要高度重视党建工作，认真贯彻党的路线方针政策，始终与党中央保持一致，要充分发挥党组织的战斗堡垒作用和党员的先锋模范作用，切实加强学校党组织建设。学校党委要遵循中共中央办公厅印发的《关于加强社会组织党的建设工作意见（试行）》文件精神，明确功能定位，职责要求。会议审议通过了《中国共产党湖南外国职学院党员大会选举办法》，通过了谢艳梅等 4 人为总监票人、唱票人、计票人。根据大会议程，采取无记名投票，选举产生了新一届党委成员：孔矩高、宁瑶林、任征、成强、周静、曹杨、符华兴、彭建平。

这一年，学校在省级以上主流媒体上刊载的原创报道逾 50 篇。中新社刊发的《湖南一高校举办国际美食大赛 15 国外教比拼厨艺》《国际订单班长沙开班 推动中国人才走出去》，以及中国教育新闻网刊发的《湖南外国语职院：十五国外教带领学生领略多国美食文化》等都是角度新颖、宣传效果较好的新闻稿件。

**（二）人才培养工作**

3 月 16 日，浏阳校区举行了 2013 级三年制护理专业全体师生临床实习动员大会，大会由校长助理孔矩高主持。护理学院副院长梁锋对实训提出总体要求，将实训全过程分为三大部分：基本技能操作、基本理论考核及人文素养训练。王明明教授对护理基本技能操作部分提出具体要求及注意事项。护理实训部唐强老师宣布实习日期为 2015 年 6 月 8 日到 2016 年 4 月 8 日，实习医院为：中南大学湘雅医院、中南大学湘雅二医院、中南大学湘雅三医院、湖南中医药大学第一附属医院、湖南省人民医院、长沙市中心医院等多家三甲医院。金晓东校长要求全体学生珍惜学校提供的优质平台，过好实习关。

3 月 23 日，湖南外国语职业学院与湖南佳兴世尊酒店的校企合作签约与授牌仪式在湖南佳兴世尊酒店隆重举行。湖南佳兴世尊酒店董事长虢标、酒店业主总经理邹伟、酒店总经理叶水兴，我校涉外经济管理系主任唐亮荣等领导参加了签约与授牌仪式。

3 月 23 日至 24 日，校长助理曹杨、涉外经济管理系党总支书记曾卉、教务处副处长郭利华、就业处副处长刘丰一行 4 人赴浙江嘉兴对学生实习实训环境和场地建设进行详细考察。考察团分别参观了嘉兴智慧产业创新园和嘉兴电子商务产业园等园区，与园区管委会、东臣信息科技有限公司、万网投资管理有限公司、绿浪视觉公司及共赢惠仁商贸有限公司等公司主要负责人，就今后湖外学生赴嘉兴实习等问题进行了深入的交流和探讨，就人才培养模式、学生实践能力培养等问题交换了看法。

5月22日，佳兴世尊酒店宴会厅举行隆重的结业典礼，祝贺我校2013级酒店管理班的17名学生圆满结束为期1个月的见习。酒店总经理邹伟，人力资源总监喻洁，我校涉外经管系党总支书记曾卉等出席结业典礼。

5月26日，湖南省就业创业研究会副会长涂红湘教授、湖南省融合经济促进中心主任张越果等一行人，在图书馆报告厅举办题为《毛泽东智慧与就业创业》的主题讲座。近300名学生全程听取了两位教授的精彩演讲。

5月26日、6月9日，浏阳校区第二届"英语500句"英语口语考试在浏阳校区举办。整体通过率达到90%以上，其中有些班级达到100%。

7月，我校2 300余名学生接受了湖南省教育厅职业教育与成人教育处对湖南省高职院校2015届毕业设计的抽查，毕业设计成果合格率达到95.4%，居湖南省64所高职学院第19名。

10月20日，湖外－中澜英语订单班、湖外－中澜日语订单班开班。湖南外国语职业学院与江苏中澜境外就业服务公司于2014年6月中旬签订合作协议，决定合作设立国际定向培养班。双方商定，学校从商务英语和日语专业2013至2015届学生中遴选近200名学生，实施一年或两年的定向培养。学校已为订单班制订专门的培养方案，增加英语、日语外教教学课程，不定期开办专题讲座和组织对企业的参访活动等。之后，学生可赴新加坡、日本等国进行一年或三年的带薪技能实习。学生在境外实习期间，学校为学生保留学籍，毕业时，达到毕业要求即颁发毕业证书。

这一年，《多语言平台上对外贸易特色专业群》项目申报获湖南省教育厅批准，构建了专业骨干教学团队建设体系，明确了专业建设思路，确定了我校应用外语类专业实行"专业＋对外贸易或涉外服务职业方向"的建设模式，商贸服务类、涉外护理类专业实行"专业＋应用外语平台支撑"的建设模式。

这一年，学校调整实践教学体系。学校根据学生认知规律和职业能力形成规律，按照从简单到复杂、从单项到综合的逻辑线索，依托我校"五步骤四中心"实践教学体系，结合专业群技能标准、职业资格标准与岗位要求、典型工作任务、工作过程，重新修订和调整了实践教学的培养思路，突出多语言平台上对外贸易和对外服务专业群的实践教学特点，初步构建了"三环节五项目"专业群实践教学体系。在原来的"一基地四中心"的基础上，为进一步将知识转化成能力，学校将实训基地改扩建为全网络覆盖与数字化的"六公司"，即：翻译与文化传播有限公司、商务接待公司、外贸营销公司、成本核算公司、外贸业务履约监督公司、社会服务公司。

这一年，学校加强实训基地建设。学校与湖南佳兴世尊酒店联合办学，建立实践教学基地，校企共同制订实践教学方案，共同实施实践教学培养，酒店管理专业的41名学生在该基地进行了顶岗实习的综合实训。另外，学校打通了护理专业学生的毕业实习通道，学生大部分进入湘雅医院、湘雅二医院、湘雅三医院等三甲医院进行实习。

这一年，学校创新实践教学模式。学校采取"请进来、走出去"的方式，邀请行业企业专家共计 24 人承担了 1 600 余个课时的实践教学任务；组织了商务英语和酒店管理 2 个专业的学生前往企业完成了为期 35 天的综合顶岗实训；护理专业从湘雅医院聘请了张燕博士、张静平顾问、赵丽萍博士、刘平护士、欧阳莎媛护士等来我校进行护理临床教育理论及实践技能操作的授课与指导。

这一年，学校拓展学生学历提升途径和职业发展通道。继续教育部服务学生成才需要，共开展了全国计算机等级考试、全国大学生英语等级考试、普通话考试等 16 项考试的培训与组考工作，报考学生人数共计 9 038 人。学校还与湖南东方启航文化教育发展有限公司签订了德语 B1 等级培训合作协议，为学生的职业发展开辟了新的培训途径。浏阳校区加强护理专业学生的岗位就业能力，积极开展小儿推拿师、催乳师等的考证工作，2015 年有 333 人参加了各种护理考证。

这一年，学校与衡阳师范学院、湖南涉外经济学院进行了全日制专升本合作，选拔 12 名学生到本科院校继续深造；继续扩大学生学历提升规模，全年新增自考本科注册人数为 1 283 人，网络教育全年新增注册人数为 19 人。浏阳校区加大宣传力度，鼓励学生提高学历，自考本科报名人数由 2014 年的 73 人增长到 2015 年的 346 人。

**（三）招生就业工作**

4 月 21 日，2015 年单独招生考试分综合测试和文化课笔试举行。其中综合测试安排了 4 个候考室，7 个面试考场，4 个综合测试专业大组，11 个综合测试小组，22 位系部领导和专业教师担任综合测试小组的考官，实际参加综合测试的学生为 287 人。文化课笔试分英语笔试和语文笔试两场，安排了 12 个考场，24 位监考老师，实际参加笔试的学生为 255 人。

5 月，学校开拓了中高职融合定向培养模式，陆续与长沙科技工程职业学校、益阳卫生职业技术学校等 5 所中职学校签订了合作协议，在长沙、邵阳、益阳等地开拓了中高职融合定向培养生源基地，共招收中高职衔接学生 273 人；制订了《中高融合定向培养项目管理试行办法》《中高融合定向培养项目管理实施办法》《中高融合定向培养项目经费管理办法》等系列办法和制度，意图强化人才培养的双向衔接和规范管理。

6 月 2 日，由就业处主办的湖南外国语职业学院大学生创业大赛总决赛在图书馆报告厅举行，党委副书记周静、校长助理曹杨等校领导及部分就业处、学工处、系部领导出席此次大赛。本次创业大赛共有 12 支团队进入总决赛。活动旨在积极应对严峻的就业形势，强化大学生职业规划意识和创业意识，提高大学生的综合能力和素质，积极引导和鼓励大学生就业创业。

9月，共有3 452名新生到校报到，其中三年制专科及特招学生2 418人，五年制学生1 034人。

9月，学校累计引进300余家合作单位，为毕业生提供招聘岗位7 000余个。2015届毕业生共计1 897人，签约就业人数为1 806人，签约就业率为95.2%。出国就业人数为116人，出国就业率为6.1%。

学校组织了86人参加中南大学湘雅医院等公立医院的2016年招聘报名和考试。

11月2日，我校商务英语专业、西班牙语专业的学生在就业处组织的校园招聘会中被中工国际工程股份有限公司、上海厚龙电子有限公司录用，就业处、商务英语系部分人员在商务英语系办公室为他们举办欢送会。此次即将出国工作的学生共11位，其中9位被上海厚龙电子有限公司录用，将于12月入职；2名被中工国际工程股份有限公司录用，将于12月份赴伊朗工作。两家企业提供的年薪均在10万元左右，另附带薪年假、年终奖，往返机票报销等优厚条件。

11月16日，由湖南省教育厅就业指导中心华东办事处和湖南外国语职业学院就业指导中心联合举办的面向华东区域企业洽谈会暨2016届毕业生供需见面会在我校篮球场举行。湖南省教育厅学生处副处长周军、湖南省教育厅就业指导中心副主任夏学军，学校董事长宁平，副校长符华兴、任征、成强，党委副书记周静，校长助理曹杨以及来自4所高职院校的就业处负责人出席了见面会启动仪式。此次供需见面会共有来自省内外的160余家企业，带来6 000余个岗位，招聘职位涉及外贸、翻译、市场营销、财会、金融、行政、教育等领域。

**（四）师资队伍建设**

4月24日至26日，学校组织30多名教师参加了中国高等教育教师发展研究会在长沙举办的"高等院校微课开发、设计、制作培训班"、国家职业核心能力的评委培训、小语种考官培训、学籍管理专干培训等培训活动。

9月9日，学校召开新学期第一次外籍教师座谈会。来自14个国家的20位外籍教师参加了座谈会，其中12位系新聘到我校任教的外教。会议召开的目的，一是对外教进行岗位培训，二是促进学校领导与新老外教之间的交流。

9月17日、18日，学校在开学之初对全体教职员工进行为期2天的培训。培训形式是由学校领导、主管部门领导、专家、学科带头人、骨干教师举办专题讲座。讲座主题包括职业教育改革与发展现状、教师的职业道德修养、教师课程教学常规要求、工作纪律等。

这一年，学校依托校企合作项目，有效提升专业教师的实践教学能力，派送2名教师前往企业进行为期半年的顶岗实践锻炼。护理专业选派龙娟、宁凡、余浪、田辉等教师于暑假期间赴中南大学湘雅医院进修学习。

**（五）国际交流合作**

1月9日，韩国世翰大学校长李昇勋、外事处处长孙多玉、空乘系主任易丙仁、护理系主任李峰淑一行4人在湖南中韩桥国际文化传播有限公司相关人员的陪同下来校访问。我校董事长宁平、校长黎光明、副校长符华兴、多语系主任陈爱平、涉外经济管理系主任唐亮荣，以及国际交流处等部门的负责人热情接待了来访客人。两校签订《湖南外国语职业学院与韩国世翰大学交流合作意向书》。签约仪式后，韩方对我校空乘专业有意向赴韩国学习的学生进行了面试，1名学生基本达到录取要求，这名学生将通过两校联合培养，毕业后由大韩航空录用并安排就业。

3月18日，我校迎来了西班牙阿尔卡拉大学驻上海的亚太地区负责人拉斐尔博士。他在图书馆报告厅为多语系西班牙语专业的学生举办了一场精彩的留学讲座。我校与西班牙阿尔卡拉大学签署校际合作协议并进行多年的成功合作，除赴该校参与语言研修项目外，学生还可以继续申请读本科或研究生。经过考核，成绩合格者将获得西班牙教育部颁发的学历、学位证书。该校是我国教育部学历认可的国外合作大学之一。每年都有湖外学生赴该校学习深造。

3月20日，日本圣泉大学唐乐宁教授应邀莅临我校，在图书馆报告厅为日语专业一年级学生举办了一场题为《日语口译与实践》的精彩讲座。

3月25日，韩国南首尔大学国际协力处主任尹泰勋、国际协力专员洪成花，在湖南中韩桥国际文化传播有限公司董事长熊梦霞的陪同下来校访问。副校长符华兴、多语系主任陈爱平、国际交流合作处处长邹俐宏及相关人员与来宾进行了深入友好的交流。双方对具体的合作项目进行了探讨并达成初步意向。

5月21日，马来西亚百纳利管理与创业大学执行总裁约瑟夫一行应邀访问我校。宁平董事长、符华兴副校长，以及英语系、涉外经济管理系、国际交流处相关人员出席此次会谈，双方对两校合作与交流事宜进行商讨。约瑟夫一行与我校英语及涉外经济管理系的200余名学生见面，举办了一场生动的校情介绍和赴马留学讲座。

5月，学校正式启动赴美国、韩国和日本大学的短期文化交流项目，该项目让学生在大学校园体验学习及各类校园生活，也欢迎学生家长及教师一起参加。同时，国际交流处还开通了赴美国、英国、澳大利亚、韩国、德国、西班牙、葡萄牙、马来西亚、印度、日本、俄罗斯等20余个国家的形式丰富的交流学习和联合培养项目，利用各种渠道为学生们争取到最有利的待遇，减免部分或大部分学费。

7月2日至5日，加拿大拉萨尔学院国际部主任维罗妮卡应邀专程到访我校。7月3日，董事长宁平、副校长符华兴、多语系主任陈爱平等人会见了来宾，就两校交流合作事宜进行探讨。会后，维罗妮卡与我校法语专业的学生开展文化交流活动。

10月23日，由中国教育国际交流协会举办的第十六届中国国际教育年会在北京国家会议中心隆重举行。此次年会为期3天，年会的主题是"全球绿色发展：学校、企业、社会，实现可持续发展的路径和制度创新"。副校长符华兴、国际交流处干事李明霜赴京参加了此次年会。我校代表与意大利乌迪内大学、西班牙梅南德斯·佩拉尤国际大学（UIMP）、法国政治学院、加拿大拉萨尔学院、泰国博仁大学、中国教育国际交流中心、中天教育集团等院校和教育机构进行了接洽、交谈，重点探讨了我校与意大利乌迪内大学、西班牙梅南德斯·佩拉尤国际大学、法国政治学院建立合作交流关系的相关事宜，达成初步意向。

10月29日，西班牙梅南德斯·佩拉尤国际大学副校长塞巴斯蒂安一行应邀访问我校。宁平董事长、符华兴副校长、多语系陈爱平主任、罗秀娟副主任、西班牙语专业负责人彭立家、国际交流处全体人员参与了会见与交流。塞巴斯蒂安副校长还为近200名西班牙语专业学生介绍该校的发展历史、教学特色，特别是西班牙语课程的开设情况，并回答了学生们的提问。他热忱欢迎我校学生赴该校学习深造。

这一年，学校持续优化外教队伍。国际交流处拓宽招聘渠道，参加国际人才交流会，与国外合作院校、孔子学院、教育协会直接联系，请求推荐符合聘请资质的外籍教师。学校共完成8位外教续聘合同，新聘外教14名，其中4名拥有博士学位，8名拥有硕士学位。

这一年，学校广泛搭建交流平台。学校接待了英国胡弗汉顿大学常务副校长、韩国世翰大学校长、南首尔大学国际交流处负责人、西班牙梅南德斯·佩拉尤国际大学副校长、西班牙阿尔卡拉大学驻华代表、日本日中友好文化学院院长、加拿大拉萨尔学院国际交流部主任、马来西亚教育协会会长、马来西亚百纳利管理与创业大学代表团等，与来访代表共同商讨了合作与交流意向，搭建了新的合作平台。

这一年，学校深度拓展合作项目。学校与国内外多家院校与机构签订了合作协议，主要有《湖外—南首尔大学合作意向协议》《湖外—中澜商务英语、日语订单班培养协议》《湖外—菲律宾教育发展有限公司中菲专升本教育项目合作协议》《湖外—菲律宾教育发展有限公司中菲护理项目合作协议》《湖外—西班牙梅南德斯·佩拉尤国际大学项目合作协议》《湖外—中国教育服务中心赴日护士项目协议》《湖外—中天赴美带薪实习协议》《湖外—中天赴澳大利亚打工度假协议》等。

这一年，学校有效推进留学服务。学校为规范我校学生出国留学管理，制订《湖南外国语职业学院出国留学管理规定》；在校内组织了10余次留学项目推介活动，邀请俄罗斯托木斯克理工大学驻华代表、南首尔大学国际交流处负责人、西班牙梅南德斯·佩拉尤国际大学副校长、西班牙阿尔卡拉大学驻华代表、江苏中澜境外就业服务有限公司代表、澳大利亚杰达教育集团董事长等来校开展留学项目的讲座和推介。这些都为学生提供了开阔的出国就业、带薪实习平台。

**（六）校园文化生活**

5月，学校举办2014级三年制学生"5·12"国际护士节授帽仪式。

10月15日至30日，我校15国外教率队开展国际文化讲座、国际美食大赛、国际文艺节目表演三大主题活动，得到中新社、湖南经视、湖南教育电视台等多家新闻媒体的报道。

10月27日，国际美食比赛作为我校2015年校园国际文化节的重头戏隆重举行，主题为"放眼世界民俗，品鉴异国美食"。外教们分别带领自己的学生团队进行美食作品的现场制作与展示，期间既有与学生的语言沟通，又有为介绍菜式与风味向现场学生进行的外语讲解，更有师生之间的通力合作。

11月14日，国际合作交流处组织学校多名外籍教师开展了一场名为"湖外外教看长沙"的户外活动。本次活动得到长沙市外事侨务办公室的大力支持。来自西班牙、葡萄牙、巴西、俄罗斯等国的十余名外教及合作老师，部分对国际交流与合作项目抱有极大热情的学生参与了此次活动。外籍教师们前往位于望城区丁字镇的铜官窑遗址、位于开福区新河三角洲上的滨江文化园游览观光。

11月17日，由学校工会及多语系组织的为罹患白血病的2009届毕业生唐瑾同学的捐赠仪式在图书馆报告厅举行。短短数日，全校师生自发捐款共计4万余元。

12月1日，学校在西配楼101教室举办"湖南外国语学院2015年度企业家爱心助学资助大会"。董事长宁平、党委书记符华兴、党委副书记周静，以及学工处、财务处、国际合作交流处的相关人员出席了助学金颁发仪式。本届受助学生及师生代表参加此次仪式。学校向20名学生颁发共计3万元的助学金，每位受助学生获颁1 500元。

这一年，浏阳校区进一步突出主题活动教育，开展丰了富多彩的学生活动：活动包括：3至4月的大学生文明月；5月以"我运动，我健康"为主题的学生健美操比赛；6月召开的"五四"表彰大会；8至10月开展的新生入学教育、举办的"迎新生、庆国庆"文艺晚会；11月组织的2015年十佳歌手大赛、第五届趣味运动会；12月举办的2015年元旦文艺晚会，等等。

**（七）社会服务**

7月14日至23日，公共课部教师莫艳萍、别玉满，带队赴花垣县排碧乡（现更名为双龙镇）十八洞村竹子小学支教。支教活动为湖南省大学生思想道德素质提升工程大学生德育实践项目"大手牵小手"暑假社会实践活动。支教活动紧紧抓住社会实践这一高校人才培养的重要途径与大学生思政教育的重要环节，重视社会实践活动的长期开展，把说服教育与实践教育结合起来，变宣传教育为灵活多样的体验教育。

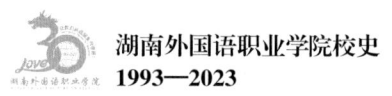

### （八）主要荣誉成果

*学校荣誉*

4月30日，在湖南省教育考试院召开的2015年湖南省教育学会社会考试分会年会上，我校被评为"全国大学英语四六级考试优秀考点"。

10月，在"J.TEST杯"第四届全国高职高专日语技能竞赛中，我校获"优秀组织奖"。

学校在湖南省教育厅委托长沙市教育局开展的湖南省民办学校2014年办学情况综合评估中获得"优秀"，这是我校连续第三年获得"优秀"评价等级。

学校组织申报长沙市教育局民办教育发展专项奖励，获得不少于38万元的奖励。

学校组织申报湖南省教育厅优质民办教育资源专项奖励，获得25万元的奖励。

*学生获奖*

6月，在湖南省教育厅主办，湖南省教育科学研究院、长沙民政职业技术学院承办的"2015年湖南省职业院校技能竞赛语言文化类比赛"中，商务英语专业1309班的邓韩丽同学在罗小玲教授的指导下，获高职组英语专业英语口语比赛一等奖，其成绩在参赛的27所高职高专院校的学生中排名第三。

6月，英语系组织学生参加的由高等学校大学外语教学指导委员会和高等学校大学外语教学研究会联合举办的"2015年全国大学生英语竞赛"湖南赛区初赛成绩揭晓，获得一等奖的欧阳涵、陈圆圆、王郁丰、任盼4名同学将代表湖南省参加在湖南大学举行的全国大学生英语竞赛决赛。

6月，英语系组织学生参加了由高等学校大学外语教学指导委员会和高等学校大学外语教学研究会联合举办的"2015年全国大学生英语决赛（湖南赛区）"，取得了可喜的成绩。商务英语专业1411班欧阳涵同学、旅游英语专业1401班任盼同学、商务英语专业1311班陈园园同学获特等奖，商务英语专业1406班王郁丰同学获一等奖。

10月13至17日，"J.TEST杯"第四届全国高职高专日语技能竞赛在青岛职业技术学院进行。多语系日语专业不负众望，由黄芷芹、王玉湖、何其章、陈丹、周圣涛5名同学组成的团体赛队凭借其精准的日语发音、流畅的语言表达获得了全国一等奖的好成绩。个人赛中，日语专业的黄芷芹同学和王玉湖同学凭借其灵活的应变能力获得二等奖。

*教师成果*

4月，继续教育部冯路老师被评为"全国社会考试先进个人"。

6月，在"2015年全国大学生英语决赛（湖南赛区）"中，英语系陈松、周新云、谢莉、罗小玲教师获颁"优秀指导教师"。

10月，在"J.TEST杯"第四届全国高职高专日语技能竞赛中，陈爱平、朱丹、付瑶老师获"优秀指导教师奖"。

12月，根据长沙市教育局《关于公布2015年长沙市高等职业教育重点项目入围名单的通知》，马亚琴、朱丹老师主持的"日本文化赏析"课程入围2015年长沙市高等职业教育重点项目。

朱丹、马亚琴、王晓丹、王丽、彭彬、付瑶、王丽薇、鄢腾飞、朱依、武思思、徐洁、刘洋老师获"教育部语言类部分专业企业生产实际教学案例课题奖"。

朱丹、付瑶老师获"全国职业教育日语技能比赛"团体一等奖和两个个人二等奖，日语教研室获"全国职业教育日语技能比赛优秀组织奖"。

**2016年**

2016年，是中国共产党成立95周年、红军长征胜利80周年，是学校"十三五"的开局之年，也是学校在发展的艰难时期不忘初心、砥砺前行，各项工作取得新突破、新跨越的一年。这一年，各职能部门、教学系部坚持把以立德树人作为根本任务，不断探索、实践、创新，全校教职员工坚持履行岗位职责，不断强化团结意识、责任意识和担当意识，形成了学校建设与发展的强大合力。

**（一）学校总体工作**

3月24日，市委常委、市委组织部部长程水泉一行就社会组织党建工作专程来校调研考察，并在西配楼会议室召开座谈会。座谈会由市委组织部副部长、市委基层办主任杨俊主持。出席会议的除市委组织部领导外，还包括市教育局、市民政局、市社会组织党工委、市司法局、天心区社工委、市青年创业者商会等单位的负责人，宁平董事长、符华兴书记列席了座谈会。在听取各发言单位的情况介绍后，程水泉对长沙市社会组织的党组织建设、党建队伍建设、党建工作经费基本保障情况进行了总结，充分肯定了社会组织党建工作取得的显著成效。他指出，我市民办组织的党建工作存在诸如党建工作与社会组织的发展不相协调、党建工作覆盖不到位、社会组织党建工作的基本保障不够、党的建设作用发挥不到位等突出问题，市社会组织党工委要按照中央要求，结合我市实际情况，加强领导和组织，对不同的社会组织提出不同的党建工作指导意见，帮助和引导各社会组织理顺管理机制、强化两个覆盖、加强两个工作保障、配齐配强党建工作队伍，切实发挥好党组织的作用。他要求市委组织部针对本次调研所形成的成果和反映的问题，进一步研讨并形成解决社会组织党建工作共性和突出问题的具体方案。

4月11日，以长沙航空职业技术学院副院长陈湘黔为组长的湖南省教育厅专家组一行6人，来我校进行毕业生就业创业工作"一把手工程"督查。宁平董事长、符华兴书记等领导陪同专家组召开会议，就学校毕业生就业创业工作"一把手工程"贯彻落实情况进行汇报。在意见反馈会上，督查专家组充分肯定了我校贯彻落实毕业生就业创业"一把手工程"所取得的成绩。认为学校高度重视毕业生就业创业工作，通过狠抓"华东办事处"和"商务厅外派劳务工作站"等平台建设，使学校的小语种境外就业在国内外形成一定的品牌效应。同时，学校对就业创业课程的开设和安排较为规范合理，就业创业投入力度较大，效果明显。

4月12日，湖南外国语职业学院党校第十五期入党积极分子培训班开班典礼暨预备党员入党宣誓仪式隆重举行，党委书记、党校校长符华兴，党委副书记周静，各党总支书记，党政办党务负责人出席仪式。2015年下半年发展的47名新党员参加宣誓，193名入党积极分子参加培训。培训班从4月12日起到5月5日结束，通过集中授课、分组学习、撰写学习心得、组织结业考试等形式，对学员进行全面教育和培训。

4月25日，浏阳校区召开全体党员会议，开展"学党章党规、学系列讲话、做合格党员"学习教育活动。浏阳校区梁锋校长、王明明副校长及全体党员干部40余人参加了此次会议。

4月，浏阳农村商业银行总行董事长罗成林、淮川支行行长邹建国一行莅临学校指导工作。

5月4日，浏阳校区党总支在体艺馆举行新党员入党宣誓仪式。仪式由团委书记杨恒主持。2013级全体学生以及所有在校的入党积极分子参加仪式。

5月8日，校党委组织全校教职员工党员赴伟人故里韶山、花明楼瞻仰学习，开展"两学一做"主题教育活动。

5月19日，我校党委书记、副校长符华兴在新闻办丁蕾老师的陪同下做客湖南教育政务网在线访谈，就"创新就业模式 凝练就业特色"主题与广大网友进行在线交流。

6月4日，美国仁德慈善基金会会长、美国加州湖南同乡会会长、湖南外国语职业学院名誉校长谭吴保仁，基金会董事执行长、同乡会副会长谭长生博士，董事谭美筠博士等一行5人应邀来校访问，并为学校师生举办了一场内容丰富、生动、精彩、振奋的励志演讲。宁平董事长、符华兴书记，以及相关系部负责人出席，200余名师生参加了此次报告会。

6月21日，湖南外国语职业学院庆祝中国共产党成立95周年、新党员宣誓和"七一"表彰大会隆重举行。董事长宁平，党委书记符华兴，党委副书记周静，校党委、行政部门全体领导参会。参加会议的还有各党总支书记、委员、党支部书记，教职员工党员、学生党员代表，以及2016年上半年新发展党员、部分入党积极分子。

暑假期间，学校组织校领导、中层干部、专业骨干在井冈山举办创新发展研讨会。会议在总结成绩和分析问题的基础上，进一步明确学校发展方向和改革重点，强化了内涵发展、创新发展、特色发展、协调发展理念。

8月29日，学校在图书馆报告厅举行2016年秋季开学工作会议。董事会、校务会主要领导，以及全体教职员工列席大会。

9月4日，全校教职员工以及2016级4 000多名新生，在田径场举行新生开学典礼。参加典礼的领导有长沙市教育局党委委员、机关党委书记胡慎信，长沙市教育局民办教育处处长刘凯希，湖南税务高等专科学校副校长谭建淋，以及我校董事会、校务会主要领导。典礼由符华兴用中英双语主持。

9月18日，我校2016年军训总结大会在长沙校区主训练场举行。董事会、校务会主要领导出席。

10月2日，学校位于望城区丁字镇的新校区正式破土动工，并开始铺设校区主干道，继而启动紧锣密鼓的后续建设与整体施工。至此，新校区建设项目获得突破性进展。

10月7日，新校区建设进入机械设备动工推土阶段，由于基础正负零标高和丘陵地区低洼地极不平坦，建设范围内缺少土方，需要机械调配近50多万立方米的土，工程量大、时间紧、街道社区拆迁安置任务重，还有其他太多的不确定性因素。工地除平整与填挖日夜作业外，每天只能在晚上11点之后用工程运输车辆从市区运输调入土方。学校紧急抽调几名中层骨干留守施工现场，临时应急。抽调人员每天上班往返需2个小时以上车程，还要兼顾学校工作，终日劳顿不休。为不影响学校正常运转、保证施工进度，学校决定成立临时指挥部，招聘专业技术人员。随后学校又租用湖外路边柏强建筑公司待拆的工棚作为工作人员办公休息的地方，解决吃住问题。几个月来一直坚守在施工一线的宁瑶林、易建超等同志，风餐露宿，夜以继日奔走在工地上。他们有时要睡车内、睡钢丝铺、要在当空烈日下席地吃盒饭，还要忍受蚊虫叮咬，皮肤晒得粗糙黢黑。这群了不起的建设者们凭着吃苦耐劳的韧劲，以及对"湖外梦想"的孜孜以求，将湖外从艰苦困境中推向今日的成就，令人动容。

10月开始，宁平董事长带领陈伟中、宁瑶林、曹杨等同志在新校区建设基地附近租借工棚，组建新校区建设指挥部，新校区项目设计、报建、地勘、土方等基础工作正式启动，标志着新校区建设进入实质性施工阶段。为加快施工进度，指挥部的同事们忍受凄风苦雨的侵袭，历时1年，完成"三通一平"等基础工程的施工，为新校区建设施工全面开展创造了必要条件。

11月12日，校党委组织全校教职员工党员赴任弼时故居、杨开慧故居、屈子祠瞻仰学习。开展此次活动的目的是庆祝中国共产党成立95周年、纪念红军长征胜利80周年，让每一位党员结合"两学一做"进行学习与实践活动，增强全体党员的党性修养，扎实推进我校的党建工作。

11月27日，学校与广东裕达建工集团就新校区建设正式签约。依据协议，裕达建工集团将承接我校新校区的建设工作，这对学校新校区建设与总体发展无疑是一个特大喜讯与重大利好。当日，裕达建工集团董事长宁永杰携多名集团负责人，与我校董事长宁平、董事会及校务会主要领导见证了这项重大的合作。

12月2日，湖南省教育厅副巡视员郭建国、发展规划处处长左清、职业教育与成人教育处副处长周韶峰等一行来我校浏阳校区调研考察。董事长宁平、党委书记符华兴、副董事长黄家声、副校长任征、浏阳校区党总支书记唐启金等人全程陪同。郭建国对湖外建校以来为湖南及全国培养了大批合格职业教育人才的办学成果表示充分肯定。他指出，民办学校办学不容易，湖外突出了小语种群、涉外护理，打造的涉外专业群定位准确、有特色。湖外学生在全国、省市举办的相关比赛中成绩优异。学校在深化教学改革、促进国内外两个市场的就业、拓展国际合作交流、加强校园文化建设等方面成效突出，充分反映了湖外的办学水平。希望学校今后，一是要更加突出办学特色与定位，明确办学方向，提升办学水平；二是继续加大教学诊断与督导，进一步完善内部管理机制，全面管控，提高教学质量；三是进一步强化管理；四是进一步加强师资队伍建设。

12月9日，经学校党委批准，机关党总支委员会换届选举党员大会召开。机关总支全体党员参加了会议。大会审议通过了《中共湖南外国语职业学院机关总支部委员会换届选举办法》和监票人、计票人以及候选人名单。按照选举程序，大会以差额投票的形式选举产生了付兴华、李胜、罗小杰、谢勇、于晓军五位同志为新一届党总支委员会委员。

12月13日，学校保卫处联合雨花区消防大队、洞井街道、洞井社区、南庭社区等单位，在教学楼、宿舍楼、篮球场举行消防灭火疏散演习。

2013至2016年，在宁平董事长坚持不懈地推动下，新校区项目拆迁征地工作得到当地各级政府的大力支持，宁瑶林、易建超等同志克服困难、不畏艰辛，历时3年，全力配合政府完成了艰巨任务。

这一年，围绕毕业生就业创业、高职院校技能竞赛、校企"订单式"人才培养、文明校园创建等重大主题，新闻办与多家省级以上主流媒体通力合作，推出了逾80篇角度新颖、宣传效果较好、转载率极高的新闻稿件。优秀的稿件有：中新社刊发的《全国49所院校湖南比拼日语技能》，以及红网刊发的《外语外贸类大学生 课程对接市场很重要》《高校创新与企业订单培养模式 促进学生对口就业》《湖南外国语职业学院护理学院 助推学生出国曲线就业》《湖南外国语职业学院将高等职业教育带入"游学时代"》《湖南外国语职院"明星战队"夺冠全国日语技能竞赛》《十七国外教长沙上演饕餮盛宴 寓教于乐带你领略多国美食文化》《苏丹职教培训团一行赴湖南外国语职业学院参观考察》《俄罗斯托木斯克理工大学访问湖南外国语职院》《"英国米伦—湖外学习中心"落户湖南外院》《湖南高职院校对学生订单培养 打造国际化就业品牌》等。

**（二）人才培养工作**

3月，多语种系改名为西语系。涉外经济管理学院的文秘、物流管理、计算机应用技术专业撤销。

4月，教务处牵头在各专业系部开展了历时2周的人才培养模式创新调研。学校对2016级的人才培养方案进行了大胆改革创新，根据专业特色及学生发展需求，明确了不同专业学生的培养规格及毕业标准；提出了基于"双核"（职业核心能力和专业核心能力）能力培养的模块化课程体系，紧紧围绕高素质技能型人才培养的目标，综合考虑学生基本素质、专业技能培养与可持续发展，聚焦于职业核心和专业核心能力培养，构建了一级课程模块4个，二级课程群10个，形成了我校2016级人才培养方案的创新点。

6月11日，浏阳校区英语教研室对该校区一年级学生开展第三次"英语500句"的一级考试，优秀率为10%。

9月27日，"湖南外国语职业学院—脸秀医学整形实训基地"授牌仪式在脸秀医学整形院内举行。

12月，学校对中高融合项目的运行管理情况组织实地调研和专项督查，力图形成优化合作关系和创新合作模式的新思路。

这一年，学校的专业建设思路更为清晰。我校确定了应用外语类专业实行"专业+对外贸易或涉外服务职业方向"的建设模式，商贸服务类、涉外护理类专业实行"专业+应用外语平台支撑"的建设模式。特别是通过省教育厅《多语言平台上对外贸易特色专业群》项目的申报，我校进一步理顺了两大类专业群建设思路，构建了专业骨干教学团队建设体系。

这一年，学校的人才培养方案更为科学。我校按照聚焦"职业核心能力+专业核心能力"的人才培养模式，制订了18个专业的2016级人才培养方案。培养方案紧紧围绕高素质技能型人才培养的目标，综合考虑学生基本素质、专业技能培养与可持续发展，构建了由4个一级课程模块和10个二级课程群组成的模块化课程体系。

这一年，学校大力推进实习及就业基地建设，全年新增校企合作单位30余家。学校与长沙佳兴世尊酒店探索校企合作人才培养模式，实施校企共建实践教学基地、共同制订实践教学方案、共同承担实践教学任务。酒店管理专业的41名学生在该基地进行顶岗实习的综合实训。学校还打通护理专业学生的毕业实习通道，学生大部分进入湘雅医院、湘雅二医院、湘雅三医院等三甲医院进行实习，促进了学生的专业成长。

这一年，学生发展通道更为通畅。学校与衡阳师范学院、湖南涉外经济学院进行了全日制专升本合作，选拔20名学生到本科院校继续升造。

这一年，学生专业技能抽查通过率达到100%。学校以湖南省春季专业技能竞赛、秋季专业技能抽查为抓手，切实加强学生专业技能培养。学生在省厅的专业技能抽查中的通过率为100%，学校的毕业设计管理在省厅抽查中获84分。

（三）招生就业工作

4月12日，学校国际海乘订单培养班正式开班。该订单班由江西中海远航人力资源有限公司与我校共同建立。这是通过校企协同育人模式培养国际化技术技能人才的新尝试。国际海乘订单培养班是当时湖南省高职院校中唯一面向国际邮轮公司开设的规模化订单培养和定向就业班，由国际邮轮公司授权开展国际海员、海乘专业人才培养与输送。培养的学生全部在新加坡丽星邮轮、意大利歌诗达邮轮、美国皇家加勒比邮轮等邮轮公司就业，服务国际邮轮公司的亚洲航线和欧洲航线。

6月7日，江苏中澜境外就业服务有限公司董事长韩飞、项目经理刘丽群来访我校。访问目的是为我校中澜订单班学生宣讲新加坡、日本的项目，同时，组织学生赴新加坡参加世界知名品牌销售带薪实习项目的面试。在国际交流处和英语系主任罗小玲的组织下，英语系12名学生参加了赴新加坡的面试。7名学生通过面试，于暑假赴新加坡带薪实习，月薪达8 000元以上。

9月，共有3 955名新生到校报到，其中三年制专科及补习生2 836人，中职起点（五年制、三年制中职）学生1 119人。

学校与益阳卫生职业技术学校等5所中职学校签订了中高职融合协议，在长沙、邵阳、益阳、湘西等地开拓了中高职融合定向培养生源基地，共招收中高职衔接学生1 044人，为三年制办学储备生源。

2016届毕业生就业率达95.6%。其中境外就业率为2.66%，专业对口率为78.25%。

11月18日，我校2017届毕业生大型供需见面会在篮球场隆重举行。湖南省教育厅就业指导中心副主任夏学军、湖南省教育厅就业指导中心市场部部长王彬、湖南省商务厅对外经济促进中心副主任李佳珍，以及学校主要领导出席招聘会开幕式。本次招聘会吸引了来自广东、江苏、上海、浙江、北京等地的205家用人单位，其中不乏湖南体育产业研究院、蓝思科技集团、湖南省对外劳务合作服务平台、创颖峻网络科技有限公司、深圳前海帕拓逊网络科技有限公司、江苏无锡太湖可可食品有限公司、湖南国湘人力资源劳务责任有限公司等大型企业和单位，以及多所知名教育机构，为我校毕业生提供外贸、翻译、财会、经济、管理、艺术、通信、设计等相关岗位近6 500个，岗位所涉及的专业范围覆盖了我校2017届毕业生的所有专业。因外向型企业所占比重较大，对外语人才的需求仍趋旺盛态势，特别是英语、法语等语种的人才需求度极高，语言类专业毕业生成为用人单位渴求的对象。

12月8至9日，应省教育厅就业指导中心邀请，副校长黄硕、招生就业处副处长刘丰前往深圳参加龙华新区2016年技术技能人才校企对接洽谈会。本届洽谈会吸引了全国近100所高校代表和深圳近200家企业代表参会，参会院校与企业的数量均为历届之最。我校先后与山锐集团（香港）有限公司、深圳市海盈科技股份有限公司、深圳市名商实业有限公司、深圳市康铭盛科技实业股份有限公司等企业代表洽谈并达成毕业生供需意向，并专程前往深圳前海帕拓逊网络科技有限公司看望在该单位工作的湖外毕业生，了解他们的工作和生活情况，转达了学校的关怀。同时，前海帕拓逊就"订单式"培养、工学结合、规模就业等深度合作事务与学校代表进行探讨，表达了继续深入合作的意愿。

### （四）师资建设工作

2月28日，我校召开了2016年第一次外教工作交流座谈会，参会领导有符华兴书记、教务处肖建安处长、英语系罗小玲主任、西语系罗秀娟代理主任和东语系朱丹副主任。与会人员包括来自12个国家的20余名外籍教师及其合作教师，还有国际交流处全体工作人员。会议由国际交流处郭利华处长主持。

3月30日，我校召开首次"海归"教师座谈会。董事长宁平，校领导符华兴、任征、成强、肖建安及教务、人事、国际交流等处室负责人参加了座谈会。座谈会由国际交流处处长郭利华主持。此举充分发挥"海归"教师在学校建设与发展，特别是国际交流与合作工作中的重要作用，整合国际教育合作资源，拓展对外交流渠道。

这一年，学校促进教师业务提升。学校组织30多名教师参加了中国高等教育教师发展研究会在长沙举办的高等院校微课开发、设计、制作培训班，国家职业核心能力的评委培训，小语种考官培训，学籍管理专干培训等活动；组织112名教师参加了2016年高校教师岗前培训，选拔2名教师赴美学习，派出日语、西班牙语和阿拉伯语专业3名教师分别赴日本、西班牙和埃及研修；支持32名教师申报专业技术职务，提升职称层次。

这一年，学校加强优秀人才引进。学校共组织了20多场专场招聘会，参与了中南大学、湖南大学、湖南师范大学等名校的校园招聘活动。全年共引进各类人才95人，其中教师42人、辅导员22人，确保了师资队伍增量与教学管理需求适应。

这一年，学校不断优化外教队伍。学校全年续聘外籍教师13名，新聘专职外教6名、兼职外教2名；制订和完善了《湖南外国语职业学院合作教师的责任和义务》《湖南外国语职业学院外籍教师教学管理条例》《外教须知》，进一步规范了外籍教师管理。

### （五）国际交流合作

4月1日，我校为首批赴埃及学习的东语系阿拉伯语专业2014级的7名学生及2013级的1名学生举行专场行前指导和欢送会。根据我校与埃及卡福拉·谢赫大学的合作协议，学生在获得赴埃及留学签证后定于4月2日启程。

4月12日，美国西弗吉尼亚州立大学国际中心主任威廉·爱德华博士来我校访问。宁平董事长、符华兴书记、郭利华处长及国际交流处项目干事参与了此次接待。双方达成以下共识：一是推动学生交流，采取"2+2""3+1"的模式为学生提供赴美深造的机会，对方将为我校学生提供校内带薪实习岗位，减轻学生经济负担；二是推动教师交流，该校表示愿意为我校教师提供赴美研修访问机会，并给予相关减免经费的支持。双方表示将尽快签订合作备忘录，扎实、有效地推进双方的合作交流。

4月26日，俄罗斯托木斯克理工大学预科学院院长古扎洛娃、王涛来校访问。宁平董事长、符华兴书记、罗秀娟主任及国际交流处项目负责人对来宾表示欢迎，并就进一步推进两校合作与交流事宜进行商谈。此行一是与我校进一步商谈加强合作的事宜，二是参加我校俄语专业的学习活动，三是看望该校派来我校任教的俄语教师。

5月3日，英国西伦敦大学国际部负责人里奥·刘、乔治·卢，国际交流顾问张伊凡一行3人来校访问。宁平董事长、符华兴书记及国际交流处项目负责人对来宾表示欢迎，并就整合有效资源，推进两校合作与交流事宜进行商谈。两校在联合共建国际护理学院，学生、教师交流方面达成合作共识，签订合作意向备忘录。

5月17日，"英国米伦—湖外学习中心"挂牌仪式在我校举行。宁平董事长、符华兴书记、国际交流合作处郭利华处长及相关工作人员，英国米伦教育集团刘彦峰董事长及其深圳、长沙团队代表参加了此次挂牌仪式。学习中心从2016年下半年开始招收学生，学生在我校规定的时间内完成相关课程后，经过英语语言水平测试，达到英国高校入学资格后即可直接赴英国大学攻读学位。

9月9日，马来西亚Tele-Temps Group集团董事长、长沙高新区国际交流高级顾问谷苏·鲁拉到访我校。符华兴书记会见了来访客人，与其就我校外教聘请及促进双方合作事宜进行商谈。

9月28日，由中华人民共和国商务部主办、湖南省商务厅培训中心承办的"2016年援苏丹职业教育管理研修班"一行17位苏丹职业教育领域的专家，在商务厅相关领导的陪同下，来我校参观考察。研修班此行的目的在于借鉴我校在职业教育领域的优秀经验，期待与湖外更好地开展国际交流合作。

这一年，我校继续拓展合作渠道。我校全年共接待了包括加拿大拉萨尔学院、美国仁德慈善基金会、澳大利亚西悉尼大学等国外高校代表和友人20余次，拓宽了国际交流渠道，深化了与国外高校之间的合作。

这一年，我校坚实发展合作项目。我校与美、英、俄、葡、西、日、韩、澳等10多个国家的20余所高校与国际教育机构续签合作协议；与英国西伦敦大学、美国西弗吉尼亚州立大学、美国劳伦学院、埃及卡福拉·谢赫大学等10余所国外高校建立新的交流关系，签订合作备忘录；与澳大利亚西悉尼大学、俄罗斯奔萨国立大学代表就双方合作和师生互访达成初步共识。

这一年，我校稳步推进留学服务。我校组织留学、实习推介会20余场次。通过学校项目，20多名学生赴国外留学，近40名学生分别赴新加坡、日本、菲律宾、德国等国带薪实习和就业，另有10余名学生着手办理赴境外实习和留学手续。

**（六）校园文化生活**

3月，浏阳校区医护教研室举办"快乐学习，健康生活"主题月活动。

4月，浏阳校区语言教研室举办"魅力国学"主题月活动。

5月12日，浏阳校区举办"微笑天使"暨护理专业三十佳表彰大会。

6月，浏阳校区综合教研室举办"舞动青春"主题月活动。

10月10日至11月8日，我校举办2016年校园国际文化节。本届国际文化节由三大主题活动组成：国际文化讲座、国际文艺节目表演、国际美食比赛。主要参与者均为外籍教师。此次活动得到了相关国家驻华大使馆、省政府外事侨务办公室、中央和省内有关媒体、有关企业家提供的宝贵支持和资助。活动旨在彰显学校办学特色，拓展师生的国际视野，增进对异国文化的了解，激励广大师生的对外语学习的热情，活跃校园文化生活。

11月8日，学生食堂人头攒动，到场师生见证了一场国际饮食文化的大比拼——国际美食大赛。美食大赛是本届国际文化节最吸睛的活动项目之一。

12月1日，学校第九届运动会暨第八届教师运动会开幕式在田径场举行。本届校运会为期2日，分为学生运动会与教职员工趣味运动会两大赛场，多项赛事穿插进行。

12月6日，东语系在图书馆汇报厅组织举办韩阿语演讲比赛。

12月23日，为进一步活跃校园文化生活，增进中外师生友谊，由我校国际合作交流处主办，党政办、学工处和各系部等承办的湖南外国语职业学院第一届国际新年联欢会在教职员工舞厅举行。中外师生欢聚一堂，共舞辞旧岁，欢唱迎新春。

**（七）社会服务**

4月，谢莉老师受邀担任2016年湖南省职业院校竞赛评委。

7月8日至21日，公共课部语文教研室主任莫艳萍带队赴花垣县董马库乡（现更名为双龙镇）卧大召村小学支教。支教活动为湖南省大学生思想道德素质提升工程大学生德育实践项目"大手牵小手"暑假社会实践活动。莫艳萍优化支教队的课程设计，在强化英语学习的基础上，增设中华经典诵读、思想政治、生活安全与急救知识、手工、绘画、音乐、体育等通识教育及兴趣培养课程。该活动从组建规模、成员素质、社会影响力等方面，助力湖外"大手牵小手"爱心支教队成为我校"实践育人"工程的重要标杆。

这一年，学校强化考证、培训的服务意识与组织力度。学校组织14 133人参加全国计算机等级考试、全国大学生英语等级考试、普通话水平测试等16项考试的培训与参考；开展各类考证培训，共培训各类考证人数6 038人；继续扩大学生学历提升规模，全年新增自考本科1 112人，网络教育新增182人，恢复了我校成人教育高升专招生计划，新增成人教育上线人数101人。

**（八）主要荣誉成果**

学校荣誉

4月，我校被评为2016年湖南省普通高等学校就业创业工作"一把手工程"督查优秀单位。

10月，我校在"J.TEST杯"第五届全国高职高专日语技能竞赛获优秀组织奖。

这一年，学校党委不断加强党建工作，强化办学的政治保证，通过"两学一做"学习教育活动，引导广大党员在教学、管理、服务等岗位上坚定党员意识、发挥先锋模范作用，党建工作的基础不断夯实、特色逐步形成。在长沙市社会组织党组织书记的述职评议中，我校的党建工作和党委书记履职情况均获得"优秀"评价等级。

学生获奖

4月，在"2016年湖南省职业技能竞赛高职英语口语（英语专业和非英语专业组）竞赛"中，英语系郑陶媛同学获专业组一等奖，法语系凤扬同学获非英语专业一等奖。

10月28日，由教育部职业院校外语类专业教学指导委员会主办、湖南外国语职业学院承办的"J.TEST杯"第五届全国高职高专日语技能竞赛在长沙落下帷幕。湖外战队不负众望再创佳绩，将团体赛一等奖、个人赛特等奖（两名）等最高荣誉悉数斩获。全国共有49所高校的近400名参赛选手和指导教师参加本次大赛，赛事的组织水平和接待服务得到教育部职业院校教学（教育）指导委员会领导和参赛单位的高度评价。中新社、红网、湖南教育电视台、《三湘都市报》等多家媒体予以报道。

10月30日，在"第六届全国高职高专英语写作竞赛"湖南赛区复赛中，商务英语专业1406班邓立洋同学获英语专业组特等奖，意大利语专业1501班戴元源同学、西班牙语专业1402班吴白雪同学均获非英语专业二等奖。

11月5日，在"外研社杯"全国英语阅读大赛（湖南赛区复赛）中，我校三位选手与来自湖南省各地40多所本科院校的110位选手竞赛时，不畏强手，斩获佳绩。

商务英语专业 1411 班欧阳涵同学、西班牙语专业 1405 班曹惠茜同学获二等奖，西班牙语专业 1402 班彭伟刚同学获三等奖。

12 月 1 日，由长沙世宗学堂举办的"湖南省韩语配音大赛"在湖南师范大学外国语学院举行。来自中南林业科技大学、湖南理工大学、湖南涉外经济学院、湖南师范大学、湖南外国语职业学院、长沙民政职业技术学院等高校的大学生展开韩语能力比拼。经过激烈比拼，湖南外国语职业学院、长沙民政职业技术学院代表队分获专科组一等奖、二等奖。我校韩语专业郭芝彤等 4 名同学的一等奖作品为《爱上挑战》，专业知识扎实，实力优势明显。

教师成果

5 月，周新云老师获湖南省中华职业教育社、湖南省教育厅授予的"湖南省黄炎培职业教育杰出教师"称号。

6 月，湖南省教育厅、湖南省教育工委、长沙市教育局分别召开庆祝中国共产党成立 95 周年大会，并对省、市先进基层党组织、优秀党务工作者、优秀共产党员进行表彰。孟庆英老师获评"全省教育系统优秀共产党员"，凌彦老师获评"全省教育系统优秀党务工作者"；英语系党总支获评"长沙市教育系统先进基层党组织"，于晓军老师获评"长沙市教育系统优秀共产党员"。

10 月，我校日语专业教师在"J.TEST 杯"第五届全国高职高专日语技能竞赛中获优秀指导老师奖。

这一年，科研业绩进一步累积。学校共 14 个课题立项。其中"十三五"规划课题立项 2 个，教育厅科研项目立项 8 个。省、市级教育教学教改优秀论文评选活动中，我校教师共有 20 篇论文获奖，其中一等奖 4 篇，二等奖 6 篇，三等奖 10 篇。11 篇论文参加了长沙市民办教育专题科研论文评选，获得一等奖 2 名，二等奖 3 名，三等奖 4 名。

**2017 年**

2017 年，学校深入贯彻党的十八届五中、六中全会精神，深入学习党的十九大报告，有效落实高等教育改革要求，按照新的《民办教育促进法》，继续坚持科学办学、民主办学、规范办学、开放办学。学校锚定以下十大问题作为奋斗目标：加强管理执行力建设、实现绩效考核全覆盖、启动"升本筹备"工程、推动内部质量保障诊改、理清专业群建设思路、着力提升科研能力、扎实推进教学改革、加大师资引培力度、实施内部管理综合改革、确保学生专业技能抽测和毕业论文抽查的合格率。

为解决关键问题，学校紧紧围绕立德树人根本任务，不断强化以学习者为中心的教育管理理念，不断深化内部管理和教育教学改革，不断增强学校的整体办学实力和核心竞争力。在董事会的坚强领导和各职能部门的共同努力下，各项工作取得了新突破、新跨越、新成果。

**（一）学校总体工作**

2月28日，望城区委常委、常务副区长邹特召集相关职能部门召开湖外新校区建设项目调度会议。会上重申要将湖外新校区建设列入长沙市重点工程项目，同时，委派望城区人大常委会副主任邓建华为督办协调总负责人。该会议有力加快了新校区工程建设步伐和拆迁安置工作进展。

3月2日，经过几个月的"三通一平"施工，终于迎来了施工作业面的空间拓展。在临时租用的工棚内，学校举办了新校区工程建设指挥部专业技术人员入住挂牌仪式。如此浩大的新校区工程建设能否成功？湖外又能走多远？宁平董事长在仪式上用一句话诠释底气和决心："湖外必将建成一个提质区域经济发展与城市建设、令百姓长期受益、国际化办学气息浓厚的优质校园，学校兴旺发达的事业图景必将呈现于世人面前。"指挥部人员实行一人多岗多职，全体工作人员既是指挥员又是战斗员。学校用数量最为精简的工程技术管理人员、最快的建设速度和最小的成本付出，开创事业发展新纪元。指挥部在建设初期的成员包括：指挥长宁平，副指挥长陈伟中（技术）、陈俊雄（资金）；办公室曹杨（兼）；财务审计部宁瑶林（兼）；工程部何曜灼（副主任）、刘演亮（报建、外联）、易建超（安全保卫）、陈萃婕（行政事务）。搬入新校区后指挥部成员包括：指挥长宁平，副指挥长黄硕、曹杨；工程部李厅、肖建新、韩波；财务审计部宁瑶林；工程监理部江先明；报建审批曹扬（兼）；工程会计李亚红（兼）。

3月18日，望城区委常委、常务副区长邹特主持召开会议，专题研究湖南外国语职业学院项目建设有关工作。会议强调要加快推进项目征拆扫尾工作，确保在5月30日前，按照"四清"标准全面交地。同时要求加强项目建设进度的督查督办，按照项目建设进度倒排日程表和各部门责任清单，逐个问题督办到位。

4月14日，望城区委常委、常务副区长邹特组织召开湖南外国语职业学院项目建设协调会议，专题研究新校区建设有关问题。区委、区政府高度重视湖外新校区建设工作，要求各有关部门全力支持学校项目建设。会议同意我校办理出让地决定书、国土使用证、规划证、施工许可证，要求加快审定学校规划设计方案，切实维护新校区建设项目的施工环境等相关事宜。

4月18日，湖南外国语职业学院党校第十七期入党积极分子培训班开班仪式在图书馆会议室举行，党委书记、党校校长符华兴，党委副书记周静，各党总支书记等人出席仪式。参加开班仪式的学员共242人，其中有12名教工学员。培训班从4月18日起到5月9日结束，通过集中授课、分组学习、撰写学习心得、组织结业考试等形式，对学员进行全面教育和培训。

5月6日，为进一步深化"两学一做"学习教育，推进学习教育的常态化，学校党委组织全校教职员工党员开展银城益阳党员先进性教育活动。党员们先后参观了著名作家周立波故居、益阳市博物馆"竹艺之美展示馆"、益阳非物质文化遗产展示馆和国际义士何凤山博士生命签证展览馆。

5月25日，我校党委书记符华兴在新闻办丁蕾老师的陪同下，做客湖南教育政务网在线访谈，围绕广大网友关注的"坚持以学习者为中心，创新湖外人才培养模式"主题，与主持人及网友进行在线交流。

5月29日，学校组织全体中层干部赴井冈山召开务虚会议。

6月20日，湖南外国语职业学院庆祝中国共产党成立96周年暨"七一"表彰大会举行。董事长宁平，党委书记符华兴，党委副书记周静，党委委员、副校长肖建安，副校长黄硕，党委委员、监事会主席宁瑶林，党委委员、浏阳校区总支书记唐启金参会。参加会议的还有各党总支书记、委员、党支部书记，教职员工党员、学生党员代表，2016年下半年新发展党员和部分入党积极分子。

6月，学校在红网陆续刊发由新闻办丁蕾老师撰写的系列报道《丝路循踪：一带一路上的湖南外国语职业学院》（俄语篇、阿拉伯语篇、法语篇、意大利语篇、德语篇等）。

9月1日，全校教职员工以及3 500多名新生，在田径场举行2017级新生开学典礼。参加典礼的领导有长沙市教育局党委委员、机关党委书记胡慎信，湖南税务高等专科学校副校长谭建淋，我校董事长宁平，2017级新生军事训练团团长王宏伟，我校党委书记张合平，以及董事会、校务会主要领导。参加开学典礼并在主席台就座的，还有6名外籍教师代表。典礼由副校长肖建安用中英双语主持。

9月7日，我校浏阳校区庆祝第33个教师节暨2017～2018学年度开学典礼举行。

9月11日，学校党委组织召开党委中心组学习会议，学习贯彻中央、省、市关于加强民办教育党的建设的相关文件精神及民办教育法律法规。传达湖南省高校校长、书记研修班重要精神。会议由党委书记张合平主持。

9月11日，广东裕达建工集团董事长宁永杰率10余位项目经理来新校区建设工地实地考察。

10月7日，新校区建设工地工程机械设备正式进入"三通一平"阶段。

10月17日，湖南外国语职业学院党校第十八期入党积极分子培训班开班典礼暨预备党员入党宣誓仪式在图书馆报告厅举行。学校党委书记、党校校长张合平，纪委书记、副校长任征，各党总支书记，学校党政办党务负责人出席本次开班仪式。2017年上半年发展的56名新党员参加宣誓，248名入党积极分子参加培训。本次培训班从

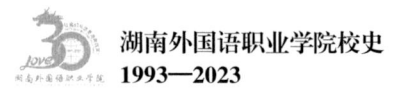

10月17日起到11月6日结束。

10月18日，中国共产党第十九次全国代表大会在北京人民大会堂隆重开幕。我校董事会、校务会全体领导，全体中层干部，集中收看党的十九大开幕会实况。

10月25日，学校新校区建设指挥部落成仪式在位于望城区丁字镇的新校区建设工地举行。当日参加此次仪式的领导及嘉宾有：长沙市教育局民办教育处处长、长沙市民办教育处党委副书记刘凯希，长沙市教育局民办教育处副处长张璞，丁字湾街道党工委副书记梁海波，以及丁字湾街道、丁字湾街道办事处、丁字湾街道派出所、交警中队、城管中队、兴城社区、街道项目拆迁指挥部的主要领导。宁平董事长，党委书记张合平教授，学校名誉校长、湖南旺旺医院院长李永国教授等领导，学校中层干部（正职），以及一直以来关怀湖外建设发展的各级领导、教授、学者、企业代表到场见证。仪式由学校陈俊雄副董事长主持。宁平诚挚感谢了望城区委、区政府，丁字湾街道党工委及办事处对湖外的关心、帮扶与支持，感谢指挥部全体员工日夜兼程、躬亲不辍的倾力奉献，以及广东裕达建工集团的鼎力支持。他强调新校区建设指挥部将以延安的精神、深圳的速度，将新校区建设成为全国最美的大学校园之一，成为湖南的一张靓丽名片。刘凯希、梁海波、宁平、张合平共同为新校区建设指挥部揭幕。

10月25日，以宁平为指挥长，以陈伟中、黄硕、曹杨、江先明为副指挥长，宁瑶林为财务审计总监，各职能部门（工程部、审计部、财务部、招采部、办公室、保卫部）组成建设指挥部领导管理机构。新校区建设至此翻开新的篇章，各项建设工作规范、有序、高效地向前推进。

10月31日，党的十九大代表湖南省林业科学院党委委员陈永忠教授应邀来到学校，率先在民办高职院校开展《深入学习贯彻党的十九大精神，努力实现学院持续健康发展》的专题报告。学校党委书记张合平主持报告会。

10月31日，校党委中心组举行学习（扩大）会议，深入学习和贯彻落实党的十九大会议精神。学校领导张合平、鲁平、周静、任征、彭建平、肖建安、王明明、谢艳梅出席。党的十九大代表、湖南林业科学院党委委员陈永忠教授作专题发言。党委书记张合平主持会议并发言。党委副书记周静及两位中层干部交流发言。近300名教职员工、学生代表参加会议。

11月6日，学校执行校长任职见面会在西配楼会议室召开。全体校务会成员、中层干部参加此次见面会。彭建平副董事长主持会议。鲁平谦虚谨慎地表达了自己履新执行校长的审慎态度，系统陈述了自己对即将担任执行校长一职的规划。他还鼓励全校教职员工在由新一届领导班子所开启的新时期、新形势下，认真提质新改革、构思新方案、扩大新影响、落实新要求，确保学校各项工作发展的可持续性。

11月14日，《北京青年报》针对我校负面投诉刊发了一篇题为《湖南一学校现

"集装箱教室"》的报道。有个别学生投诉校内情景模拟实训基地由活动板房所搭建，板房教室内出现"冬冷夏热且隔音效果差"等问题，被戏称为"集装箱教室"。这是湖外建校以来遭遇的第一次影响较为恶劣的负面舆情，也是硬件设施不能满足教学需求的直观体现。新闻办负责人丁蕾第一时间向省教育厅新闻中心备案、及时通联，并积极做好解释工作。同时，学校紧急召开董事会、校务会联席会议，就此事可能造成的负面影响进行研判，部署解决措施，准备说明材料与应对方案，迎接上级主管部门以及新闻媒体单位的调研。

11月20日，广东裕达建工集团董事长宁永杰率企业家团队来新校区建设工地考察。

11月27日，宁平董事长与广东省最大的民营建筑一级施工企业——广东裕达建工集团的董事长宁永杰签订新校区总包施工合同，签约仪式在学校举行，由副董事长陈俊雄主持。

11月30日，望城区人大常委会主任喻金平，携文菊华、杨金其、丁四明、陈亮伟、邓建华等区领导，冒雨视察学校新校区项目建设工作。丁字湾街道党工委书记刘灿辉、办事处主任曹文、人大工委主任刘倍求等陪同调研。喻金平指出，湖南外国语职业学院新校区项目作为"长沙市2017年重点项目"和"望城区11个重点帮扶项目"，要全力推进项目建设，政府各部门及街道一定要做好配套服务工作，替项目排忧解难，确保项目如期完成并投入使用。

11月，学校成立党委组织部。

12月5日，执行校长鲁平率队，携同任征副校长、周静副书记及部分中层干部赴招生就业处召开现场办公观摩学习会。这是继学校"三定工作"之后，招生就业处率先示范，以新的姿态、新的面貌走在学校改革前列的展现。

12月9日，学校党委组织全校教职员工党员前往浏阳文家市镇秋收起义纪念馆、胡耀邦故居参观学习，深情缅怀先烈的丰功伟绩，重温党的光辉战斗历程。此次纪念秋收起义90周年的党员活动，是为进一步增强党员的党性认识，更加生动实际地推进"两学一做"常态化、制度化学习教育。

12月14日，宁平董事长赴江西远洋集团实地考察图书设备生产现场。

12月20日，宁平董事长当选湖南民办教育协会副会长。

12月29日，通过市场考察与竞争性谈判，学校确定湖南曙光建设有限公司、湖南中地建设工程有限公司为新校区建设工程施工总包单位，签订新校区《建设工程施工合同》。

12月，湖南省语言文字培训测试中心冯传书主任一行来校开展普通话水平测试巡视工作。

12月，长沙市教育考试院副院长肖景春一行来校检查大学生英语四、六级考试组考工作。

这一年，通过深入调研，学校秉持有利于工作对接、有利于决策执行、有利于管理强化的原则，进一步理顺了浏阳校区的管理关系，构建了以"一系一部"为基本建制，以统筹协调为支撑手段的管理模式，一方面提升了系部建设在人才培养和质量建设中的基础性地位；另一方面简化了管理的层级设计，加强了校区管理班子与管理机构的工作协调。

这一年，学校坚持以人为本和改革成果共享理念，在进行广泛调研的基础上，完成了教职员工薪酬体系改革，按照"向教学一线倾斜、全体员工普遍受益"的改革导向，学校新增400多万元的投入，提高教职员工的薪酬标准，改善教职员工的福利待遇，通过薪酬调节机制增强教职员工的获得感和幸福感。

这一年，学校立足岗位设置和人员配置最优化原则，扎实推进"定岗、定编、定责"的"三定"工作。学校采取多方动员、实地调研、征求意见、会议指导等形式，明确了各处室和系部的干部职数、岗位配置和人员编制，明确了各职位、各岗位的工作职责，为下一步推进定员、定薪工作打下了良好基础。

这一年，学校按照高等教育的基本规律和高校管理的基本要求，结合学校具体实际，建立了学术委员会，遴选了第一届学术委员会委员，制订了《学术委员会章程》，理顺了行政权力与学术权力之间的关系，初步形成了以学术委员会为核心的学术管理体系。

这一年，为加强系部建设和管理，学校出台了校级领导联系系部制度，明确了每个领导的联系单位、联系责任和联系要求，将联系情况纳入校领导的年度考核范畴。该制度的落实，不仅使学校领导与教学系部的关系更密切，而且通过调研、参会、访谈等形式，加强了领导班子对系部工作的指导。

这一年，学校董事会在保障学校正常教学与管理的同时，集中人力、物力、财力，加快推进新校区建设的步伐。在地方政府和全校各部门的大力支持下，第一期15万平方米的建设工程全面启动。

这一年，学校对434名家庭经济困难学生、11名残疾学生、151名农村及城镇低保家庭学生、1名农村特困救助供养学生、4名孤儿、5名家庭突发变故学生进行了建档立卡类精准扶贫对象认定，将以上606名学生全部纳入资助范围，切实做到精准扶贫全覆盖，加大对困难学生的关怀力度。

这一年，学校在国内省级以上主流媒体上刊载的原创信息内容逾60篇。其中有：中新社刊发的《湖南一高校举办国际文化节 13国外教"抱团"开讲》，红网刊发的《丝路循踪：一带一路上的湖南外国语职业学院》多语种系列报道，以及《湖南外国语职院志愿者助力 2017WFF 世界足球论坛》《葡萄牙布拉干萨理工大学代表团访问湖南外国语职院》《高校创新与企业订单培养模式 促进学生对口就业》《英国著名职业院校代表团访问湖南外国语职院》《湖南外国语职院洋教师在星城体验别样教师节》，湖南教育新闻网刊发的《湖南外国语职业学院：志愿者助力中非合作对接》《省海内外专家迎新春联谊会在长举行》等。这些新闻极好地展示了学校致力于建成湖南省小语种应用性人才培养基地、涉外商贸服务人才培养基地、服务外包和涉外护理人才培训中心，以及国际教育合作交流与示范中心的内涵动力。

**（二）人才培养工作**

3 月 7 日，浏阳校区召集刚刚结束实习返校的 2014 级学生，举行第二届护士执业资格考试（下文简称"护考"）誓师大会。

4 月，第三届护理技能竞赛暨"三十佳"表彰大会于浏阳校区体艺馆隆重举行。本次竞赛旨在加强即将进入医院实习的学生的护理专业知识，强化护理技能操作，提高实习学生的实际操作能力，展现护理专业学生的职业素养。竞赛邀请了中南大学护理学院博导张静平教授、中南大学湘雅二医院护理部主任李乐之教授、中南大学湘雅医院护理部主任王曙红教授、湖南省人民医院护理部主任蔡益民教授、湖南中医药大学附属一医院护理部主任张月娟教授、长沙市第一医院护理部主任范小艳教授、长沙市第三医院护理部主任唐广良教授、浏阳市人民医院李红等多名专家到场指导。学校组织了护理专业 2015 级、2016 级三年制和 2013 级、2014 级五年制共 800 多名学生现场观摩。经过一个多月的重重选拔，共有 10 名同学脱颖而出进入决赛。决赛设铺备用床、心肺复苏、静脉注射、穿脱隔离衣和无菌技术 5 个操作项目。

5 月 2 日，东语系在图书馆报告厅组织举办第一届日语配音大赛。

5 月 5 日，我校 47 名 2014 级在籍学生参加了衡阳师范学院在我校举行的湖南省全日制专升本考试。此次考试工作由校务会主要领导担任主考，校长助理曹杨及继续教育部主任李胜负责考务工作。2017 年的全日制专升本考试是衡阳师范学院与我校合作的第三年，截至当时，我校共向衡阳师范学院输送全日制专升本学生 45 名，为应届毕业学子提升学历提供了优质的深造平台。

5 月 23 日，西语系主办第二届葡语演讲比赛，经过激烈的初赛、复赛，9 名优秀选手脱颖而出，在西配楼 101 教室参加决赛。出席并担任本次葡语演讲决赛的评委、嘉宾有：澳门理工学院葡语教学与研究中心主任卡洛斯教授、莎拉副教授、孙叶女士，以及我校西语系主任罗秀娟，国际交流处副处长吴江平，葡萄牙语专业负责人雷思蒙，葡萄牙语教师李康，葡萄牙语外籍教师克里斯蒂娜、佩德罗、大卫。

10 月 18 日，湖南省家庭教育研究会副会长、长沙市妇女联合会副主席、长沙市家庭教育学会会长、长沙市家庭教育讲师团主任、首席讲师赵景利老师，来校为学生分享了题为《遇见未来，遇见幸福》的精彩讲座。长沙市教育局党委委员、机关党委书记胡慎信，学校党委书记张合平，副校长肖建安、任征等领导，以及150余名学生干部参与讲座学习。

11月，学校组织了教风、学风专项整顿活动，分别出台了"两风"建设的实施方案，从影响教风、学风最基础、最常规、最根本的环节入手，加大巡查、考核与评比力度，注重教风、学风转化的实际效果。

12月12日，学校分别召开教风整顿活动总结大会与学风建设整顿总结大会，旨在对这一阶段的教风、学风整顿工作展开分析与总结，并对下一阶段工作的深化进行安排与部署。当日下午，在学校领导及教职员工全员参与的"教风、学风、校风"建设——教风建设与整顿工作讲评专题会议上，肖建安副校长以图文并茂、数据翔实的演示文稿，对一个月来学校教风建设的情况进行了全面总结和综合讲评。

12月底，学校召开了教风建设讲评会和学风建设总结会，在总结阶段性成果的同时分析存在的问题，并提出深入推进建设的有关措施。通过专项整顿，我校教风、学风持续好转。

这一年，学校充分发挥办学优势，组织申报了助产专业和学前教育专业两个新专业。助产专业已获省卫生厅和省教育厅批准；学前教育专业作为国控专业，经省教育厅批准后，报教育部审批。两个新专业的成功申报不仅有力扩展了我校的专业领域，也为我校形成了新的竞争力和增长点。

这一年，学校推动实践基地建设。学校继续深化与佳兴世尊酒店的校企合作培养人才关系，树立我校实践教学基地标杆。学校与融程花园酒店组织召开校企合作研讨会，深化协同育人机制。护理学院新增南华大学附属二医院等9所综合性临床医院作为护理专业新的实习基地，建立中南大学湘雅医院、湘雅二医院、湘雅三医院等17所能容纳400名护理实习生的高规格临床护理实习基地医院。护理专业圆满完成2015级三年制和2013级五年制487名实习生的实习派遣工作，护送实习学生进入各临床医院开展实习工作。

这一年，在湖南省专业技能抽查中，商务英语专业学生通过率达100%，人力资源管理专业通过率达到92.86%。在湖南省高职学生毕业设计抽查中，三年制学生毕业设计通过率为98%，五年制通过率为100%。在全国的护士资格证考试中，护理专业学生通过率达94.5%，较2016年的数据再提升4个百分点，稳居湖南省高校领先水平。学校探索"外语＋"的模式，加强了校企合作，成功开办了涉外护理德语、日语班，组织398名护理学生参加育婴师、按摩师的培训，全部学生取得湖南省人力资源和社会保障厅颁发的职业资格证。全年，在省级和国家级的英语演讲比赛、日语技能竞赛等重大赛事中，我校学生有114人获奖。27人升入衡阳师范学院、湖南涉外经济学院等本科院校学习。

### （三）招生就业工作

5月，蓝思科技集团、世纪奇迹（约旦）制衣有限公司、华英教育集团、深圳雅尚光电有限公司、棒谷网络科技有限公司等知名企业先后来校举办专场招聘会。学校将每个星期二、星期四的下午定为专场招聘会时间。每场招聘会引进5家左右的企业。学校总计组织了7场专场招聘会，参与企业近40家，提供岗位近500个，录用人数在200人左右。

5至6月，学校开展"就业创业促进月"系列活动。活动目的在于促进学校毕业生就业创业工作，帮助学生了解就业形势，准确掌握就业政策，鼓励毕业生到基层就业和自主创业，确保毕业生初次就业率基本稳定。

10月19日，深圳龙岗区南湾街道办2017百校行专场招聘会在我校举办，共有13家企业派代表到场参与此次校企合作以及校园招聘活动。企业代表在教学楼前坪举行现场招聘会，吸引300余名毕业生前来咨询和参与面试。

11月10日，湖南外国语职业学院2018届毕业生大型供需见面会在学校篮球场举行。湖南省教育厅学生处处长、就业办公室主任黄扬清，湖南省教育厅就业指导中心副主任夏学军，湖南省教育厅就业指导中心市场部部长王彬，湖南省商务厅对外劳务合作服务平台主任徐曙红，长虹集团人力资源部经理关永峰以及学校主要领导列席本次招聘会。招聘会吸引了来自广东、江苏、非洲等地共计120余家企业，其中不乏长虹集团、深圳前海帕拓逊网络科技有限公司、深圳金湾雄鹰科技有限公司、三一汽车制造有限公司、马思特教育集团、金立集团、鑫远集团等知名企业。行业类型包括教育业、金融业、酒店业、房地产业等，招聘岗位类型涉及湖外所有专业。为我校毕业生提供的外贸、翻译、财会、经济、管理、艺术、通信、设计等相关岗位有4 600余个，初步达成就业意向的毕业生有500余人。为方便学生更快地找准关键目标，学校设立了外语外贸类、教育培训类、综合类、境外就业类等专区。

这一年，学校积极应对招生改革形势和生源竞争局面，进一步加大招生宣传力度，依靠招生核心团队和全校教职员工，采用多种形式开拓生源。学校超额完成董事会下达的招生目标任务，到校报到新生有3 616人。500分以上的学生为28人，400分以上的学生为166人，共占新生比例的13.8%。浏阳校区招生460人。

这一年，学校全面达成了学生就业目标。学校继续加大就业市场拓展力度和推进学生就业力度，促进毕业生充分、有效就业。全年共新增校企合作单位20余家；针对各专业组织了30余场专场校园招聘会，为毕业生提供岗位1 500个；毕业生的初次、正式、年终就业率分别为86.7%、90.3%和96.02%，其中境外就业率为3.66%，专业对口率为76.39%。

### (四)师资队伍建设

4月18日,职教中心主任罗小杰主持召开湖南省教科院"十三五"规划2016年度英语教学研究专项课题和2017年湖南省大学生思想道德素质提升工程项目开题报告会。课题主持人周新云、陈思颖、杨恒分别作开题报告。学校学术指导委员会专家肖建安副校长、谢艳梅教授、黄平安教授进行现场指导。

4月21日,由副校长肖建安带队,各系主任、督导室主任、教务处副处长、信息中心管理人员及部分教师代表一行20余人,应邀参加"互联网+新教育生态下在线课程建设与应用研讨会"。会议由北京超星尔雅教育科技有限公司主办,旨在探讨和分享通识教育领域在线课程的推进策略。来自湖南省各大高校的300余名教学管理干部及教师代表参加了此次研讨会。

5月23日,澳门理工学院葡语教学研究中心主任卡洛斯教授一行来我校访问,宁平董事长、符华兴书记、肖建安副校长等校领导会见了到访贵宾。双方就合作交流事宜进行洽谈与沟通。卡洛斯教授代表澳门理工学院正式邀请我校3名葡语教师赴澳门参加免费的暑期培训。

9月12日,学校召开外籍教师管理工作会议。14名外籍教师代表、党委书记张合平、副校长肖建安、各系主任,以及全体外教的合作老师参加会议。本次会议设置有三项议题:一是上一学年的外教管理工作的总结与先进表彰;二是宣读外籍教师教学、安全、出入境与办证须知;三是对本学期主要国际文化活动工作的部署。此次会议是为了建立健全学校外籍教师的动态管理机制,完善对外籍教师课堂教学的监督与管理。

12月15日,历时两周的教师教学比武活动圆满结束。本次教师教学比武以"重视教学技能提升、深化课堂教学改革"为主题。

这一年,学校加强教师校本培训。学校对79名新入职教师进行了为期2天的培训,重点开展高校管理制度及高校工作者业务的学习;组织310名专业教师进行了为期2天的教师业务能力培训活动,主题包括职业教育改革与发展现状、教师的职业道德修养、教师课程教学常规要求等,有效提升了教师的职业教育理念和教学业务水平;办好"湖外大讲堂",面向教师举办7场专家讲座。

这一年,学校促进教师业务提升。学校组织113名教师报名参加了高校教师岗前培训工作;遴选13名教师参加教研团队建设与教改实践探索网络培训、跨境电商课程培训、省普通高等学校青年骨干教师培训和国内访问学者进修等活动;选送3名教师出国留学研修和攻读学位。

这一年,学校推动教师职业发展。学校重新拟定了包括《教职工出国和进修培训学习管理规定》《教师学历提高培训计划》《副教授人才引进办法》等在内的各项师资队伍建设管理制度,为教师的职业发展和高层次人才引进形成制度保障。有76名教师在学校的支持下通过高校教师资格认定，有 21 名教师晋升中级职称，有近 40 名教职员工报考研究生。

这一年，学校拓展人才引进渠道。学校共发布招聘职位 39 个，参加校园招聘 10 次，组织教师进行笔试、面试、试教 36 场，参加面试人数达 686 人，录用 166 人，实际报到 140 人，续聘外籍教师 14 名，新聘专职外教 2 名、兼职外教 7 名。引进的人才全部为国家重点本科院校的全日制硕士研究生或本科生，且符合所需人才的专业要求，确保了师资队伍增量与教学管理需求适应。

这一年，学校加强辅导员队伍培养。学校通过集中培训、分系专题培训、外派专业培训等方式，加强辅导员专业化、职业化水平提升，共组织了 5 次校内专题培训；外派 5 个批次共 47 人参加各类学习；组织 3 名辅导员参加省级辅导员职业能力大赛和课题申报、论文评奖等；邀请专家举办学生心理危机干预讲座，组织辅导员开展管理经验分享，有效促进辅导员的能力提升与职业成长。

这一年，我校抓住国家扩大高校办学自主权的政策契机，按照省教育厅、省人事厅的有关要求，组织力量开展可行性研究，制订了详细的组织方案，提出了自主开展副高职称评审的申请，该申请获得上级支持，我校成为具有副高职称评审权的高职院校。该评审权的获得，对我校改善师资队伍结构，促进师资成长与发展具有重要作用和深远影响。

**（五）国际交流合作**

2 月 21 至 24 日，在"第五届高职高专全国日语技能竞赛"个人演讲赛上分别获得特等奖与一等奖的两名湖外学生——东语系应用日语专业 1501 班周润泉、应用日语专业 1403 班李奕彤——在教育部外语类教指委委员邵红教授与湖外应用日语教研室王莉薇老师的带领下，代表学校赴日进行参观学习和交流活动。

2 月 28 日，葡萄牙布拉干萨理工大学教务副校长蒂娜博士、学工副校长安娜贝拉博士、翻译硕士中心主任伊莎贝尔博士到访我校。宁平董事长、符华兴书记、肖建安副校长、吴江平副处长、罗小玲主任、罗秀娟主任、教师代表雷思蒙老师、葡语外教克里斯蒂娜，以及国际交流处项目负责人参与了此次接待。蒂娜在深化学生交换模式方面提出如下建议：与湖外的合作从目前的一年语言进修班项目，提升到颁发本科文凭、涵盖更多专业的"2+3""2+2"模式。即一年的语言进修，加两年其他专业的学习。如学生的语言能力通过测试，则一年的语言进修可以省去。

3 月 1 日，葡萄牙布拉干萨理工大学代表团在我校图书馆报告厅为葡萄牙语专业全体师生开展了一场精彩的讲座，介绍布拉干萨理工大学及赴该校留学的相关情况，并回答了同学们的提问。

3 月 16 日，浏阳校区涉外护理赴德、赴日国际班启动仪式在报告厅举行。出席仪式的有湖南省商务厅经济促进中心办主任徐曙红、浏阳市商务局外派劳务服务中心主任谭腾飞、德国企业代表中方高级合伙人刘丽华、日本企业代表中方高级合伙人姜美英、我校国际交流处处长吴江平，以及2013级、2015级护理专业的学生。仪式由浏阳校区唐启金书记主持。

3月28日，日本圣泉大学唐乐宁教授以《日本企业文化》为主题，为我校师生举办专题讲座。

4月6日，国际交流与合作处邀请2008级毕业生董妍希来校举办经验交流会。此次交流会是为了进一步推进英语方向人才培养方案的贯彻落实，检验我校海外教学实习基地的实际效果，更好地开展在校生的实践、实习工作，促进对赴外项目的了解。

5月15日，韩国又松大学副校长甘瑞媛一行来校访问。宁平董事长、符华兴书记、肖建安副校长等领导会见了来宾。双方就合作领域进行了深入探讨，涉及"2+2""3+1"专升本等项目的具体操作。甘瑞媛表示，愿意为我校提供2个学费全免名额，且参与首届合作项目的湖外学生可直接减免50%的学费。接着，甘瑞媛在图书馆报告厅为我校师生举办留学推介会，对相关合作项目进行细致讲解，并结合自身经验与到场师生们一起探讨如何提高韩语学习能力。

9月，我校西语系2015级应用葡萄牙语专业的8名学生，在雷思蒙老师的带领下，赴葡萄牙布拉干萨理工学院开始各自的学习及工作生活。这是我校连续第五年选派葡萄牙语专业学生赴葡萄牙进修，也是第一次向合作院校派出葡萄牙语教师承担当地院校的汉语教学工作。

11月4日，湖外师生受邀参加葡萄牙北部地区一年一度的大型展览会，他们与北京师范大学珠海分校、海南外国语职业学院的同学们一同参加了展会的美食大赛，携手做出两道中华料理。雷思蒙老师负责解说菜品，介绍中国传统文化习俗。节目播出后反响极好。

11月28日，英国布莱顿都会学院国际部主任海伦、英国沃辛学院院长马丁、亚英教育集团负责人琳达，以及聚科国际文化交流有限公司有关领导访问我校。肖建安副校长，以及相关处室负责人会见了来访外宾。英国沃辛学院表示愿与湖外结为国际合作院校，并达成以下合作意向：实现教师互访、互派；打通湖外学生赴英实现专升本、专升硕的学历提升通道；设立湖外学生赴英的语言研修项目；设立湖外教师赴英高校进行学历提升的硕士、博士项目。当日下午，英国学校雅思与剑桥英语培训专家、雅思主考官卡尔米纳，为我校英语系师生举办了一场关于英语学习方法和雅思考试技巧的讲座。

12月17日，2018年湖南省海内外专家迎新春联谊会在长沙举行，200多位在湘工作的海内外专家及其家属在湖南宾馆齐聚一堂喜迎新年。受湖南省人力资源和社会保障厅、湖南省国际人才交流协会的邀请，我校派出外籍专家代表俄语教师叶莲娜、西班牙语教师亚娜、日语教师横山明子、法语教师约瑟夫，参加此次联谊会活动。

这一年，学校拓展对外合作渠道。学校全年共接待来自加拿大蒙特利尔孔子学校、葡萄牙布拉干萨理工大学、韩国又松大学、马来西亚城市大学、英国布莱顿都会学院、西班牙阿尔卡拉大学、日本滋庆学园等国（境）外高校的代表和友人100余人，进一步拓展国际交流渠道，深化我校与国（境）外院校之间的合作。

这一年，学校发展中外合作项目。学校在巩固已有的与20余所国外高校和国际教育机构的合作关系的同时，新增奥地利西格蒙·弗洛伊德大学、韩国又松大学、马来西亚城市大学等合作伙伴。学校与湖南志在四方文化交流有限公司、湖南中宇企业管理有限公司等企业开展校企合作，共同开办涉外护理专业赴德、赴日定向就业班，赴德班、赴日班分别招收学生22人、27人，开辟了我校学生境外定向就业新模式。

这一年，学校服务师生赴港澳台地区及国外学习。学校组织留学、实习推介会20余场，通过合作项目输送近30名学生赴国外留学，20名学生分别赴美国、新加坡、日本等国家实现带薪实习和就业，另外还有1名教师赴澳门研修培训，1名教师前往英国剑桥大学攻读博士学位，另有1名教师交换至葡萄牙合作院校教授中文，同时学习硕士课程。

**（六）校园文化生活**

3月26日，学校工会组织开展"美丽湖外 魅力女性"皇龙峡溯溪春游活动。长沙、浏阳校区的近百名女教师参加户外踏青活动。

4月，我校国际合作交流处组织多名外籍教师，赴长沙浔龙河生态小镇开展主题为"特色湖南、美丽乡村——湖外外教看长沙"的户外活动。本次活动得到湖南浔龙河投资控股有限公司和广东棕榈园林股份有限公司的大力支持。当日，来自美国、西班牙、葡萄牙、巴西、俄罗斯等国的10余名外教及其合作老师，部分对我校国际交流与合作项目怀抱极大热情的学生，以及部分教职员工参与了此次活动。

5月24日，浏阳校区举办国际护士节纪念活动暨授帽仪式。身穿护士服的22位护理系老师们依次入场，为2014级五年制和2016级三年制即将开始临床实习的学生们进行授帽。

5月26日，浏阳校区举办以"树立青年榜样，绽放青春梦想"为主题的"五四"表彰大会暨颁奖典礼，对2016年度的优秀集体和先进个人进行表彰。

10月2日，湖外前身——浏阳外国语进修学院的第一届校友自发组织回到母校，举行"青春不散场"主题活动。

11月至12月，学校举办2017年湖南外国语职业学院校园国际文化节。本届湖外国际文化节由四大主题活动组成：国际文化节暨校运会开幕式；由英语系、西语系、东语系的各外籍专家、教师分别组织举办所教授外语语种的相关国际文化讲座；英语系、西语系、东语系围绕本系各外语专业举办的特色文化活动；2017年国际文化节成果汇报展、闭幕式暨2018年元旦晚会。

11月13日开始，历时1个月，来自13个国家的近20名外籍教师，为全校师生举办了多场关于各国历史、文化、教育、风情、民俗等内容的外语讲座。外籍教师在学校设坛开讲的国际文化讲座活动，是该届国际文化节中时间跨度最长、参与师生最多、学术氛围最为浓厚的一个重要活动。

11月23日，我校第十届学生运动会、第九届教工运动会暨2017年校园国际文化节开幕式在田径场举行。本届运动会开幕式与往届最大的不同，体现在更好地整合学校优势资源，以及彰显学校国际化的办学特色上。将湖外最具品牌效应的传统特色项目——国际文化节，与校园运动会相结合，可以增进对各语种所诠释的异国文化的深入了解。同时，为调动学生的活动参与度与积极性，充分体现各系部的专业特色与师资力量，由各系部自行组织特色文化活动，如英语系的英语演讲大赛，东语系的韩语书法大赛、阿拉伯语演讲大赛，西语系的多语种书法及手抄报大赛；各语种外籍专家、教师带领学生开展的国际美食厨艺大比拼等活动。这些活动为本届国际文化节增添了多彩缤纷的亮点。

12月29日，湖南外国语职业学院2017年国际文化节颁奖典礼暨2018年元旦晚会在弘学楼举行。本次盛会以"畅想世界，梦想湖外"为主题，由国际交流处和学生工作处联合主办。学校董事会、校务会主要领导，以及湖外数千名师生参加。

**（七）社会服务**

5月18至20日，2017世界足球论坛暨世界足球博览会在长沙国际会展中心举办。长沙迎来了中国首个世界级足球展会，在这场巧妙地将论坛、展会、球星见面会融为一体的博览盛会中，来自我校150名学生志愿者的风采，成为媒体镜头下并未被诸多世界级球星光芒万丈的风采所遮盖的另一番耀目风景。此次论坛所有的志愿者工作全部由我校承担，也是综合考虑到我校在培养学生双语能力（英语加一门小语种）、专业技能与人文素养等方面的显著优势。宁平董事长认为："让更多湖外培养的语言人才，在世界足球论坛这样与世界分享经验、凝聚共识的国际性论坛等外事活动中贡献力量，以语言为桥梁，起到与世界接洽的积极推动作用。同时，让我们培养的翻译人才以及外贸企业工作人员，在长沙外事合作'走出去''引进来'的进程中发挥更大的作用，助力新湖南开放崛起，是湖南外国语职业学院笃定践行的努力方向。"

7月17日，望城区丁字镇政府组织开展抗洪募捐活动，宁平董事长现场捐赠现金2万元。

9月21日，2017湖南—非洲地方产业合作对接会在长沙融程花园酒店开幕，本届盛会吸引了来自埃塞俄比亚、南非、尼日利亚等 28 个非洲国家的驻华使节，部委官员和地方州、省代表参会。与此同时，主办方还在为期 2 天的会议期间安排了"2017 湖南—非洲地方产业合作·农业发展论坛""2017 湖南—非洲地方产业合作·互联互通论坛"等高峰论坛。与到场的非洲各国贵宾形影相随的，还有来自湖外的学生志愿者，他们提供的是贴身管家兼随行翻译的服务。我校早在 9 月初就对参与本次接待工作的学生进行了严格遴选，为志愿者的选拔制订了严格的专业知识、技能素养、外语水平、形象气质等标准。共有 20 名来自英语、意大利语、法语以及酒店管理专业的学生脱颖而出，他们均代表了我校学生综合能力的极佳水准。

9 月，周新云副教授受邀担任 2017 年外语教学与研究出版社"教学之星"大赛全国复赛通讯评委。

这一年，继续教育学校联合有关职能部门和系部，共培训各类考证学生 6 897 人；共组织税务信息化管理师等级考试、ATA 考试、自学考试、英语等级考试等 25 场，参考人数为 28 500 人；全年新增注册自考本科 1 182 人；新增网络教育专升本录取人数 337 人；组织 180 名师生承担国家司法考试监考任务。

**（八）主要荣誉成果**

*学校荣誉*

7 月 15 日，由全国高职高专校长联席会议主办的《2017 中国高等职业教育质量年度报告》在北京发布，首次发布全国高职院校国际影响力 50 强榜单。我校是湖南省唯一荣登 2016 全国高职院校国际影响力 50 强榜单的高职院校。该榜单基于全日制国（境）外留学生人数、非全日制国（境）外人员培训人数、在校生服务"走出去"企业国（境）外实习时间、在国（境）外组织担任职务的专任教师人数、开发国（境）外认可的行业或专业教学标准数量、国（境）外技能大赛获奖数量等七项指标，展示了高职院校的国际影响力水平。《中国青年报》对此予以专题报道。

10 月 25 日，湖南省 2017 年高校教师岗前培训考试会议在长沙召开，会上对 2016 年高校教师岗前培训先进集体、先进管理工作者和优秀学员进行了表彰。我校荣获"湖南省 2016 年度高校教师岗前培训管理工作先进集体三等奖"，成为湖南省唯一一所入围榜单的高职院校。

12 月，学校荣获"成人高等学校招生全国统一考试先进集体"称号。

*学生获奖*

4 月 25 至 28 日，由湖南省教育厅主办的"2017 年湖南省职业院校技能竞赛"在湖南生物机电职业技术学院、长沙民政职业技术学院、湖南交通职业技术学院等 36 所院校同时举行。我校 4 支参赛队、11 名选手参加了 5 个竞赛项目的角逐，并获得骄人战绩，将一、二、三等奖悉数斩获。在英语口语竞赛项目中，张雅静同学获非专业组一等奖，舒强勇同学获专业组二等奖，指导老师为周新云、谢莉、梁婷婷，以及外教。酒店管理专业的肖倩、李杰、舒尤佳同学组成的参赛队获"中餐主题宴会设计"赛项三等奖，指导老师为成浩、王璐、陈晖。

6月，李伟荣、舒强勇、黄霞荣同学获"2017年全国大学生英语竞赛"特等奖。

11月，在2017年第八届"外研社"杯全国高职高专英语写作大赛中，我校法语专业朱紫琪同学获非英语专业组湖南省特等奖第一名，柏诗婷同学获非英语专业组湖南省三等奖，舒强勇同学获英语专业组湖南省三等奖。

11月，第六届"J.TEST杯"全国高等职业院校日语技能大赛在上海工商外国语职业学院落下帷幕。本届大赛由教育部职业院校外语类专业教学指导委员会主办，上海工商外国语职业学院承办。我校应用日语专业代表队在此次大赛中，获个人赛二等奖一项、三等奖一项，并获得团体赛三等奖。

11月，朱紫琪同学获第八届"外研社杯"全国高职高专英语写作大赛二等奖。

12月1日，由长沙世宗学堂与湖南师范大学联合举办的"湖南省韩语配音大赛"在湖南师范大学外国语学院举行。本届比赛不再以本科组和专科组来分组进行比赛，本专科高校在同一比赛规则与评分标准之下同场竞技。比赛设有特等奖1名、一等奖2名、二等奖2名、三等奖3名。经激烈角逐，湖南师范大学1队获得特等奖，湖南外国语职业学院与湖南师范大学各1队获得一等奖。

教师成果

3月，新闻办丁蕾老师获湖南省教育厅颁发的"2016年度湖南省教育系统新闻宣传考评先进个人"荣誉。

4月，新闻办丁蕾老师撰写的《丝路循踪：一带一路上的湖南外国语职院（意大利语篇）》获2016年度"湖南红网传媒"教育类通讯员新闻稿件特等奖；《丝路循踪：一带一路上的湖南外国语职院（法语篇）》获2016年度"湖南红网传媒"教育类通讯员新闻稿件一等奖。

9月，朱丹老师获评"长沙市优秀教师"称号。

11月，在"第三届中国外语微课大赛"中，英语系谢莉、梁婷婷、王莉、刘绽、粟裕云、张金、高启荣、聂元媛老师分获三等奖。

这一年，共有14个课题立项、38篇论文获奖，全校公开发表论文108篇。学校积极支持和组织教师与企业行业专家共同编写校本教材，共有17名教师主编、参编了13本教材。

**2018年**

2018年是湖外发展历史上非常特殊的一年。在中国改革开放40年之际，学校迎来了办学25周年，这也是与湖南税务高等专科学校合作办学的最后一年。同时，2018年是我校全面贯彻落实党的十九大精神，实现学校"十三五"建设目标、推进内涵式发展的关键之年，是我校着力解决办学中的诸多深层次问题、提升升本竞争力的关键之年。经过校务会充分讨论，学校以"质量文化建设"作为工作主线，将这一年定位为"质量提升年"。具体来说，就是坚持需求导向和问题意识，围绕质量建设和质量文化的生成，重点从提升内部管理质量、提升招生就业质量、提升师资队伍质量、提升专业发展质量、提升教育教学质量、提升人才培养质量这六个常提常新的方面布局发力。

这一年，学校面临前所未有的困难和挑战，在董事会的坚强领导下，学校党委、行政部门主要领导团结带领全校教职员工，坚持以习近平新时代中国特色社会主义思想为指导，坚持正确的政治方向，深入学习贯彻全国教育大会精神，坚持以立德树人为中心，加强党的建设和思想政治工作。学校不断加强专业建设、课程建设和师资队伍建设，深化内涵发展，拓展国际合作与交流，坚持不懈维护学校的和谐稳定，坚持不懈培育优良校风和学风。这一年来，学校的办学优势、办学特色进一步突显，在这最困难、最窘迫的办学阶段，学校奋力博得搬迁至新校区之前宝贵的时间与空间，各项工作取得了来之不易的成绩。

**（一）学校总体工作**

1月2日，学校与曙光建设有限公司、中地建设工程有限公司洽谈施工条款合同。

1月23日，长沙市望城区委书记孔玉成率区直相关部门负责人视察河东片区项目建设，开展"抓重点、补短板、强弱项"调研活动，我校新校区建设项目是本次调研活动的重点项目。孔玉成强调此行的目的在于详细听取湖外新校区建设相关情况的汇报，切实了解项目推进过程中存在的问题。在被问及具体施工进度时，宁平作详细汇报：截至当时，第一、二组团土方工程平整，地勘工作全部完成。新校区建设指挥部及施工总包单位项目部建设完成，并已通水、电、网络。校内东、西主干道（长华路），以及校内南侧道路业已拉通，东西三路路基换填夯实工作已完成。学生公寓、食堂的桩基工程已基本完成。学生公寓、核心区基础底板施工完成。孔玉成表示：湖外新校区建设项目，对于带动河东片区经济社会发展具有十分重要的意义。要深入开展区领导、后盾单位联系新校区建设这一重大项目活动，精简政府办事流程，营造良好的项目推进环境，使之成为加快建设新时代名望之城的长效支撑与不竭动力。

2月5日，宁平董事长与陈伟中副指挥长考察国内最大的铝门窗上市企业——北京嘉寓门窗幕墙股份有限公司总部。

2月8日，学校新校区建设工地上举行了一场热闹喜庆的开工典礼。丁字湾街道政协联络处主任方尉茗，丁字湾街道党工委委员、办事处副主任胡勇，湖南外国语职业学院董事长宁平，省人民政府督导专员、湖南外国语职业学院党委书记张合平，项目施工方总指挥朱建军，湖南中地建设工程有限公司董事长汪剑，湖南曙光建设有限公司董事长陈见，中海建设集团董事长冷孟龙，湖南建筑材料设计院副院长刘忠良等领导、嘉宾在典礼仪式主席台就座。参加此次开工典礼的还有湖南外国语职业学院董事会、校务会、新校区指挥部的领导，以及相关合作方的领导。中国建筑第五工程局、中梁地产集团湖南区域公司、湖南兆丰混凝土有限公司、张家界华天大酒店、中国五矿集团二十冶五公司、湖南省工程职业技术学院等多家单位对开工典礼的举行表示祝贺。胡勇在发言中指出：湖外新校区是丁字湾街道所引进的众多优质项目中最具典型意义的代表，历届丁字湾街道党工委办事处领导都将服务好这一重点项目的建设视作头等大事，将一以贯之积极组织精干力量着力推进项目进度。至此，新校区建设进入全面施工阶段。

3月15日，长沙市人民政府副市长陈中率调研组一行来校考察，参与此次调研活动的领导还有长沙市人民政府副秘书长厉江华、长沙市人民政府社会发展处处长徐宏件、长沙市教育局副局长杨庆江等。学校董事会、校务会主要领导就调研所涉及的事项与到访领导召开座谈会议。陈中总结道："从调研情况来看，湖外的机构设置比较健全。我认为这是一个重视人才培养的地方，可以说方向正确、定位精准、发展潜力巨大。一直以来，我对这所高职院校的印象都非常好，政府一定会大力支持学校的建设与发展。"在座领导表示，湖外的人才培养模式以及专业设置均根据我国职业教育上升为国家战略性地位的现实需要，充分体现了三个特点：构建产学研于一体的现代职业教育体系；一切以市场需求为导向设置专业；一切以服务于学生综合素养提高为宗旨，为社会经济发展提供优质专业人才。

3月23日，享受国务院政府特殊津贴的专家、全国模范教师、湖南城市学院原副院长潘留仙教授来新校区建设工地考察。

3月27日，学校聘任潘留仙为校长兼党委书记。

3月28日，宁平董事长与黄硕副指挥长赴日立（中国）有限公司广州分公司考察产品生产现场。

4月11日，望城区人大常委会副主任、政府督办协调我校项目负责人邓建华，丁字湾街道党工委书记曹文等一行来新校区建设工地指导、协调工作。

4月28日，我校名誉校长宋勤一行赴新校区建设工地视察。

4月29日，董事长宁平、智慧校园负责人宁翔陪同我校名誉校长宋勤、专家顾问黄德生拜访著名雕塑家雷宜锌。

5月23日，执行校长鲁平在学校新闻发言人丁蕾的陪同下，做客湖南教育政务网在线访谈，并在访谈中围绕广大网友关注的"坚持产教融合，推动高职院校教育供给侧改革"这一主题，与主持人及网友们进行在线交流。

5月，建设银行湖南省分行天心支行胡建华行长一行，来校调研我校申请项目贷款的资质。

5月，因中高职融合项目中益阳卫生职业技术学校等部分合作中职学校存在虚假宣传、违反双方合作协议、政策理解不透、过程把关不严、学制衔接不畅、后续隐患较多等问题，导致在5月初的录取和转籍手续办理过程中，出现大量家长和学生投诉的现象，负面情绪持续发酵并最终引发群体性事件，成为湖外建校以来最大的一次危机。湖南省教育厅及时协调处理。学校决定全面终止与益阳卫生职业技术学校、湖南经济管理专修学院、湘西民族女子中等职业学校、桃江县扬帆职业技术学校、益阳市劳动科技学校、武岗市环球职业技术学校等合作学校的项目协议。学校也对该项目合作实施过程中的主要责任人进行了解除职务等一系列严肃处理。同时，学校对已经招收的各融合点2015级、2016级的学生进行妥善安置，除益阳卫生职业技术学校项目学生在该校延长一年中职学制外，其他各点的学生全部在2017年6月前提前回归我校学习。针对学生2+3学制无法实施的问题，学校对回归我校学习的学生采取推迟一年发毕业证，但按期进行就业安排的方式予以解决。涉事学生、家长非常感谢学校的责任与担当，对处理结果表示满意。事件虽然最终得以平息，但给我校造成2 500万元之巨的直接经济损失。学校对此次事件进行了总结与反思，产生问题的关键原因在于在进行此类具有相关政策依据的合作项目时，董事会对主要责任人委以过于宽松的管理授权，致使在本项目的设置上，主要责任人绕过了向董事会汇报、备案的程序，脱离了董事会的监督。

5月，为配合湖南省开展的"职教宣传周"活动，新闻发言人丁蕾以《对接区域产业"走出去"战略　创新高职外语人才"泛职业化"培养模式》为题报送总结材料。宣传周期间，学校大力挖掘和宣传学校的典型经验和先进人物，共提供系列报道20篇，涉及着力外语复合型人才培养，服务长沙跨境电商企业；凸显小语种人才培养特色，服务"湘企出海"战略；开展国际交流合作，助力"一带一路"倡议等典型性新闻素材。

5、6月份，教务处组织举办首届微课作品大赛，进一步促进学校教师拓展课程建设的途径，推动教学信息化资源建设与教育教学改革。

6月3日，部分外教代表参观新校区建设工地。

6月12日，湖南省教育基金会秘书长黄泽湘一行来新校区建设工地调研并指导工作。

6月14日，学校召开2018届毕业生代表座谈会。学校及各系部、处室主要领导参会。执行校长鲁平阐释此次座谈会的目的：一是为毕业生出征新的人生旅程壮行；

二是期待毕业生为母校的建设、改革与发展建言献策，使得母校的各项工作整改有目标、提质有方向。学校从四个方面向毕业生们征集诉求，以期更好地完善学校人才培养、教学改革、行政管理、就业指导、成长帮扶等工作。这四个方面包括：一是专业建设、课程设置、素质提升、教师授课及实习实训；二是学生管理和学生服务；三是校园文化建设；四是学校对学生开展的职业生涯规划。

6月17日，学校开始新校区约10万平方米的地下停车场规划建设，矢志创造全球大学最大且唯一的校园建筑地下室全贯通的纪录。

6月28日，学校与新校区第四标段学生公寓、北食堂劳务总包负责人常友志、皮建平签订施工合同。

6月，交通银行湖南省分行副行长周良成，北大桥支行行长聂遐玲、副行长杨文一行莅临学校。当时，学校新校区建设刚刚启动，周良成一行参观调研学校之后，对学校未来的规划与发展高度认可，赞同与学校建立长期战略合作关系，加快新校区建设项目贷款的授信速度。同年8月21日，湖南外国语职业学院新校区建设项目贷款通过审批，为全行单笔授信最高金额的贷款。

7月27日，长沙市人民政府副市长陈中在市政府主持召开会议，专题研究湖南外国语职业学院办学有关问题。省教育厅副厅长应若平、省税务局总经济师孙险峰、市政府副秘书长厉江华，以及市维稳办、市教育局、雨花区委政法委、望城区政府、雨花区洞井街道办事处、望城区丁字湾街道办事处、湖南税务高等专科学校、湖南外国语职业学院的相关负责人参加会议。会议决定，鉴于湖外办学的特殊性和新校区建设的实际情况，税专应给予湖外搬离税专校区的过渡期，过渡期为2018年8月1日至2019年7月31日。税专要继续支持湖外在税专校区办学，确保2018年秋季学期正常开学。湖外应参照原合作协议，签订过渡期租赁合同；要制订周密的新校区建设和撤离税专校区计划，明确时间节点和保障措施，确保过渡期内顺利搬入新校区。同时，望城区政府要加大拆迁力度，尽快完成湖外新校区用地拆迁扫尾工作，确保新校区如期建成投入使用。湖外要适当优化调整新校区项目的建设计划，合理安排建设时序，确保新校区按期建成，在2019年7月31日前顺利完成税专校区搬迁。

8月27日，学校在弘学楼召开2018年秋季开学工作会议。学校董事会、校务会领导和全体教职员工参加会议。会上，董事长宁平就近期办学中一些重大问题取得的突破性进展和系列化成果，向教职员工作出重要说明：一是妥善处理了在税专校区继续办学一年的问题；二是实现了新校区建设工程的高效率、高品质推进；三是取得了招生的全面突破。我校无论是单招还是统招，均实现了招生计划与填报志愿1∶3的高位突破，文科录取最低分数线为347分，理科为272分，在湖南省专科学校中排名前20；四是加速推进了高层次人才队伍建设步伐。

8月29日，宁翠瑶、曹文两位领导、专家来学校工地视察。

8月，学校新校区建设进度喜人。第一、二教学楼，南区食堂，学生公寓3号楼，图书馆已完成封顶，科技孵化楼等主体建筑即将陆续完成封顶。

9月1日，全体教职员工以及4 000余名新生，在田径场举行了2018级新生开学典礼。参加典礼的领导有：长沙市教育局党委委员、机关党委书记胡慎信，湖南外国语职业学院董事长宁平，2018级新生军事训练团团长廖声荣，学校董事会、校务会主要领导，还有外籍教师代表和新加盟我校的专家教授。典礼由余孟辉副校长主持，英语系教师吴江平任英语翻译。

9月3日，我校迎来新学期开课首日。学校各级领导、教务处、学工处及各系部教学、学工管理人员深入课堂，部分中高层领导干部开展随堂听课，对开学第一天的教学情况进行全面监督、检查。

9月7日，学校组织召开教师节座谈会，不少在湖外耕耘十余载的老师们与校领导一道畅谈发展愿景。执行校长鲁平表示，回首湖外的建设发展历程，离不开全体教职员工的敬业拼搏与同舟共济。

9月7日，宁平董事长在新校区建设工地进行例行检查时不慎摔倒，身体多处受伤。但当时建设任务紧迫，他无暇休养，只得忍痛带伤坚守阵地。

9月10日，学校举办庆祝我国第34个教师节的活动。湖外近500名教职员工享受专属于教师的节日荣光。在这支治学勤勉、克己修身的教师队伍中，近20位来自10余个不同国家的外籍教师也在这一天度过了一个充满感怀的中国教师节。在接受媒体采访时，乌克兰籍俄语外教叶莲娜说道，教师在中国有着特殊的魅力，这是中国尊师重教的集中体现。摩洛哥籍法语外教约瑟夫认为，大学生一定要明白大学是什么，是否掌握正确的学习方法非常重要。日语教师横山明子表示，对中国文化的极大兴趣是躬亲教学并实现教学相长的根本动力。

9月21日，湖南外国语职业学院2018年军训汇报表演暨总结表彰大会在长沙校区主训练场隆重举行。学校董事会、校务会主要领导出席大会。

9月24日，中秋节当日，宁平董事长向留守工地坚持施工的工人发放月饼和节日贺礼。

9月28日，新校区建设工地施工作业全面铺开。工人们正式开挖。机器轰隆声如万炮齐鸣。上千名工人在施工现场辛勤工作。

9月，学校党委班子进行调整，增补校长潘留仙同志、副校长余孟辉同志为党委委员。

9月，在一期工程中，两栋学生公寓因拆迁原因而不能如期建设，宁平董事长及指挥部审慎研判，面对巨大的资金压力和逼仄的建设周期，毅然决定让北公寓、北食堂、第三教学楼、外教楼等二期工程提前开工，由裕达建工集团负责总承包施工。

10月2日，新校区18层科技孵化楼主体封顶。至此，在宁平董事长的亲自指挥与带领下，指挥部全体员工与近1 500名建设者披星戴月，顶烈日、冒风雨，经过艰苦卓绝的努力，仅用半年时间，就先后顺利建成第一教学楼、第二教学楼、图书馆、南食堂、南公寓、科技孵化楼等一期工程，近30万平方米的主体建筑全面封顶。

10月12日，湖南省教育厅原副厅长杨定忠来新校区工地考察调研，潘留仙校长陪同。

10月18日，浏阳农村商业银行淮川支行副行长卢文娟、钟少华，业务经理刘斌一行赴新校区建设工地调研。

10月，新校区北公寓、北食堂、第三教学楼、外教楼等二期工程开工。

11月5日，宁平董事长赴武汉邮电规划设计院，与张军团队商榷新校区网络弱电的设计时间，以及相关保障和要求。同日，宁平董事长赴美国维克维尔电器公司在武汉开设的工厂，考察中央空调产品演示。

11月12日，宁平董事长出席第三届全球甯商大会，全票当选获嘉华夏甯氏根祖文化研究院理事长。他接过著名科学家宁杨锁手中的接力棒，全面接手文化研究院的工作。这为学校的产教融合奠定了坚实基础，为学校持续拓宽办学渠道搭建了优质平台。

11月18日，宁平董事长、曹杨副指挥长参加新校区建设第四标段基础开挖奠基仪式。

11月24日，宁平董事长在指挥部与清包负责人刘永久签订健康中心、第三教学楼的施工合同。

11月，长沙市教育考试院自考科副科长林琳、社考科科长赖鹏前来我校进行2016至2018年自学考试助学机构年度检查工作。

12月4日，学校召开中层干部大会，会议旨在总结学年工作成果，部署下一阶段重点工作。执行校长鲁平、党委书记张合平出席会议并讲话。全校共12个系部、处室的书记、主任，首先以德育工作、招生就业、学生职业素养、学生管理服务、教育教学、科研、人才队伍建设、后勤保障等方面为切入点，于大会中总结、汇报了各自分管单位当前工作中的重点与难点，并对问题的成因进行了多层次的分析研究，最终提出具体解决方案。

这一年，学校组织了第十九期、第二十期入党积极分子培训班，共有641名学生党员和教师党员参加培训，2018年学校发展学生党员117人，发展教师党员10人。

这一年，学校在国内省级以上主流媒体上刊载的原创信息内容逾80篇。其中有：中新社刊发的《校企合作共建大数据专业 提升学生市场竞争力》《培养技术技能型人

才 校企合作瞄准专业与产业对接》，红网刊发的《精准育人精准就业 湖南省职业学校力邀企业合作办学》，湖南教育电视台播发的《未毕业先上岗 打通现代学徒制"最后一公里"》《高职单招观察——多所院校首开特色专业》《校企合作培养跨境电商人才》《护理人才赴日留学就业不再疲于为"稻粱"谋》，湖南教育网刊发的《在"南丁格尔誓言"中恪尽职院护理人的职守》《"一带一路"语言先行 湖南外国语职院师生代表赴中冶国际交流访问》，以及湖南教育新闻网刊发的《陪伴，就是最执着的信念坚守——湖南外国语职业学院"大手牵小手"支教队再赴湘西苗寨》等。

**（二）人才培养工作**

1月3日，由学校主办、英语系承办的第八届英语演讲比赛，在弘学楼圆满落下帷幕。此次比赛是为了在全校形成学习英语、应用英语的良好氛围和导向，调动湖外各专业学生勤于操练英语的积极性，激发实践英语技能的自主学习性，以期为学校营造国际化办学特色的氛围贡献智慧、添注力量；同时，为筹备2018年湖南省职业院校技能大赛英语口语竞赛项目选拔优秀人才。

1月14至17日，学校分组、分批进行了专业人才培养和专业建设的咨询研讨会。相关校领导、学术委员会成员、教研室主任、专业负责人、专业老师于现场展开咨询研讨，集思广益，对我校2018级人才培养方案修订以及学校的专业建设建言献策。执行校长鲁平在此次研讨会的策划与部署阶段，即规划出总体思路与实施要求：研讨会旨在落实学校"十三五"规划要求和年度教学工作计划，做好2018级专业人才培养方案修订的前期准备工作，帮助专业负责人准确定位人才培养目标和规格，便于相关专业任课教师充分了解本专业课程体系整体构架，全面推进学校的专业内涵建设。

1月，护理系新增助产专业。

4月26日，副校长肖建安带领教务处、英语系相关教师一行7人赴长沙职业技术学院开展考察调研活动。通过此次实地考察，较为全面地学习了该校在学前教育专业建设方面的宝贵经验和有效方法，为我校学前教育专业的顺利开班与合理化设置奠定了基础。

5月11日，"湖外大讲堂"邀请浙江工商大学教授王国安以《阿里巴巴的传奇对发展电商的启示》为主题，向全校教职员工以及部分对电子商务感兴趣的学生举办讲座。王国安从阿里巴巴的发展进程、营销策略、问题与畅想三个维度引申，深度解析了"阿里巴巴式"电商发展的经验。引企入教是深化产教融合的重要途径，学校尽可能多地吸纳优质的企业力量，在人才培养过程中贡献资源，以促进职业理念、职业素养、职业精神与知识传授、技能训练、素质拓展融为一体作为出发点，让企业成为承担教育教学工作的智力载体。

9月11日，教务处组织举办新生专业介绍会。各系新生专业介绍会以专业为单位组成分会场，各专业负责人主讲，专业骨干教师参与，全体新生到场积极学习。各专业介绍会结合专业对应的行业背景、运行现状和前沿资讯，让新生全方位了解专业特色和相关知识体系，激发学习动力。

9月19日，董事长宁平、智慧校园项目负责人宁翔一行考察甲骨文（Oracle）（中国）软件系统有限公司北京总部。

9月，艺术系成立。原英语学院开设学前教育专业。

10月，"2018年湖南省高职院校毕业设计抽查结果"公示，我校以100%的合格率与其他26所高职院校并列榜首，也是唯一一所取得100%合格战绩的民办高职院校。

10月16日，甲骨文全球职业力发展计划北方区经理戎鹏，携甲骨文公司中国区代表一行莅临我校，以《大数据专业建设》为主题，向学校董事会、校务会主要领导，以及中层以上干部作了一场极富前沿科技讯息的讲座。宁平认为，学校搬迁至新校区将开启湖外新的发展元年，关于大数据平台的构建与大数据专业的建设应具备更为科学的工作策略；学校应重视信息化工作对战略规划与统筹指导的辅助功能，真正将大数据分析转化成为构建学校品牌的一项重要手段。同时，要加快大数据及相关专业的申报及建设步伐。

10月19日，由教务处与学工处联合举办的"2018年学生工作暨学风建设动员大会"于弘学楼举行。学校董事会副董事长彭建平、执行校长鲁平、相关职能部门负责人，以及400余名学生参加了此次动员会。副校长余孟辉以"知湖外，爱湖外，共建品质新湖外；求真理，明事理，争做时代好青年"为主题作了学风建设工作报告。鲁平提出，要持续深化学风建设，加强学风建设的组织领导；教师要加强课堂管理，引导课堂学风；学生要探索适合自身发展的求知道路，培育、塑造、践行优良的学风；要用"抓铁有印，踏石留痕"的精神，通过优良学风的培育带动一流校风的形成，提升办学品质。

11月7日至9日，全国政协共青团、青年联合会界别工作委员会第三调研组在湖南省开展调研活动。接文件通知，我校组织公共课部思政教研组杨玉霜副教授、各系学生代表共5人参加了此次调研座谈会。校团委书记易曦霞带领参会代表在湖南第一师范学院参加调研座谈会。师生代表结合自身的理论认知与学习实践情况展开讨论，并向调研组提出许多建设性的意见。

11月26日，湖南外国语职业学院与甲骨文（Oracle）（中国）软件系统有限公司就"校企合作协议"，在学校新校区建设指挥部举办签署仪式。公司WDP项目（Workforce Development Program）中国区经理叶洋、WDP项目中南区经理王云清、WDP大数据项目经理戎鹏，学校董事会、校务会主要领导，各系部、处室负责人参加仪式。由湖外负责本次合作对接与洽谈的项目总监宁翔介绍项目的主要内容与合作形式：甲骨文（Oracle）（中国）软件系统有限公司将与湖外深入联合办学，共建大数据专业。同时，在此次校企合作的优质基础上，切实开展师资培训，推进专业课程的建设与改革。校方不仅可以为湖外学生提供更为宽广的创新、创业与实习、实训对接平台，还可借助公司强势的项目经验与技术标准，实现双方专业与人才的资源互补。

11月29日，受美国思科（CISCO）网络有限公司邀请，学校董事长宁平、执行校长鲁平、智慧校园项目负责人宁翔、项目助理景乐，参加在成都召开的"智慧校园，互联未来——职教院长沙龙会议"。来自美国的30多所高职院校分管相关业务的校长参会。宁平就湖外与思科的项目合作愿景提出了一系列极富时代创新意识的建设性构想：思科全程介入学校新校区建设，合作重点为智慧校园网络建设和智慧教学协作平台建设；通过引入思科中国的领先技术和优质资源，在湖外建设智慧校园数据中心、智慧物联网应用系统；以课程建设、平台构筑为重点，合作共建网络工程、网络安全、物联网三个专业；形成紧密的校企合作、产教融合发展机制与模式。在智慧校园2.0签约仪式上，鲁平代表湖外与思科就战略合作签署备忘录。宁翔在圆桌交流会议中，建议思科网络技术学院增加实践教学环节的设计。不少来自教育界、企业界的嘉宾相继论述了思科所提供的优质设备的使用情况，与湖外代表共同探讨思科在物联网、人工智能、工业互联网等行业的应用优势。

11月29日，被张家界旅游官网誉为"张家界最美导游"的我校2006级校友叶佳回到阔别已久的母校，向2017、2018级学弟学妹讲述了她的故事。她在带团时遭遇车祸，不顾自身安全，妥善应对和处置突发事故，始终做到对旅客负责。这是一场传递正能量的先进事迹分享会。会议由团委书记易曦霞主持，招生就业处处长李波、英语系主任周新云出席了会议。

12月18日，涉外经济管理系在弘学楼报告厅举办学风促进分享会，这次交流会彰显了学校对于学风整顿抱持壮士断腕之决心，800余名师生到场见证。执行校长鲁平认为，学风建设应常抓不懈，需要全校各职能部门、教学系部以更为灵活多样的方式、更具创造性的思维进行有效组织和持续推动；需要全体师生在更高的思想站位上广泛参与、亲力躬行。她希望各教学系部能以涉外经管系这次实践为参考，结合各系部的实际情况主动开展学风建设的思考与研究，开辟创新路径，形成特色模式；希望全校的学生工作队伍、专业教师都能成为学风建设的引导者和推动者，全体学生都能成为优良学风的塑造者和传承者，更让学校的学风建设工作在湖南省高职院校中形成典型经验。

12月20日，英语系承办的第九届英语演讲比赛决赛在弘学楼进行。近800名师生到场助阵这场以口语应用来传递思维格局与逻辑构想的脑力盛宴。

这一年，各专业不断更新充实课程资源库建设。在大学城空间教师新上传各类课程资源 1 000 多个，极大地丰富了课程资源建设。

这一年，学校通过优化整合，对已有专业实行了科学规划。学校根据专业的学科性质重新进行专业群建设规划，确立了商务外语和涉外经管专业群，并组织两个专业群进行市级和省级特色专业群建设项目的申报，其中商务外语专业群已被立项为省级"双一流"特色专业群建设项目；护理康养专业群在建设之中。

这一年，学校做好新专业开班前准备，加强学前教育和助产两个新专业的建设。学校有效组织新专业申报，大数据技术与应用、物联网技术、计算机网络安全技术等 7 个新专业得以申报。无论从学科覆盖面、专业申报数还是申报组织工作来看，这些都是湖外办学历史上的重大突破。

这一年，校企合作取得突破。各专业已与 31 家企业签订校企合作协议，基本实现了每个专业有 1 到 2 个校企合作实习实训基地。

这一年，学校顺利通过了高职院校适应社会需求能力评估、职业院校管理水平提升行动计划综合评价和质量保证体系建设与人才培养工作状态诊改数据评价。

这一年，学校指导 100 名学生参赛，其中获国家级奖项的学生为 62 人，省级及以上一等奖有 9 人，二等奖有 17 人，三等奖有 12 人。浏阳校区护士执业资格考试通过率达到了 95%（全国平均通过率为 40% 左右）；长沙市教育局中职学生抽考一次性合格率为 91%；学生毕业设计湖南省抽查合格率为 100%；学生专业对口就业率为 97%；安排带薪实践学生 181 人，安排实习学生 965 人。学校新增实习医院 7 家，共有包括湘雅医院在内的 35 家实习医院。学校还对辅导员进行实习管理量化考核，实习医院普遍反映良好。全年共组织育婴师专题培训班三期，共有 500 多名学生获得了省、市人事部门颁发的职业资格证书。

这一年，学校针对高校学生心理发展趋势，全面开展心理健康教育。学生工作处充分发挥兼职心理健康干事和系部心理咨询师的作用，全方位、多渠道地为学生开展心理健康教育。全年心理健康中心共接受咨询 61 人，整理案例 7 个，协同处理心理问题学生 32 人。通过心理健康三级防护体系的建立和科学的心理危机干预，全校都没有发生心理问题引发的学生伤害事故。

**（三）招生就业工作**

3 月 19 日，在弘学楼报告厅举行了湖南外国语职业学院与深圳环金科技有限公司的校企合作协议签约仪式。深圳环金科技有限公司副总裁卢先堃、我校院务会主要领导、师生代表参加仪式。学校以"环金订单班"的形式，向深圳环金科技有限公司定向培养所需人才。经严格选拔之后招录进该订单班的学生，将享受学费全免、奖学金及学生活动赞助等。深圳环金科技有限公司还将为订单班学生提供跨境电商行业的专业师资及相应课程，同时，为进入认知实习或者实习阶段的学生发放实习工资。卢先堃为现场师生举办以《当前国际经贸关系的热点问题透视》为主题的学术讲座。深圳环金科技有限公司作为全球跨界电商的领军企业，首期建立规模达100人的"定向就业班"，对推进学校专业与产业的对接、深化校企协同培养人才、打造学生校外实训教学平台、提升毕业生整体就业质量都具有重要意义。

4月初，针对"环金订单班"学生的选拔，执行校长鲁平牵头，组织招生就业处、西语系、东语系负责人及辅导员召开工作协调会议。应企业业务发展需要，首批订单班的学生涉及6个专业：西班牙语、意大利语、法语、德语、俄语、日语。学生将通过重重考验：首先，要通过学校的笔试与面试；再接受专业课程的学习；待学时修满之后才能获得上岗的机会。只有在过渡期间设置一系列严格的培训项目，才能保证学生在带薪实习阶段能够具备足够的资质来应对职场挑战，相较于很多通过社会招聘引进的人员更能胜任岗位职责。

4月13日，我校2018年单独招生考试大幕开启。据招生就业处数据统计，共2 450名考生参加单独招生考试，录取指标为1 500人。学校特设考试工作领导小组，由执行校长鲁平任组长，副校长周静、肖建安、任征任副组长，负责单独招生考试各项工作的全面领导和相关重大事务的决定及处理。同时，学校设置考务办公室、纪检监察组、宣传接待组、安全保卫组、后勤保障组等组织机构，承担相应工作职能。招生考试分值分布为：笔试占40%，综合测试（面试）占60%。笔试考试科目为语文和英语。

5月7日至11日，学校分批次组织200多名学生深入深圳环金科技有限公司探访，以切身感受来加深对产教融合的认知。

5月22日，中冶国际工程集团有限公司副总经理、党委委员刘诗垠，人力资源部招聘经理袁立梅，人力资源部劳资经理陈倩，市场开发部商务经理侯钊一行来校举行专场招聘。中冶国际此次为湖外毕业生提供30个面向英语专业，以及5个面向阿拉伯语专业的就业岗位，主要招聘驻沙特阿拉伯、科威特、埃及从事项目管理（翻译）工作的特需人才。招聘方式为"英语测试题笔试+全英文面试"相结合的选才方式，我校一批即将面临就业大考的准毕业生们踊跃报名，接受严格筛选。中冶国际一般只面向"双一流"高校和全国八大外国语学院吸纳优秀人才，但他们对湖外的人才引进格外重视。

6月7、8日，应中冶国际工程集团有限公司邀请，学校招生就业处副处长刘丰、英语系副主任谢莉、东语系应用阿拉伯语专业负责人杜德筠以及商务英语专业学生周艳芳、李娜、张乔丹，前往位于北京的中冶国际进行参观交流。中冶国际党委委员、副总经理刘诗垠，人力资源部部长关丽丹、经理袁立梅盛情接待了到访师生。此次赴企业考察，是为了提升学校品牌、提高就业质量，促进我校与中央企业的人才对接，进一步拓展境外就业市场。

9月13日，湖南外国语职业学院与深圳环金科技有限公司长沙分公司共同举办"湖外—环金定向就业订单班"奖学金颁奖仪式。学校招生就业处副处长刘丰、环金科技长沙分公司总经理罗向阳、学校相关老师、企业负责人，以及订单班全体学生出席了颁奖仪式。仪式在环金公司举行。自3月推动"湖外—环金定向就业订单班"以来，湖外共有42名学生通过层层选拔入班，经过学校专业课程的系统教学与岗前培训，他们于7月11日正式入职，进入带薪实习阶段。据企业反馈，入职以来，订单班的湖外学子均表现优秀，工作热情、积极性高，主动学习能力极强。经过评比，共有6名学生获得了奖学金。

11月6日，我校"就业创业大讲堂"第二讲在弘学楼报告厅举行。优秀毕业生、现任星语众教育董事长曾河，为2017、2018级学生分享了自己在校学习期间的丰厚收获，以及创业成功的典型经验。曾河建议同学们在学习与实践过程中有意识地培养自身的专业素养、销售能力与口才、团队协作与管理等各项技能，劝诫同学们树立正确的就业观，养成勤奋自勉的良好习惯，以及持续激发潜在才能的意识，才能获得高端就业、走向世界的机遇。讲座提振了在场学生对语言专业人才就业与创业形势的信心，在场学生表示"非常解渴"。讲座由招生就业处处长李波主持。

12月3日至7日，招生就业处副处长刘丰应湖南省教育厅就业指导中心邀请，前往深圳参加"百校龙华行，千企纳才来"2018年龙华区技能人才校企合作交流活动。本届交流会吸引了全国近100所重点院校以及龙华区千余家知名企业参加。湖外代表团参观考察了宝能科技园、富士康科技集团、珠海格力新元电子有限公司、珠海凯邦电机制造有限公司、珠海伟创力集团、深圳智邦英才教育集团、深圳顺络电子股份有限公司等，并就校企合作内容与模式进行了探讨交流，并达成初步合作意向。代表团还专程前往深圳市光祥科技股份有限公司看望在此工作的湖外毕业生，了解他们的工作和生活情况。

12月11日，湖南外国语职业学院与张家港万蓬集团（万蓬木业有限公司）的企合作签约仪式在弘学楼报告厅举行。湖南省教育厅学生处主任科员陈衡、湖南外国语职业学院副院长余孟辉、学工处处长文建奇，以及万蓬国际集团有限公司总经理周耀光出席仪式并发表讲话，学校相关职能处室负责人、2017级与2018级全体师生代表参加了仪式。

12月29至30日，校友会曾治国老师、科研处处长罗小杰一行走访了在深圳龙华新区、东莞凤岗镇等地工作与生活的校友，举办湖外深圳校友分会聚会。

这一年，学校共招收新生4 136人，其中三年制专科生有2 849人，五年制专科生及补习生有 1 069 人，超额完成董事会下达的 3 500 人的招生目标。新生报到率高达 97.6%，统招人数大幅增加，计划使用率稳居湖南省高职院校前列。浏阳校区招生 504 人。

这一年，招生工作顺利实现了"2018 质量提升年"工作目标，生源质量为学校历年最佳。文、理科抛档线较去年有较大提升，分别比省控最低分数线高出 147 分和 72 分，高分生源比例较往年有较大突破，500 分以上的学生为 73 人，400 分以上的学生为 406 人，共占新生比例的 26.9%。

这一年，招生就业处多措并举拓展就业市场。学校先后与江苏亿涛有限公司、张家港万蓬集团、深圳市霍尼卡姆机电设备有限公司、深圳市杰普特光电股份有限公司等企业达成毕业生供需意向。学校组织留学、实习推介会 20 余场，赴美实践项目人数为 28 人，赴迪拜项目人数为 10 人，还有 74 名学生分别赴新加坡、日本、菲律宾、德国等国家实习和就业。学校组织专场校园招聘会 30 余场，提供岗位 1 500 个，基本完成 2019 届毕业生的顶岗实习及就业安置工作。

**（四）师资队伍建设**

3 月 5 日，学校召开外籍教师管理工作会议。执行校长鲁平、副校长肖建安、校级督导谢艳梅教授、各系主任、学校 14 名外籍教师代表以及全体外教的合作老师参加了会议。本次会议设置有三项议题：一是宣读外籍教师教学、安全、出入境与办证须知；二是提出外籍教师的教学考核要求与相关建议；三是解读本学期工作安排。此次座谈会的召开是为了建立健全外籍教师的动态管理机制、完善对外籍教师课堂教学的监督与管理。

5 月，澳门理工学院卡洛斯教授一行来访我校，邀请我校学生参加 2018 年由澳门理工学院举办的国际葡语诗歌朗诵比赛与辩论大赛，并提出让我校 3 名葡语教师赴澳门参加免费暑期培训。

8 月 27 至 28 日，学校在弘学楼举办 2018 年暑期教师培训班，全体教职员工参加培训。新任校长潘留仙教授长期从事高校管理及教学与研究工作，在管理实践、专业实践、学术实践中积累了丰富的经验，在学术界有着极大的影响力。他围绕"大学使命与教师"这一主题，基于实践与科学调研展开论述，有效提升我校教学、科研的整体实力与内涵建设水平，对参培教师的教学、科研能力，以及职业发展动能的提升起到示范效应。

11 月 26 日至 12 月 10 日，学校举办 2018 年湖外青年教师课堂比武活动。副校长肖建安、教务处处长赵慧敏以及谢艳梅、朱盛娥、李明清 3 位专家担任此次比赛的评委。专家评委从教学内容、教学组织、教学语言与教态、教学效果及特色等方面多维度、客观公正地对参赛选手们进行了评分。

这一年，全校共 13 名教师参与国家级培训项目，24 名教师参与省级培训项目，

4名教师出国研修，5名教师被省教育厅认定为省内青年骨干教师。学校先后组织基层党组织书记参加全国高校党组织书记网络培训班和全省高校基层党组织书记培训班。此外，学校完成了129名新进教师的岗前培训和71名教师的教师资格认定；落实全校青年教师导师制，8名教师被聘为第一批10名青年教师的导师。在初、中级职称认定和中、高级职称评审工作中，认定讲师17人，助教32人，讲师评审通过5人，副教授评审通过6人。

这一年，学校聘请了一批名师对我校的专业群建设和课程建设进行指导。学校聘请学前教育专家每月来校进行两次专业建设指导；邀请湖南师范大学、中南大学、中南林业科技大学等大学的知名教授前来指导专业群建设；邀请了全国微课一等奖获奖者前来传授微课制作经验。另一方面，学校针对外籍教师开设每周2课时的对外汉语中级班和基础班课程，鼓励外籍教师参与汉语等级考试和相关汉语比赛。

### （五）国际交流合作

3月29日，学校迎来一位国际学术"大咖"——在日本医疗护理界享有盛誉的日本大阪滋庆教育集团常务理事桥本胜信。长沙市教育局副县级调研员张定然、学校董事长宁平、执行校长鲁平、招生就业处处长李波，以及学校相关处室负责人，陪同到访贵宾进行了一系列紧凑、务实的考察及接待活动。首先，宁平陪同桥本胜信一行前往新校区建设工地考察，继而马不停蹄前往湖外浏阳校区。桥本胜信及项目合作方面向护理专业学生就湖外赴日本大阪滋庆学园介护福祉士留学就业项目进行宣讲，并与湖外签订三方合作协议。护理学院逾500名学生到场听取了该项目的宣讲会，并就赴日项目的学费、奖学金政策、语言研习、专业实习、就业流程以及生活中可能遇到的问题，向到访嘉宾积极问询。经该项目选拔通过的护理专业学生，将享受全额奖学金待遇，即无需支付学费。除此之外，语言研习及实习、工作的相关政策非常优惠便利，被项目选中的学生还有机会获得日本的护士证。桥本胜信一行还参观了菊花石实验工厂、胡耀邦故居及纪念馆。

6月3日，我校执行校长鲁平受邀参加在上海建桥学院举办的"第二届中日民办（私立）大学校长论坛"。出席此次论坛的有来自全国33所民办高校的校长及代表，还有来自日本17所私立大学的30名代表。在论坛的讨论议程中，执行校长鲁平及日语教师周洲，就中日双方现代互联网教育对民办高校的影响和全球教育国际化趋势，以及日本私立大学的办学特色、现状与国际交流贡献等内容，同参会代表展开积极探讨与经验交流。鲁平表示：希望通过这次论坛，两国民办高校之间能够保持沟通、加强交流、强化合作，在人才培养衔接、师资培训与互换、课程设置等方面互相促进。特别是在云平台、互联网+、大数据的时代背景下，可以通过建立合作实现优质教学资源共享。同时，期待深化国际合作办学，落实"学校培养、企业培养、国际培养"

相结合的人才培养模式，共同培养应用型技术技能人才。

10月24日，法国瓦岱勒国际酒店管理学院尼姆校区副院长伊丽莎白，在中南大学教授、原中国驻法国大使馆一等秘书邹润民的陪同下到访湖外。董事长宁平、副校长肖建安、副校长余孟辉、国际交流与合作处处长李明清，以及相关处室负责人一同会见了来访贵宾。双方就可能开展的实质性合作展开深入探讨，在发展互换留学生、互换教师和国际合作教育和培训等项目上达成初步共识。

11月，英国布莱顿都会学院（简称MET）国际部主任海伦、英国沃辛学院院长马丁、亚英教育集团负责人琳达以及聚科国际文化交流有限公司有关领导访问我校。

这一年，我校国际合作与交流更加深入。学校共接待俄罗斯托木斯克理工大学、和风日语集团、美国海格斯大学驻中国代表等国外访问团20余次，与美、英、俄、葡、西、日、韩、澳等10多个国家的20余所高校与国际教育机构续签了合作协议，深化与国外高校间的合作。

**（六）校园文化生活**

1月16日，我校西语系学生田深的母亲代表病榻之上的女儿，向学校赠送锦旗，就学校在危难之时施以援手的公益之举向执行校长鲁平表达了诚挚的感谢。此前，田深不幸被诊断出患有重症再生障碍性贫血，学校迅速启动"湖南外国语职业学院谭吴保仁助学基金"，为田深捐助1万元，校友会捐助1万元。同时，学校团委组织发动全校师生开展慈善募捐活动。田深治疗过程中涉及的一些帮扶工作的衔接由校团委组织部署。

学校董事长宁平积极参与温暖工程，倾注极大心力于社会公益事业，将扶持希望工程、温暖工程和各项公益事业作为高职院校的责任担当。

4月26日，在成浩主任的筹划下，涉外经济管理系于弘学楼举办了"走进名著，诵读经典"总决赛。决赛全程以震撼的视听效果向到场师生及企业代表呈现了一场以诵读名篇佳作为展现形式、旨在呼吁大学生传承民族历史文化的精神盛宴。本次活动是涉外经济管理系在全校建立"回归经典、致敬经典"长效机制的有效探索，以期形成示范成果，为全面推进经典诵读教育教学活动积累经验。

5月11日，浏阳校区隆重举行"5·12"国际护士节庆祝大会暨授帽仪式。浏阳校区校长王明明教授在致辞中向全体护理专业师生致以节日问候，希望大家努力发扬南丁格尔无私奉献的博爱精神，不断锤炼精湛的护理技能与白衣天使的职业素养，早日成长为优秀的护理人才，焕发职业荣光。即将步入实习和工作岗位的近千名护理专业学生身着圣洁的护士服，接受由老师们一一授予的燕尾帽。

5月17日，在弘学楼报告厅举办了第一届"湖外杰出青年"终审辩论会。本届杰出青年评选活动共收到52名德才兼备的学生自主申报的材料，通过系部初审推荐、民主测评、小组讨论三轮组织严密的选拔环节，共有 14 名优秀学子入围当晚的终审答辩会。最终，5 位候选人通过最终答辩荣获首届"湖外杰出青年"称号。"湖外杰出青年"的举办，是为了在全校广大的学生群体中培育先进典型，表彰优秀个人，激励广大湖外学子精进课业、雕塑品德、充实见地、胸怀家国天下。

5 月 22 日，在学校弘学楼举办习近平新时代中国特色社会主义思想"天天见""天天新""天天深"系列主题活动之微宣讲比赛。教师组与学生组分别进行现场角逐，教师、学生均以个人身份参赛。共 7 名教师选手与 5 名学生选手参与这场硬实力的比拼。

5 月 23 日，由学工处、团委主办的"树立青年榜样，绽放青春梦想"2017～2018 学年度"五四"表彰颁奖典礼隆重举行。在"爱国、进步、民主、科学"的"五四"精神的激励与感召之下，我校涌现出一大批优秀的青年学生代表。他们在参与学校建设与发展的过程中，作出了杰出的贡献，无愧于新时代年轻人极富创造力的使命担当。表彰活动中，学校对先进基层团总支、先进基层团支部、优秀团员干部、优秀团员、国家奖学金、国家励志奖学金、五星社团、湖外杰出青年、优秀寝室、优秀班集体共十项荣誉的获得者进行表彰。

5 月 24 日，"印象湖外，唱响青春"湖南外国语职业学院校园十佳歌手大赛总决赛拉开帷幕。

6 月 19 日，习近平新时代中国特色社会主义思想"天天见""天天新""天天深"系列主题活动之演讲比赛在弘学楼报告厅拉开帷幕。教师组与学生组分别进行比赛，共 7 名教师选手与 5 名学生选手参加比赛，各自评选出一、二、三等奖。

11 月 1 日，第十一届学生运动会暨第十届教职员工运动会开幕式顺利举办。

12 月 24 日，由西语系主办，张家港万蓬集团、星语众教育咨询有限公司联合赞助的西语系新年晚会于弘学楼举行。晚会邀请学校及各系部、处室领导出席，与西语系全体师生一同观看演出。晚会以"新湖外、新起点、新梦想"为主题，由"校园梦""青春梦""中国梦"三部曲共同组成。

这一年，校团委注重开展第二课堂活动来推动校园文化建设。全校共 41 个学生社团定期组织训练和表演。同时，学校组织了"以梦为帆，青春远航"迎新晚会、"湖外杯"外语口语风采大赛等收获全校师生高度赞誉的活动，为有兴趣、爱实践的同学提供平台，形成良好学风，丰富校园社团文化。

**（七）社会服务**

1 月，周新云副教授应邀在 2018 年四川省大学英语教学改革与发展研讨会上，作题为《英语智慧教学之道》的学术报告，分享我校在提高英语教学质量方面凝练的系列教研成果。

5月11日，在浏阳校区院长王明明教授的带领下，30余名师生走进浏阳市康复托老中心，开展温暖义诊公益活动。护理专业师生深入社区开展各级、各类义诊活动是该校护理专业社会实践中的常规活动。这类活动的开展，主要目的是让学生们真正面对患者，获得实践操作经验；同时也让社区居民了解，来自职业院校的护理专业学生渴望以专业的护理技术、真诚的关怀和朴实的行动，传递温暖的公益之心。

从7月中旬开始，学校公共课部思政理论教师别玉满，第六次率领湖外"大手牵小手"爱心支教队，赴湘西花垣县双龙镇卧大召村小学开展暑期支教活动。这是我校思政课程建设围绕"培育和践行社会主义核心价值观"的主题，全面落实立德树人根本任务的一项常规性活动。2013年，为响应湖南省委教育工委学雷锋志愿服务项目的政策感召，别玉满老师成立了"大手牵小手"爱心支教队。时至2018年，该支教队的组建规模、成员素质，以及社会影响力，已成为我校实施"实践育人"工程的重要标杆。2013年到2018年，"大手牵小手"支教队定点帮扶了卧大召村小学、十八洞村竹子小学，受益学生达300余人，当地村民盛赞不绝。

9月，周新云副教授受邀担任2018年外语教学与研究出版社"教学之星"大赛全国复赛现场评委。

11月23日，第三届全国民族地区投资贸易洽谈会暨2018全国民族地区发展大会在长沙国际会展中心隆重开幕。我校承担了本次会议的全部志愿者工作。本届民洽会参会人员众多，湖南省人民政府、地方政府、央企、国企、大型民企、社会组织、港澳台地区及海外代表团等近3 000人出席会议。同时，在为期4天的民洽会中，对接洽谈以及论坛研讨的项目类型多为产品贸易、专利技术等重点项目，对志愿者的服务水平及业务素质有极高的要求。我校为志愿者的选拔制定了严格的专业知识、技能素养、外语水平、形象气质等标准。共有80名来自空中乘务、酒店管理、国际贸易等专业的学生志愿者承担了本届民洽会贵宾接待、会场礼仪服务、控场服务等工作。

12月，护理系组织师生先后赴浏阳老干部大学、集里街道社区、浏阳部分中小学等单位，开展以"关爱生命，传递爱心"为主题的急救知识宣讲活动。

12月，周新云副教授受邀担任2018"外研社·国才杯"全国英语演讲大赛全国决赛第一、第二阶段评委。

**（八）主要荣誉成果**

*学校荣誉*

4月，学校荣获2017年度"优秀自学考试助学机构""高等教育自学考试先进考点"称号。

*学生获奖*

4月，在"2018年全国大学生英语竞赛"中，曾婷、谢波同学获特等奖，段美珊、莫豪江、谭亦林同学获一等奖。

5月，阳威、李云、荀莉娟、刘东旺同学获"全国大学生人力资源管理知识技能竞赛"二等奖。

5月，蒋海玉、肖宇同学获"普希金诗会"一等奖，刘洋等4位同学获二等奖，伍文娟等6位同学获三等奖。

9月，张欢欢、黎梦婷同学获"2018年全国大学生英语竞赛"一等奖，张新怡等17位同学获二等奖，陆琴等33位同学获三等奖。

9月，吴倩倩、伍湘芹同学获"2018年全国英语阅读竞赛"湖南赛区复赛三等奖。

9月，胡胜男同学获2018年度"希望之星"英语风采盛典湖南省总决赛二等奖。

10月，刘冬梅、荣获同学获"全国大学生英语竞赛（National English Competition for College Students, NECCS）"一等奖。

10月，肖阳、甘宇珍、杨美同学获"2018年全国高职院校财税技能大赛"华中赛区总决赛二等奖。

11月14至17日，在由一般社团法人中日职业教育联盟主办，江西外语外贸职业学院承办的"第七届全国高等职业院校日语技能大赛"中，我校参赛队伍将全国个人赛二等奖、团体赛二等奖，以及优秀组织奖尽数斩获。东语系日语教师周洲、王丽作为领队老师全程指导。参赛选手欧阳嘉妮以敏捷的反应、清晰的思路以及流畅标准的日语发音，在个人演讲比赛中荣获二等奖。周淇、黄雅芯、陈雅婷、刘颖杰、刘陈益、罗梦野6位同学展现出熟稔的日语运用能力、良好的团队协作以及精湛的剧本表现技法，获得团体竞赛二等奖。

11月，在"2018年全国高职高专英语写作比赛"中，万姣同学获湖南赛区决赛特等奖、陆琴同学获湖南赛区决赛一等奖。

12月22日，由湖南省教育厅、湖南省供销合作总社联合主办的"2019年湖南省职业院校技能竞赛财税技能比赛（高职组）"在湖南商务职业技术学院顺利闭幕。我校涉外经济管理系教师安李、何同芝带领会计专业杨美、甘宇珍、肖阳3位同学参加了此次比赛，获大赛二等奖。

12月，在"湖南省职业院校技能竞赛英语口语比赛"中，占芳圆同学获一等奖，张晓玉、朱紫琪同学获二等奖。

12月，在"湖南省职业院校技能竞赛"中，肖倩、徐静、刘修灿同学获中餐主题宴会设计三等奖，徐悦同学获导游技能三等奖，邓文君同学获高职组护理技能三等奖。

**教师成果**

5月，日语专业外籍教师横山明子在第七届"我与外教"全国征文大赛暨"外教看中国"摄影展评活动中，凭借《我印象中的中国》获得三等奖。

7月，英语系阳英老师获外研社"教学之星"大赛复赛一等奖。

8月，公共基础课部罗敏老师获"2018年湖南省职业院校技能竞赛教师职业能力比赛高职课堂教学"三等奖。

10月，英语系谢莉副教授获"高教社杯"湖南省高职高专英语课堂教学设计大赛一等奖。

10月，英语系高启荣、吴艳、谢莉、文霞武、龙双燕老师获"第四届中国外语微课大赛"三等奖。

11月，公共基础课部罗敏老师获"2018年湖南省第四届普通高等学校青年体育教师课堂教学竞赛活动"三等奖。

11月，公共基础课部刘平老师获"2018年湖南省高职高专院校思想政治理论课优秀教师"荣誉。

12月，公共基础课部杨玉霜副教授获"2018年湖南省高校思想政治理论课教学展示活动"三等奖。

这一年，英语系周新云教授主持的"外贸函电"课程获省级精品在线开放课程立项；国际贸易专业课程"国际贸易理论与实务"获湖南省在线开放性课程建设立项；"餐饮服务与管理"获长沙市精品网络课程建设立项。

这一年，学校制订《湖南外国语职业学院教学成果奖培育项目遴选和培育办法》，着手培育院级教学成果项目，做好教学成果的遴选、孵化和培育工作。全校2018年总计发表论文161篇，其中核心期刊5篇，专著1部，课题立项19个，其中省级课题11项。40篇论文参加湖南省教育科学研究工作者协会论文评选，33篇获奖，其中获一等奖的有5篇、二等奖有11篇。11篇论文参加湖南省职业教育与成人教育学会优秀论文评选，其中获二等奖的有1篇，三等奖有5篇。浏阳校区教师主持和参与"十三五"医护类规划教材出版13本。全年教师主编教材8本，参编4本。

这一年，参加教学技能比赛并获奖的教师有12人。

# 第三章　满眼生机转化钧　天工人巧日争新
## ——革故鼎新的望城校区战略转型期（2019～2023）

2019年秋季，在推迟一年实施校区搬迁的蛰伏期之后，学校终于顺利实现了整体搬迁。新校区的建成，让翘首以盼13年的湖外人在长沙拥有了一个"衔山抱水建来精，多少工夫筑始成"的温馨家园。学校正式迈出了原定的"新校区建成并投入使用；强校升本；建设高水平多科性应用型大学"的"三步走"发展战略的第一步。这是塑造百年湖外品牌的渐进式办学历程，更是从无到有、从弱到强、从强到优的历史演进之路。

关于望城校区的建设，许多从未在任何公开资料中论及的内容将在下文中呈现。

2017至2019年，学校新校区的建设可以用万般艰难来形容。自2017年上半年，施工图审批通过，新校区工地就成为了一个融汇了血与汗、笑与泪的"战场"。指挥部工作人员战酷暑、抗风雪，日夜坚守在工地现场，协调各工种和班组的施工衔接，严格把控质量安全和工期进度。1 500多名吃苦耐劳的建设工人在泥地里艰难劳作，在冷雨冰霜中监管施工现场的工作人员屹立不摇。当时，施工现场有多方矛盾纠纷，总体情势阴晴不定。指挥部工作人员既要忍受拆迁户的刁难辱骂，甚至肢体上的威胁，以及应对社会闲散人员的强揽工程，又要上下一心，顶着各种风险、威胁和自身的精神重压，想方设法与阻碍工程如期推进的"钉子户"周旋。他们凭借"延安的精神，深圳的速度"，在"保质、保量、保安全、保施工"理念的指导下，把握"科学、精准、平稳、有序"的指挥节奏。工程推进采取稳扎稳打的操作方式，拆除并腾出一块地，就推进建设一块地。

当我校与湖南税务高等专科学校合作办学的合同到期时，尚未完成新校区建设的湖外只得继续一年"寄人篱下"的生活，当时所面临的压力更是如排山倒海一般。税专为催促我校尽快搬离，相继采取各种驱离措施。不屈的湖外建设者们迅速将压力转化为动力,在保障质量和安全的基础上加速推进施工进度,仅用8个月的时间,完成45万平方米建筑主体的封顶,附属配套设施、园林绿化工程的建设;仅用近6个月的时间,将建筑内部装修、设施设备安装全部完成;同时,将税专校区的整体资产安全搬迁至新校区。最终学校实现了在秋季安全、顺利开学的计划。那一刻,我们终于可以自豪地宣布:湖外凭借惊人的建设纪录,创造了在全省乃至全国高校中都称得上"快、准、稳"的校区建设奇迹。

湖外新校区建设项目一直以来都是备受社会公众关注的焦点问题,是学校实现跨越式发展的关键一环,是湖外能否实现真正"崛起"的标志。这一项目多次被省、市、区各级政府"划重点"支持,更是列入长沙市建设重点工程名录。为帮助湖外尽快解决校区问题,进入内涵式发展的战略决胜期,浏阳市人民政府和长沙市人民政府先后划拨商居用地1 000多亩(约0.67平方千米)用于校区建设,并为学校后期发展预留了1 000多亩用地。近年来,省、市财政部门以奖代补,共划拨300余万元支持学校发展。省、市、区党委、政府以及省、市级教育、行政部门主要领导多次来校考察调研,召开现场办公会,帮助学校解决建设发展中的重大问题。我校新校区建设项目真可谓承载着众望,凝聚着多方关切。

宁平董事长曾在多个场合动情地表示:在湖外30年的发展历程中,许多鼎力支持学校发展的各级政府、各个部门、各位领导、各界朋友,与湖外同舟共济,这些事迹必须隆重地镌刻在校史之中。这些湖外的"伯乐"在学校基础尚弱的建设之初,倾尽全力助燃这把"星星之火"。长期以来,这些领导对湖外的知遇之恩、悉心关怀与无私帮扶,这些同仁、朋友对湖外的绝对信任、慷慨相助与坚定支持,成为学校得以聚精会神搞建设、谋发展的"铁肩膀"。常怀感恩之心,才能更为坦荡、更具格局地畅谈"树百年教育品牌,做创新引领标杆"的"湖外梦想"及其实现路径。

2016年以来,学校投资方常青藤教育集团共投入14亿余元,在长沙市望城区陆续建成建筑面积50余万平方米的安全生态智慧化校园,学校实现了跨越式发展。新校区全面建成之后,学校将形成20 000人规模的学历教育、逾千人的国外留学生培训、逾万人的老年大学为一体的全方位办学新格局。

有了属于自己的家园,湖外精心装点,力图让校园的每一个角落,都成为在润物细无声中落实立德树人根本任务,以及提升师生艺术鉴赏能力的生动样本。中国老区建设协会向我校捐建宋任穷雕像,成为我校又一爱国主义教育基地。座落于平湖、出自沈从文著作《边城》的"翠翠姑娘"雕塑,是由享誉世界的著名雕塑家雷宜锌大师完成的杰作。由孙中山孙女孙穗芳博士捐赠的孙中山雕像、座落于学校南大门的"青春飞扬 走向世界"雕塑、座落于学校东大门的"龙腾四海"雕塑,均出自华南理工大学雕塑家宁永昆之手。校园内几十尊不同形状的、独一无二的菊花石，均为中国工艺美术大师李舟创作的上品。还有中国陶瓷工艺大师宁勤征历经数月设计、烧制的"姹紫嫣红春满园"大型瓷面国画，以及用江苏宜兴紫砂泥烧制的、极富艺术价值的学校西大门"校训"、外教楼"淡泊"、秋林北路"博爱"字样，均由中国工艺美术大师王大平设计、烧制。

站在新起点上的湖外，终于抛开过去的重担，拥有了可以大施拳脚的舞台。见证这一历史重大转变的湖外人有如畅饮甘露般痛快淋漓。然而，快马加鞭未下鞍，湖外人又切实感受到了形势的急转与新旧的交替，有新旧制度的更迭、新旧人员的流动与新旧思想的撞击。在"十四五"发展规划中有关申报职业本科院校的计划被教育部否决后，面对未来不明朗的形势，湖外国际化办学继续向纵深推进的需求显得尤为紧迫。

同时，面对不远的未来可能出现的生源萎缩局面，湖外再次面临重大的历史抉择。法国年鉴学派大师吕西安·费弗尔曾说："在动荡不安的当今世界，唯有历史才能使我们面对现实生活时不感到胆战心惊。"经历过此前的种种困难，湖外早已练就雄阔、旷达的气魄与意志，敢于斗争、敢于胜利、敢于立志、敢于创新。那些曾经被视作"天马行空"的设想，如今尽数变成了美好的现实。为了在逐梦苍穹、纵横寰宇的新征程上，再次"谈笑凯歌还"，目前我们要做的，是先将此前所积累的办学成果尽数陈列出来。

一是具备了良好的办学条件。

学校从租赁场地办学到自有千亩生态校园，实现了办学水平和办学层次的跨越。学校在长沙市望城区和浏阳市两地均拥有自建校区，占地1 000多亩（约0.67平方千米）。主校区坐落于长沙市望城区丁字镇，设8个二级学院。现有教职员工700余人，学生15 000余人。教学设施齐备，教学设备总资产达8 300余万元，馆藏图书110余万册，是一所真正意义上的现代化、智慧化、生态化的校园。

二是达到了一定的现代化治理水平。

学校实行董事会领导下的校长负责制，实行党委会、董事会、校务会联席会议制度；实施校院两级管理，充分发挥校务会、学术委员会、教学指导委员会、教职员工代表大会、工会的作用，形成了组织机构较健全、质量保障体系较完善的现代大学内部治理体系。

三是形成了独具特色的人才培养模式。

学校现为中南地区应用型外语语种设置最齐全的高职院校，为社会发展培养了数万名有外语特长的应用技能型人才。现有36个专业，形成了以商务外语为主体，以涉外商贸服务、涉外护理康养为两翼，现代信息技术、教育与艺术协调发展的"一体两翼多轮驱动"的五大专业群布局。

学校紧密对接社会需求，培养实用型、外向型复合人才，不断加强教育教学改革和人才培养模式创新探索。具体措施包括：对接社会、行业和市场岗位需求，推进产教融合，将人才培养规格定位为"双素养、双技能、双证书"（人文素养＋职业素养、外语技能＋专业技能、学历证书＋职业技能证书），针对专业特色，构建了"专业核心能力＋职业核心能力"的"双核课程体系"；发挥语言优势，全力推行"外语＋专业""专业＋外语""外语＋外语"的"3+"创新培养模式；深化合作育人，形成了"学校培养＋企业培养＋国外合作高校分段培养"的三位一体培养体系。

学校成立产教融合学院，实施"十百千"工程，即建设10个产教深度融合的示范性项目、100家规模企业的实习实训基地、1 000家稳定的学生就业基地；还为学生德育实践、专业实训、顶岗实习、创新创业和对口就业提供了优质平台，与华为、甲骨文、万达集团、华友钴业、大汉集团等知名企业建立校企合作关系，实行设备共投入、培养方案共制订、专业教材共开发、专业师资共培养、人才培养质量共监控的"五共"人才培养模式，做到学校人才培养与用人单位人才需求紧密对接。

学校紧密对接外向型经济，充分突出涉外型特征，依托多个特色专业群开展社会急需的高素质技术技能人才培养。学校整体实施"外语＋技能"与"技能＋外语"特色培养，形成了涉外人才培养特色。外语类专业根据职业面向，设置职业方向课程，提升学生职业能力，或增加第二外语，提高就业竞争力；非外语类专业根据岗位特点，加强专业外语教育，强化外语能力，增强就业优势。同时学校以学生为中心，坚持就业导向，积极推行"学练结合四阶式"课堂教学模式（自主学习—合作探究—精讲点拨—有效训练），充分体现以学生为主体、以教师为主导的教学理念。

**四是教研成果转换能力与社会服务水平动力频增。**

学校依托自身教研优势，积极服务社会。一是设立教师发展与研究中心、跨文化传播与应用语言学研究中心、"一带一路"经贸合作与国际人力资源研究中心、智能信息处理研究中心、医护健康研究中心、民办高等教育与职业教育国际比较研究中心、新时代社会治理与文化创意产业研究中心等研究机构，积极开展应用研究，为政府和企业决策提供了重要参考。二是举办志愿者服务和乡村支教活动，有效发挥师生服务地方职能。三是落实学历教育与培训并举的法定职责，依托省、市职业技能鉴定所面向社会人员及在校大学生开展职业技能鉴定培训。近五年学校为近50 000余人提供了外贸跟单员、外贸业务员、育婴师、导游、礼仪师、护士等十余种职业的非学历培训。

学校专业布局深度契合湖南省和长沙市"十四五"规划，特别是湖南"三高四新"总体战略、"一带一路"建设需求和湖南省外向型经济格局，呈现出需求导向、错位发展、优势集成的专业建设特色。学校着力构建了以区域经济发展人才支持服务、产业发展战略设计服务、企业人力资源培训服务、政府重大活动涉外服务、大众创新创业孵化服务为重点的精品化社会服务体系，成为湖南省长沙市产业转型升级、区域经济发展、国际合作交流的重要力量。

**五是开拓了服务"一带一路"和"湘企出海"的国际化办学之路。**

学校坚持开放办学，主动服务"一带一路"倡议和湖南省"湘企出海""湘品出境"战略，构建了"外语+技能+素养"的课程体系。学校增加行业背景、国别文化、外贸业务、跨境电商等课程的学时，提升应用技能型人才培养质量。同时，学校加强职业教育国际交流合作：大力推进与"一带一路"沿线国家的教育交流与合作，积极开拓与世界知名大学和学术机构在高层次人才培养等方面的合作，与美国凯泽大学、英国桑德兰大学、西班牙萨拉戈萨大学、日本北洋大学等20余个国家的数十所大学缔结合作关系；设立国际教育学院，探索基于学分互认的高质量、高水平合作办学，创新和丰富人文交流形式，推动国际中文教育品牌建设；加强与境外中资企业合作，参与中非经贸合作职业教育产业联盟。

近五年来，学校累计引进外籍教师100余名，输送700余名学生赴国外深造、实习、就业，学生遍布中国铝业几内亚有限公司、巴西瑞德贸易有限公司、紫金矿业马达加斯加分公司、国天华光电有限公司（白俄罗斯海外部）等50余个"一带一路"沿线国家优秀企业，有效服务了"一带一路"倡议和湖南省"湘企出海"新战略。

**六是党建和思想政治工作成效显著。**

学校以中国特色社会主义思想为指导，充分发挥学校党委的政治核心作用。学校坚持把理想信念教育作为立德树人工作的首要环节，把爱国主义教育作为课程思政教育的核心内容，将社会主义核心价值观教育纳入教育教学体系；建立健全党委会议事规则，落实"三会一课"制度；实行党委委员联系二级学院、中层党员干部联系班级、教职员工党员联系宿舍三级联系制度；加强基层党组织规范化建设和基层党组织"五化"建设，保障党建示范创建和质量创优培育"双创"工作稳步推进；建立"双培养"机制，把教学科研骨干培养成党员，把优秀党员培养成教学科研骨干；打造知行社团、红色领帮团、"大手牵小手"等标志性思政实践育人平台，落实立德树人根本任务。学校被湖南省委教育工委授予"党建工作合格高校"称号，5个党支部获评省级、市级教育系统先进基层党组织。

"登高壮观天地间，大江茫茫去不还"，历史的进程就像江水一样不断向前奔涌。湖外发展到这一历史阶段，所有的成就几乎都不是依靠理论推导出来的，更不是从一开始就拥有这些丰厚的资产和资源。在曾因办学环境掣肘而饱受质疑与诟病时，湖外始终潜心革新、俯首耕耘。当望城新校区正式启动办学的那一刻，艰辛探索终成厚重基石。为建成一所与国际深度接轨、具有示范引领作用的现代化大学,湖外愿脚踏淤泥尘土,指摘朗月繁星!

## 年度大事记

**2019 年**

2019 年,是我校发展史上具有里程碑意义的一年。学校既要完成新校区搬迁的重大历史任务,全面启动升本工作,还需在队伍建设、专业建设、课程建设、实训实习基地及实验室建设、教研教改建设、学风建设、基础制度建设、基本设施建设、档案建设和质量审核评价体系建设十个方面,完成既定工作目标。

2019 年,适逢中华人民共和国成立 70 周年和"五四运动"100 周年两大历史性时刻,湖外能否顺利实现整体搬迁、平稳过渡、顺利开学,成为各上级主管部门、各新闻媒体单位、全校师生及家长,以及社会公众高度关注、高度聚焦的热点话题。为筹备秋季开学,董事会、校务会全体领导、广大教职员工、学生志愿者们取消了所有假期,日以继夜奋战在工作一线。在"爱国、进步、民主、科学"的"五四"精神的激励与感召之下,一大批优秀的青年学生代表纷纷涌现。他们在参与学校建设与发展的历程中,特别是校区搬迁过程中,有着可谓杰出的贡献,如此突出的业绩、傲人的风采,无愧于新时代年轻人的使命担当。几经波折之后,新校区终于在彻底排查校园安全隐患、基本实现条件保障的情况下,向逾万名师生及家长揭开了神秘的面纱。至此,投资 10 余亿元聚力打造的现代化、园林式、智慧型校园,已由纸上蓝图逐步变为美好现实。

湖外实现了新校区建设和搬迁的"畅想"到"唱响"。学校各级单位严格按照"问题导向、梯次推进、注重实效"的基本原则和"明方向、抓常规、提质量"的工作思路,在董事会的坚强领导下,始终围绕立德树人根本任务,深入落实内涵发展战略,全面提升内部管理和人才培养质量,着力打造办学特色、发展优势和学校品牌。各项事业取得了长足进展和不俗成绩,为迁入新校区、立足新起点、实现新发展奠定了坚实基础。

**(一)学校总体工作**

1 月 29 日,长沙市人民政府原副市长、市民办教育协会会长张伟玦,长沙市政协原副主席、市民办教育协会常务副会长韩轶凡,长沙市教育局原党委书记、市民办教育协会常务副会长张驱美,市民办教育协会秘书长李俊年一行,冒着严寒来到新校区建设工地慰问指挥部工作人员。

2 月 21 日,2019 年春季开学工作会议在弘学楼报告厅召开。学校董事会、校务会领导，全体教职员工参加会议。执行校长鲁平以《脚踏实地、奋发图强——着力提升内涵式发展水平和升本竞争实力》为题作工作报告，她代表学校党委、行政部门就2019年度工作要点进行部署，为关键之年精准"画像"。副校长郭争鸣对国务院印发的《国家职教改革实施方案》，以及湖南省教育厅职业教育与成人教育处下发的《2019年湖南职业教育与成人教育工作要点》进行深刻解读。湖外"为什么要升本""凭什么能升本"，是对学校董事会与历届党政领导班子的顶层设计与运行之问。围绕这几个关键问题，校长潘留仙给出了确切的答案。

2月21日，学校全体中层干部参加培训大会，会上湖南信息职业技术学院院长陈剑旄教授进行授课。陈剑旄以《考量、诊断、完善：中层干部执行力三题》为主题，从提高学校核心竞争力谈起，指出打造核心竞争力的关键在于提高中层干部的执行力。他形象地将组织中的三个层级比喻为"天、地、人"。决策层为天，主要任务是做好顶层设计；执行层为地，需要落实具体工作；中层干部作为组织层，则为连接天地的中坚力量。只有提升中层干部的素质能力，才能切实提高学校管理水平，达到"天地人和"，为组织工作的顺利推进提供保障。

2月24日，在校领导郭争鸣、余孟辉、肖建安、任征的带领及各系部、处室负责人的配合下，学校就校园安全、管理等工作开展逐项检查，确保新学期学校各项工作取得良好开局。

3月初，学校制订《长沙校区搬迁工作方案》，建立了搬迁工作领导机构和工作小组，明确了搬迁的组织方式、责任划分、时间节点、技术路线和保障措施，搬迁分为先期准备、集中搬迁、收关扫尾三个阶段，按照安全稳定、统一指挥、分步有序的原则，确保在7月底之前完成全部搬迁工作。彼时，学校已对新校区落成建筑进行功能分区确认，并根据房屋用途进行内部装修和设备装配。

3月8日，以湖南城市学院副院长雷存喜为组长的湖南省普通高等学校就业创业工作"一把手工程"调研组一行来校进行现场调研。董事长宁平及校务会全体领导陪同专家组在西配楼会议室召开会议，就学校毕业生就业创业工作"一把手工程"贯彻落实情况向调研组进行汇报。执行校长鲁平以《落实立德树人根本任务 提升学生职业发展能力 着力构建"三提三化三创"就业创业工作新格局》为题作汇报。调研组通过查看现场、翻阅资料、召开师生座谈会、随机电话抽查2018届毕业生就业创业情况等方式，对学校就业创业情况进行全方位调研，并对就业创业工作相关负责人进行深度访谈。在调研反馈会上，调研组认为湖外就业创业工作呈现出五大亮点：一是高度重视大学生就业创业工作，在学校及各系部分别成立就业创业工作领导小组，制度体系比较齐全；二是通过审慎调研、认真思考，积极探索、创新工作方法，提出具有湖外特色的"三提三化三创"就业工作理念；三是迎接调研材料准备充分，内容思路清晰，数据真实可信；四是构建了适应办学定位与社会需求的专业建设、人才培养、就业创业模式，特别是"订单式"人才培养模式得到有力实践；五是重视就业市场的开拓，根据办学特色和专业特点，将国内就业市场开拓与境外就业市场建设有机融合，有效保障了毕业生的顺利就业。

3月，在宁平董事长的亲自规划与指导下，新校区景观与园林绿化工程全面铺开。以宁友生为骨干的园林绿化班组，以常人难以忍受的辛劳，让黄土变为绿地。宁友生带领几十名园林工人，夜以继日地全面铺栽树木花草，积劳成疾的他却在2021年2月不幸被病魔夺去了生命。在此，向所有为了湖外新校区的建成而奉献的英雄们致敬！

4月9日，望城区委常委、常务副区长周志辉主持召开会议，专题研究湖南外国语职业学院项目建设有关工作。会议明确由丁字湾街道牵头，望城区自然资源和规划分局、征地服务中心配合，在2019年5月底前，依法依规完成湖外新校区建设工地上的"钉子户"房屋拆除腾地工作。

4月16日，湖南外国语职业学院党校第21期入党积极分子培训班开班典礼暨预备党员入党宣誓仪式举行。2018年下半年发展的70名新党员参加宣誓，306名入党积极分子参加培训。校党委委员、副校长余孟辉代表学校党委，向入党积极分子提出三点要求：讲政治，有作为，守纪律。随后，余孟辉讲授题为《坚定理想信念，做对党忠诚的合格共产党员》的第一堂课。

4月24日，长沙市教育局党委书记、局长卢鸿鸣率队赴我校新校区进行现场考察调研，学校董事会、校务会主要领导陪同调研。交通银行湖南省分行副行长周良成、交通银行北大桥中心支行行长聂遐玲出席调研座谈会。宁平董事长在汇报中表示：新校区建成后，学校将逐步实现"努力建成在省内具有较强示范性、在国内具有较大影响力、本专科协同发展的多科性应用型大学"这一目标。新校区建设是学校宝贵的发展契机，将助推百年湖外的建成。学校通过完善条件、夯实基础、提升内涵、积累优势，将全力推进"强校升本"工程。卢鸿鸣向出席调研座谈会的交通银行代表表示感谢，交通银行通过授信对新校区建设项目提供鼎力支持，解除资金困局。

截至当时，第一期工程共计26万平方米，其中第一教学楼、第二教学楼、图书信息中心、科技孵化楼、学生公寓3号楼、南学生食堂等20万平方米的主体建筑已于2018年下半年封顶，彼时正在进行后期装修和设备安装工作。第二期工程共14万平方米，已全面开建，其中满足秋季开学所需的学生公寓4、5、6号楼及北学生食堂即将封顶，后期装修和设备安装将如期完成。第三教学楼、老年健康管理中心、外教楼争取在年底前完工并投入使用。运动场、校园道路、室外综合管网、高低压配电、消防工程、水电安装、园林景观等相关配套工程均已启动建设，将在9月开学之前完工并投入使用。卢鸿鸣说道："今天实地考察了新校区建设工地，现场体验了董事长的教育情怀与建设构思之后，我感触很深，这个新校区不愧为大手笔、大气魄，有了这样的雄健根基，湖外的发展将更为现代化、正规化，必将大展宏图"。

4月25日，学校召开制度建设工作会议。副校长余孟辉在会上表示：要建立现代大学制度、保持可持续发展，一套层次分明、蕴含学校价值理念与文化传统的规章制度是基本保障，也是学校软实力的表现。制订学校管理制度需要进一步提高认识，抱有"麻烦管理制度制订者，方便全体师生"的观念。会议提出，学校制度建设的主要目标是构建"学校章程—学校规章制度—部门规范性文件及内部管理制度"的三级管理制度框架，形成"存、废、改、释"动态管理机制。

4月26日，董事长宁平率指挥部副指挥长陈伟中、建材院设计师刘跃平考察学习同济大学校园规划情况。同济大学副校长江波接见，并在陪同过程中细致介绍了同济大学校园建设情况。

4月30日，纪念"五四运动"100周年大会在人民大会堂举行，中共中央总书记、国家主席、中央军委主席习近平出席大会并发表重要讲话。校团委组织团学骨干收看大会实况，认真学习讲话精神，交流学习感想。大会引导湖外学子在"五四"精神的激励与感召下，砥砺奋进，建功新时代，将无悔青春镌刻在中华民族伟大复兴的历史丰碑上。

5月12日，新校区北公寓主体封顶。至此，北学生食堂、第三教学大楼、外教楼、北公寓等二期工程主体建筑全面封顶。新校区建设全面进入内部装饰与设备设施安装攻坚阶段。

5月16日，执行校长鲁平在学校新闻发言人丁蕾的陪同下，做客湖南教育政务网在线访谈，就"高职院校'双素养、双技能、双证书'人才培养体系的创新建构与实践"这一主题，与网友在线交流。鲁平认为，提升高校人才培养质量与水平最强劲的动力就是改革创新，学校一直以来都在结合自身实际进行有益探索，希望走出一条极富湖外特色的改革之路，为湖南省高职教育改革形成可共享互鉴的经验。"三双"人才培养模式，主要基于学校的培养目标、市场的需求导向、教育的本质要求这三项考量。这个改革的方向是正确的，学校在专业建设、教师发展、学生成才等方面，均取得了阶段性成效。

5月28日，首届"课程思政"说课比赛决赛在教学楼305录播教室举行。在这场持续近3个小时的决赛中，10名经初选进入决赛的教师先后登台进行说课，尽展教学风采和理论功底，随后进入提问环节。参赛教师能否从课程特点出发，深入挖掘各门课程蕴含的思想政治教育元素和所承载的思想政治教育功能，把思想政治教育与知识体系教育融为一体，实现知识传授、能力传授、价值引领的有机统一，成为评委评分的重要标准。

5月，交通银行深圳分行行长唐玲来校参观并指导工作，北大桥支行行长聂遐玲陪同。

5月，学校围绕"职业教育宣传活动周"，在中新社、湖南教育电视台、湖南教育新闻网等国家级、省级新闻媒体上刊发、播发以"树立湖南省高等职业教育的优良社会形象，营造职业教育发展的良好氛围和环境"为宣传目标的新闻宣传报道共计12篇，在官网、官微上刊发的宣传报道共计22篇。这些报道为提升湖南省的高等职业教育形象、提振湖外内涵式发展传播了声音、作出了贡献。

6月5日，在各级政府和指挥部的共同努力下，严重拖累新校区施工建设进度的"钉子户"被依法拆除，新校区建设进入扫尾、完善阶段。

6月15日，董事长宁平与学校新校区建筑总承包商广东裕达建工集团董事长宁永杰、衡阳恒海房地产开发有限公司董事长宁海清，共同出席广西恭城瑶族自治县茶油艺术节活动。

6月25日，董事长宁平参加凤凰县人民政府在文昌阁小学举办的著名华侨、北加州湖南同乡会会长谭德森先生纪念馆的落成典礼。中国驻旧金山总领事袁南生及其夫人，省、市、县级相关领导与社会各界人士共200多位嘉宾出席活动。

6月，我校即将结束与湖南税务高等专科学校的合作办学历史，后勤处在处长谭朝曦的带领下，与洞井街道30多位房东艰苦谈判，顺利完成租赁房屋的交接事宜，为搬入新校区创造了稳定的外部环境。

7月8日，宁平董事长于江苏省宜兴市与国家工艺美术大师、陶瓷艺术大师王亚平就如何利用学校中心位置打造雕塑作品，以艺术提升学生的美学理念进行洽谈。同时，宁平董事长赴张家港市看望在万蓬集团工作的湖外学生。

7月17日，宁平董事长赴浙江省东阳市花园村签订供学校师生办公、学习的红木用品的加工协议。这批红木通过优秀校友从非洲运输过来，共计2 000多套。

7月22日，湖南外国语职业学院校牌迁址仪式在令人感怀的氛围之中举行。出席本次仪式的有我校董事会、校务会主要领导，湖南税务高等专科学校校长周方平、副校长王飞、后勤保障处处长张自力，我校全体中层干部到场见证。周方平代表湖南税务高等专科学校致辞，他表示：自与湖外在这个校区开展合作办学以来，两校多年来同甘共苦、休戚与共、守望相助，各自在彼此的历史进程中镌刻下了深刻印记。如今，湖外即将搬迁到真正属于自己的温馨校园，尽管两校的合作关系已经终止，但双方在长期合作中建立的深厚友谊不会因此淡化，两校携手走过的发展历程也将被深深铭记。祝愿两校在各自的发展领域中取得更大成果。

7月24日，宁平董事长调研温州肯恩大学的校园规划建设，这是一所经教育部批准，由肯恩大学与温州大学合作创办的中美合作大学，是中外合作大学联盟成员。2006年，时任浙江省委书记、省人大常委会主任的习近平在访问美国新泽西州期间，见证了《温州大学和美国肯恩大学关于合作创办温州肯恩大学的协议》的签署。

8月28日至29日，学校在长沙金枫大酒店举办"2019年中层干部'不忘初心、牢记使命、三全育人、责任担当'研讨会"。湖外董事会、校务会领导，全体中层干部参加会议。学校党委书记（代理）潘留仙主持会议。开篇第一课，由全国职教专家、湖南省教育厅规划处副处长汪忠明作题为《工匠精神和职教名师培养——湖南经验与实践》的讲座。汪忠明以湖南职业教育和教师基本情况、工匠精神和打造职教名师的主要做法及其成效作为切入角度，深刻剖析职业院校"谁来教，教什么，怎么教"三大核心议题。学校领导班子成员、中层干部分为三组，开展以《新起点 新征程 新目标 新展望》为议题的讨论会，以期进一步提升中层干部队伍整体业务能力，加快实现构建多学科应用大学的发展目标。

8月29日，同济大学教授、博士生导师、建筑钢结构教育部工程研究中心副主任李元齐，南极泰山站装备制造项目负责人叶超莅临新校区工地，与宁平董事长洽谈工程技术合作事宜。

8月底，新校区项目四标段北区的4栋学生公寓即将在建设规划期内予以交付。期间，学校委托长沙拓望建设工程质量检测有限公司针对学生宿舍（共1 500间）逐层抽样，就室内环境质量安全这一备受学生、家长、上级主管部门及社会公众关注的焦点问题进行检测。报告的结论显示，全部检测样本均为"合格"。

9月5日，宁平董事长与我校名誉校长宋勤、专家顾问黄德生，共同参加在成都举行的"一带一路"项目招商推介会。

9月30日，学校于新校区教学楼多媒体教室举行"不忘初心、牢记使命"主题教育第一场推进会，暨"明初心、守初心、矢志为民践宗旨"研讨会。长沙市委教育工作领导小组秘书处处长、市教育局主题教育指导组组长刘凯希，市民办教育党委专职副书记、市教育局主题教育指导组副组长李超，市教育局派驻党建指导员、市教育局主题教育指导组成员杨琴应邀出席。全体教职员工党员、中层以上干部、辅导员、机关行政人员参加研讨会。

9月，我校《薪酬改革管理实施方案》实施，教职员工人均工资收入整体上涨40%以上。董事会一方面致力于新校区建设，努力打造一流的硬件设施，为教师提供一流的教学环境；另一方面努力提升教职员工的获得感和幸福感，让教师潜心教学，精心育人。董事会的这些举措表明了学校办好教育的决心，体现了大德、大爱、大情怀。

9月，根据学校发展需求，后勤处新增资产管理板块，后勤处更名为后勤资产管理处。主管校领导为黄硕副校长，后勤资产管理处负责人为李胜。

9月，后勤资产管理处联合学校建设指挥部与物资采购部，先后完成学校3 156间师生宿舍、220余间智慧教室的空间配套设施建设，为新校区如期开学奠定基础。同时学校发布《湖南外国语职业学院资产管理制度》并予以实施。

10月1日，我校名誉校长宋勤受邀参加庆祝中华人民共和国成立70周年的群众游行致敬方阵。

10月1日，学校开启为期3天的"不忘初心、牢记使命、立德树人、担当作为"专题培训会。培训会契合建国70周年这一历史性时刻，契合湖外开启发展新征程这一承前启后、为公众瞩目的时间节点，为全校教职员工组织了一系列主题明确、流程紧凑、内容翔实的思想盛会。当日，董事长宁平、执行校长鲁平，以及校务会全体领导参加会议。鲁平作题为《同心共建新湖外 合力共铸新辉煌》的2019学年下学期开学工作报告，指出在新校区举行的首次开学工作会议的主旨是：承先启后，继往开来，弘扬学校办学优势，凝聚学校发展合力；同心同德，同向同行，开启学校全新征程，谱写学校辉煌篇章。宁平在讲话中表示，认同鲁平在报告中所解读的学校领导班子在搬入新校区后的"定位选择"。在目前的"战略决胜期"，湖外要实现从"跟跑"到"并跑"再到"领跑"的本质跨越，应重点实现三个转变：一是实现管理上的转型，从粗放管理向精细管理转变；二是实现方式上的转型，从规模效应向品牌效应转变；三是实现目标上的转型，从被动适应向主动引领转变。

10月3日，在工作氛围如火如荼的新校区工地上，注入了一股旺盛的建设力量——1 300名来自全校各二级学院的学生志愿者。在此之前，身着迷彩服的教导大队队员们已经奋战了一周。他们的主要工作是负责控制电梯的运行、搬运货物，同时开展训练和负责日夜巡逻。在新校区攻坚克难的最后阶段，在新学期即将来临的关键节点，尚需针对新校区的局部细节进行雕琢、调试与亮化，新校区正以不可阻挡的势头奔向日臻完善之境。年轻湖外人的加入，成为新校区建设中最吸睛的景象。

因新校区建设进度延后，原定于10月8日的秋季开学日期再次延期一周，10月3日发布推迟信息之后舆论哗然。恰逢建国70周年，湖外延期开学的负面新闻一度登上新浪热搜榜第6位，传播速度极快，社会影响极其恶劣，线下发生大规模群体事件的可能性极大。新闻发言人丁蕾当即展开各类危机公关工作，紧急联络省委网信办、省教育厅新闻中心，在向主管部门汇报情况、取得谅解之后，即刻起草并下发《关于调整学生报到时间的情况说明》。多方努力之下，在很短的时间内，负面舆情逐渐消解。国庆节后，新闻中心就具体事项向各级、各类上级主管部门递送材料，予以情况汇报，并就可能出现的新闻媒体暗访寻求省委宣传部的支持与协调。与此同时，学校也站在受众信息诉求的角度，推出《开学倒计时》系列报道，安抚公众情绪。至此，

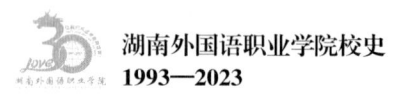

湖外建校以来最严重的一次负面危机得以成功化解。

10月5日，新闻中心在学校官微"我们的湖外"发布《关于调整学生报到时间的情况说明》（下文简称《说明》）。《说明》中表示，为了给全校师生提供更加完善的校园环境，进一步确保新校区特种设备设施的安全运行，经学校董事会、校党委、校务会研究并报请上级教育主管部门，决定将原定于10月8、9日的学生报到时间调整为10月15、16日。同时，《说明》就"为什么要延期一周开学""延期一周将完成哪些优化与提质""学生的权益将如何得到合理保障"三个最为学生及家长所关注的问题进行解答。《说明》言辞恳切、开诚布公地向全校师生、家长、主管单位、新闻媒体及社会公众就推迟开学的原因作出详尽说明，并在文中列出保障学生利益的举措。

10月6日起，学校新闻中心站在受众信息诉求的角度，于学校官微"我们的湖外"推出《开学倒计时》系列报道，安抚学生、家长的焦虑情绪。系列报道分别是：《开学倒计时9天 了不起的教导大队、志愿者！为你们礼赞、高歌！》《开学倒计时8天 真的很不错，舌尖上的新湖外》《开学倒计时7天 强校重器首发：教与学模式大改革，再不了解你就真OUT啦！》《开学倒计时6天 @全体新生 湖外2019年迎新自助服务网操作指南》《开学倒计时5天 多棱镜解码 历年来被"划重点"支持的新校区建设》《开学倒计时4天 老师很忙：信息化教研模式改革大幕拉开》《开学倒计时3天 抢鲜看！无论严寒酷暑都能让你内心温暖如春的公寓》《开学倒计时2天 从畅想到唱响 玩转好学、好吃、好住的新校区还需要你发挥一点想象力》《开学倒计时1天 终于盼来你！报到指南、流程、交通路线图……一文全掌握》。

10月15至16日，湖南外国语职业学院2017、2018级老生，2019级新生报到接待工作全面展开。经过数月的调研、规划、部署及调整，经学校董事会、校党委、校务会反复论证、周密研判，在全校教职员工、学生志愿者、教导大队的全力以赴、通力合作之下，本次自建校以来最不同寻常的迎新接待及相关报到工作在全新起航的新校区顺利完成。在第一次向逾万名学生、家长开放校门的新校区组织开展报到接待工作，对于全校各教学单位、各职能部门都是巨大的挑战。为确保新老生顺利报到，学校成立以执行校长鲁平、党委书记（代理）潘留仙为组长的迎新工作领导小组。同时，学校设置宣传场地组、志愿服务组、宿舍管理组、财务工作组、交通保卫组、后勤保障组、信息技术组、绿色通道组、以各二级学院为单位的迎新工作小组、监察督查组，共计10个迎新工作组，各司其职，权责分明。

从2018年2月8日新校区正式开工至2019年10月15日顺利开学，短短20个月，一座环境优美、智能化现代化的园林式校园呈现在大家面前，建设速度之迅猛、业绩之高效、成果之显著令人赞叹，这是董事会始终坚持高度的社会责任感，带领全体湖外人发扬"延安精神，深圳速度"工作作风的结果。以宁平董事长为核心的新校区建设指挥部全体员工所付出的辛劳与努力，所面临的阻碍与挑战，所经历的坎坷与曲折，非常人所能想象。

10月中旬，湖南外国语职业学院新校区已顺利完成报到接待工作，新学期已顺利启航。第一教学楼、南学生食堂、学生公寓3至6号楼等主体建筑已在建设规划期内予以交付并投入使用。期间，学校委托长沙拓望建设工程质量检测有限公司针对已投入使用的建筑进行逐层抽样，就其室内环境质量安全这一焦点问题进行检测。报告的结论显示，全部检测样本均为"合格"。据悉，本次检测以现场取样的方式，检测内容为第二教学楼、南学生食堂、北学生食堂、二标段南区的3栋公寓、科技孵化楼、图书信息中心等建筑物室内环境中的主要污染物，如：空气中氡、游离甲醛、空气中氨、空气中苯、空气中总挥发性有机化合物（Total Volatile Organic Compounds, TVOC）。至此，位于校园内所有公共区域的主体建筑的全范围、无死角的室内环境质量检测报告已相继向社会进行公示，接受社会监督。

10月18日，我校2019级新生开学典礼在新校区田径场隆重举行。这是一场自2006年开启在长沙市的办学历程以来，所有湖外人期待了整整13年的开学典礼。全校逾4 000名2019级新生、学校董事长宁平、执行校长鲁平、校务会主要领导、部分外籍专家代表，以及长沙市教育局高等教育处处长丁郭出席典礼。典礼由中国科学院研究员、副校长丁晓良以中英双语主持。这次开学典礼，是湖外在新校区组织举办的第一次开学典礼，具有极其深远的历史意义。鲁平在讲话中代表学校党委、行政部门对因新校区建设延迟开学而给师生造成的不便表示歉意，对大家的理解与包容表示感谢，对学生的顺利入学表示欢迎，并向长期以来鼎力支持学校发展的各级政府、各个部门、各位领导、各界朋友表示诚挚的谢意。宁平在发言中承诺，依托全新的发展平台，学校董事会将在未来三年集中人力、物力、财力办好三件大事：一是着力优化办学条件，二是致力提升办学层次，三是聚力塑造办学品质。

11月8日，湖南省委原常委、湖南省纪委原书记、省教育基金会理事长许云昭，省政协原副主席、省教育基金会副理事长王汀明，省教育厅原巡视员、省教育基金会副理事长汤汉文，省教育基金会秘书长黄泽湘，省纪委副处级秘书周光辉，省教育基金会秘书处高级项目主管彭璧颐一行，轻车简从来校考察调研。学校董事长宁平、执行校长鲁平，以及董事会、校务会主要领导参与陪同并出席座谈会。在听取宁平对湖外建设现况的汇报之后，在座领导对学校取得的突飞猛进的成就感到非常欣慰。许云昭在发言中围绕四个关键问题提出建议。第一，培养中国特色社会主义事业的建设者和接班人，在这一点上公办院校与民办院校没有区别。湖外应坚持以立德树人作为学校的中心工作，发挥好民办高校的体制优势。董事会、校务会各司其职，建立科学的治理体系与运行机制。根据刚刚闭幕的中共十九届四中全会的会议精神，民办教育是中国特色社会主义教育事业的重要组成部分。湖南民办教育在校生超过200万人，做好民办教育是对社会的巨大贡献。湖外理应对未来的发展道路充满信心。第二，民办高校应在思想政治工作方面下更大的功夫。要戒骄戒躁，坚持立德树人，坚持特色办学，这是湖外的立身之本。与此同时，应进一步提高社会责任感，加强社会服务能力。第三，湖外办学特色日益凸显，其中，小语种、涉外护理专业等，必有极好的发展前景。湖外要坚持以涉外服务为主的办学方向，坚持差异化发展的办学特色。第四，要抓好两个建设：一是师资队伍建设，这是建设高水平大学的根本；二是专业、学科建设，要在全省乃至全国建设几个响当当的品牌专业、学科，这是建设高水平大学的重点。在座领导一致认为：拥有了新校区的湖外，加上办学近30年来所形成的优势、特色和品牌，从办学条件、办学设施、办学环境上来说，经过数年时间的打磨，应努力实现内涵式发展。领导们反复嘱咐：未来要高起点规划新校区后续工程建设，高水平办好新湖外。湖外应自力更生、不惧艰难，脚踏实地、实事求是的精神不能丢。

11月29日，校团委在教学楼报告厅举行2019年"雷霆行动计划"之学生党员干部行为规范主题教育大会。副校长余孟辉、学工处处长皮莉、保卫处处长曾勇，以及各二级学院党总支书记出席会议，全体辅导员、学生党员、教导大队、学生干部代表等400余人参加了会议。大会由团委书记易曦霞主持。为规整学生行为准则，《湖外院字〔2019〕36号》文件运势而生。该文件又称"雷霆行动"：针对学生吸烟、晚归、不请假外出、酗酒、打牌赌博、不按规定整理内务、破坏环境、损坏公物、上课迟到、擅自带早餐、不讲礼貌、说脏话、伤风败俗等失范行为以雷霆之势进行集中整治。同时，学校将做到决策有依据、处罚有标准、督导有抓手、宣传有力度、组织有考核，持之以恒形成长期、动态的监测机制。

12月10日，原驻英使馆公使衔教育参赞王永利、湖南省教育厅原副厅长陈湘生，湖南大众传媒职业技术学院院长冯一粟，我校特聘专家顾问黄德生一行来校指导工作。

12月26日，交通银行信贷部部长周利民在北大桥支行行长聂遐玲的陪同下，来到学校指导工作。

12月，浏阳农村商业银行总行董事长李寿树、淮川支行行长谭日光一行莅临学校，对学校新校区建设及规划予以高度赞誉。湖外自成立以来，一直与浏阳农商银行维持良好的授信关系。学校的发展与所取得的各项成就，都离不开浏阳农商银行多年来的大力支持。

**（二）人才培养工作**

3月19日，涉外经济管理系组织2018级市场营销专业逾百名学生，赴湖南省跆拳道运动协会进行交流访问。本次校企交流活动由该系系主任王璐、总支书记曾卉、副主任赵红梅率队，湖南省跆协副主席兼秘书长王卫华等协会领导热情接待了湖外师生。"跆拳道馆长培训订单班"将从该系 2018 级全部专业的学生中选拔，而面向 2019 级新生的选拔则仅限于市场营销专业。该订单班的创立是职业院校与行业协会协同育人的大胆尝试，是培养既有跆拳道技能，又懂营销、管理和场馆运营的复合型人才的首创之举，能纵深推进产教融合，发挥行业协会协同育人的功能，以期打造成校企合作品牌项目。

3 月 21 日，学校组织思想政治理论课教师代表和系（部）主任召开"课程思政"工作座谈会。会议围绕习近平总书记在全国学校思想政治理论课教师座谈会上的重要讲话展开讨论，寻找"三全育人"的湖外解决方案。副校长郭争鸣表示，学校将健全评价考核督查机制，打造满意度与实用性更高的思政金课。为保障"四轮驱动"安全运行，学校还将从三个方面切实推进"课程思政"：一是从组织上强化，成立"课程思政"工作领导小组；二是从思想上提高，进一步明确"课程思政"工作的出发点和落脚点，即培养社会主义事业合格的建设者和可靠的接班人；三是从方法上改进，"课程思政"关键在教师，新一轮人才培养方案的修订要把"课程思政"纳入硬指标，要把"课程思政"作为考核教师、评估教学质量的重要指标，突显思政内容要求。

4 月 1 日，董事长宁平、董事宁翔代表学校赴北京甲骨文（中国）软件系统有限公司总部，参加"湖南外国语职业学院—甲骨文行业人才培养基地"授牌仪式。甲骨文 WDP 项目中国区经理叶洋、WDP 大数据项目经理戎鹏，以及北京华育兴业科技有限公司销售总监张勇出席仪式。湖外与甲骨文公司等世界级行业巨擘共谋为国家"一带一路"战略提供技术技能人才支撑，服务新兴产业，助力湖南智造驶入"快车道"，助力互联网＋服务业成为经济发展新引擎。双方共建信息科学与工程系，开设大数据技术与应用、物联网应用技术、电子商务技术、计算机网络技术专业。根据合作协议内容：甲骨文公司与湖外深入联合办学，切实开展师资培训，推进专业课程的建设与改革。这不仅可以为湖外学生提供更为宽广的创新、创业与实习、实训对接平台，校方还可借助甲骨文公司成熟的项目经验与技术标准，实现双方专业与人才的资源互补。至此，我校"甲骨文大数据学院"和"行业人才培养基地"项目正式启动。

4 月 11 日，在招生就业处和涉外经济管理系的精心组织下，湖外校企合作项目"银雁订单班"召开宣讲会。银雁科技公司代表重点介绍了该订单班为会计专业学生提供的岗位及相应要求。开办"银雁订单班"的目的在于进一步提高学生的专业技能和综合素养，真正实现人才培养为社会所需、与市场接轨。

4 月 24 日，学校"银雁订单班"面试工作启动。涉外经管系会计专业 60 余名学生参加面试。银雁科技公司人力资源总监唐娥来校遴选人才。根据合作协议，秉持人岗匹配的原则，结合面试学生的综合素质与职业发展意愿，经严格筛选，逾40人进入复试阶段。4月底复试完成，5月中旬开班。

4至5月，由公共基础课部语文教研室与招生就业处联合举办的"湖南外国语职业学院简历设计制作大赛"启动，共收到全校逾500份参赛作品，经各系部初选之后共200份简历进入决赛。经严格评判，决出一等奖18个、二等奖19个、三等奖19个、最佳创意奖1个。颁奖典礼与"湖外大讲堂"进行有效串联。学校邀请了企业代表开坛设讲，讲座主题高度契合本次简历设计制作大赛的活动主题"匠心设计简历，赢在未来职场"。学校以用人单位的遴选视角与招聘需求对同学们的求职简历进行客观点评，旨在进一步提高学生的简历制作水平和就业竞争力，指导学生做好职业规划，帮助学生提高创新能力、人文素养、职业素养和求职能力，使其感受职场竞争的激烈，提前做好走向职场的准备。

6月26日，由思科（中国）网络有限公司主办、湖南外国语职业学院协办的"思科高职院长沙龙2019年会议"在长沙运达喜来登酒店举办。本次会议以"教育革新 智慧育人 产教融合 共赢未来"为主题。湖南省教育厅副厅长王瑰曙、长沙市教育局副局长杨庆江、思科（中国）行业拓展总经理徐军海、湖外董事长宁平、思科网院院长练沛强，以及湖外执行校长鲁平、董事宁翔、信息科学与工程学院院长周东翔等嘉宾参会。王瑰曙在会上表示，湖外与思科网络学院的合作必将促进学校网络专业及物联网专业的高速发展，培养高水平的师资，办出有特色的教学，对接高水准的就业。希望思科与湖外协力共建计算机网络技术相关专业，深化办学体制改革和育人机制改革。

6月，国防科学技术大学研究员、加拿大阿尔伯塔大学访问学者周东翔博士正式履新我校信息科学与工程学院院长，这位重量级专业领军人物将在该院的"拔节育穗期"给予其悉心引导与精心培养。信息科学与工程学院是我校2019年新设置的信息类教学单位。虽是新成立的学院，却依托于大数据技术以及与世界互联网通信行业两大声名显赫的发动机型企业——甲骨文（中国）软件系统有限公司与思科（中国）网络技术有限公司的合作共建、资源共享。信息科学与工程学院由行业专家掌舵、以世界顶级企业作为校企"双元"育人的主体，可谓"含着金钥匙出生"。

9月，护理系变更为医学健康管理学院，并增设中医康复技术专业。艺术系变更为教育与艺术学院，从原英语学院独立出来，教学楼设在艺术楼，并增设艺术设计专业、音乐传播专业。西方语言学院的英语系独立设为英语学院。涉外经济管理学院的会展策划与管理、计算机信息管理专业撤销。

10月22日，教务处在开学预备周内统筹协调各二级学院，分场开展了以专业教师、企业名师与外籍专家为授课主体的专业介绍会、咨询会、推介会，围绕产业发展、市场需求、专业特色和职业发展，为新生们提供多维度、多层次、多方向的解读视角，让每一位学生在"选我所爱"的基础上，能够"爱我所选"。

11月，学校完成医学美容技术、人工智能技术服务、社区管理与服务、幼儿发展与健康管理四个新专业的申报。

12月11日，我校首个思政社团——"知行社"成立。该社团的成立旨在贯彻落实中共中央、国务院《关于加强和改进新形势下高校思想政治工作的意见》的文件要求，得到校团委以及各二级学院的广泛支持。当日，中国科学院研究员、副校长丁晓良教授，思政课部主任张承安，各二级学院党总支书记，以及思政课部的指导老师们、社团的同学们共同见证了这一重要时刻。

这一年，在2019年护士执业资格考试中，浏阳校区护理专业三年制学生通过率为96.3%、五年制学生通过率为92.1%；学生毕业设计湖南省抽查合格率为100%；学生专业对口就业率为90.18%；安排带薪实践学生237人，安排实习学生571人；组织育婴师专题培训班2期，共有546多名学生获得了省、市人事部门颁发的职业资格证书。

这一年，我校人才培养质量实现稳步提升，国际经济与贸易、商务英语专业学生在省级专业技能抽查中通过率为100%；应用韩语、国际经济与贸易专业在省级毕业生毕业设计抽查中的平均通过率为88%。我校全年共有105名学生在省级职业技能竞赛以及全国大学生英语竞赛、日语技能大赛、英语演讲比赛等学科专业赛事中获得奖项，其中特等奖1个、一等奖45个。

这一年，学校充分发挥心理健康中心和二级院部心理咨询师的作用，全方位、多渠道为学生开展心理健康教育；首次采用手机版心理测评方式，为两大校区4 515名新生进行了大学生心理健康普查；组织开展女生生理健康及自我成长主题系列讲座；介入和处理学生心理危机事件11起，全年没有发生因心理问题引发的学生伤害事故。

这一年，学校调整优化专业结构，出台《专业群及重点专业建设管理办法》，围绕商务外语（应用外语）、涉外旅游服务、涉外护理康养、幼儿教育与艺术、现代信息技术五大专业群，持续探索组群逻辑，不断拓展专业领域。有7个新增专业实现首次招生，生源情况达到预期。

这一年，学校着力构筑专业平台。学校启用蘑菇钉（工学云）实习管理系统，组织了2020届毕业生实习指导教师及平台管理员培训会，提升了顶岗实习过程化、信息化管理水平；根据新校区整体规划，按照"内外互补、产教兼顾、资源共享"的原则，结合专业特点和要求初步制订第一教学楼实训中心建设方案，精准打造湖外特色化校企合作平台。学校系统推动新校区中心机房、校园网络、信息管理系统、网络教学平台、精品课程录播室、智慧一卡通平台的建设，为专业发展和人才培养提供全方位、高品质支持。

### (三) 招生就业工作

3月，迪拜免税店全球招聘会中国站来到长沙，为广纳贤才举办了为期2日的面试招聘，共吸引了来自全国10所高校的148名学生参加。我校共有33名学生参加面试，其中7人获得3星（面试直通卡）评定，6人获2星评定，1人获1星评定，成为面试通过率最高的高职院校。顺利通过面试并获得3星评定的商务英语专业1705班的江思懿同学介绍道，当日的面试严密而紧凑，来自巴基斯坦、爱尔兰、中国的三位面试官，对每一位应聘者分组进行全英文面试。考官对江思懿此前的工作及实训经历、对迪拜免税店的知悉程度、职场应变能力，以及在迪拜的工作构思与计划等问题进行细致询问。江思懿认为突出的英语口语及应用能力是最终获得考官青睐的利器，学校平素对学生在职业生涯规划、综合素质等方面的培养，让其表现增色不少。

4月4日，湖南外国语职业学院2019年单独招生考试大幕开启。据招生就业处数据统计，共3 468名考生参加考试，录取指标为3 000人。凭借国家对职业教育改革及职教生扩招等相关政策的重大利好，以及学校不断做精、做特各专业的强劲优势与实力背景，本次招生创下3 611名报考学生的人数之最。本次单独招生考试采取自主命题形式，考试分为笔试、面试，并参考学生高中学业水平考试（下文简称"学考"）成绩（学考成绩占总分的30%，面试占30%，笔试占40%）。学校特设考试工作领导小组，由执行校长鲁平任组长，校领导郭争鸣、肖建安、任征、余孟辉、王明明任副组长。

12月3日，学校举办2020届毕业生供需见面会暨校企合作洽谈会，这是在新校区举办的第一次大型招聘会。用人单位列席数量之多、规格之优、层次之高均创下历史之最。200家企业布阵求贤，提供近8 000个优质岗位，主要涉及境外就业类、外贸类、培训类、医卫护理类等，实现2020届毕业生的专业全覆盖。招聘会亮点频现，切实打通企业与学校、各教学单位、学生三个维度的对话与协作渠道。

12月3日，学校举办企业与各二级学院院长、书记座谈会以及企业与招生就业处负责人的校企洽谈会，以期构建务实可靠、长效动态的校企通联机制，保障各教学单位对毕业生岗位需求、岗位职责，以及行业发展态势、用人标准的精准把握。四川清宜公司湘鄂区总经理陈集宏、思齐芙蓉教育集团芙蓉学院执行院长吴芳敏，分别为2018级学生举办主题为《就业形势及应聘技巧》的讲座。

这一年，学校共招收新生3 972人，其中三年制大专有2 806人，计划使用率稳居湖南省高职院校前列；在学校开学时间两次延迟的被动局面下，生源稳控措施有力，新生报到率达90.76%；生源质量达到历史最佳水平，湖外录取投档线为文科330分、理科289分，文、理科投档线分别高于省控线130分和82分，领先湖南省民办高职院校；高分生源大幅提升，录取 500 分以上学生 42 人，400 分以上学生 262 人，共占新生比例的 24.03%，文科最高分为 514 分，超三本线 19 分。

这一年，学校继续突出学生就业的"民生工程"地位，完善就业教育、指导、管理与服务体系建设，多措并举拓展就业市场，提升就业质量。为实现学生充分、有效、高质量就业，招生就业处组织各学院对就业市场进行固本拓新，在维护好长期用人单位的同时，不断发掘新的需求市场。为强化学生创新创业意识与能力的培养，加强创新创业工作的组织与管理，学校成立创新创业学院，对创新创业工作实现一体统筹，解决了职能交叉、资源分散、多头管理的长期弊端。

**（四）师资队伍建设**

1月12日，"迎接新湖外"辅导员训练营正式开营。省委教育工委宣传部副部长崔恒源、学校副校长余孟辉出席。训练营邀请湖南商学院大学生心理健康教育中心主任戴吉、湖南机电学院辅导员陈凯乐开展主题讲座。各系党总支书记、专职辅导员逾80人参训。开营仪式由学工处处长文建奇主持。

4月16日，浏阳校区举办以《课程思政意识与能力》为主题的学术讲座。讲座中，郭争鸣副校长围绕"课程思政改革思考"对课程思政的概念与内涵进行深刻解析，强调课程思政重在五个关键环节，并论述其实施的基本步骤。张静平教授结合切身的从教经历，用生动的语言、丰富的案例从教师职责所在、什么是课程思政、如何进行课程思政三个方面阐述课程思政的含义及其实施路径。

4月18日，由学工处组织的主题班会培训会召开。会上，学工处处长文建奇围绕"如何让主题班会有深度、有效果"议题进行讲解。

4月9至30日，教学处牵头组织青年教师"过关课"评析活动，以验收评估青年教师的课堂教学质量，邀请郭争鸣、肖建安、谢艳梅、罗永富、朱盛娥5位学术委员会专家成立课程评析专家小组，对首批培养的7位青年教师的课堂教学进行当场评审。

4月30日，涉外经管系召开以"创建文明系部，迎接新校区"为主题的学生工作座谈会议。在听取与会代表的发言后，副校长余孟辉指出：要高度重视学生对学校的认可度，加强思想理论教育和价值引领；要根据系部特点构建评价体系，建设系部特色文化；要建立职能部门和系部工作科学运行机制，发挥职能部门指导服务与督察功能，发挥系部工作积极性。

5月7日，教务处组织举办精品在线开放课程建设与实践经验分享会。我校省级精品在线开放课程的建设负责人赵红梅副教授应邀进行现场讲授，30余名教师到场学习交流。赵红梅详解精品在线开放课程的建设背景，国家级、省级精品课程相关建设形势和政策，以主持在建的"国际贸易理论与实务"课程为例，介绍了该门课程的建设发展过程、教学设计理念、课程团队组建、课程模块构成、课程视频录制技巧及课程运行推广模式等，并对拟申报 2019～2020 年精品在线开放课程的专业教师们提出许多建设性意见。

11 月 19 日，长沙民政职业技术学院唐召云教授来校作主题为《聚焦课程思政，落实立德树人》的学术讲座。全校专职教师到场学习。讲座由副校长丁晓良主持。

这一年，学校加强高端人才引进。学校力邀江波教授、丁晓良教授加盟学校领导班子，着力优化班子总体结构，提升班子战略引领能力；引进了张承安、伍秋林等一批教授、博士担任重要职能部门和教学院部负责人，在壮大高层次人才队伍的同时，形成专业团队、教学团队、科研团队核心。

这一年，学校促进教师职业发展。学校遴选了 17 名教学管理人员和专业骨干教师参加国家项目、省级项目、甲骨文与中国思科合作项目的研修与培训；完成了 113 名新进教师的岗前培训和 97 名教师的教师资格认定；推荐了 5 位教师参评湖南省青年骨干教师；指导、支持教师实现职称晋升，通过职称申报新增教授 1 名、副教授 5 名、讲师 17 名。

**（五）国际交流合作**

3 月 11 日，马来西亚城市大学 2019 年"一带一路"互惠交流生选拔与管理政策说明会于长沙召开。我校受邀委派副校长肖建安、国际交流处项目负责人彭清参加此次会议。湖外与马来西亚城市大学就可能深度拓展的实质性合作展开讨论。

5 月 23 日，法国驻武汉总领事馆代表访问我校，学校董事会、校务会主要领导与来访嘉宾就湖外与法国高等教育界的合作交流事宜进行会谈。法国驻武汉总领事馆教育专员 Sébastien BEDE（李惟晟），向湖外师生饱含深情地说道，这次来到湖外，他还承担了一项由法国驻武汉总领事馆交付的重要嘱托。当巴黎圣母院被焚毁，法国举国上下沉浸在难以名状的巨大悲痛之中时，总领事馆收到了一沓来自湖外学生们寄来的慰问信。这些信件共有 10 封，分别由英语、阿拉伯语、俄语、德语、意大利语、法语、西班牙语、葡萄牙语、日语、韩语十个语种写就，学生们将对法国民众痛失珍宝的抚慰化成娟秀流畅的文字，表达了对古建筑陨毁的哀痛之情，其意拳拳。李惟晟用"非常暖心、非常动容、非常震撼"来形容他与总领事馆其他工作人员收到这些信件时的心情，"暖心"于中国人民海纳百川的文化理解力与包容力，"动容"于新时代中国青年和而不同、兼容并蓄的伟岸共识，"震撼"于湖外学子融汇通达的语言技巧与深厚功底。此次人文交流活动受到多家新闻媒体报道。

6 月 5 日，德国包岑双元制大学经济信息学教授斯温一行到访我校。副校长肖建安携国际交流处、西语系相关人员会见了贵宾。双方就两校交流合作事宜进行初步沟通与洽谈，以期长远协同发展。斯温为德语专业学生开展了一堂主题为《德国双元制职业教育》的文化讲座。让学生了解到只要语言水平、综合素质达到要求，不但可赴德学习深造、进修语言以及提升学历，还能实现实习与就业。

6月23日，法国驻武汉总领事馆教育参赞一行来校举办法国文化教育及留学报告会。校长潘留仙、执行校长鲁平接见报告团成员。

7月9日，宁平董事长在上海会见南非副总统戴维·马布扎。

9月18日，法国罗格朗集团中国区总裁卢卡一行赴新校区参观访问，罗格朗集团是全球电气与智能建筑系统知名企业，为湖外新校区提供相关电气解决方案。经实地调研，卢卡对我校新校区的建设规模与速度，以及各类现代化设施表示赞赏，双方对目前合作项目的进展表示满意。卢卡表示，今后，除了每年在湖外招收一定数量的学生赴海外实习、工作，还将在湖外的太阳城老年康养建设项目中与校方寻求更为深入的合作。此外，罗格朗集团还将协助湖外积极推进科技孵化楼的招商引项工作，助力学校拓展产教融合之路，切实为学生搭建高质量的就业通道与平台，为不断创新校企合作模式打下牢固基础。

10月，刚刚结束湖外2019年度赴美带薪实习项目并顺利回国的23名学子，纷纷向学校提交了实习报告，迫不及待地分享他们在美国度过的极有意义的悠长暑期。本项目由招生就业处于2018年11月开始进班宣传，2019年1月组织70人进行笔试、听力测试，予以筛选。通过考试的学生于6月赴美，9月相继回国。工作地点主要分配在美国印第安纳州、伊利诺伊州、新泽西州、俄亥俄州、南达科他州、新罕布尔州等州的一些风光旖旎、游客较为集中的知名旅游城市与度假胜地。参与项目的学生既是"职员"也是"学员"，他们供职于酒店、度假村、大型主题乐园、餐厅等单位，所涉岗位包括：管家、操作员、服务员等。12周左右的实习期结束之后，学员们还可在1个月的时间内，在美国境内自由旅行以实地体验美国生活。在这个悠长的假期内，湖外学员们探索全美、纵情游览的足迹遍布在芝加哥、旧金山、洛杉矶、拉斯维加斯、华盛顿、费城、波士顿、圣地亚哥等知名城市，尽情享用在项目期间依靠扎实工作所赚得的劳动报酬。

11月5日，韩国世翰大学校长李昇勋，湖南省教育国际交流协会副秘书长、项目总监阳贤忠一行9人到访我校。湖外董事长宁平、执行校长鲁平等领导陪同来宾就合作事宜进行洽谈。座谈会由副校长、西方语言学院院长肖建安主持。学校组织师生代表举行学历提升交流会和文化交流讲座，鼓励有志于提升学历的师生积极参与该项目。

11月27日至12月8日，宁平董事长率全球甯氏企业家代表团访问南非共和国，期间，考察了南非冶金工业园。

12月20日，杰出校友贺卫专与美国劳伦学院戴维斯教授来校访问。

这一年，国际交流处组织协调芬兰地区高校联盟、葡萄牙布拉干萨理工大学、马来西亚城市大学、韩国世翰大学、法国驻武汉总领事馆等合作单位的留学项目接待活动和推介会共7场。学校与西班牙格纳那达大学和内布里哈大学正式签订了语言研修和专升硕项目协议。通过中外合作项目，学校输送近30名学生赴葡萄牙、德国、法国、马来西亚、意大利和俄罗斯等国家留学。

（六）校园文化生活

2019年的"五四运动"百年纪念适逢中华人民共和国70周年华诞，被赋予了"青年者，国家之魂"的时代意义。进入2019年以来，学校先后举办了多场旨在庆祝中华人民共和国建国70周年，纪念'五四运动'100周年，以"青春心向党 建功新时代"为主题的系列校园文化活动，积极展现湖外学子的昂扬姿态，向祖国母亲献礼。

4月2日，第一届"湖外杯"外语口语风采大赛颁奖典礼在弘学楼举行，700余名师生到场助阵。执行校长鲁平、副校长余孟辉、副校长任征等领导出席典礼。在整个赛事中，共有665名同学参与了线上选拔，提交了474个参赛视频作品。比赛覆盖湖外所有外语语种专业，包括配音、朗诵、演讲等形式，真正实现了校园文化与专业学习的深度融合、第一课堂与第二课堂的紧密衔接。

4月15日，由校团委举办的"挑战地球引力，引爆篮球魅力"篮球赛决赛拉开帷幕。决赛采用循环赛制，4个参赛队共进行8场比赛。

4月15、16日，由校团委主办的湖外第二届"杰出青年"评选活动候选人见面会拉开序幕。参与此次评选活动的32名候选人均由各系部严格遴选。见面会上，评委根据选手的现场表现、在校表现、个人才艺和演示文稿展示四个方面予以评分，并现场公布得分。此后，候选人还将经历民意调查、公益活动策划、无领导小组讨论等环节的考验，确定最终入围答辩会的选手名单。

4月16日，共青团湖南外国语职业学院浏阳校区委员会第一期团员青年干部培训班开展素质拓展活动，共计228名团员参与。

5月9日，校团委组织举办的"对话梦想·笃力青春"成人礼主题团日活动在田径场举行。在学校领导、各专业、各职能部门负责人、各系辅导员的共同见证下，千余名2018级学生代表齐诵《少年中国说》，行冠笄之礼、鞠躬礼等，体验意义非凡的成人仪式。

5月10日，以医卫康养类专业作为五大特色专业群之一的湖外，为契合第108个国际护士节、2019年湖南省职业教育宣传活动周这两项重大主题，在浏阳校区体艺馆隆重举行"5·12"国际护士节庆祝大会暨授帽仪式。仪式上，医卫健康系教师为身着圣洁护士服的1 293名即将步入实习和工作岗位的学生一一授予燕尾帽。列队整齐的学生们接过老师手中点燃的象征着"燃烧自己，照亮他人"的红烛，并通过传递将掌心的火种陆续点燃。通过举办这一业已形成校园文化品牌的常规性纪念活动，让公众了解我校对护理人才的培养方向与模式已愈发贴近国家的需要、社会的需要、人民的需要。

5月20日，浏阳校区联合浏阳电视台、浏阳交通广播、浏阳市融媒体中心（掌上浏阳）等媒体，举办"浏阳红歌赛暨'唱响主旋律，红歌颂祖国'校园十佳歌手大赛"，用歌声向即将迎来70年华诞的祖国母亲深情告白。当日，浏阳校区4 000多名师生到场观看比赛。比赛通过浏阳电视台融媒体中心全程现场直播，点击收看的网友有近35万人次。据浏阳校区党委副书记、副校长谢勇介绍，鉴于五年制大专学生自制力弱、学习习惯差的特点，浏阳校区特别重视在学生思想政治教育、校园文化活动等方面进行有针对性的差异化管理，探索以主题教育为主阵地、以品牌活动为抓手，切实培养学生兴趣、帮助学生重拾学业自信的有效途径。学校依靠传播正能量提升学生综合素质，赢得师生、家长及社会的广泛认可。

5月21日，西语系法语专业举行法语朗诵比赛。

5月22日，西语系葡萄牙语朗诵比赛决赛举行。朗诵者与观众共同领略诵读外文原作名篇的魅力。

5月22日，浏阳校区"2018～2019学年度'五四'表彰大会暨颁奖典礼"在体艺馆隆重举行。王明明、谢勇、唐强等领导与众多教职员工到场观看。本次颁发的奖项有学习标兵、"五四"励志青年、先进团支部、国家奖学金、国家励志奖学金等，共计10项。

5月30日，湖外第二届"杰出青年"评选答辩会暨纪念"五四运动"100周年表彰大会于弘学楼举行。10位晋级当日决赛的杰出青年候选人通过历时2个月的无领导小组讨论、公益活动的层层考核，最终入围答辩会。2个小时的赛程当中，候选人首先在"精彩300秒"环节进行5分钟演讲陈述、专业技能及个人才艺展示，再进入紧张的"随机应变"环节。评委以中英双语提问，涉及危机处置、活动组织等问题，考核选手综合能力。执行校长鲁平希望杰出青年们以灵魂人物的姿态和身份，团结和带领广大湖外学子树立远大理想，追求高远目标，砥砺意志品质，锤炼素质才能。随后举行的"五四"表彰大会对国家励志奖学金、省优秀毕业生、共青团先进集体和个人等18项荣誉进行颁奖。

5月，为契合"5·25"全国大学生心理健康日宣传主题，在学工处的组织领导与校团委心理健康部、各系心理健康部的积极策划之下，在全校范围内顺利开展名为"阳光湖外，陌上花开"的系列活动。活动由"湖外树洞""解忧杂货铺""等风来""是你的绿萝呀""阳光班级大赛"等主题单元组成，旨在加强湖外大学生心理健康教育，普及心理健康知识。

6月3日，学校组织英语系、西语系、艺术系、涉外经管系、东语系获颁国家助学金的学生开展了一场"歌唱经典，表白祖国"快闪活动。近千名统一着装的同学挥动着国旗高声歌唱《我和我的祖国》。

6月4日，西语系举办第二届俄语诗歌朗诵大赛。副校长郭争鸣、副校长兼西语系主任肖建安、教务处处长罗永富、督导朱盛娥出席大赛。大赛的举办是为了纪念俄国著名诗人普希金诞辰220周年，深刻阐释了诵读诗歌原文对于学好一门外文的重要意义，提高俄语专业学生的学习兴趣。

6月12日，涉外经济管理系第二届"走进名著，诵读经典"总决赛暨2019届毕业生毕业典礼举办。经典诵读活动由涉外经济管理系首创于2018年，是该系在全校建立"回归经典、致敬经典"长效机制的有效探索。决赛全程以震撼的视听效果向到场师生及企业代表，呈现了一场以诵读名篇佳作为展现形式，旨在呼吁大学生传承民族历史文化的精神盛宴。决赛结束后，学校执行校长鲁平向涉外经济管理系毕业生代表颁发毕业证，副校长郭争鸣为省级优秀毕业生颁奖，副校长余孟辉代表学校接受涉外经济管理系学生为新校区图书馆捐赠的图书。

**（七）社会服务**

4月23至27日，由中国国家航天局和联合国外空司联合主办的"2019年中国航天日"主场活动在长沙举办。涉外经济管理系严格遴选20位专业知识、技能素养、外语水平、形象气质优秀的学生作为接待组成员，参与此次高规格的国际学术盛宴，提供晚宴及会务接待的服务。就大会酒店承办方的反馈，湖外学子为会务全程提供了细致入微的精准服务与国际化的优质服务，充分展现了语言类高职院校学生在国际语境下贡献智慧的能力，保障了此次会议的顺利进行，得到了与会领导及嘉宾的如潮盛赞。

4月29日至10月7日，"2019年中国北京世界园艺博览会"在北京市延庆区举行，展期162天。这场旨在向世人展现生态之美、人与自然和谐共处的大型主题活动共招募600名志愿者，大多来自北京和周边地区的重点本科院校。湖外有6名学生通过选拔顺利成为活动志愿者，同时，学校也成为全国唯一一所成功推送德语专业学生志愿者的高等职业院校。学校成立选拔及培训小组，根据学生的专业知识、口语表达、业务接待、服务意识、仪态仪表、身体素质、抗压能力等各方面能力进行综合研判，并对遴选学生进行专业、细致且有针对性的培训。我校志愿者与德国志愿者共同承担接待员和讲解员的工作，向全世界游客介绍园博会德国馆的场馆设施、设计理念及德国的生态环保理念。成功入选志愿者的学生除了享受每月12 000元的补贴，主办方还提供了住房、保险、培训、服装等其他补贴。

5月21日，涉外经济管理系空中乘务专业班级的10名学生志愿者在长沙市滨江文化园参加第29次全国助残日大型庆祝活动。湖外志愿者们因在此次活动中展现出高标准的礼仪服务水平与综合能力素养，受到主办方盛赞。

5月，斗山、现代重工等韩国著名的工程机械制造企业在长沙举办2019中国国际工程机械展览会，应韩国主流新闻媒体《中央日报》的邀稿，央媒中新社以韩文刊发题为《"中国工程机械之都"长沙迎来国际化行业盛会CICEE》的长篇报道。中新社为此与湖外新闻发言人丁蕾联系，请求得到韩文翻译援助。曾任韩国青瓦台总统警卫室翻译的我校韩国教师金大贤，不惧时间紧、任务重，毅然承担起这份事关两国重大信息通联的工作，在极短的时间内完成了任务。他的耐心细致、一丝不苟及"零失误"的完美成果得到中新社的感谢与赞誉。

6月27至29日，第一届中国—非洲经贸博览会在长沙举办。我校严格遴选了20余名来自英语、法语、葡萄牙语专业的师生参与志愿者的服务工作，他们承担了接送机、会场接待、产品介绍、联系合作、现场翻译、贴身管家等高强度任务。借由此次活动的重大契机，学校更为系统、专业地培养小语种人才，使得湖外志愿服务在各类高端国际会议中逐渐形成一定的规模、品牌与社会影响力，为湖南省的经济社会发展与文化建设作出更大贡献。学校指导学生走出课堂、深度实践，在各类国际交流活动的参与中贡献才智、拓展思维，找准专业理论与技能实训的适切点。

7月中旬开始，我校公共课部思政理论教师别玉满，第七次率领湖外"大手牵小手"爱心支教队赴湘西土家族苗族自治州开展暑期支教活动。这是学校思政课程建设围绕"培育和践行社会主义核心价值观"的主题，全面落实立德树人根本任务的一项常规性活动。本次支教共有10名学生队员，韩语专业教师张圆协助别玉满担任指导老师。别玉满介绍道："今年支教队走村入户，挨家挨户动员家长把孩子们送到咱们的暑期课堂，队员们积极走访调研，提高了亲历实践和沟通交流的能力。此外，课程比以往丰富，在强化英语学习的基础上，增设少儿趣味英语、初中英语语法、趣味手工课、生活安全常识、急救知识、经典诵读等孩子们日常学不到又极感兴趣的课程。"

9月18日，英语学院18名师生参加了菲律宾国家旅游局在长沙市国金中心尼依格罗酒店主办的"更多欢乐，尽在菲律宾"中国路演活动，在活动中承担翻译与接待工作。在中菲双方进行圆桌洽谈期间，师生志愿者以精准的发音、恰当的翻译、娴熟的技巧、端庄的仪态，在活动中表现得游刃有余。主要工作内容有：协助菲方进行酒店推介，促进中菲洽谈各环节顺利衔接。这次志愿服务发挥了学校外语类专业优势，进一步向世界推介湖外外语外贸类人才培养的靓丽名片。

**（八）主要荣誉成果**

*学校荣誉*

4月，学校获湖南省教育厅颁发的2018年湖南省普通高等学校就业创业工作"一把手工程"优秀单位。

8月，由中国管理科学研究院《中国大学评价》课题组组长武书连主持的《2019中国高等职业学院和中国高等专科学校评价》课题结题。研究内容由中国统计出版社出版发行，书名为《挑大学 选专业——2019高考志愿填报指南（高职高专版）》。在该书呈现的"2019中国民办高职高专综合实力排行榜"中，湖南外国语职业学院综合实力排名第八位，在教育与体育大类中排名第二位。

在湖南省人民政府征兵办和湖南省教育厅发布的《关于表彰2018年度高校征兵工作先进单位和先进个人的通报》中，我校获"先进单位"荣誉表彰。

**学生获奖**

1月，肖阳、甘宇珍、杨美同学获"湖南省职业院校技能竞赛财税技能比赛"二等奖。

1月，在"湖南省职业技能大赛"英语口语项目中，蔡任飞同学获专业组三等奖，毛冰清同学获非专业组二等奖。

9月，湖南省高等教育学会大学外语专业委员会举办的"湖南省第二届大学生英语口语网络大赛"公布获奖名单。省内共计51所高校的16 863人报名参赛。经激烈角逐，我校英语学院商务英语专业1 820班学生罗湘楠将特等奖这一殊荣收入囊中，成为17名特等奖获奖选手中唯一来自高职高专院校的学生。此次大赛是为了深化湖南省各高校利用移动信息化技术，促进大学外语口语教学而举办。

10月，周淇、费莎、张续红、李春英、吴英豪同学获"第八届全国高等职业院校日语技能大赛"团体赛特等奖，周淇同学获"第八届全国高等职业院校日语技能大赛"个人赛项特等奖。

11月16至17日，"2019长沙市首届智力运动会"在长沙理工大学金盆岭校区体育馆隆重举行。本届智力运动会设国际象棋、国际跳棋、五子棋、象棋、围棋、桥牌6个大项和50个小项，共设50枚金牌，吸引了逾千名选手参赛。我校教育与艺术学院共推选12名学生参赛，选手们代表湖外在鏖战中荣获佳绩，将金、银、铜奖悉数斩获。

11月，粟杨、陈丛同学获"湖南省高职高专院校信息素养大赛"学生组省赛三等奖。

12月，徐静、刘修灿同学获"湖南省职业院校技能竞赛"中餐主题宴会设计三等奖。

12月，在"湖南省职业院校技能竞赛高职护理技能赛"中，候艳如同学获二等奖，彭心怡同学获三等奖。

东语系韩语专业1701班罗翠萍同学，在由韩国驻武汉领事馆主办，中南林业科技大学承办的"2019中国华中地区韩国语演讲大赛决赛"中获专科组二等奖。

在"2019年度长沙市中职学校英语技能竞赛"中，浏阳校区10名学生获服务类和英语职业风采两个项目的二等奖。

**教师成果**

4月18日，据《关于公布第四届湖南省教育科学研究优秀成果奖获奖名单的通知》，经资格审查、第一轮量化审核、第二轮质性评审、评委会会议审定和网上公示，我校科研处罗小杰老师申报的《高职外语类专业跨境电商人才培养的研究与实践》（系列论文）斩获三等奖，主要参与者有谢莉、于捷、黄男、宋佳珍等教师。该成果是学校多年来在"多语言平台上的商贸服务类高端技术技能人才"培养和教育教学改革发展方面所取得的突出成绩的集中体现。历经长达半年的材料准备过程，最终斩获殊荣，不但实现了学校省级成果奖零的突破，更为学校的品牌建设和教育强省战略贡献力量。

5月，由涉外经济管理系主任王璐主持启动的"一璐有你——王璐导游工作室"被长沙市导游协会授牌为"长沙市金牌导游工作室"。该工作室以我校旅游相关专业学生上手能力的培养为目标，按照人才培养方案组织实践训练活动。同时，工作室也为学校搭建了创业孵化基地，使学生的专业技能培养真正做到平台扎实、保障坚强、指导有效、落实到位。

7月17日，在"2019年湖南省职业院校教师能力比赛"中，涉外经济管理学院安李、王璐、胡晨璐老师获二等奖，教育与艺术学院李晓帆、罗敏、郝建军老师获二等奖，教育与艺术学院刘姣、刘诗敏、唐阳成老师获二等奖，英语学院肖婧、刘绽、王莉老师获三等奖，教育与艺术学院罗敏老师获三等奖。

7月25日，英语学院肖婧老师获外研社"教学之星"大赛全国复赛二等奖。

9月，湖南省教育工委、湖南省教育厅发文对2018年湖南省"对标争先"建设计划项目评选结果进行通报，党委组织部副部长曾朝霞入选"湖南省高校党务工作示范岗"。

11月28日，唐强、曾卉老师荣获"湖南省高职高专院校2019年度思想政治工作先进个人"称号。

11月28日，在"湖南省第二届思政教师教学能力展示竞赛"中，思政课部刘平老师获二等奖，思政课部欧重香老师获三等奖。

11月，在"全国第五届外语微课大赛全国决赛"中，英语学院刘绽、肖婧、王莉、谢莉、张金老师获一等奖，陶陶、周新云老师获三等奖。

11月，教育与艺术学院罗敏老师获"2018年湖南省第四届普通高等学校青年体育教师课堂教学竞赛"三等奖。

12月，教育与艺术学院李晓帆、许旭、郝建军老师获"湖南省职业院校教师思想

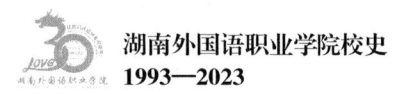

政治教育教学能力竞赛课程思政说课赛项"二等奖。

在"2019年度长沙市中职学校英语技能竞赛"中,沈局婷、武澜澜、范馨匀、朱晓露老师获"优秀指导老师"荣誉。

武装部干事张潇荣获"2018年度高校征兵工作先进个人"荣誉称号。

这一年,涉外经济管理学院申报的"涉外酒店管理现代学徒制"立项通过,学校成为省级现代学徒制试点单位。涉外经济管理学院王璐老师主持的酒店管理专业课程"湖湘旅游文化"获湖南省精品在线开放课程立项。涉外经济管理学院赵红梅老师主持的"国际贸易理论实务"课程获湖南省精品在线开放课程立项。

这一年,学校共立项23项课题,其中,湖南省社会科学界联合会项目1项,湖南省教育科学研究者工作协会课题10项,湖南省职业院校教育教学改革研究项目4项,湖南省教育厅科学研究项目9项。

这一年,学校出台《进一步规范教研活动的通知》《2019年学校教研活动指南》等。各二级学院在活动指南指导下开展丰富多彩的教研活动,引导教师快速成长。学校以赛促教,以赛强能。在全国、全省微课大赛、教学之星大赛、教学设计大赛、课堂教学竞赛等赛事中,共有34名教师获奖。

**2020年**

2020年,对于湖外来说是极不平凡的一年,刚刚完成新校区搬迁的重大历史使命,正欲抖落身上的尘土,稍作喘息,但新冠疫情开始席卷全球,使得学校各项工作面临严峻挑战。对于全体湖外人而言,精神需要抖擞、士气需要提振、各项事务需要稳步推进。

在中国特色社会主义思想、党的十九大及十九届五中全会的精神指引下,全体湖外人迎难而上,力图化危机为转机,切实将内涵式发展放到首要位置。学校在疫情暴发的初始阶段迅速反应,利用智慧校园,优化管理模式、教研模式和学习与培训模式,实现更加便利和高效的云上校园生活与教学体验。学校助推运营与管理过程中产生更高的教学与科研价值,提质战略规划与统筹指导能力,推进治理能力和治理体系现代化,打造防控期间各项工作的"湖外模式"。一年来,学校在党的建设、疫情防控、教学科研、学生管理、招生就业、后勤服务等方面,取得了一系列成绩。这是一场转"负重爬坡"为"阔首前行"的攻坚战。

**(一)学校总体工作**

1月18日,2019年工作总结暨先进集体、先进个人表彰大会在图书馆报告厅举行。学校董事会、校务会主要领导出席。中国教育国际交流协会原秘书长江波教授应邀参加。执行校长鲁平以《立本强基提品质,守成创新著华章》为题,作2019年度工作总结报告。鲁平在报告中对全年工作进行全面、客观的总结，从党建作用发挥充分、专业建设加速提质、人才队伍有效锻造、培养质量稳步提升、招生就业再开新局、优良学风培育有力、中外合作稳健推进这七大重要领域和相关专项工作所取得的不俗成绩进行详尽分析。董事长宁平在讲话中勾勒出学校发展的大框架与大战略。宁平认为，搬入新校区后的湖外，站在了新的起跑线与分水岭上，这是学校发展的转折点。按照现代大学制度和高职教育的本质要求，学校整体发展更应凝心聚力、不舍昼夜。宁平提出四点意见：一是继续推进新校区建设工程，夯实学校的发展基础；二是加快推进强校升本工程，提升学校的发展层次；三是大力推进人才队伍工程，强化学校的发展支撑；四是深入推进内在治理工程，优化学校的发展机制。

1月30日，根据湖南省教育厅《关于进一步做好全省职业院校新型冠状病毒感染的肺炎疫情防控工作的通知》，为切实加强校园新冠疫情的防控工作，更好地保障全体师生员工的生命安全与身体健康，经学校研究决定，推迟2019~2020学年春季学期学生开学时间，具体开学时间另行通知，同时研究制订相应的线上教学实施方案。

1月，学校针对新冠疫情防控工作，先后出台实施方案与工作预案。学校转入应急工作状态，全面部署疫情防控工作；成立由董事长、校长任组长，其他校领导为成员的疫情防控工作领导小组，负责统一领导和指挥、及时研究部署和落实防控措施。学校通过制订周密方案，构建"三严"（从严监控、从严要求、从严执行）防控管理；"四早"（早发现、早报告、早隔离、早治疗）防控网络；"一体"（学生寝室、校园、班级卫生员—二级学院防控组织—学校防控组织三级一体）防控系统；"一协同"（校长办公室牵头、学校职能部门和多单位组成的矩阵式的多级信息监测与及时报告）网络，实施有序管控。

2月5日，我校紧密部署《推迟开学不停学，湖外开展网上学》方案，整合互联网教育资源，正式启动线上教学。拥有1.2万名学生、27个专业、逾300门课程、8个教学院部的湖南外国语职业学院，在推迟开学之后，如何通过线上教学确保原教学计划的进度和质量，是一个大工程。湖外给出的方案是，培养学生知识可迁移能力，提升教师信息化教学水平，实现教学联动、家校联动、中外教师联动，不断积累和创新线上教学方式方法，聚力打造线上教学的"湖外模式"。

2月8日，学校官微"我们的湖外"发布《湖南外国语职业学院致全体学生家长的一封信》。根据上级部门的指示精神，学校决定延迟一段时间开学，为确保学生们在这段特殊时期不耽误学习、确保原教学计划的进度和质量，制订线上教学工作方案。

1至2月，突如其来的新冠疫情让每位湖外学生的寒假显得格外冷清。让学校骄傲的是，有这么一群了不起的青年学子积极响应中央"群防群控"的号召，通过积极组建青年志愿者突击队、参与当地志愿者工作等方式，到田间地头去、到千门万户去、到防疫战疫的一线去，成为战疫必胜的"擎旗手""战斗员""监督员"。他们不串门、不聚餐，配合社区（村）干部进行疫情宣传工作，号召民众宅家；他们逆向而行主动参战，在家乡医院人手紧缺的情况下，加入医疗救护队伍，直面凶险病毒；他们自觉自愿参与当地一线执勤工作，组织参加防控巡逻队，成为守护人民健康安全的忠诚卫士；他们或捐出本就不多的零用钱，或购买口罩等防护物资，坚定驰援湖北疫区……他们所汇聚的磅礴的战疫合力，燃爆了湖外人的朋友圈，受到多家媒体报道。

2月17日开始，我校来自10余个国家的逾20名外籍教师，按照学校的整体布局启动线上教学，克服时差、平台操作等障碍，实现欧洲、南美洲、亚洲三大洲跨洋连线。他们在这项"停课不停学"的浩大工程中，承担英语、法语、西班牙语、葡萄牙语、德语等10个外语语种的口语、听力、阅读等课程的教学任务。因疫情影响，他们有的选择留在中国，有的虽已飞赴海外家中，但始终牵挂着中国的疫情，全力配合学校开展线上教学工作。他们的优秀事迹，被学习强国、《中国日报》、湖南卫视、红网、《湖南日报》、《三湘都市报》、湖南教育网、湖南教育电视台等中央级、省级主流权威媒体广为报道。

3月9日，我校逾万名师生齐聚"云端"，通过官网、腾讯课堂平台举办了一场2020年春季学期特殊的线上开学典礼。温馨、暖心、振奋、感人等词成了这场典礼的关键词。为贯彻落实教育部和省教育厅"停课不停教、停课不停学"的要求，学校严格执行在新冠疫情防控期间的教育教学工作，积极应对疫情对新学期教学工作的影响，分阶段开展线上教学。至3月8日，顺利结束第一阶段为期3周的线上教学工作。自3月9日开始进入新学期教学阶段。

3月22日，经周密部署、精心筹备，学校组织全校教职员工约430人，利用钉钉平台开展关于防控新冠疫情的专题视频培训，为春季师生安全返校并顺利开启2020春季新学期做好充分准备。

4月7日，为保障学校各项工作在疫情防控期间的正常开展，以及春季开学准备工作的有序推进，根据学校疫情防控工作领导小组的统一部署，我校在长沙的校领导、职能处室中层干部、部分职能处室员工到校上班。学校将以错峰开工、陆续返岗的形式，让全体教职员工在保证自身安全、健康的前提之下，到校逐步铺排工作，为后期正式开学提供更多的经验支持与可行方案。

4月12日，南学生公寓实现封顶。至此，新校区第一、二期工程，共计40余万平方米的主体建筑全部完成施工。

5月8日，学校迎来了由长沙市教育局王威、长沙市市场管理局何辑、长沙市疾控中心金若刚等领导、专家组成的疫情防控督查组，就我校疫情防控工作的准备与落实情况进行审核,并就开学准备工作给予技术指导。督查组一致认为:湖外拥有医学健康管理学院作为医疗资源保障,疫情防控工作可以用"比较到位""较为放心"来概括,开学基本条件经严格审核,"已按要求落实"。

5月13日,湖南省教育厅副厅长王仁祥、湖南省教育厅民办教育管理处处长幸勇莅临我校,就学校的开学准备工作与建设发展现状进行考察调研。学校董事长宁平,以及主要校领导全程陪同。刚刚实现新校区搬迁的历史性转折,正处于建设发展快速推进期的湖外,又遭遇疫情这一"黑天鹅"事件。谈及如何确保湖外安全顺利开学,如何直面内涵式发展建设与强校升本等大考,宁平表示:从前期摸排、风险排查、物资准备到校园消杀、应急演练、宣传教育,湖外将进一步做实做细各项开学准备工作,化危为机,将防疫与养成教育相结合,构建湖外特色的常态化疫情防控体系。同时,面对国际国内高等教育迅猛发展的形势,湖外有信心把握机遇,在跨越式发展的道路上实现新的突破。王仁祥高度肯定宁平把教育事业作为终身奋斗的事业,秉承教育初心,肩负社会责任的教育情怀。他认为:湖外线上教学抓得早且成效有目共睹,近日更是成为获批具备开学条件的高校,足见对疫情防控工作的重视程度。如今复学在即,更应持之以恒地将各项防控工作部署有条不紊地抓紧、落实、细化。根据前期对湖外返校复学与相关建设工作的调研情况,王仁祥表示他本人高度期待湖外的建设发展,并就此作重要指示:一是在办学特色上,湖外应继续坚持特色鲜明的国际化办学思路,培养高水平的国际化人才。借助江波教授这样长期关心湖外发展的国内知名教育家的优势资源,帮助湖外在人才培养方面实现更多突破;二是要在国家"一带一路"的战略布局和推进过程中,紧随"湘企出海"步伐,亮化湖外特色,发挥湖外作用,体现湖外价值;三是湖外应凭借自身鲜明的办学特色、深厚的历史积淀与所凝练的经验,在新的赛道上昂首阔步,在职业教育的改革浪潮中运势而为。

5月15日,《湖南外国语职业学院2020年春季学期开学工作整体方案》由长沙市新型冠状病毒肺炎防控指挥部、湖南省教育厅审核通过。至此,湖外上报的返校日期最终确定。《湖南外国语职业学院关于2020年春季学期学生返校的通知》正式下发,开学日期终于敲定。

5月17日,为了迎接近万名师生安全返校,根据《突发公共卫生事件应急预案》,学校组织开展返校应急演练。校领导黄硕、余孟辉、任征、王明明、曹杨等负责对演练进行全程指导。

5月18至20日,根据《关于2020年春季学期学生返校的通知》安排,学校组织全校学生分批错峰返校。静谧了整整4个月的校园,终于随着学生返校,逐渐飘散出书卷香和烟火味。

5月21日,是我校复课第一天。久违的课堂铃声,宣告整整3个月的线上教学正式终结。湖外在全校范围内开展以《弘扬抗疫精神、争做合格大学生》为主题的开学第一课。同学们通过观看由我校思政理论课部制作的涵盖《国之精神》《校之所为》《学生之典范》三个篇章的教学视频，了解在这次抗疫战争中涌现出的感人案例和优秀典型，体会国家的强大、学校的担当与湖外学子的青春力量。各任课老师结合所授课程的特点，充分发挥课堂"主渠道"功能，将抗疫过程中的典型经验与先进人物转化成教育教学中的"活教材"，赋予课程思政时代广度与厚度，赋予专业课程价值引领作用。

6月14日，原长沙市委副书记、浏阳市市委书记欧代明，原长沙市人民政府副市长张伟玦，以及我校原党委书记周庆宪一行来校指导工作。

6月，后勤资产管理处因机构调整，分为后勤处和资产处，各自独立办公，均由黄硕副校长分管。后勤处负责人为谭朝曦，资产处负责人为邹莎。

6月，后勤处组织编制完成《湘外物业管理服务体系文件》，涵盖了秩序维护、工程管理、环境维护、品质管理、综合管理五大版块，明确了部门及各岗位职责，建立了各版块规章制度、操作手册和作业程序，规范了物业管理操作环节流程；还修订了《食品安全管理制度》，制订了《直饮水管理制度》《二次供水管理制度》等制度。

6月，资产处先后发布《湖南外国语职业学院办公用品领用管理办法》《湖南外国语职业学院采购管理办法》，资产仓库管理系统、资产卡片管理系统正式上线，给学校数亿固定资产（动产）贴上身份标签，做到一物一卡。资产管理队伍建设完成，资产管理员及资产管理工作已覆盖学校各部，资产管理体系建设基本完成。

6月，学校先后完成120余间医护类、计算机类、学前教育类、现代商贸管理类实训室的建设；优化升级教职员工、学生宿舍180余间；完成20余间图书馆和其他场馆的配套设施建设，为师生学习、生活创造优质条件。

7月1日，学校全体党委成员和机关总支全体党员，面对庄严的党旗，高举右拳，重温入党誓词，字字铿锵，庆祝建党99周年。

7月3日，学校2020届毕业生毕业典礼在图书馆报告厅举行。学校董事会、校务会主要领导，与百余名教师及毕业生代表，在严格遵从疫情防控规定的前提下盛装出席典礼。除了线下会场，还有近3 000名毕业生及其家人在"云端"见证这场特殊时期的毕业典礼。刚刚正式履新湖外校长一职的中国教育国际交流协会原秘书长江波教授，以两个"感谢"作为对本届毕业生的送行留言：感谢你们让湖外更美丽！感谢你们让世界更美好！

7月4日，省人大常委会原副主任、省政府原副省长、省民办教育协会会长唐之享来校视察工作。

7月14日，湖南省教育厅职业教育与成人教育处处长余伟良博士应我校邀请，以

《推进湖南职业教育高质量有特色发展》为主题，在多功能报告厅为学校董事会、校务会主要领导，以及全体教职员工深度解读《湖南省职业教育改革实施方案》。这场讲座对于在新校区首次筹备活动周系列宣传活动的湖外而言，无疑是一场重量级的预演。余伟良在讲座中以"我的职业教育梦"开篇，引出对如何"成为一所学生有所收获、家长有所期待、企业有所依靠、政府有所信任、社会有所共享的群众公认的身边好学校"这一问题的积极思考，而这正与湖外经年以来在求索中恪循的"办有良心的教育、育有作为的学生、建有品质的学校"的基本指导思想高度适切。

7月23日，长沙市民办教育协会会长张伟玦、常务副会长韩轶凡、常务副会长张驱美、秘书长李俊年、秘书覃丽一行来校考察调研。学校董事长宁平、副校长黄硕、副校长余孟辉、纪委书记任征、校长助理曹杨、校长助理李波等人参与陪同并出席座谈会。

8月24日，学校举行"升本"主题报告会。邀请原湖南外国语职业学院校长、湖南省高校评估专家潘留仙为全体中层干部上了一堂精彩的升本工作辅导课。董事长宁平、校长江波出席报告会。江波高度评价了潘留仙关于升本工作的报告，并就职业本科教育和湖外升本工作提出了四点建议：一是提高站位，与职业教育改革发展大局同频共振；二是对标新时代新要求，充分认识职业教育的特质；三是坚持职业教育属性和定位，充分改造自我；四是加强政策文件学习，把握精神要旨，明确奋斗目标。

8月24日至26日，我校举行"浏阳再出发 提振精气神 湖外新复兴"暑期工作会议，会议地点分别设在长沙校区和浏阳校区。董事长宁平、校长江波以及全体校领导、职能部门负责人出席了会议。在新学期教职员工培训会上，董事长宁平提出了以"追求品质、追求内涵、追求特色"为目标的转型发展要求，这是湖外理念升华、路径拓新的新发展理念，是湖外新复兴的发展内涵。会议将2020年定为湖外转型发展元年。

8月26日，长沙市人民政府副市长刘明理来校指导工作。

9月8日，我校中层干部竞聘会举行。余孟辉副校长、肖建安副校长、任征副校长等领导出席。此次竞聘会是为了进一步加强中层管理干部队伍建设，满足我校持续快速发展的需要。

9月10日，学校于图书馆报告厅举办庆祝第36个教师节暨"十年筑梦，与湖外共成长"表彰典礼。活动以最高礼遇邀请在校供职10年以上的85名教师参加。董事长宁平、校长江波，以及学校主要领导出席。本次活动由学校工会组织。全体与会人员穿过由鲜花簇拥的红毯，在图书馆报告厅落座。涉外经济管理学院副教授陈晖、浏阳校区菲律宾籍英语教师维拉，作为教师代表先后发言。庆典结束后，参会代表移步科技孵化楼会议室召开座谈会，与会校领导向所有在学校发展历程中不离不弃的湖外人表示崇高的敬意和由衷的感佩,鼓励大家将个人拼搏的梦想与学校发展的梦想相融。老师们在轻松、融洽的氛围中畅所欲言,分享了自己与湖外从相遇、相识、相知,再到相守的故事,并积极为湖外发展建言献策。

10月13日,我校第二届"课程思政"说课比赛在图书馆报告厅举行。副校长余孟辉、肖建安、王明明,总督导谢艳梅,党委工作部部长文建奇,教务处处长赵慧敏担任比赛评委,各二级学院院长、专业负责人、教师代表观摩比赛。本次比赛共有8组参赛选手。参赛选手先后登台进行说课,从自己的课程特点出发,深入挖掘了各门课程蕴含的思想政治教育元素和所承载的思想政治教育功能,把思想政治教育与知识体系教育融为一体,实现"知识传授""能力传授""价值引领"的有机统一,展示了各自的教学风采和理论功底。

10月15日,湖南省高等职业院校日语教学协作组成立大会在我校举行。湖南省教育厅副厅长王仁祥专程到会并讲话。

10月24日,我校2020级新生开学典礼暨军训总结表彰大会隆重举行。5 000余名新生及全体教职员工参加开学典礼。学校董事长宁平、校长江波、校务会成员、外籍教师代表在主席台就座。典礼由副校长余孟辉主持。

10月25日,湖南省教育厅职业教育与成人教育处处长余伟良博士来校指导工作。

10月28日,宁平董事长、高嘉庆处长赴北京外国语大学学习考察,北京外国语大学闫国华副校长接见。

11月4日,应东方语言学院邀请,中国职业技术教育学会副会长马树超到访我校,董事长宁平、党委书记刘世昌接待了来宾。

11月5日,中南大学湘雅医院副院长李远斌来校指导工作。

11月8日,宁平董事长与教育部职业教育与成人教育司谢俐副司长一同参加在长沙召开的座谈会。

11月11日,我校名誉校长宋勤一行来校指导工作。

11月17日,全校师生期待已久的图书馆开馆仪式举行。董事长宁平、党委书记刘世昌、副校长肖建安等校领导,以及各二级学院领导、部门负责人出席,图书馆全体教师及学校师生志愿者代表参加了此次开馆仪式。开馆仪式由刘世昌主持。这座近2万平方米的宏伟大气的图书馆巍然屹立,彰显湖外砥砺品学、融会东西的学风。

11月29日,湖南省教育厅民办教育处处长朱日红来校指导工作。

12月19日,学校董事长宁平、党委书记刘世昌专程前往北京,举办聘任仪式,正式聘请宋勤为学校名誉校长、黄德生为学校专家顾问、黄海涛为湖外在北京工作联络点负责人。

12月20日,河北省秦皇岛市原市委副书记、市长宁金彪一行访问学校。

12月27日，长沙市中级人民法院副院长黎军、邹剑钧访问学校。

12月29日，国家"三人制"篮球队助理教练周鹏来校开展《体育健康与人的发展》专题讲座。董事长宁平、教育与艺术学院体育组全体教师、各二级学院和职能处室篮球爱好者，以及学生代表们参加了此次讲座。

12月29日，学校聘请美国春田学院周勇博士为客座教授。

12月，交通银行湖南省分行行长陈蔚、副行长向辉、部长肖文锦，北大桥支行行长聂遐玲一行来到学校，回访已授信客户的运营情况，对学校的发展表示认可和赞许。

12月，学校举办消防灭火实战演练及突发事件应急逃生演练，5 000多名师生参加演练。

12月，长沙市人民政府向湖南省人民政府去函，明确支持我校申报职业教育本科院校，并为新校区建设中的规划、土地供给、土地证和规划许可证办理等方面开辟绿色通道。

这一年，学校统筹推进新冠疫情防控，打好常态化疫情防控阻击战。在董事会、校务会的领导下，我校充分发挥党的政治核心作用，坚持"早布局、早准备"，及时成立新冠疫情防控工作领导小组，下设工作组，实现"推迟开学不停课"的网上教学，成功举办网上新学期开学仪式。学校全年共召开近20次防控工作部署会议，及时足量采购防疫物资。

这一年，学校加强党员发展过程管控，提高发展质量。学校严格按照党员发展25个步骤发展党员，全年共培训入党积极分子745人、发展对象177人，发展学生党员141人，发展教职员工党员8人。学校重视发展党员的培养过程，编印《青春心向党》手册，要求学生记录自己在培养阶段的学习和生活情况，鞭策学生自我管理、自我发展，健康成长。

**（二）人才培养工作**

6月9日，湖南外国语职业学院与Tomorrow（明天）国际在湖外图书馆报告厅举行校企合作签约仪式。根据所签订的校企合作协议，湖外将邀请Tomorrow国际的企业专家参与日语专业建设、课程设置和教学计划的制订，邀请企业名师、行业能手担任兼职教师。与此同时，Tomorrow国际将遴选湖外学生赴企业实习实训，邀请湖外教师参与企业实际运营活动。这一合作切实将专业与产业、职业岗位对接，课程内容与职业标准对接，教学过程与生产过程对接，学历证书与职业资格证书对接。

7月21日，中国兵器江南工业集团有限公司首席技师，享受国务院政府特殊津贴的数控专家，享有全国道德模范提名奖、全国劳动模范、全国技术能手、全国"三八"红旗手等诸多重量级荣誉的"数控湘女第一人"——杨芳，应邀走进"湖外大讲堂"。为数百名师生代表解读"大国工匠"与"工匠精神"。本次讲座由湖南外国语职业学院党委宣传部组织举办。

7月，在副校长肖建安的带领下，校企合作办公室主任李胜、教务处副处长王建平、校企合作办公室市场干事莫芳毅，作为代表赴广州市、深圳市两地，深入相关企业考察、调研。此次调研的5所优质企业均为极具雄厚实力与发展前景的单位，分别为：广州键麒炫进出口贸易有限公司、深圳九叶灵芝电子商务有限公司、深圳适途实业有限公司、佳兆业金沙湾国际乐园，以及深圳市博才教育集团。这些企业所设置的岗位大多与湖外目前所开设的专业高度适切，如外语类专业、酒店管理专业、空中乘务专业、会计专业、市场营销专业、护理专业、学前教育专业等。此行是为夯实产教融合基础，探索"双元"育人创新模式，校企共建一批高水平实习实训基地，切实保障毕业生就业质量。

9月15日，湖南外国语职业学院与京东物流（江苏京迅递供应链管理有限公司）举行校企合作签约仪式。出席此次签约仪式的嘉宾有京东物流华东人力资源部招聘经理廖敏、江苏人力资源部总经理魏晖、江苏人力资源部招聘经理汪新威和湖南外国语职业学院副校长肖建安、校长助理兼教务处处长赵慧敏、涉外经济管理学院院长李立辉和东方语言学院院长马亚琴。

9月24日，我校"京东物流订单班"8名学生赴京东物流（江苏京迅供应链管理有限公司无印良品仓）进行认知实训。在短短十几天的实训中，同学们快速转变角色，适应新环境，积极投入到京东物流的基层工作中。

9月，徐记海鲜（湖南徐记酒店管理有限公司旗下品牌）、京东物流、广州市键麒炫进出口贸易公司、深圳市通拓科技有限公司（长沙分公司）、深圳市昆仲科技有限公司（长沙分公司）共5家优质企业到访湖外。这些企业与校方就学生的职业生涯规划课程、实习就业、共建校内实训室，以及人才招聘等内容进行洽谈，并举办了签约仪式。

10月，医学健康管理学院助产专业通过了合格性办学评估，并增设医学美容技术专业；教育与艺术学院学前教育专业通过了合格性办学评估，并增设幼儿发展与健康管理专业。

11月3日，学校开展"金牌导游送课到校"之湖南外国语职业学院站的活动。本次活动是长沙市导游协会与我校的第二次合作。

11月7日，思政课部张承安教授、副主任刘平老师，各二级学院党总支书记，思政课部老师及知行社团成员一同前往杨开慧故居学习参观；同时，举行"湖南外国语职业学院实践教育基地"揭牌仪式。

11月14日，湖南外国语职业学院与捷悌友（淮安）科技有限公司举行共建半导体专业学科战略合作框架协议签订仪式。出席此次签约仪式的有捷悌友（淮安）科技有限公司代表谷春泉、苏商集团董事局副主席赵琦和湖南外国语职业学院董事长宁平、党委书记刘世昌、副校长肖建安、董事会董事宁翔、校长助理李波、校企合作办公室主任李胜。根据框架协议，后续校企双方将成立共建半导体专业学科推动小组，共同推进半导体专业学科建设进程，尽早签订具体合作协议以确定双方合作关系。

12月1日，湖南外国语职业学院与湖南嘉德集团有限公司在我校举行校企合作签约仪式。出席此次签约仪式的有嘉德集团有限公司董事长彭伍军、总裁办主任向元进、嘉德教育科技有限公司总经理屈文琦，湖南外国语职业学院董事长宁平、党委书记兼常务副校长刘世昌、副校长李建平、副校长肖建安、董事会董事宁翔、校长助理赵慧敏、校企合作办公室主任李胜。彭伍军表示，集团能在人才培养、师资培训、实习实训、创新创业、人才输出等方面提供全方位、多层次的合作；将针对学校特点，为学生提供创新创业指导，为实习实训的学生提供实习岗位。期待这一合作项目成为跨境电商领域校企合作的样板工程。

12月3日，理光图像技术（上海）有限公司总经理田边亮、测试部门中心长韩琪、人事经理茅晟蕾、人事主管刘玉君来校调研考察，洽谈合作事宜并签署合作协议。我校党委书记兼常务副校长刘世昌、副校长肖建安、东方语言学院院长马亚琴、东方语言学院党总支书记陈思颖、国际合作与交流处处长高嘉庆、校企合作办公室主任李胜出席签约仪式。刘世昌与田边亮共同签署了双方校企合作协议。来访人员面向东方语言学院2019级全体同学举办了一场生动的企业文化讲座，就企业概况、企业文化、发展历程和优势等方面进行展示和宣传，重点介绍了公司的招聘需求和员工的薪酬福利待遇，并与现场学生进行互动交流，为与会学生未来的工作规划提出了许多建议，让同学们感受到了世界500强企业雄厚的企业实力、先进的管理理念和进取的企业精神。

12月，我校共有13名学生获得2020年国家奖学金，366名学生获得国家励志奖学金。学校为充分发挥"朋辈传帮带"力量，以一次"思想碰撞"引导学生们做好未来规划，开展"国家奖学金学习经验巡回分享会"活动。

12月，2020年全国护士执业资格考试成绩揭晓。我校护理专业共计542名应届毕业生参加全国护考，516名学生通过护考，护考通过率达95.2%。

这一年，学校坚持突出"内涵建设"，稳步提升教学质量。学校推动省级一流特色专业群建设，结合学校重点专业建设规划和办学特色，遴选10个校级重点专业为拟升本专业，6个专业进入第一批内部质量保证体系诊断与改进专业；完成教育部目录外专业——智能建造专业的申报；组织国控专业——英语教育、休闲体育、跨境电商专业的申报，优化专业结构；完成2018年增设专业（助产、学前教育）的第三年评估验收；推动 5 间医学类实训室、10 间幼儿教育类实训室建设，2 个新专业（医学美容、幼儿健康与管理）顺利开班。同时，学校改革人才培养模式。充分彰显湖外语言优势，确定湖外"3+"培养模式，建立"1234N+"线上特色教学体系，进一步优化原有课程体系，形成"2-6-N 双核"课程模块；推动完成"1+X"证书试点的申报工作，其中"跨境电商 B2B 数据运营"证书试点获得省级立项。

这一年，学校规范实习实训管理，提高学生实践创新能力。学校拟定第一批实训室建设方案，进行专家论证，并投入 600 万元，以完成学前教育、语言类等专业 34 间实训室的硬件建设；继续推进"蘑菇钉"顶岗实习平台的运用，为学生搭建实践教学信息化管理平台，全校毕业班学生已绑定实习平台 2 967 人；积极扩展校外实训实习基地，为达成每个专业至少有 1 至 2 家校企合作单位的目标，我校先后 3 次赴北上广，考察优质毕业生和他们所就业的企业，拓展了京北方科技股份有限公司、湖南嘉德集团、深圳适途实业有限公司、京东物流等一批校外实习实训基地，与 21 家企业签订了校企合作协议。

这一年，学校构建校企通联机制，促进产教融合。自 7 月以来，学校领导与相关负责人共走访、接待企业 62 家，引入一批优质企业，如徐记海鲜、京东物流、佳兆业金沙湾国际乐园、广州市键麒炫进出口贸易公司、深圳市通拓科技有限公司、深圳市昆仲科技有限公司、湖南嘉德集团等。这一年，学校签署了 20 个校企合作协议，邀请企业名师来校开展 2 场职业生涯规划主题讲座。

**（三）招生就业工作**

5 月 23 日，我校 2020 年单独招生考试大幕开启，这是学校整体搬迁至新校区之后首次组织进行的单招考试。本次单招考试因疫情影响，比往年推迟一个半月左右。

9 月，我校成立了首个商业开拓性学生社团组织——创业联盟，共有 50 余名学生。

11 月 3 日，学校在田径场举办了 2021 届毕业生供需见面会。本次供需见面会旨在为企业与学校、学院及学生之间开展更广泛的交流搭建一个长期合作的平台，落实 2021 届毕业生就业工作，积极为用人单位输送应用型人才。本次参会企业多达 290 家，分别来自北京、上海、长沙、武汉、深圳、广州、杭州、重庆等地。招聘行业分布广泛，涉及了教育、餐饮、旅游、物流、电子商务、服装、家居、通信、医护等多个领域，需求专业几乎涵盖我校所有专业，为毕业生提供优质工作岗位 12 000 个，约有 4 000 余名毕业生参与此次供需交流。

这一年，学校超额完成招生目标。省教育厅下达的招生计划人数为 4 657 人，实际可用计划人数 4 545 人，我校计划使用率稳居湖南省高职院校前列。我校实际共招收新生 5 566 人，新生报到率达 92.77%，超额完成董事会下达的招生目标任务；生源质量稳定，主要体现在文科、理科投档线分别比省控最低分数线高出 89 分和 22 分。中高分阶段生源比例增加，400 分以上的学生为 235 人，300 至 400 分的学生为 1 865 人，占新生比例的 81.49%。

这一年，学校指导学生创业，辅导创业项目落地。通过正面引导与支持，社团与我校商业街商户、学校三水超市、电子阅览室等商户展开良好的合作，举办全校性英雄联盟电子竞技赛事、校园寝室零食盒子、校园营销大赛等各项活动，为有志于创业的同学提供了实践平台。另一方面，学校吸纳已开展创业经营的学生，入驻我校创新创业孵化基地，为已入驻的 2 个团队提供一站式孵化经营支持活动，成功孵化培育长沙南丝教育管理有限公司。

这一年，学校全面助力学生实习就业，共组织京东物流、佳兆业、通拓等企业招聘专场会 7 场，为学生提供上千个实习工作岗位。

**（四）师资队伍建设**

7 月 21 日，学校邀请湖南省社科联科研组织处研究员、经济学博士李风琦，于"湖外大讲堂"举办了一场学术氛围极为浓厚的讲座，旨在进一步提升我校社科联课题的申报质量和研究水平。

9 月 2 日至 3 日，学校人事处组织全体教职员工开展了一系列培训活动，旨在督促每一名员工成为学校转型的主力军。学校董事长宁平、校长江波出席了首场报告会，全体校领导和全体教职员工参加了本次会议。会议由纪委书记任征主持。本次培训内容丰富，邀请涉外经济管理学院院长李立辉教授，升本办主任罗小杰副教授，校长助理、英语学院院长周新云教授分别开展专题讲座。

9 月，浏阳校区护理系全部搬迁至长沙新校区，浏阳校区在校学生骤减，为做好校区教职员工分流，浏阳校区新招聘员工 2 人，30 名教职员工调岗至长沙校区，基本确保了教学活动正常进行。

12 月 4 日，辅导员学院举行本年度第三次培训会议。会议主题是"构建安全稳定体系，促进学生成长发展"。会议由学工处副处长罗飞主持。

12 月 15 日，学校图书馆报告厅座无虚席，400 多名教职员工齐聚一堂，聆听长沙市委党校社会和文化教研部主任梁媛教授的精彩报告。梁媛用六个"新"，为到场教师打开了《中共中央关于制定国民经济和社会发展第十四个五年规划和二〇三五年远景目标的建议》的壮丽画卷。

这一年，学校完善辅导员工作体系。学校创建了湖外辅导员学院，坚持通过每月 1 次专题培训、2 次沙龙，搭建辅导员交流平台，举办首届辅导员技能大赛，实施辅导员职级评定制度，不断提高辅导员的思想政治素质和业务能力；以学院为单位提报校级课题，从文化育人、网络育人、实践育人等角度上报了 10 个项目至省教育厅，数十位辅导员老师加入了科研项目，提升了辅导员参与科研项目的信心。

这一年，学校加大招聘引进优秀人才的力度。学校全年新招聘各类人员 175 人，入职 145 人，其中中层干部 4 人，行政干事 45 人，辅导员 22 人，专任教师 74 人；按学历划分，有博士 6 人，硕士 71 人，占比约 53%；按职称划分，有教授 3 人，副教授 5 人，讲师 5 人，助教 2 人，其他系列职称有 1 人。此外，我校柔性引进高层次人才，聘请万湘桂教授、刘美萍教授作为我校专业建设顾问，不断优化教师队伍学历职称结构。

这一年，学校组织职称评审工作，充实高职称人才队伍。学校完成 2019 年高校教师职称评审工作。受疫情影响，2019 年职称评审推迟至 2020 年 6 月 30 日结束。经二级学院初审、人事处审查、校内专家复核、校外专家评审，最终有 6 个通过副教授职称评审。2020 年我校申报高级职称共 18 人（其中 1 人参评教授，17 人参评副教授），申报中级职称 6 人，认定中级职称 19 人，认定初级职称 28 人。

**（五）国际交流合作**

4 月 21 日，学校举办与美国凯泽大学的合作签约仪式。与我校以往的国际合作项目签约仪式不同的是，因疫情影响，签约平台被设置于"云端"。仪式邀请中国教育国际交流协会原秘书长江波教授主持。参加此次签约仪式的有：湖外董事长宁平、副校长肖建安、国际交流处全体成员，凯泽大学校长凯撒、学术副校长赛斯、国际事务副校长李旬，以及凯盛教育培训（上海）有限公司总经理盛翼明、总经理助理金梦迪。

4 月 28 日，湖南外国语职业学院与法国瓦岱勒（Vatel）国际酒店管理学院通过线上平台进行合作洽谈。参与本次"云端"跨洋交流的两校代表有：湖外副校长肖建安，瓦岱勒国际酒店管理学院院长塞班与该校国际合作部负责人艾琳。中国教育国际交流协会原秘书长江波应邀主持此次会谈。早在 2018 年 10 月，法国瓦岱勒国际酒店管理学院尼姆校区副院长伊丽莎白即到访湖外。两校已具备初步合作的意向和基础，持续为双方进一步开展各层次的人才学术交流与合作项目的实施奠定基础。

6 月 9 日，国际交流与合作处举办"马来西亚城市大学专升硕项目宣讲会"。宣讲会由曹玲老师主持。全校近 200 名学生参加，聆听马来西亚城市大学湖南教学中心项目王浩东、游雨薇两位老师带来的分享。两校以学生升学就业为出发点，共同筹划本次宣讲会，致力于给湖外学生提供学习交流、升学就业机会。

7 月 2 日至 3 日，学校邀请上海凯盛教育集团总经理盛翼明、总经理助理金梦迪，以及美国凯泽大学招生顾问李昆霖来校访问。期间，学校先后召开"2.5+0.5+1+1"项目、"3+1+1"项目、桥梁课程建设和休闲体育专业建设四项专题会议。在休闲体育专业建设专题会议中，教育与艺术学院院长何力认为，未来学院将继续以教育方向为主进行专业群建设，非常期待与凯盛在专业建设领域的合作。盛翼明表示，上海或将成为湖外最大的就业市场,为学生提供充足的实训基地。双方将以休闲体育专业建设为基础,逐步开展体育保健与康复、电竞运动与管理、体育与艺术发展、体育活动运营管理和健身指导管理等方向的深度合作。

7月16日,国际交流与合作处处长高嘉庆、国际项目专员曹玲受江波校长委托,代表湖外访问老挝驻长沙总领事馆,受到总领事本·印塔巴迪、领事习通·维莱哈、总领事秘书崔大山等人的接见。双方围绕湖外招收老挝留学生、联合在老挝的中国企业对相关人员进行培训等议题进行探讨,并达成初步共识。本·印塔巴迪表示,今后老挝人民民主共和国驻长沙总领事馆将积极发挥桥梁纽带的作用,不遗余力地促进相关合作项目的开展,与湖外建立长期、稳定的合作关系。

7月,学校举办与美国凯泽大学的合作签约仪式,将在实现双方互利共赢的基础上切实推动我校学生进行语言进修与学历提升。

8月17日至21日,2020年湖南外国语职业学院与美国凯泽大学线上夏令营活动在Zoom会议系统进行。本次夏令营活动由湖外国际交流与合作处负责组织与协调工作,以"提升英语学习能力,了解职业就业信息,拓展国际化视野,培养团队协作精神"为主题,吸引了我校共计120名学生参加。活动内容包括:开营仪式、凯泽大学外籍教师的校园生活分享、各类英语课程及相关知识讲座、凯泽大学留学项目介绍与留学生活分享以及结营仪式等。课程及讲座均由凯泽大学校方领导与外籍教师负责讲授,为营员们提供了一系列实用且学术性极强的教学课程。

8月26日,我校国际教育学院首批专业合作院校签约仪式隆重举行。中国、美国、法国、西班牙、日本5个国家的10余所学校通过线上、线下方式,在全球10个城市共同参加了签约仪式。参加此次签约仪式的国外高校有:美国凯泽大学、西班牙萨拉戈萨大学、法国IPAG高等商学院、日本育英馆教育集团、北洋大学、稚内北星学园大学、京都看护大学、北海道荣高等学校等。这标志着学校正式开启具有湖外特色的国际教育学院的建设工作,将面向湖外学子提供更高质量的、既有中国特色又符合国际标准的国际化教育。

12月,中村Radio创始人中村纪子为我校日语专业师生举办主题讲座。

这一年,学校进一步深化拓展国际交流,加强中外合作共建。我校新设国际教育学院,在深化拓展国际交流项目,加强中外合作共建方面迈出了实质性的步伐;先后申请加入了世界法语大学联盟、中非经贸合作职业教育产教联盟、湖南省人才交流协会;与老挝驻长沙总领事馆达成合作意向;通过网上签约,与美国凯泽大学等国外知名高校达成合作意向;与马来西亚城市大学建立新合作领域。国际合作与交流处协助配合学校国际教育学院招生工作,先后于10月、11月成立了国际教育学院日语班、商务英语班。同时,各语种外教基本招聘到位,与我校签订教学合同的外教总人数达

14人，其中博士1名，硕士4名。

2020年的新冠疫情，使得"人类命运共同体"理念得以充分彰显。这次疫情给高等教育带来了巨大冲击，以对外交流合作为办学特色与育人亮点之一的湖外，始终置身于国际高等教育的大格局之中，积极与国际高校携手探索创新的方式方法，闯出后疫情时代高校国际合作与交流工作新路线。

### （六）校园文化生活

10月23日，长沙校区田径场举办以"新耀湖外，超越梦想"为主题的迎新晚会。

12月13日，英语学院党支部组织开展"参观雷锋纪念馆"活动。红色主题党日活动的举办，是为了扎实推进、持续强化党员思想政治学习，发扬并传承红色文化和红色精神。

12月16日，教育与艺术学院党支部赴烈士公园开展"不忘初心 缅怀先烈"主题党日暨学生党建实践活动。活动号召新一代大学生学习长征精神、传承红色基因、牢记初心使命、承担使命责任。

12月22日，涉外经济管理学院组织全体党员开展以"牢记历史，缅怀革命先烈"为主题的党日活动。在学院党总支书记曾卉的带领下，涉外经济管理学院全体教师党员、学生党员以及第六期学生发展对象参加了此次活动。

### （七）社会服务

4月，刘绽老师以优秀选手代表身份受邀在第六届外语微课大赛湖南省赛区启动会暨微课设计与应用研修班讲座上分享自己的备赛、参赛经验。

10月，学校承办2020年"外研社·国才杯"大学生英语演讲、写作大赛（高职高专组）湖南省赛。

10月，学校承担"中高职衔接商务英语专业教师协同研修国培班"的培训工作。

11月19日，学校召开"湖南省高等职业院校日语专业建设研讨会暨湖南省高等职业院校日语教学协作组成立大会"，湖外开始承接实用日本语J.TEST考试考点工作。

11月，赵慧敏副教授应邀担任2020年湖南省职业院校思想政治教育教学能力比赛决赛的现场评委。

12月，周新云教授应邀在2020年湖南省高职类外语人才培养改革讲座中发表行业相关主题的讲话，分享我校在推进高职外语类专业人才培养改革方面的典型经验。

### （八）主要荣誉成果

学校荣誉

11月，教育部体育卫生与艺术教育司和国家体育总局体操运动管理中心在"校园大课间啦啦操"活动中，为学校颁发"全国校园大课间啦啦操推广实施单位"称号。

学生获奖

10月25日，2020"外研社·国才杯"大学生英语演讲、写作大赛（高职高专组）湖南赛区复赛在我校举办。张嘉慧和彭震两名同学获特等奖。

11月7日，商务英语专业学生在2020年"外研社杯"全国英语阅读大赛湖南赛区复赛（高职高专组）中取得优异成绩。何祁艳获得湖南省一等奖第一名，陆灏获得湖南省二等奖。

11月，在"2020年湖南省高职高专院校信息素养大赛"中，彭婷、李君航、蒋雅妮、周树青同学获二等奖，徐欣楠、李莹、陈梦瑶、谢贵荣、温德胜同学获三等奖。

11月，陈含茵同学在2020年全国大学生英语竞赛中获特等奖。

12月24日至27日，由湖南省教育厅、湖南省人力资源和社会保障厅主办的"湖南省职业院校护理技能竞赛"在岳阳职业技术学院举行。医学健康管理学院侯艳如（指导老师：范敏）获二等奖、彭心怡（指导老师：魏杏）获三等奖。闭幕式上，专家在点评现场对我校提出了特别表扬。

12月，王仪、何顺、朱心怡同学获"湖南省职业院校技能竞赛高职学前教育技能赛"三等奖。

12月，在"湖南省职业院校技能竞赛高职英语口语赛"中，刘雨晴同学获英语专业组二等奖，彭震同学获英语专业组三等奖，柯静茹同学获非英语专业组二等奖。

浏阳校区学生在"2020年长沙市中职英语技能竞赛"中，获得服务类英语竞赛一等奖、在线测评一等奖和三等奖等多个奖项，刷新获奖记录。

教师成果

1月，王莉老师主持的《新一轮对外开放背景下高效助力湖湘文化国际影响力提升路径研究》课题获省社科联项目立项，系我校首个获得立项的湖南省社科联项目。

7月，英语学院梁婷婷老师在"2020年外研社教学之星大赛全国大赛"中获特等奖。

9月，在2019年度湖南省社科基金规划项目中，原执行校长鲁平主持的《新时代"00后"大学生职业价值观培育研究》、成浩副教授主持的《湖湘红色文化传承视角下的研学人才培养机制研究》，以及周新云教授主持的《"一带一路"背景下语言类"三双"人才培养体系研究》课题项目获得省社科基金立项，实现了湖外社科基金项目零的突破。

9月，毛先勇老师获评"长沙市优秀教师"。

9月，谢莉副教授获第十一届"外教社杯"全国高校外语教学大赛微课组二等奖。

10月，英语学院梁婷婷老师在"全国高校教师教学创新大赛·第六届外语微课大赛"全国总决赛中获三等奖。

10月，在第十一届"外教社杯"全国高校外语教学大赛（职业院校组）授课组中，英语学院陶陶老师获特等奖。在第十一届"外教社杯"全国高校外语教学大赛（职业院校组）微课组中，英语学院吴瑾老师获一等奖，英语学院袁芝妹老师获二等奖，英语学院聂元媛老师、刘绽老师获三等奖。

11月，涉外经济管理学院安李老师获"2020年湖南省职业院校教师职业能力竞赛专业技能比赛"二等奖。

11月，在"湖南省教育厅高职院校信息素养大赛"中，西方语言学院毛先勇老师获二等奖，英语学院王莉老师获三等奖。

11月，在2020全国大学生英语竞赛中，谢莉老师获"优秀指导教师"称号。

12月，付兴华老师荣获湖南省教育厅毕业生就业办公室授予的"湖南省高校毕业生就业创业工作先进个人"称号。

12月，商务英语专业入选"2020年湖南省职业院校专业教学团队"。

12月，教育与艺术学院刘姣老师获"2020年湖南省第五届普通高等学校青年体育教师课堂教学竞赛"一等奖。

12月，谢莉副教授获首届全国高等学校外语课程思政教学比赛二等奖。

这一年，我校优化课程改革，重视课程提质。我校再获省、市两级精品课程立项。"国际商务英语谈判"课程被认定为省级精品在线开放课程，"外贸函电""国际贸易理论与实务""湖湘旅游文化"3门课程通过验收，"职场素质英语""国际商务英语谈判""国际贸易理论实务"3门课程在长沙市精品网络共享课程建设中成功立项。疫情期间，利用线上教学机会，教师自建线上课程190余门。《外贸英文函电》被立项为2020年湖南省职业教育优秀教材。商务英语专业获2020年湖南省高职高专院校专业技能考核标准与题库评价"优秀"。

这一年，我校鼓励教师参加教学比赛，推荐优秀教师参加省赛。在各类国家级、省级官方比赛及行业协会组织的比赛项目中共有19名教师获奖，指导学生在各类比赛中获省级奖项的有60人，获国家级奖项的有8人（教师获奖3人，学生获奖5人）。5位老师在省职业教育教学改革项目评审中立项。

这一年，我校提升科研能力，实现科研突破。新增32项课题研究，其中有承担湖南省社科基金的项目3项、社科联项目1项、省教育规划办"十三五"规划课题2项、省高校思想政治工作研究精品项目1项，以及省教育科学研究者工作协会课题8项，学校教师课题申报积极性不断增强。学校5大案例材料入选湖南省高校十大育人示范案例；我校教师参加湖南省教育科学研究工作者协会论文评选，24篇获奖；我校教师参加省职业教育与成人教育学会优秀论文评选活动，6篇获奖；在由湖南省职业教育与成人教育学会高职英语教学专业委员会主办的2020年学术论文征文评审中，我校教师获奖颇多，其中一等奖有1篇，二等奖有6篇，三等奖有8篇。学校发布了《湖外教学成果奖实施办法》；组织申报了2020年度校级教学成果奖，孵化和培育多个省级教学成果奖团队；成立8个教学创新团队，6个科研团队，拨出专款作为科研经费；创建湖外人自己的学术期刊《湖外教育》杂志，发布我校科研相关成果的发展动态。

**2021年**

2021年，是中国共产党成立100周年。百年光辉历程，给全体湖外人以汲取智慧、砥砺前行的力量。年初，董事会、校务会定下全年四项工作要点：一是以质量保证体系诊断与改进为契机，努力促进学校高质量发展；二是落实人才强校战略，加强人才队伍建设；三是突出内涵式发展，抓好学风、教风、作风、党风"四风"建设；四是举全校之力，推进文明高校建设再上新台阶。

在各级党委政府、教育部门的指导下，学校坚持走"职业化、市场化、国际化"道路，以"强校升本"为抓手，以改革创新为动力，牢牢把握"人才年、质量年、落实年"工作要求，着力提升内在治理能力，加快推进转型发展，稳步提高教育教学质量，在强校升本、内涵发展和人才建设方面取得了一定的成绩。

**（一）学校总体工作**

1月14日，董事长宁平在党委副书记、副校长余孟辉，学生工作处副处长江艳丽，团委书记习超，英语学院总支书记付兴华，资产处处长邹莎等人的陪同下，将口罩和洗手凝胶逐一发放到即将返乡过寒假的同学们手中，叮嘱同学们要强化疫情防控意识，在家遇到任何困难一定要及时反馈，学校会努力做好同学们坚强有力的后盾，为同学们排忧解难。

1月20日，我校首届教学指导委员会成立大会暨第一次工作会议顺利召开。本届教学指导委员会特邀宁平董事长参加。会议由教学指导委员会副主任委员肖建安主持。会议选定了教学指导委员会成员，分别为：主任委员江波，副主任委员刘世昌、肖建安、李建平、谢艳梅，委员王明明、周新云、李立辉、张承安、周东翔、赵慧敏、马亚琴、王亮。

1月20日，湖南省教育厅党组副书记、副厅长王瑰曙，湖南省教育厅学生处处长黄扬清，湖南省就业指导中心主任曹敏等领导来校调研并指导人才培养及招生就业工作。长沙市人民政府副市长刘明理、长沙市教育局副局长邓芸、望城区人民政府副区长苏敏芳、丁字湾街道办书记曹文率有关人员陪同调研。学校董事长宁平，校长江波，党委书记、常务副校长刘世昌，各分管副校长及中层干部参加座谈会。座谈会由刘世昌主持。王瑰曙指出：职业教育大有可为，民办教育、民办高校责任重大。湖外应立足本校优势，突出特色，立足湖湘大地，服务区域发展。

1月23日，学校第十一届教职员工代表大会第一次会议在图书馆报告厅举行。学校董事会、校务会主要领导，来自全校各职能部门、各二级学院的55名教职员工代表，以及全体中层干部出席会议。

2月24日，学校召开校领导述职汇报会，旨在为推进现代高校治理、齐心协力开创湖外新局面搞好顶层设计。会议由校长江波主持，采取校领导依次逐个汇报，董事长和校长逐个点评，董事会成员最后评价的方式进行。

3月9日，我校召开网络建设会议，讨论校园网改版建设情况，并对下一步工作进行部署。会议由党委书记刘世昌主持，副校长余孟辉、董事宁翔，以及各二级学院和相关职能部门主要负责人参加会议。宁翔首先就网站建设作报告。他介绍道，校园网页的改版工作从2020年12月启动，主要解决网页版面老旧，视觉效果不佳；旧版网页风格样式不统一；页面的布局不够完善合理；各部门网站页面更新不及时等问题。刘世昌指出，校园网建设是学校第二校园的建设，校园网应进一步突出湖外特色，体现学校多元化、国际化的办学特点和师生风貌，做到"功能设置要完善、网页设计要新颖、技术支持要保障、服务水平要到位、湖外特色要鲜明"。此外，各二级部门和学院应当将校园网建设工作作为年度工作的重点，紧绷"安全弦"、把好安全关，各个部门实现通力合作，高质量做好校园网站建设。

3月11日，香港叶氏投资集团与湖外正式签订辅助常青藤教育集团上市协议，使其步入香港上市进程。

3月17日，长沙市教育局2020年度办学情况评估专家组组长、长沙市教育局民办教育处处长李璐璐一行6人来到学校，开展2020年度办学情况评估。学校董事长宁平，校长江波，党委书记、常务副校长刘世昌等校领导，以及各职能部门主要负责人出席评估会。江波向专家们详细汇报了学校2020年的办学情况，从"一个引领"——党建及思政工作、"两个担当"——疫情面前保护师生生命健康和为党育人两手抓、"三项工程"——现代高校治理、强校升本和人才队伍建设工程、"四个高地"——湖外品牌文化、人才培养质量、美丽校园建设和平安校园建设这四个方面，介绍了湖外自2020年以来的新发展、新变化，并汇报了存在的问题及改进措施。

3月23日，我校名誉校长宋勤、专家顾问黄德生，以及湖外在北京工作联络点负责人黄海涛一行来校考察调研，在学校董事会、校务会主要领导的陪同下参观了校园。宋勤校长与宁平董事长一道向宋任穷铜像敬献花篮。宋勤饱含深情地向在场人员讲述了感人的抗战故事、英雄事例，以及自己成长的艰辛历程，同时向昂首阔步于奋斗新征程的湖外提出殷切期望、道出美好祝愿。

3月25日，湖南省民办学校扶贫抗疫表彰会暨湖南省民办教育协会五届五次理事大会召开。来自湖南省14个市（州）分管民办教育的相关领导、各级各类民办学校和教育机构代表600余人参加了会议。会上，我校作为扶贫先进典型参与现场访谈，党委书记刘世昌介绍了湖外"大手牵小手"支教队深入湘西自治州花垣县双龙镇卧大召村小学和十八洞村竹子小学开展教育扶贫的感人故事。

3月26日，学校在图书馆召开安全专项整治动员大会暨2021年度安全稳定目标责任状签订会议。学校坚持统筹发展和安全两件大事，是提升学校现代化治理能力和治理水平的必然要求。此次会议是为了进一步强化全校师生员工的担当精神和责任意识，促进学校安全工作再上新台阶。

3月29日，北京外国语大学原副校长、中国职业外语教育发展研究中心执行委员会主任闫国华，外语教学与研究出版社职教分社社长李淑静一行到访我校，就外语学科专业建设、人才培养及深化合作与相关教师进行座谈交流。

3月29日，我校第六届学术委员会第一次会议召开。校长江波，党委书记、常务副校长刘世昌，副校长肖建安、王明明以及第六届学术委员会其他委员出席会议，原副校长丁晓良以及相关职能部门负责人列席会议。会议产生第六届学术委员会：主任委员江波，副主任委员肖建安、李建平、谢艳梅，委员王明明、江波、李立辉、李建平、张承安、肖建安、周东翔、周新云、赵慧敏、谢艳梅，秘书长张承安（兼），副秘书长赵慧敏（兼），顾问刘世昌、丁晓良、余孟辉。湖外向着构建现代大学制度、落实专家治校、名师治学的办学理念，又迈出坚实一步。

3月30日，我校党史学习教育动员大会于图书馆报告厅召开。全体校领导、中层干部、教职员工党员、部分教职员工代表、学生预备党员及入党积极分子，以及学生社团代表共300余人参加。长沙市教育局民办教育党委专职副书记李超应邀出席会议。会议由我校党委副书记、副校长余孟辉主持。

3月，学校召开中层干部大会，传达校领导述职汇报会精神，分析学校建设形势，部署2021年工作任务。

3月，学校春季征兵中共有12人符合"双合格"（指体检合格并通过体检复检和对学历、家庭、政治面貌等情况的审核）条件，进入定兵流程。

4月1日，学校2020年度党总支书记述职评议会议召开。英语学院、西方语言学院、教育与艺术学院、涉外经济管理学院、信息技术与工程学院、东方语言学院的6名党总支书记，依次总结2020年党建工作的成绩和特色做法，分析存在的不足，明确下阶段的工作计划。此次述职评议会议的召开，旨在围绕发展抓党建，抓好党建促发展，促进党建工作与学校中心工作继续深度融合。

4月6日，湖南外国语职业学院2021年度科研工作部署会议暨湖外大讲堂学术讲座召开，交出湖外2020年度科研工作亮眼"成绩单"。校长助理周新云表示，我校科研工作将逐步实现三大转变，即由单打独斗型向团队合作型科研转变、由个人需求导向的研究方向分散型向学校需求导向的主题集中型科研转变、由低水平成果向"出更多成果、出更广成果、出更高水平成果、培养更优秀人才"的高质量发展模式转变。同时学校将在加强科研管理、加大支持力度、营造良好氛围等方面发力，全面提升教育科研质量、人才培养质量，以及服务湖南本地经济和国家战略，提升我校科研服务区域经济社会和行业产业的能力。

4月13日，长沙市委"两新"工委专职党建指导员、市委党史研究室一级调研员宋俊湘一行来校考察，全面调研我校党史学习教育情况。

4月15日，广西壮族自治区恭城瑶族自治县县委副书记、县长杨征山，桂林南方水泥有限公司董事长宁少可，湖南交通银行北大桥支行行长聂遐玲一行访问学校。

4月20日，宁平董事长就如何推动"强校升本"工程，加强西方语言学院专业建设，与该院教师座谈，以实际举措推动升本工作开展。会议由副校长、西语学院院长李建平主持，西语学院副院长毛先勇、党总支副书记莫芳毅、各专业负责人以及教师代表20余人参加座谈会。

4月24日，董事长宁平、执行校长鲁平、湖外在北京工作联络点负责人黄海涛共同参加教育部举办的职校新态势发展培训，于广东邮电职业学院与教育部原副部长、中国职业技术教育学会会长鲁昕会见并交谈。

4月28日，安徽建筑大学成祖德副校长应邀访问我校，就湖外建筑规划设计院和智能建造专业建设进行座谈交流。董事长宁平、副校长肖建安、校长助理曹杨、校长助理兼教务处处长赵慧敏以及湖外建筑规划设计院相关领导参加会议。湖外建筑规划设计院于2021年3月成立，专业带头人由新校区设计主创团队人员组成，同济大学智能建造国际实验室团队、日本知名设计师团队将陆续加盟，未来专攻老年康养房产环境的设计，致力于打造独一无二的品牌专业体系。

5月14日至18日，学校共有超过5 400名师生完成新冠疫苗第一针接种工作，接种比例超八成。医学健康管理学院学生积极投入本校和兄弟院校的接种服务工作，充分展现了湖外人的优良作风和专业素养。

5月20日，我校首个校友分会——中山校友分会授牌仪式在报告厅隆重举行。副校长肖建安，校长助理兼英语学院院长周新云，产教融合学院、英语学院相关人员，中山校友分会会长张琴，部分中山市校友及英语学院大二学生参加了授牌仪式。

5月21日，宁平董事长、宁翔副董事长、高嘉庆处长在上海与北京外国语大学原副校长、中国职业外语教育发展研究中心执行委员会主任闫国华，上海外国语大学党委副书记、校长李岩松，上海市教委副主任倪闽景，同济大学教授、博士生导师、建筑钢结构教育部工程研究中心副主任李元齐，奥运冠军杨扬等人聚首会谈。

5月，学校继续实施高校党委书记省委教育工委"挂号项目"。

6月1日，我校强校升本工作会议召开。会议旨在进一步推进升本工作，加强各重点项目建设，部署任务、落实责任。会上，升本专业所在的二级学院和各相关职能部门分别签署《升本工作目标任务建设责任状》，表达了努力奋斗，实施强校升本工程的决心。此次会议标志我校升本工作步入一个新的阶段，吹响了攻坚克难的冲锋号。

6月3日，中国民主同盟（下文简称"民盟"）湖南省委办公室主任傅小松、湖南省教育科学院副院长赵雄辉一行到访湖外。湖外董事宁翔在座谈会上为来访贵宾简要介绍了我校的历史沿革和发展现状，"职业化、市场化、国际化"的办学思路得到嘉宾的高度评价。傅小松认为，当前国家高度重视职业教育发展，作为以教育为主要界别特色的参政党，民盟湖南省委、长沙市委都高度重视加强与职业院校的联系，希望能与湖外共同促进国家教育事业的繁荣发展。与会人员围绕高等教育、职业教育等领域的相关热点问题进行了深入探讨。

6月16日至18日，2021届毕业生陆续返校。纪委书记任征，副校长肖建安、李建平等校领导深入各二级学院，与毕业生代表展开座谈。毕业生代表畅谈大学生活，表达对母校的眷恋和对未来的憧憬，同时结合自己的学习和生活，为母校发展建言献策。

6月16日，我校校长助理兼教务处处长赵慧敏做客湖南教育电视台湖南招考栏目特别节目《高校大咨询》，就院校特色、招考计划、就业保障、志愿填报等话题接受访谈，重点介绍了我校"双素养、双技能、双证书"人才培养体系，并现场解答网友关切的问题。湖南省职业教育省级教学成果奖项目《助推湘企出海的高职外语类专业"三双"人才培养模式改革与实践》成员丁蕾老师负责主要业务的处置和对接，并全程陪同。

6月17日，我校2021届毕业典礼于图书馆报告厅举行。董事长宁平、校长江波等董事会及学校主要领导，200名教职员工及毕业生代表出席典礼。为响应疫情防控最新要求，典礼采取"线上＋线下"形式举行，3 700余名毕业生及其家人在"云端"观礼。

6月21至25日，长沙校区5 000余名师生参加新冠疫苗第二剂的集中接种。我校积极响应上级有关疫情防控精神，精心筹备、严密组织，确保第二剂新冠疫苗的接种工作顺利完成。我校大部分师生接种的疫苗均为安徽智飞龙科马生物制药有限公司生产的重组新冠病毒疫苗，一共需接种3剂。

6月25日，受浏阳市人民政府邀请，宁平董事长出席在新落成的图书馆举办的历史文物展,与胡耀邦长子胡德平、次子胡德华合影与会谈。

6月,我校办公室档案馆相关工作人员赴长沙理工大学城南校区档案馆调研,学习该档案馆在组织架构、档案收集、档案信息化建设、精细化管理制度等方面的经验,并就如何进行档案交接、核查、整理、装盒等具体工作交流探讨。

7月1日,为庆祝中国共产党建党100周年,学校举行升国旗暨"五育融合"综合实践周启动仪式,营造师生同庆百年华诞、共创湖外新局的浓厚氛围,引导湖外师生感党恩、听党话、跟党走,培养德智体美劳全面发展的时代新人。学校董事会董事宁翔,纪委书记任征,副校长黄硕、肖建安、李建平、王明明,总督导谢艳梅,校长助理李波、周新云,及学校职能部门、二级学院主要领导列席主席台。3 000余名师生于田径场集结,挥舞着党旗与国旗,共同祝愿我们伟大的党生日快乐,祝福我们伟大的祖国繁荣富强。随后,学校开展庆祝建党100周年万人签字仪式。

7月6日,我校党委隆重举行"两优一先"表彰暨庆祝建党100周年大会。学校全体党员参加大会,大会由党委委员肖建安同志主持。此次表彰大会,是为了总结经验、树立典型、表彰先进,激励全校党组织和全体党员在学院发展中更好地发挥先锋模范作用。

9月4日,新学期开学报到工作开始。学校陆续迎来5 000余名2021级新生。

9月6日,学校举行2021级新生开学典礼暨军训动员大会。5 000余名2021级新生及全体教职员工参加开学典礼。长沙市教育局高等教育处处长丁郭,学校董事长宁平,董事宁翔,纪委书记任征,副校长肖建安、李建平、王明明等校领导及外籍教师代表在主席台就坐。

9月8日,福隆集团董事长、北京外国语大学附属海南外国语学校创办人劳生福访问学校。

9月10日,一场别开生面的教师节庆典在学校举行。在岗十年以上的教职员工走上红毯、登上讲台,获颁"精勤奉献奖"。中外教师共同种植小树苗,意指教师如辛勤的园丁,守护学生成长成才。

9月15日,浏阳商会会长、友谊国际工程咨询股份有限公司董事长张海岸一行访问我校。

9月17日,长沙市教育局调研员何文娟带队来校进行秋季开学工作暨师德师风建设督导。学校领导班子成员及相关职能部门责任人陪同检查。

9月23日,湖南省教育厅一级巡视员罗桂香、中南林业科技大学党委书记王汉青莅临湖外,代表省委教育工委派送我校党委书记蒋阳飞赴任履职。

9月28日,省政府督导专员、我校党委书记蒋阳飞,党委副书记黄家声实地走访了7个二级学院,调研基层党组织建设情况。蒋阳飞结合我校党建工作实际,提出四点要求：一是各级党组织负责人要聚焦主业主责，履行管党职责，坚持从严治党，严肃党内生活，强化党内监督；二是各级党组织要树立大局意识，围绕学校中心工作担当作为，目前我校正处于"强校升本"的关键时期，一定要按照既定的路线图、时间表，强化举措，凝心聚力，强力攻坚，以高质量党建推动学校事业高质量发展；三是要全面落实立德树人的根本任务，切实把思想政治工作贯穿教育教学全过程，实现全方位育人和全过程育人；四是要加强党务工作人员的业务培训，不断提高党务工作水平。

10月9日，丁字湾街道党工委委员、组织委员张高照一行8人来校开展党建结对共建项目建设座谈会。省政府督导专员、我校党委书记蒋阳飞，党委副书记黄家声，纪委书记任征及相关项目负责人等参加会议。

10月14日，学校举行工作讲评大会。董事长宁平、校长江波及全体校领导、中层干部参加会议，共同对学校9月份工作进行总结讲评，并对后一阶段重点工作进行部署。

10月，交通银行湖南省分行副行长、零售部负责人曾宏伟，中山路支行副行长贺颖辉一行莅临学校，对学校的智慧校园一卡通系统、收费系统的运营和使用情况表示赞赏，对我校给予的项目支持表示感谢。

11月3日，我校疫情防控领导小组成员蒋阳飞、肖建安、黄家声、王明明，以及防疫工作办公室成员，对疫情防控工作落实情况进行了一次拉网式全面排查。定期开展排查工作是为了贯彻落实省市疫情防控工作会议精神，严格落实防控措施。

11月16日，学校党委书记蒋阳飞、党委副书记黄家声、纪委书记任征携二级学院党总支书记，专程走访了部分学生寝室，对寝室文化建设进行了指导和观摩，并与学生们亲切交流，探讨了寝室文化建设的必要性和重要性。

11月23日，湖外阳光服务大厅正式开门迎客。副校长肖建安、党委副书记黄家声，以及该机构首批入驻的工作人员、学生代表出席启动仪式。肖建安表示，阳光服务大厅是湖外推进现代化治理的形象展示，是湖外办学理念的生动诠释，更是推动湖外发展的力量引擎。要对内对外"两手抓"，促进各项工作的有效开展，锚定"打造湖南省高职院校发展新高地"的目标，让阳光服务大厅成为湖外展示形象的靓丽窗口。按照"一站式服务"标准，湖外阳光服务大厅规划为服务咨询、窗口服务、自助服务、公共服务四大区域，包括教务处、学生工作处、后勤处、招生就业处、继续教育学院、财务处在内的六大部门分别设置了八个独立窗口，将为学校师生提供"点对点"的暖心服务。此外，每周二常设校领导接待日，真正打通服务师生最后一公里，实现校园事务办理"有问必答、有诉必应、有责必究"。2021年阳光服务大厅共办理群众投诉133起。

11月24日，学校党委中心组举行学习（扩大）会议，传达并学习习近平总书记在党的十九届六中全会上的重要讲话和全会精神。会上，大家就加强学校党建工作，促进学校发展，联系实际开展学习交流。学校党委书记蒋阳飞作专题讲座，党委副书记黄家声主持会议。

11月底，长沙市教育局党史学习教育第五巡回指导组莅临我校督导检查党史学习教育开展工作。巡回指导组组长王天玉、党建指导员杨琴出席湖外党委党史学习教育工作汇报会。学校党委副书记黄家声、纪委书记任征，全体党委委员、各二级学院党总支书记参加会议。会议由杨琴主持。王天玉指出，湖外党史学习教育主题鲜明突出，教育形式精彩纷呈，教育创新有特色，教育融合指向高远，活动开展特点鲜明、富有成效，充分贯彻落实了中央和省、市委关于党史学习教育的有关精神。他对学校进一步开展好党史学习教育提出"四个期待"：一是深入学习，增进爱党情怀；二是彰显内力，学史持之以恒；三是注重实效，为民办好实事；四是升华目标，尽责党的教育。

12月7日，学校举办《湖南职教高地建设蓝图》专题讲座，邀请湖南省教育厅发展规划处副处长汪忠明主讲。开展此次讲座是为了全面贯彻落实习近平总书记关于职业教育的重要论述和考察湖南时的重要讲话精神，服务湖南职教高地建设，推进学校高质量发展。

12月11日，宁平董事长赴北京外国语大学附属海南外国语学校与正在该校指导工作的原全国人大常委会副委员长顾秀莲会谈。

12月12日，为助力强校升本工程，学校特邀湖南省人大常委会原副主任、湖南省民办教育协会原会长刘玉娥，旺旺医院院长李永国，湘雅医院副院长李远斌等专业评审专家一行来校视察指导工作。

12月21日，原湖南省人大常委会委员、湖南省地税局党组书记、局长吕兴胜，长沙市政协副主席彭继球一行访问学校。

12月24日，湖南省人大常委会党组原副书记、原副主任、省教育基金会理事长王柯敏，省教育厅二级巡视员李纪武，省教育厅职业教育和成人教育处处长崔书芳，省教育基金会副理事长兼秘书长黄泽湘，省人大常委会秘书李伟一行莅临我校指导工作，并召开座谈会。学校董事长宁平、党委书记蒋阳飞、副校长肖建安等校领导出席会议。王柯敏对湖外的办学理念和办学条件表示高度认可，肯定湖外是一所高质量、有特色的民办高职院校。他指出，目前国家鼓励民办教育、职业教育发展，希望湖外坚持实施强校升本战略，推动学校又快又好发展。王柯敏还对湖外发展提出"两点期待"：一是坚持正确的办学方向，要始终坚持党的领导，着力打造外语特色，真正实现"小语种、大未来"；二是坚持立德树人的根本任务，从湖外特色出发，满足学生的个性需要和期望,让每个孩子都成为有用之才,为社会培育和输送高素质的应用型人才。

这一年,学校结合建党100周年,结合党史学习教育开展"讴歌100"征文、"唱响100"唱红歌比赛、"感恩100"讲红色故事、"朗诵100"诗歌朗诵、"描绘100"家乡巨变作品展5个"100"活动,以及"学习十九届六中全会精神、高标准创建职业本科大学"征文活动。学校围绕"学史明理""学史增信""学史崇德""学史力行"4个主题开展学习研讨,举行了争做红色基因的传承人(10个"100"系列活动)、庆祝建党100周年系列活动、"七一"表彰大会等,加强宣传教育。

这一年,我校与深圳中天汇富基金管理有限公司就权责下的投资争端诉诸法院。审判结果出来后,学校将整个事件带来的损失缩减到了最小程度,保留了学校股权的完整。学校在新校区征地建设过程中得到了省、市教育基金会,以及银行、金融机构的大力支持。多家租赁公司、中信银行、华融湘江银行、招商银行、中国工商银行等都给予了我校流动资金授信。各金融机构的及时授信确保了工程建设的顺利交付使用。省、市教育基金会一直及时给予我校支持;交通银行湖南省分行授信项目贷款,并批准12年授信期限;浏阳农村商业银行自湖外办学至今,一如既往地给予重视与支持。学校因始终保持良好信誉,与各银行、金融部门长期保持合作关系,为学校未来的发展奠定了坚实基础。

这一年,浏阳校区顺利组织2019级五年制学生690人从浏阳校区安全、有序、顺利地迁往长沙校区。

**(二)人才培养工作**

2月2日,湖南外国语职业学院与深圳市九叶灵枝电子商务有限公司举行产教融合校内实训项目签约仪式。出席此次签约仪式的校企双方代表有:湖外董事长宁平、副校长肖建安、董事会办公室主任樊静、校企合作办公室主任李胜和九叶灵枝董事胡长利、李尧。胡长利认为,共建校内实训基地,启动真岗实职项目有利于师生更好地进行实践,有利于企业后备人才的培养,对学校、企业、学生都是非常有益的举措。基地建成后,学校将进一步将产教融合纳入湖外人才培养和内涵建设的整体体系。

3月24日,一堂生动的党史学习教育专题党课在图书馆报告厅展开,近200名师生参与。党课由马克思主义学院教授张承安主讲,他以《红船这样起航——中国共产党诞生及其伟大意义》为题,讲述了近代中国基本国情与历史任务、中国共产党诞生的历史过程,深入诠释中国共产党诞生的历史必然性和重大意义。

3月31日,湖南外国语职业学院与大汉集团在长沙市金桥国际未来城举行产教融合基地签约仪式。湖外副校长肖建安和大汉国际工匠院执行院长刘述权代表双方签约。与会双方就人才培养、学生就业等方面进行深入探讨,下一步要把学校和企业、行业，教学和产业紧密联系起来，进一步推动校企合作。

4月9日，学校产教融合工作会议召开，正式成立产教融合学院。该学院未来将重点做好全院的产教融合、校企合作顶层设计，集成打造学校产教融合特色，做到专业与企业、产业的无缝对接。

4月13日，教务处和学工处首次联合召开教学/学工联动工作会议，以进一步提升学风建设和人才培养工作效果。

4月13日，我校在图书馆报告厅举行春季学期"青年马克思主义者培养工程"大学生骨干培训班开班仪式。党委书记、常务副校长刘世昌出席并讲话，各二级学院党总支、团总支参与开班仪式。举办培训班是为了响应团中央《"青年马克思主义者培养工程"实施纲要》要求，加强对青年学生的思想引领。

4月14日，湖南外国语职业学院与万达酒店及度假村管理有限公司校企合作签约暨"万达班"学员开班仪式于图书馆报告厅举行，开启我校又一"订单式"人才培养模式的新实践。"万达班"开设后，将立足万达酒店及度假村管理有限公司这一国际品牌平台，将现代学徒制向其他专业推进，从会计、国际贸易、空乘、酒店管理专业中挑选40名学生，组建现代学徒制班，为更多学生提供"工学结合"的实习及实训机会，进一步提高人才培养质量。

5月，理光图像技术（上海）有限公司总经理田边亮一行来访我校，商定与我校共同推进校企合作深度融合，共育"日语+"技能型人才。湖外董事长宁平、董事宁翔、校长助理赵慧敏、东方语言学院院长马亚琴、产教融合学院副院长李胜，以及国际合作与交流处、校企合作办公室等相关领导参加会谈。这是继2020年12月3日签订校企合作协议之后，双方就如何进一步深化产教融合、协同育人的层次与内涵进行更加深入的探讨。理光图像测试部门中心长韩琪、测试部门科长赵佳对30余名2019级应用日语专业学生进行了面试，最终选拔了黄吴传等14名同学。接下来，这些同学将作为2019级应用日语专业学生代表赴理光公司参加"日语+软件测试"实训实习，学习与感受世界500强企业精湛的软件技术和先进的企业文化。在深入推进校企合作，共育国际化技能型人才方面，湖外又一次迈出坚实步伐。

5月11日，望城区丁字派出所警官张小曼就典型案例普法宣传及反电信诈骗常识在我校举办专题讲座，讲授提高自我安全防范能力的方法和技巧，帮助学生深刻了解反电诈知识，提升法制观念和法律意识。

5月12日至13日，长沙市开福区金霞保税物流中心管委会及湖南省跨境电子商务协会来校交流访问，为我校新时代高素质技术技能应用型人才培养赋能。5月12日，金霞保税物流中心管委会招商部唐璐同深圳市同赴达电子商务有限公司旷世江总经理一行，来校洽谈跨境电商实训基地建设事宜。产教融合学院及西方语言学院相关负责人对政府能够为校企沟通合作搭建桥梁表示感谢。双方就人才培养方案、师资队伍建设和学生实习实践进行了深入交流，并达成了初步合作意向。5月13日，在湖外教务处、产教融合学院及二级学院相关人员陪同下，副校长肖建安接待了湖南省跨境电子商务协会秘书长余芳、湖南典阅教育科技有限公司董事长李大立，以及湖南领聚数字技术服务有限公司副总经理王明智一行，深入探讨产教融合事务。

5月17日，湖南凯晟产教融合科技有限公司装修开工仪式在科技楼六楼举行，该公司是湖外与企业共同建设的首个产教融合校内实训项目，是我校落实国家关于深化产教融合改革有关决策部署，加快推动校企合作与教育产业发展取得的又一标志性成果。该产教融合校内实训项目占地约2 000余平方米，装修工程完成后将为学生提供500余个实习实训工位。从校企合作到产教融合，充分体现了我校积极推进从单一的校企合作向产教融合发展，有机融合教育链、人才链与产业链的努力，也见证了我校在探索职业化人才培养新模式上取得的新成果。学校在总体规划中预留了22 000平方米的实习实训场地，后期将推动更多校企合作、产教融合项目在我校落地。

5月27日，湖南外国语职业学院与牛耳教育集团校企合作签约仪式举行。牛耳教育集团校长胡平、副总经理张序君等一行8人，我校继续教育学院、产教融合学院相关负责人，相关二级学院党总支书记出席签约仪式。仪式由产教融合学院副院长李胜主持。双方在职业技能证书、学前教育专业人才培养方面合作前景广阔，期待在此次框架合作协议签订基础上，促进教育链、人才链与产业链、创新链有机衔接，不断推进产教融合走深走实。

6月22日，由省教育工委、省教育厅举办的湖南省第四届高校校园好声音大赛于湖南工程学院举行。我校9名学生经过层层选拔，成为20支挺进总决赛的队伍之一，与湖南师范大学、湘潭大学等高校同台竞技。湖外参赛学生献唱了《我爱你中国》《追寻》等歌曲，生动展示了我校文化育人成果。

6月23日，浏阳校区2019级五年制大专学生返长沙校区深造大会于浏阳校区体艺馆举行。

6月29日，我校篮球协会成立暨授旗仪式在艺术楼406举行。历经近一年的筹备，协会首期选拔会员52名，下一步将广泛开展日常训练、篮球裁判知识学习及其他实践活动。董事长宁平、客座教授周鹏出席活动并讲话。近40位会员代表参加仪式。

6月30日，湖南外国语职业学院与上海必胜客有限公司举行校企合作授牌仪式。华东必胜客市场总经理马涛、武汉必胜客市场总经理李凌及企业相关负责人，湖外董事长宁平、董事宁翔、副校长肖建安，国际交流合作处及产教融合学院相关负责人出席仪式。双方针对建设校企合作订单班、实现人才定制化培养、共建校内"全产业链"人才实习实训基地等方面进行洽谈,达成初步合作意向。交流结束后,双方领导共同为"上海必胜客有限公司人才培养基地"揭牌,标志着我校已有的近200家校企合作单位中又增一伙伴。

6月,护理、助产专业共计910名毕业生参加全国护士执业资格考试,886名同学考试成绩合格,通过率再创新高,达97.4%。其中,助产专业护考通过率达100%,通过人数和通过率均位居湖南省前列,刷新了我校护考通过率记录。

6月28日至7月2日,我校开展"五育融合"综合实践周。作为"三全育人、五育融合"高素质人才培养体系的重要组成部分,活动通过组织德、智、体、美、劳五大方面的综合实践活动,引导学生在实践中学知识、看变化、强担当,在服务中受教育、长才干、作贡献,实现德智体美劳全面发展。

7月1日,我校2021年大学生创新创业大赛于图书馆报告厅举行。湖外创新创业总顾问宁平董事长发表讲话,15位校领导及专家受聘担任学生创新创业顾问及导师。通过现场项目路演、答辩及交流等环节的激烈角逐,评选出特等奖1名,一等奖2名,二等奖3名,三等奖4名。大赛充分展示了我校学生创新创业的成果,有效增强了青年学生创业意识,提高了创新创业实践能力。

7至8月,为进一步推动产教融合、校企合作,副校长肖建安率产教融合学院副院长李胜、西方语言学院党总支副书记莫芳毅,以及招生就业处相关负责人一行前往浙江义乌、桐乡等地开展调研,与浙江华友钴业股份有限公司、义乌铭展进出口有限公司等企业签订校企合作协议,成立实习就业基地,推动产教深度融合发展。

7至8月,为进一步推动成立湖外义乌校友会,湖外副校长肖建安、产教融合学院副院长李胜、西方语言学院党总支副书记莫芳毅等人前往浙江义乌,召集在义乌的湖外校友举行湖外义乌校友分会筹备座谈会。据统计,当时在义乌的湖外校友超过50人,他们开公司、办厂、开店,奋斗在经营管理、外贸销售等岗位上,为义乌的经济发展作出巨大贡献。部分校友代表参加了座谈会。通过前期校企合作办的努力,在义乌校友的大力帮助下,湖外义乌校友分会筹备工作已基本完成,推选西班牙语2008级校友唐喆同学担任分会会长。

10月,医学健康管理学院中医康复技术专业通过合格性办学评估;涉外经济管理学院开设跨境电子商务专业;教育与艺术学院音乐传播专业和艺术设计专业通过合格性办学评估,并增设休闲体育专业;信息技术与工程学院增设智能建造技术专业。

10月,湖南外国语职业学院与湖南三竹教育科技发展有限公司校企合作签约仪式举行。湖南三竹教育科技发展有限公司董事长李永国及相关负责人,湖外董事长宁平,董事宁翔,副校长肖建安、刘孟祥,医学健康管理学院及产教融合学院相关负责人出席仪式。双方签署校企合作协议,就医学健康人才培养达成合作意向。

11月10日，副校长刘孟祥一行5人参观考察蓝思科技股份有限公司总部。蓝思科技人力资源总监胡胜勇、蓝思科技浏阳园区人事经理桑瑜等人热情接待，陪同讲解，双方共谋校企合作。校企双方都创办于1993年，都在浏阳市起步，都坐落于望城区京阳大道，在历史渊源上有诸多共同点。朝着共同的科技人才培养目标，双方签订了校企合作框架协议，以期更好地推进产教融合教学改革，培养外语类专业应用技术技能型人才，服务地方经济和社会发展。

11月16日，湖南省高校专业设置评估专家组一行来校对学校拟新设的舞蹈教育专业进行全面评估。学校董事长宁平、党委书记蒋阳飞迎接专家组的到来，并出席评估汇报会。

11月18日，湖南外国语职业学院与美国春田学院中国办公室举行校企合作签约仪式。美国春田学院中国办公室主任周鹏、高级顾问李辉，湖南外国语职业学院副校长刘孟祥等领导出席签约仪式。双方就课程设置、培训方式、证书颁发、就业推荐等合作细节深入沟通，签订《校企合作协议》《青少年篮球教练员培训项目合作协议》，以期更好地通过校企合作发挥体育的育人功能。

12月7日，学校在图书馆报告厅举行"红心向党，感恩资助"2021年国家奖学金、励志奖学金获得者优秀事迹报告会，线上直播同步进行。常务副校长肖建安、党委副书记黄家声、纪委书记任征、副校长刘孟祥、董事兼校长助理宁翔、督学王明明等校领导出席活动，300名师生代表共赴此次盛会。

这一年，学校探索"外语+"人才培养模式，成功立项省级涉外服务仿真实训基地、小语种应用实习实训基地；对接社会人才需求，率先将驾驶技术列入学分，要求从这一年开始每名符合条件的学生都要掌握驾驶技术；与湖南高桥大市场多家企业筹备建立小语种服务中心，与商务厅下属企业共建涉外护理（日本方向）定向就业班；与京东、贝壳、万达文华、上海理光、蓝思科技、大汉集团、58科创等151家企业建立了校企合作关系，开设了6个校企合作订单班，已建成1个校内生产性实习实训基地，可以为465个学生提供实习实训岗位，让70%的外语专业毕业学生实现对口就业。

**（三）招生就业工作**

3月19日，湖南省2021年高职（高专）院校单独招生考试在各职业院校举行。湖外作为考点迎来各地考生4 600余名。

5月10日，浏阳校区举行医学健康专业专场招聘会。70余家企业参与招聘会，提供岗位1 800余个。护理及助产专业共1 111名毕业生参与招聘会。招聘会以"湖外人生路·初心踏征程"为主题，学生们根据自身定位和兴趣，向医院、医疗协会、医卫服务单位的对应岗位递交简历。

5月26日，英语学院活动室内人头攒动，学生们手持简历，正准备参加一场招聘面试。而面试官正是他们的学姐——2007级英语系毕业生张琴。毕业十余年，张琴从全国性英语教育机构华英教育集团的一名普通老师，成为企业合伙人兼集团教学总监。此次招聘活动，成事于她的积极推动。张琴先后选拔了近40位湖外毕业生进入集团工作，成为我校高素质应用型人才培养与校企合作的典型案例。如今，张琴又有了新的头衔——中山校友分会会长，她牵头的湖外华英教育集团实习就业基地已授牌成立。

6月3日，湖南外国语职业学院学前教育专业实习基地签约仪式举行。望城区民办幼教协会副会长、11所公办幼儿园及教育企业的法人代表参与了本次签约仪式。副校长兼产教融合学院院长肖建安、产教融合学院副院长李胜及相关单位、二级学院负责人出席签约仪式。

6月，为全面落实稳就业相关政策举措，促进毕业生高质量、更充分就业，我校针对2021届毕业生组织了3场线下大型供需见面会、2场线上招聘会，各二级学院结合各自专业先后组织近200场小型招聘会，为毕业生和用人单位搭建顺畅的交流渠道，助力学子顺利就业。

7月14日，学校举行2021年专科提前批空中乘务专业面试。根据疫情防控要求，此次面试采取线上与线下方式进行，参与考生近300名。

11月，为拓宽毕业生就业渠道，提升毕业生就业质量，我校招生就业处、产教融合学院、英语学院、教育与艺术学院联合举办2021年秋季专场招聘会，来自省内外的12家公司和26家幼儿园受邀参加，提供岗位600余个，吸引大批毕业生前来应聘。产教融合学院副院长李胜、招生就业处副处长卢方龙进行现场指导。招聘单位通过张贴宣传海报、发放宣传单页、面对面交流等方式就岗位要求、薪资待遇、个人发展前景等事项与同学们进行了深入沟通。两个二级学院还根据自身专业情况举办了专场宣讲会，为毕业生们提供更周到的就业服务，并对有意向的学生进行了面试。300余名学生与企业当场达成实习就业意向，签署实习三方协议。

## （四）师资队伍建设

3月3日，学校召开人才引进工作推进会，布置2021年人才引进工作任务。会议由党委书记刘世昌主持，副校长肖建安、王明明，校长助理赵慧敏，以及各二级学院和相关职能部门主要负责人参加会议。升本办公室主任罗小杰就《本科职业学校设置标准》进行解读，并向与会领导汇报结合学校实际制订的《湖南外国语职业学院专升本实施方案》。人事处副处长周媛梦汇报了学校人才队伍建设现状、2021年人才引进计划、对照升本要求存在的差距，以及相对应的解决方案。

3月11日，学校召开特聘教授述职报告会，我校8位特聘教授对过去一个阶段取得的业绩、创新成果或工作亮点进行汇报，提出了未来工作的努力方向。"专家教授引进来后，是学校的宝贵财富。"董事长宁平要求，要持续加大引进力度，着力使特聘教授的工作与教学科研管理相结合；要发挥人才"传帮带"作用，打造一支更强有力的教学团队；要创新管理方式及工作方法，积极支持特聘教授发挥重要作用；要适应民办高等教育发展的时代背景和基本规律，着力加强学校自身建设。

4月12日，上海外国语大学教授王文新教授应邀做客我校，举办题为《新时期非通用语种类专业建设与发展》的学术报告会。学校党委书记、常务副校长刘世昌，副校长李建平，以及我校非通用语种类专业负责人、教师参加了报告会，校长江波以线上方式出席。会后，王文新与西方语言学院教师召开座谈会。座谈会的举办，旨在聚焦外语类学科建设，打造职业外语教育高地。

4月13日，由教务处主办、马克思主义学院承办的校级教研活动"党史学习教育动员会暨《形势与政策》集体备课"举行。副校长肖建安、王明明，总督导谢艳梅，校长助理兼教务处处长赵慧敏，党委工作部部长文建奇，各二级学院院长和党总支书记，以及马克思主义学院全体教师和各二级学院教师代表共60余人出席会议。传统文化教研室丁蕾副教授进行授课示范。此次活动旨在通过精心组织"四史"学习教育，推动思政教育教学工作高质量发展。

5月8日，我校联合交通银行湖南分行启动"金融知识进校园"活动，对辅导员这一"离学生最近"的群体进行培训，以提高辅导员群体的金融素养，引导学生树立健康、正确的消费观、理财观。

5月26日，"学党史·传承红色基因暨辅导员职业能力大赛决赛"在杨开慧纪念馆举行。我校纪委书记任征、二级学院党总支书记、学工处及全体辅导员参加活动，江波校长以线上方式出席活动并讲话。全体辅导员前往杨开慧纪念馆，开展"学史崇德"主题教育活动。

6月17日，我校教师发展中心、智慧教学中心、民办高等教育教师研究中心揭牌仪式在图书馆5楼教师发展中心举行。"三个中心"将着力整合校内外优质资源，推广现代教育理念，传授优秀教学技能，提升教学科研能力，搭建专业发展平台，辅助教师职业生涯规划，为教师职业生涯发展提供服务和保障，有力推动我校教师队伍"提质培优"。董事长宁平，校长江波，副校长肖建安、王明明，教学总督导谢艳梅出席仪式，各二级学院院长，党委工作部、校办公室、教务处、科研处、学工处等部门负责人以及教师代表参与。

6月22日，应我校邀请，湖南师范大学教育科学学院教授、教育学博士、课程与教学论专业博士生导师辛继湘教授，以《大学教学的特点、原则与方法》为题，为我校教师带来了一场别开生面的讲座。此次讲座为教师发展中心成立后的首场活动。教师发展中心持续致力于整合校内外优质资源，助力教师教育教学能力提升。

6月28日，学校商务法语阅读课于图书馆教师发展中心开讲。法语教师周旭围绕一篇经济类法语文章，详细梳理了重难点字、词、句及语法，并穿插了小组讨论与互动练习。

7月，为加强"双师型"教师队伍建设，全面提升教师综合素质与能力，学校在全校范围内积极展开教师教学能力比赛。来自各二级学院的10个教师团队角逐5个奖项。本次教师教学能力比赛通过录制教学视频的形式举行，经过教师个人积极报名、二级学院筛选推荐、作品上传、专家评审、结果公示等多个环节，由校内外11名专家组成的评审小组，从目标与学情、内容与策略、实施与成效、教学素养、特色创新五个维度全面评判参赛作品。

8月29日至30日，学校举行2021年秋季全体教职员工培训。学校董事会及全体校领导出席开班仪式，全体教职员工参加培训。此次培训坚持师德师风建设与教师专业发展相结合、针对不同岗位特点开展分类培训的方式，开展了3大类、11节培训讲座。赵雄辉、方玲玉、梁婷婷、正方工程师、超星讲师等校内外专家、教师和管理干部为广大教职员工举办各类主题讲座，帮助教职员工更好地掌握教育教学管理工作和学生管理工作的基本方法。

11月9日，学校在图书馆报告厅召开师德师风建设专题会议。党委书记蒋阳飞、党委副书记黄家声、纪委书记任征、校长助理赵慧敏、总督学谢艳梅、督学王明明，各二级学院负责人及教师代表参加会议。根据疫情防控要求，其余教师在线上平台同步参加会议。此次专题会是为了进一步加强新时代教师队伍建设，切实推进我校师德师风建设工作。

这一年，学校完善教师发展中心，先后组织128名教师参加高校教师岗前培训，近千人参加学校自主组织的教职员工培训，73人赴外地参加各级各类培训，7人参加职业资格考级考证培训；通过开展师德师风宣誓、演讲比赛和讲座等方式，加强师德师风建设，提高教师职业素养；加强辅导员队伍建设，修订《辅导员工作手册》，建立辅导员学院，组织召开辅导员专题座谈会，开展辅导员技能大赛、辅导员主题班课大赛，打造过硬的辅导员队伍。

**（五）国际交流合作**

6月2日，法国驻武汉总领事馆总领事贵永华一行访问我校，湖外董事长宁平、董事宁翔、副校长李建平等领导接待了来访贵宾。近年来，法国驻武汉总领事馆致力于推动法国与中国高校，尤其是与民办高校建立密切合作关系。贵永华高度赞扬了湖外"外语＋外语""外语＋专业""专业＋外语"的人才培养模式，表示愿为持续深化湖外与法国高等院校合作牵线搭桥，为推动两国之间的人文领域交流，以及两国青年交往贡献力量。随后，双方于湖外国际友谊林共同种下一棵茶树，希望用教育的力量浇灌中法友谊之树，这棵茶树也预示着双方情谊历久弥新、流传深远。双方就高等教育合作、人才培养等展开交流，并就成立中南地区法语教学协作组、共同开展湖外国际文化月活动、共同推进学生出国实习实训等项目达成合作意向。贵永华还以《法国与面包，一段爱的佳话》为题，为同学们举办讲座。国际交流合作处处长高嘉庆指出，在后疫情时代，湖外将进一步做好国际交流合作工作，通过邀请如贵永华这样的优秀外交官以及等海内外专家学者来校走进湖外的第二课堂，以及让每一位非通用语种专业学生在校期间都至少有一次出国学习的机会等方式，增强学生专业能力，提升人才培养水平，将湖外打造成国际化人才培养高地。

6月28日，校长江波应邀出席欧美同学会专家大讲堂，以《党旗下的百年出国留学》为题举办专题讲座。江波结合亲身经历与史实素材，详细梳理了中国教育对外开放的发展沿革，剖析留学教育的现状及未来趋势。讲座采取线下交流与线上直播的形式举行。

6月，泰国格乐大学国际学院副院长周瑞敏一行访问我校，就两校合作事宜进行会谈。国际交流合作处处长高嘉庆就我校泰语、老挝语选修课开设的师资事宜与对方进行沟通，对方表示将予以师资协助，为强化学生语言学习助力。

**（六）校园文化生活**

1月12日，学校举办"捕鱼达人"大赛，此次活动由校工会、新闻中心联合策划，校团委、保卫处共同组织。全校师生一起下塘捕鱼，最后一同品尝免费的全鱼宴。"捕鱼达人"大赛最终根据鱼的重量决出团体一、二、三等奖和全场最大单条"鱼王"。单条最重的鱼达3.7千克，为当之无愧的"鱼王"。

2月12日，由著名雕塑家雷宜锌雕刻的宋任穷塑像安放于校史广场。

3月5日，学校各二级学院党总支组织党员、入党积极分子、团员开展学习雷锋活动，在活动中学、思、践、悟、行，让雷锋精神走进校园，走进生活，走进心灵。

3月10日，董事会部分成员参观位于江西省修水县的陈寅恪故居。

3月15日，学校举行以"誓言在耳边，祖国在心中"为主题的新学期升旗仪式，全校近万名学生参与。

3月29日，我校首届"湖外青春杯"篮球联赛于灯光篮球场隆重开幕。校长江波、党委书记刘世昌、副校长肖建安、副校长余孟辉等校领导出席开幕式，参加开幕式的还有湖外客座教授周鹏及各二级学院领导。

4月1日，湖南师范大学体育学院教授刘文锋应邀来校举办《身体健康与科学运动——促进身体健康，预防运动损伤》主题讲座。讲座在图书馆报告厅举行。全校约200名师生代表参与讲座。

4月2日，长沙市望城区桥驿镇周之翰烈士故居内，我校40余名教师党员代表、学生党员发展对象代表齐声诵读《西江月·井冈山》。中国共产党的百年辉煌岁月犹如画卷一般，在朗读声中徐徐展开。

5月11日，我校近50位教职员工党员代表、学生发展对象赴宋任穷故居、徐特立故居开展"学史崇德"主题教育活动，汲取榜样力量。

5月12日，学校在图书馆报告厅举行教职员工"师魂映党旗——庆祝中国共产党成立100周年"主题演讲比赛。纪委书记任征，副校长肖建安、王明明等领导以及相关职能部门负责人出席比赛，来自各二级学院、行政处室的教职员工及学生代表300余人参加观摩，9名从初赛中脱颖而出的选手发表了精彩演讲。学校以主题演讲比赛为契机，大力加强师德师风建设，推动以德立身、以德立学、以德施教。

5月17日，西方语言学院2021外语文化月开幕式在图书馆报告厅举行。西方语言学院全体师生参加开幕式，董事长宁平、纪委书记任征、副校长肖建安、副校长李建平出席。文化月以"共筑语言梦想，感知多元文化"为主题，是西方语言学院举办的首届外语文化节。通过西方语言学院6个专业师生的精心准备，活动设置有系列讲座5场、系列展览6场、美食体验4场、外文书法竞赛、三校联合诗歌朗诵大赛、公开课、寻宝文化体验活动共计18场语言文化活动。从5月17日开始至6月2日结束，为全校师生送上一系列精彩纷呈的文化盛宴。

5月18日，"'我和我的朋友'王亮艺术指导音乐会"在图书馆报告厅举行，为我校师生带来一场视觉与听觉的艺术盛宴。此次音乐会由教育与艺术学院副院长、国家中西部访问学者王亮担任艺术指导，特邀湖南省音乐家协会副秘书长廖洪立、湖南交通工程学院人文与艺术学院副院长秦宇等10余位"音乐大师"联袂演出。湖外董事长宁平、纪委书记任征、副校长肖建安等校领导出席音乐会，近百名师生现场观看演出。

5月25日，我校通过系列宣传活动和举办心理剧演出、舞蹈演出等形式，将心理健康教育和筑牢理想信念、促进就业创业、践行社会主义核心价值观等紧密结合，关注学生心理健康，引导学生健康成长。于图书馆报告厅举办的湖外首届心理剧大赛更是受到广泛关注，来自多个学院、学生组织及社团的学生呈现了一场精彩的舞台表演。活动同步以线上直播方式进行，吸引超千名师生观看，让这个"大学生心理健康日"更有意义。

5月27日，湖南墨门教育咨询有限公司联合创始人、创意读书会创始人甘甜应我校邀请，以《不负青春，创造梦想的价值》为主题，在"惟楚文化讲坛"作首期讲座。本次讲座由湖外图书馆主办，学工处心理健康中心协办。讲座旨在以"5·25心理健康日"为契机，以当代青年心理健康为主题，传递正能量，引导学生树立正确的人生观和价值观，充分发挥图书馆文化育人和第二课堂的作用。活动采取线上直播和线下参与两种形式，近千名师生参与互动。

5月31日，"青春同心，紧跟党走"升旗仪式于操场庄严举行。涉外经济管理学院党总支书记曾卉带领全体辅导员朗诵《妈妈，稻子熟了》，表达对袁隆平院士的敬仰与感恩之情。升旗仪式上，学生代表还诵读了《走向复兴》《永远跟党走》《少年中国说》等作品，在慷慨激昂、铿锵有力的诵读声中汲取奋进力量，坚定报国之志。

5月，一场生动的"学史增信"主题教育学习活动在图书馆报告厅举行。湖南省委党校、行政学院一级巡视员刘丹教授，以丰富的史实、精辟的语言，阐释党史学习教育的意义，系统解读了中国共产党成立一百年来的光辉历程。现场300名余名师生代表认真聆听、记录。刘丹以《学史增信——从百年党史中汲取砥砺奋进力量》为主题，从全面了解中国共产党百年奋斗的光辉历程和历史贡献、深刻感悟百年党史湖南篇章的作为与担当、从党的光辉历史中汲取砥砺奋进的智慧和力量三个方面，强调要高质量开展好党史学习教育，感悟思想伟力、初心使命、发展大势、信仰力量和党的领导的最大制度优势，不断推进党史学习教育走深走实。

5月，为引导广大师生传承红色基因，弘扬爱国主义精神，我校广泛开展庆祝建党100周年系列活动。师生通过"讴歌100""唱响100""感恩100""朗诵100"等系列活动，歌颂光辉历史，讲述家国巨变，推动党史学习教育走深走实。

6月1日，学校篮球场打响首届"湖外青春杯"篮球联赛总决赛。经过激烈角逐，"湖外青春杯"篮球联赛男、女组冠军分别由涉外经济管理学院男篮二队与东方语言学院女篮夺得。此次篮球联赛经历2个月共51场比赛的激烈角逐，顺利落下帷幕。

6月6日，由我校工会主办的"双语爱相约·绽放新青春"青年教职员工联谊活动在湖外第一教学楼六楼拉开帷幕，吸引来自中南林业科技大学、中联重科股份有限公司、望城区人民检察院等企事业单位的100余名青年参与。

6月6日，湖外英语学院第三届"青春激扬，毅跑同行"主题团日活动在橘子洲大桥启动。参加活动的师生伴随着初升的太阳，朝着毛泽东雕像一路向南奔跑。

6月10日，西方语言学院2021外语文化月闭幕式在图书馆报告厅举行。湖外副校长李建平，湖南师范大学俄语系教师朱蝶，中南林业科技大学俄语外教叶卡捷琳娜、叶莲娜出席闭幕式，我校西方语言学院教师代表和学生代表参加闭幕式。在近1个月的时间里，俄语、葡萄牙语、意大利语、法语、西班牙语、德语共6个语种的专业老师和同学们认真准备、精心策划，给大家带来了多场精彩活动。大家一起阅读经典，感受文学名作的震撼；一起聆听歌剧，在音乐的海洋里徜徉；一起制作美食，感知外国饮食文化。在俄语诗歌朗诵大赛上，师生共话俄语诗歌与俄罗斯文化，为整个文化月活动划上圆满句号。

7月18日，《28岁的你》在湖南卫视播出，节目通过展现先辈们28岁青年时期的重要经历，呈现中国共产党百年风华。当晚第七期的节目主要讲述长征路上红军将士们筚路蓝缕的奋斗历程。我校教育与艺术学院合唱团及部分学生参与演出，向这场艰苦卓绝的征程致敬。

9月26日，学校"缘聚湖外，放飞梦想"2021年迎新生晚会于田径场举行。董事长宁平及其他校领导、相关职能部门负责人、各二级学院领导出席活动。来自五湖四海的2021级新生和教师代表们现场观看晚会。

10月26日，我校在新校区举办的首届"湖外杯"教职员工气排球比赛在排球场开幕。纪委书记、工会主席任征作开幕式讲话，各二级学院师生以及行政部门工作人员参加开幕式。作为新校区首届气排球比赛，本次比赛由工会主任吴亚兰组织，共有来自14支行政部门与二级学院代表队的120余名老师参加。

11月8日，历经11天22场比赛的激烈角逐，首届"湖外杯"教职员工气排球比赛在排球场圆满落幕。14支队伍、120余名运动员踊跃参与，奋力比拼，展现了湖外全体教职员工积极向上、顽强拼搏的体育精神。

12月21日，冬至。南学生食堂四楼音乐餐吧张灯结彩，极具节日仪式感的"包饺子"大赛火热进行。学校师生齐聚一堂，开展"以饺交心，情暖冬至"首届包饺子大赛。董事长宁平、副校长肖建安、纪委书记任征、副校长刘孟祥、董事兼校长助理宁翔、督学王明明等校领导及外籍教师代表出席活动。

这一年，浏阳校区组织学生陆续开展徒步毅行"保护母亲河、溯源浏阳河"、5月24日"献一束稻花送别袁隆平院士"、7月5日"献礼建党100周年"、9月6日"致敬教师"、10月11日"金秋十月，歌唱祖国"、12月13日"铭记历史、珍惜当下，奋发有为、勇担大任"国家公祭日主题教育等系列活动。

**（七）社会服务**

1月13日，由浏阳大瑶中学杰出校友、湖南外国语职业学院董事长宁平发起的100万元"湖外秋林助学帮扶基金"在大瑶中学正式设立。"湖外秋林助学帮扶基金"的成立，为大瑶教育基金的壮大作出巨大贡献，为助学帮扶该校学子圆梦人生注入强劲力量。同时，此举引导广大海内外校友关注母校变化、支持母校发展树立榜样和标杆。董事长宁平、党委书记刘世昌，以及董事会成员共同参加此次捐赠授牌活动。

3月13日，2021年上半年中小学教师资格证考试笔试举行。我校作为考点之一，迎接8 722名考生。考务工作整体秩序井然。

3月21日，宁平董事长参加其母校大瑶中学校友座谈会，解读其设立100万元秋林基金的目的。该基金以奖学金的形式，每年资助20名来自贫困、伤残家庭的学生，以及烈属等。

5月6日至8日，医学健康管理学院60余名志愿者协助望城区新冠肺炎疫情防控指挥部,与其他医务人员共同承担中南林业科技大学涉外学院新冠疫苗第一针的接种工作。

5月9日,湖外青年志愿者协会成员赴望城区丁字湾街道石韵社区开展"大手牵小手,牵手夕阳红"主题团日活动,在学校和社区的共同努力下,成立石韵社区"湖外青年志愿者协会实践基地"并举行揭牌仪式。这是我校设立的首个青年志愿者协会实践基地,未来将持续发挥实践育人的重要作用。

6月4日,2021届中非经贸博览会综合协调部志愿者服务组工作人员、中国国际贸易促进委员会湖南省分会国际联络部谭洁副部长,以及相关语种面试官莅临我校,进行第二届中非经贸博览会志愿者面试及选拔工作。5个语种专业共120位学生参与面试。这是我校第二次参加中非经贸博览会志愿者服务工作。在2019年第一届中非经贸博览会上,我校学生在活动期间的出色表现得到组委会的高度认可和客人的一致好评。未来各语种人才将持续为湖南企业在与"一带一路"沿线国的经贸交流与合作中发挥作用。

6月7日至11日,长沙市血液中心来到湖外开展义务献血活动,广大师生踊跃参与无偿献血。

6月12至13日,全国大学英语三、四、六级考试在我校举行。面对严峻复杂的疫情防控形势,在纪委书记任征、副校长肖建安的带领下,我校严格依照上级疫情防控工作要求,认真做好入校考生健康码、24小时内行程码检查登记工作,对所有考生及考务工作人员进行14天健康状况监测,设置独立备用考场及考生出入路线,并做好紧急情况应急工作预案,筑牢疫情防控及组考安全双防线,确保组考工作的顺利进行。

6月24日,浏阳市举行青年志愿者联合会成立仪式,浏阳校区作为联合会首届理事会成员单位参会,现场接受理事单位授牌。长期以来,我校积极履行社会责任和义务,充分发挥高校的人才和智力优势,将志愿服务作为实践育人的重要内容纳入第二课堂,广泛开展志愿服务活动,有效激励学生在志愿服务中提升自我、锤炼品格、坚定信念。

9月26日至29日,第二届中非经贸博览会在长沙举行。本次博览会的650名志愿者,是从16所高等院校中的2 000多名学生中选拔出来的。湖外此次共推选124名学生志愿者服务中非经贸博览会,其中68名通过组委会选拔,进入主会场参与现场翻译、大使团服务等关键岗位志愿服务工作,创下省内高校志愿服务之最。学生专业背景涉及阿拉伯语、葡萄牙语、英语、法语、西班牙语5个语种。其中,阿拉伯语志愿者系首次亮相。为圆满完成此次志愿者服务任务,湖外为志愿者们准备了有关长沙、湖南及中国地理人文相关资料,开展了专业指导、体能训练、形体礼仪等系统培训课程。

12月，由中华人民共和国商务部主办的"2021年委内瑞拉公共卫生管理研修班（在线）"在长沙、永州两地举行。我校西方语言学院西班牙语专业教师凭借出色的专业能力被选拔为课程翻译，实时为中委双方师生提供翻译服务，搭建双方交流沟通的桥梁。

这一年，学校通过"党建+"引领社会服务。学校与丁字湾街道签订《党建结对共建项目实施方案》，开展"我为群众办实事""大手牵小手"社会实践活动，组织垃圾分类助力公益进社区、"红色领帮团"进社区志愿服务，开展帮扶慰问困难群众、小学英语教育职业技能培训等活动；构建"思政课程+课程思政"大格局，开展思政课程优质课堂评选活动、课程思政教学比赛和优秀思政实践活动评选。

### （八）主要荣誉成果

**学校荣誉**

1月，学校获湖南省啦啦操运动协会颁发的"湖南省啦啦操运动协会理事单位"称号。

1月，学校获湖南省卫生健康委员会、湖南省教育厅颁发的"2019～2020年度湖南省高校无偿献血先进单位"荣誉。

3月25日，学校获颁"湖南省民办学校教育扶贫工作先进单位""湖南省民办学校抗击新冠肺炎疫情工作先进单位"。

4月，在2020年度省直"五型"团（青）组织标准化建设工作中，学校被共青团湖南省直属机关工作委员会评为"规范团（青）组织"。

**学生获奖**

7月，我校学生代表队应望城区丁字湾街道邀请，参加辖区"唱百首歌曲，颂百年党史"庆祝建党100周年歌唱比赛，获二等奖。

11月，李铸海、吴怡、陈广平同学获"建行杯"第七届湖南省"互联网+"大学生创新创业大赛一等奖。

12月，在2022年度湖南省"楚怡杯"职业院校技能（高职）赛中，柯静茹、彭震同学获英语口语赛项非专业组一等奖，张佳妮、侯艳茹、袁洋同学获护理技能赛项三等奖，成星星、樊子容、王芸皓同学获学前教育专业教育技能赛项三等奖，黄瑶同学获钢琴演奏赛项三等奖。

12月，张莹、夏扬辉、刘琴、朱雅倩、罗益同学获"湖南省大学生学习贯彻习近平新时代中国特色社会主义思想暨第七届大学生思想政治理论课研究性学习成果展示竞赛"三等奖。

**教师成果**

1月，后勤处李淼获"2020年湖南省民办教育协会新冠疫情抗疫先进个人"荣誉。

1月，张圆老师获评"湖南省民办学校教育扶贫工作先进个人"称号。

6月，谢莉副教授在外研社"教学之星"大赛（高职组）中，获全国复赛特等奖、全国半决赛二等奖、全国总决赛三等奖。

6月，涉外经济管理学院申报的"业财税融合成本管控职业技能等级证书（初级）"等5个"1+X"证书试点获教育部立项。

7月，首届"外教社杯"全国高校日语电子课件大赛结果公示，东方语言学院王莉薇、徐小雯、马亚琴、王晓丹团队获特等奖，钟文彬、刘幼藜、杨佳玉、申倩团队获三等奖，我校成为湖南省唯一一所获得特等奖的高校。

8月，东方语言学院王莉薇、徐小雯、马亚琴、王晓丹老师获"首届全国高校日语电子课件大赛"特等奖。

9月，在"省师德师风建设年'身边的好老师'征文活动评审结果"中，英语学院教师许敏所撰写的征文《桃李不言，下自成蹊》荣获三等奖。文章记录了校长助理、英语学院院长周新云教授对教育的热情、对学生的热爱、对初心的坚守。

9月，英语学院梁婷婷、周新云、高启荣、吴瑾老师获"2021年湖南省职业院校教师职业能力竞赛教学能力比赛"二等奖。

10月，在"2021年全国职业院校外语微课优秀作品征集与交流活动"国赛中，东方语言学院王晓丹、马亚琴、赵幸子老师获三等奖。

11月，在"2021年湖南省高职高专院校信息素养大赛"中，信息技术与工程学院宋佳珍老师获三等奖、西方语言学院毛先勇老师获三等奖。

11月，东方语言学院杜德筠老师在"首届全国高校阿拉伯语专业教师微课制作大赛"中获三等奖。

12月，马克思主义学院殷雨萍老师在"第九届普通高等学军事课教师授课竞赛"中获二等奖。

12月，英语学院高启荣、许敏、彭清、林雅萍老师在"2021年湖南省职业院校教师思想政治教育教学能力比赛"中获三等奖。

12月，西方语言学院高启荣、吴瑾、许敏、陶陶在湖南省"楚怡杯"职业院校教师教学能力大赛中获三等奖。

学校积极开展新时代党建示范创建和质量创优培育工作，英语学院党总支被评为"湖南省教育系统先进基层党组织"。

商务英语专业在2021年湖南省高职高专院校专业人才培养方案评价中获"优秀"。

**2022年**

2022年是学校全面贯彻落实全国职业教育大会、湖南省职业教育大会精神的奋楫之年，要全力推进职教高地建设、统筹实施"楚怡行动计划"和"提质培优行动计划"，提升服务"三高四新"战略能力，着力在夯实基础、改革发展和申本攻坚方面下功夫。年初，领导班子成员将这一年的主要建设目标定为：落实立德树人根本任务，实施"三全育人"成果拓展工程；建设高水平"双师型"教师队伍，实施师资队伍素质提升工程；推进职教改革发展高地建设，实施"双高"培育工程。

根据既定路线安排，2022年成为我校职业教育提质培优、改革攻坚的关键年。这一年，在董事会、党委会、校务会的正确领导下，学校聚焦"对内强基固本，对外开放发展"这两大任务，紧紧围绕学校重点工作制订发展规划，革弊鼎新、狠抓落实；着力提升内在治理能力，全面提高教育教学质量，奋力推动各项工作再上新台阶。面对职业教育百花齐放、百舸争流的局面，全体湖外人抓住机遇、克难奋进，朝着"双高"建设目标迈出了坚实的步伐。

**（一）学校总体工作**

1月13日，学校召开2021年度总结表彰大会。长沙市教育局副局长杨庆江出席会议，全体教职员工参加会议。大会由学校党委书记蒋阳飞主持。江波校长作题为《同心同德真抓实干 大力推进职业本科学校建设》的工作报告。

1月13日，湖南外国语职业学院教职员工代表大会第二次会议暨第十一届工会委员会工作会议在图书馆报告厅隆重召开。学校董事会、党委会、校务会主要领导，来自全校各职能处室、二级学院的正式代表55人、列席代表17人参加会议。大会听取了副校长肖建安所作的学校《2021年度行政工作报告》，纪委书记兼工会主席任征所作的《2021年度工会工作、财务工作报告》，以及工会办公室主任吴亚兰所作的《提案工作报告》。经讨论表决，一致通过了三项报告。教职员工代表一团、二团、三团的团长罗秀娟、丁蕾、李胜分别登台作精彩发言，代表教职员工为学校发展建言献策。

1月14日，学校召开2022年工作碰头会，在全面总结2021年度工作的基础上，针对"大力实施强校升本战略，推进职业本科学校建设"关键任务，深入查找存在的问题和差距，研究部署2022年工作任务。会议由江波校长主持，全体校领导及中层干部参加会议。会上，全体校领导围绕分管工作，就2022年工作目标、存在问题和推进措施进行汇报。江波对重点工作一一进行提问和点评，进一步明确工作目标和解决办法。

1月19日，我校党委班子2021年度民主生活会召开。会议针对"大力弘扬伟大建党精神，坚持和发展党的百年奋斗历史经验，坚定历史自信，践行时代使命，厚植为民情怀，勇于担当作为，团结带领人民群众走好新的赶考之路"主题，深入开展学习研讨，深刻查摆问题，认真进行党性分析，严肃开展批评与自我批评。长沙市教育局三级调研员王天玉，党建指导员刘国峰、杨琴到会指导。会议由学校党委书记蒋阳飞主持，党委班子成员、相关列席人员参加会议。会议通报了学校党委班子2021年度民主生活会准备情况及2020年度领导班子民主生活会查摆问题整改落实情况。

1月25日，学校召开董事会直管部门述职会议。董事会、直管部门负责人参加会议。围绕"保驾护航·砥砺奋进"主题，资金部、财务部、董事会办公室、浏阳校区、设计院、驾校、湘外物业、指挥部等部门负责人分析总结了各自2021年的工作亮点和不足，并在此基础上提出2022年部门工作目标，力求用成绩"说话"、用数据"报账"、用目标"立志"。

2月23日，学校平安校园建设动员大会暨2022年度安全稳定目标责任状签订会议在学校图书馆报告厅召开。学校党委书记蒋阳飞携全体校领导，各二级学院、各行政处室主要负责人参加会议。会议由党委副书记黄家声主持。在大会的号召下，各二级学院、各职能处室主要负责人仔细阅读了手中的《2022年度安全稳定目标责任状》，郑重签下名字，力求以责任铸牢信念，全力推动平安校园建设取得新成效。

3月2日，湖南省政协原副主席、湖南省文联原主席谭仲池，湖南省政协常委、长沙市政协副主席彭继球一行莅临湖外，对学校发展、教学安排等重点工作进行现场调研，并举行座谈会。学校董事长宁平、党委书记蒋阳飞、副校长肖建安、党委副书记黄家声等校领导陪同调研。

3月8日，湖南教育电视台《湖南招考》栏目播出副校长刘孟祥关于我校单独招生考试相关情况介绍的专访报道。

3月9日，长沙市教育局评估专家组丁郭一行6人来校开展民办教育办学评估，把脉学校2021全年办学情况及2022年春季学期开学工作。学校董事长宁平、校长江波（线上）、党委书记蒋阳飞、副校长肖建安等校领导以及各部门负责人全程陪同检查。办学评估会由蒋阳飞主持。

3月11日，中国商报研究院副院长、湖南省民族贸易促进会会长谢作钦一行访问学校。

3月15日，学校党委召开基层党总支书记履行党建工作责任考核集中述职会议。党委书记蒋阳飞、党委副书记黄家声、全体党委委员、各党总支书记、支部书记及行政处室负责人近40人参加会议。英语学院、东方语言学院、西方语言学院、涉外经济管理学院、教育与艺术学院、信息技术与工程学院、医学健康管理学院、浏阳校区的党总支书记依次进行党建工作述职。

3月23日，中国教育报头版要闻以《小语种人才解决企业大痛点》为题，对我校"外语+"人才培养模式，大力建设小语种专业，助力"湘企出海、湘品出境"等系列成果进行综合报道。

3月31日，学校召开文明校园创建动员会。全体校领导、行政处室负责人及各二级学院党总支书记参加会议。会议由党委副书记黄家声主持。

4月15日，学校3月份工作讲评大会举行。董事长宁平及全体校领导、中层干部参加会议。会上，副校长肖建安对3月份学校重点工作及党建工作、教学科研、招生就业、国际交流、新闻宣传、学生管理、后勤保障等12个方面的工作进行了全面总结和讲评，充分肯定了学校近期取得的丰硕成果。

5月7日，湖南省人大常委会原副主任、湖南省民办教育协会原会长刘玉娥一行莅临我校，深入基层教职员工队伍，对新校区建设、思政队伍建设、人才队伍培养等办学情况进行现场调研指导，并举行座谈会。董事长宁平、常务副校长肖建安、副校长刘孟祥等校领导陪同调研。刘玉娥为湖外题词：湖外明天更美好。

5月12日，湖南省高校工委督查组一行莅临我校，调研、督导学校思想政治理论课建设情况。督查组由长沙理工大学马克思主义学院院长陈万球教授、湖南农业大学马克思主义学院院长胡艺华教授、湖南中医药大学马克思主义学院叶利军教授等省内专家组成。督查组专家一行通过"随堂听""校园看""资料查""师生谈"等方式，在校园内开展走访调研，了解我校马克思主义学院各项工作开展情况，组织召开督查反馈汇报会。我校党委书记蒋阳飞、副校长肖建安、校长助理赵慧敏、马克思主义学院院长张承安，以及各二级学院总支书记、教师代表参加会议。

5月23日，湖南省教育厅党组成员、一级巡视员王建华来校指导工作。

6月10日，原中国南方电网有限责任公司副总经理、党组成员贺锡强，中国电力燃料集团公司总经济师周明立，原湖南省教育厅副厅长申纪云一行访问学校。

6月16日，学校2022届毕业典礼在图书馆报告厅隆重举行。大会以"线下＋线上"联动的方式，见证2022届4 000余名毕业生圆满完成学业。董事长宁平，校长江波（线上），省政府督导专员、党委书记蒋阳飞，常务副校长肖建安，纪委书记任征等校领导，以及各行政处室、二级学院主要负责人，部分毕业生代表参加大会。

6月28日，由我校承办的"喜迎二十大 奋进新征程"2022年长沙市民办教育党委的党建工作现场推进会召开。湖南省委教育工委副书记、省教育厅党组成员、一级巡视员王建华，省委组织部党员教育中心远程教育办公室主任胡祥勇，省委教育工委组织部部长黄星亮，市教育局党委书记、局长孙传贵，市委"两新"工委专职副书记肖剑锋等领导出席会议。各民办学校党组织书记以及派驻党组织书记、党建指导员等百余名代表参加会议。会议由市教育局党委委员、副局长，市民办教育党委书记谢小红主持。与会人员现场观摩了我校新建的雷锋广场等党建工作典型展示。会上还对我校"党建＋德育实践"优秀案例进行展示。这次活动开创我校党建工作新局面，也增强了我校的社会影响力。

6月，浏阳校区顺利组织2020级学生共计529人从浏阳校区转至长沙校区。

7月4日，校长助理宁翔、东方语言学院院长马亚琴、国际交流合作处处长高嘉庆、东方语言学院院长助理王晓丹和国际交流合作处助理张梦婷一行赴海南外国语职业学院考察调研。两校就招收国际学生、东盟国家小语种专业建设、小语种专业师资队伍建设、外籍教师队伍建设、高水平专业群建设等系列问题进行交流，并达成多项共识。

7月6日，学校董事长宁平、常务副校长肖建安、副校长刘孟祥、体育协会秘书长刘兴、产教融合学院副院长李胜、校友会办公室副主任邱楚一同前往浙江义乌，与义乌校友聚会共叙校友情、师生情、母校情。

8月7日，学校组织召开暑期教学工作会议。常务副校长肖建安、副校长曾亚，各二级学院院长、副院长以及教务处全体成员参加了在线会议。

9月初，我校董事兼校长助理宁翔赴长沙校区及浏阳校区各二级学院、部门走访调研。宁翔在调研过程中就学生工作、学生服务及专业建设等方面提出具体要求。

9月5日，2022级新生开学典礼暨军训动员大会在体育场隆重举行。来自全国各地的5 000余名新同学即将开启崭新生活。

9月9日，一场温馨而隆重的教师节庆典在学校举行，在岗十年以上的教职及工获颁"精勤奉献奖"，学生们"隔空"献上祝福。

9月15日，董事兼校长助理宁翔、国际交流合作处处长高嘉庆、西方语言学院院长助理李寅、葡萄牙语专业负责人雷思蒙一行赴湖南省商务厅洽谈政校合作事宜。省商务厅二级巡视员楼良金、中非秘书处副处长刘国光、地区一处副处长赵昊、中非秘书处全娟出席洽谈活动。

9月20日，学校召开2022年就业创业"一把手工程"督查迎检工作调度会议。董事兼校长助理宁翔、常务副校长肖建安及各二级学院、行政处室负责人参加会议。

9月22日，民盟湖南省委直属省教科院支部一行到访我校，对学校发展、教育教学等重点工作进行现场调研，并组织召开座谈会。在实地参观湖外校园环境后，民盟省委会和民盟省委直属省教科院支部的各位领导、专家对学校优良的办学条件和先进的办学理念表示赞赏。

9月23日，2022级新生军训会操暨总结表彰大会举行。学校董事会董事、校长助理宁翔，以及校务会全体领导出席大会，共同检阅5 000余名湖外新生的军训成果。

9月27日，人才培养工作状态数据采集工作部署及培训会议召开。曾亚副校长强调，人才培养状态数据采集工作是地方教育行政部门和职业院校全面及时掌握分析人才培养工作状态、发布年度质量报告、推进高水平学校和专业建设的重要依据和基础。各部门要高度重视，安排专人，确保数据采集的真实、规范、有效，不断加强平台建设与应用能力。

9月29日,学校全体中层干部大会举行。董事长宁平及全体校领导、中层干部参加会议。从当前招生形势、管理现状分析出发,宁平对全体中层干部提出三点要求:一是要有敬业精神,选择了这一岗位就要力求把工作做到位;二是要有学习意识,把不断学习摆在第一位,以更好的状态迎接新的工作挑战,学校计划招收国际学生,对教学管理等工作提出了更高的要求,大家要在学习中进一步拓展国际新思维;三是要坚持锐意进取,躺在功劳簿上迟早会被淘汰,要紧跟时代步伐,适当给自己加压,争取更大成就。

10月27日,学校召开学校委员会理论学习中心组(扩大)学习党的二十大报告专题会议,全体党委委员、全体校领导及中层干部参加了会议。

10月27日,学校召开10月份全体中层干部大会,全体校领导及中层干部参加了会议。会上,常务副校长肖建安带领全体参会人员进行了党的二十大专题学习,深度解读党的二十大报告精神。

10月28日,以"踔厉奋发新时代、勇毅前行向未来"为主题的学校基层党组织书记党课比赛决赛,在图书馆报告厅精彩上演。学校党委委员、常务副校长肖建安,党委委员、纪委书记任征,校长助理付兴华、刘文峰,马克思主义学院教师向巧玲担任评委。各二级学院党总支书记、支部书记、党员代表及入党积极分子代表在现场观摩比赛。

10月31日,学校举行以"学习贯彻党的二十大精神、争做新时代的好青年"为主题的2022年秋季学期升国旗仪式。早上7点30分,仪式正式开始,学校董事兼校长助理宁翔,以及主要校领导来到体育场主席台,与台下13 000余名师生一同肃立,向国旗行注目礼,齐唱国歌,以饱满的热情赞颂我们伟大的祖国,用实际行动庆祝党的二十大胜利召开。

11月11日,望城区教育局普职教育科科长曹军一行来校,就无烟校园创建工作进行现场验收评审。通过对校园环境、学生宿舍、教学区域等多个区域的实地考察走访,检查组针对无烟校园相关情况与我校有关负责人展开进一步交流。常务副校长肖建安,校长助理、校办公室主任付兴华出席会议。

11月12日,学校第十次学生代表大会在图书馆报告厅召开。

11月21日,湖南省委宣讲团成员、湖南省委宣传部正处级干部、一级调研员柳行来校宣讲党的二十大精神。学校党委委员、常务副校长肖建安,党委委员、纪委书记任征,党委委员、监事会主席宁瑶林,副校长刘孟祥,校长助理付兴华、刘文峰等校领导,行政职能处室工作人员、2022年下半年党员发展对象、二级学院部分师生到场聆听了报告会。

11月22日，学校长沙校友分会在学校图书馆报告厅正式成立。董事长宁平、常务副校长肖建安、纪委书记兼工会主席任征、校长助理刘文峰、各二级学院书记以及长沙优秀校友代表一同出席大会，见证这一重要时刻。

11月，学校举办2022年教师思想政治教育教学能力比赛。此次比赛经过各二级学院紧张有序的初赛遴选，共有14支参赛团队进入学校的复赛。

12月3日，学校召开2022年度期末工作部署会。董事兼校长助理宁翔、全体校领导，以及各二级学院院长、书记，全体职能处室负责人参加会议。

12月9日，董事长宁平、常务副校长肖建安、副校长刘孟祥、教育与艺术学院院长陈敬良、董事会办公室主任樊静，赴沙坪镇江再红湘绣博物馆考察调研。

这一年，学校根据年初学校的挂图作战战略明确实行"三定"改革，遵循减员增效的原则，实行了大部制管理。学校精简了6个行政机构，合并了1个二级学院，实行了二级学院书记轮岗制。经过调整，管理干部结构优化了，干部的责任担当提升了，学校运转顺畅了，干部执行力增强了。学校对全校行政岗位实行统筹重组，在2022年在校学生比2021年净增1 139人的前提下，教职员工同比减少22人，浏阳校区因生源减少减员17人，真正实现了学校管理的减员增效。

这一年，学校制订新闻宣传管理制度，新增二级学院通讯员24人。

这一年，学校继续提高教职员工的幸福指数。教职员工的餐补每月增加100元，学校增加餐补70万元，同时增加了教职员工的社保基金80万元，对高级职称教师拟进行岗位津贴提升，平均每月提升1 000至2 000元。

这一年，学校实行疫情防控、安全校园监管值班制，每天由校领导、中层干部和干事三个人值班，及时掌握和处理紧急事件。全年学校共组织38轮全员核酸，摸排中高风险旅居史35次，向丁字湾街道上报省外、市外返望人员12 000人；浏阳校区处理疫情特护期间教职员工违纪事件5起，共开展全员核酸42次。两个校区安全平稳零事故，没有出现大面积疫情暴发。

**（二）人才培养工作**

1月4日，东方语言学院举行专题研讨，围绕日语、韩语、阿拉伯语等小语种专业人才的发展建言献策，共同商讨2022年参赛计划。"以赛促学，以赛促教、赛教融合"的教学模式，充分调动教师教学积极性、紧迫感，激发学生学习自主性、创新力。

2月25日，学校迎来北京寓科未来智能科技有限公司负责人徐静、罗旋一行，洽谈校企合作事宜。副校长兼产教融合学院院长刘孟祥、信息技术与工程学院院长周东翔、继续教育学院院长刘丰出席会议。校企双方代表郑重签署了校企合作框架协议。

2月，教育部组织完成2022年高等职业教育专科专业设置备案和审批相关工作。

我校拟新增的舞蹈教育专业（国控专业）通过审批。审批同意设置的国控专业将由教育部导入全国职业院校专业设置管理与公共信息服务平台，自2022年起招生。

3月18日，新闻中心以《小语种成就大未来丨人均年薪16万元，湖外学霸寝室厉害了》为题，策划报道我校小语种就业优势。

3月25日，宁平董事长在上海与同济大学原副校长李国强签订"共建智能建造专业"协议。湖外成为全国第一个成功申办该专业的高职院校。

4月，在华为网络系统建设与运维"1+X证书"试点单位考试中，湖外学生脱颖而出，取得了令人瞩目的成绩，34人参考，33人一次性通过，通过率为97%。这一成果凝聚了信息技术与工程学院对于互联网先进技术的探索与实践。

5月，英语学院与西方语言学院第二次合并，成立西方语言学院。

6月8日，学校举行2022年上半年产教融合项目集中签约仪式。该仪式成为学校迈向内涵式建设发展的新起点，标志着学校在推进现代化职业教育、全面深化产教融合工程上迈出坚实一步。湖南亚歌产教融合科技有限公司董事长甘琼、北京寓科未来智能科技有限公司副总裁辛向晖（线上）等企业代表，学校董事长宁平，省政府督导专员、党委书记蒋阳飞，副校长肖建安，纪委书记任征，副校长刘孟祥等校方代表参加签约仪式。

6月14日，学校体育协会成立。举重世界冠军、湖南省举重队主教练杨炼、国家"三人制"篮球队助理教练周鹏等特邀嘉宾莅临仪式现场，学校董事长宁平、副校长肖建安、副校长刘孟祥等全体校领导，各二级学院、行政处室负责人及体育协会学生代表出席仪式。宁平董事长兼任协会会长。

6月17日，副校长刘孟祥、产教融合副院长李胜、教育与艺术学院副院长万湘桂、党总支副书记王梓霖以及学前教育专业相关负责人一行9人深入诺贝尔摇篮教育集团开展校企合作考察调研。双方共同探讨当前学前教育行业发展的形势及用人新要求。

6月21日，湖南外国语职院学院与华友钴业共同合作建立的"华友订单班"开班仪式在学校图书馆报告厅举行。副校长肖建安、华友钴业海外人事部经理张振宇等出席仪式。双方签订"华友钴业"定向班人才培养协议。西方语言学院2021级"华友订单班"44名学员参加开班仪式。

6月24日，学校举行升国旗暨"五育融合"综合实践周启动仪式。

7月12日，湖南外国语职业学院与华能国际电力有限公司在学校科技孵化楼举行太阳能光伏项目合作签约仪式。华能国际电力有限公司代表朱振宇、贾思诗、郑宁等一行5人，学校董事长宁平、常务副校长肖建安、副校长刘孟祥出席签约仪式。

7月13日，湖南外国语职业学院与湖南厚溥数字科技有限公司、长沙汇匠自动化科技有限公司校企合作集中签约仪式举行。厚溥总经理黎明杰、汇匠总经理王鹏等一行9人，我校董事长宁平、副校长刘孟祥、信息技术与工程学院院长周东翔、党总支副书记卢亚婷、产教融合学院副院长李胜等出席仪式。

8月11日，湖南外国语职业学院与珠海世纪鼎利科技股份有限公司举行校企合作协议签约仪式。世纪鼎利学院华中区经理赖声平，学校常务副校长肖建安、副校长刘孟祥，相关二级学院、职能处室负责人参加了签约仪式。

8月，在2022年湖南省"专升本"考试中，学校共有765名学生参加考试，最终录取318人，录取比例高达41.57%，再度刷新我校"专升本"考取人数的纪录。

9月5日至6日，学工处精心组织两场新生入学教育大会。副校长曾亚、校长助理刘文峰分别以《致青春》《我相信》为题进行宣讲。湖外将开展多种形式的新生教育培训活动，帮助同学们在思想上、心理上、行动上"真正入学"，以昂扬的斗志和奋发的姿态开启崭新的人生篇章。

9月19日，2022年全国护士执业资格考试成绩公布，医学健康管理学院护士执业资格考试再传喜讯。我校护理、助产专业共计1 345名应届毕业生参加全国护考，1 309名同学考试成绩合格，护考通过率达97.3%，通过率再创新高。

9月22日，学校保卫处邀请望城区丁字派出所副所长黄刚为我校2022级新生举办法制教育讲座。

9月26日，湖南外国语职业学院与北京华晟经世信息技术股份有限公司校企合作签约仪式举行。华晟经世项目经理俞晓润、符正刚，我校副校长刘孟祥、信息技术与工程学院院长周东翔、党总支副书记卢亚婷、产教融合学院副院长李胜出席签约仪式。

9月30日，信息技术与工程学院2022级软件技术（JAVA软件开发方向）特色班新生开班仪式举行。常务副校长肖建安、副校长刘孟祥、曾亚，信息技术与工程学院院长周东翔、党总支副书记卢亚婷、副院长樊玮虹及2022级辅导员，校企合作单位湖南厚溥数字科技有限公司副总经理谢玲、运营总监朱海、就业总监徐亮，教师代表及班级全体新生参加仪式。

9月，湖南外国语职业学院与湖南高桥大市场股份有限公司在中非经贸合作示范园会议中心举行校企合作协议签约仪式暨授牌仪式。校企双方回顾了2021年11月第二届中非经贸博览会中湖外学生的优异表现，就小语种行业的发展趋势和人才需求，针对学生实习实训和就业的具体规划进行探讨，就设立中非志愿者之家、成立小语种语言服务中心和开展职场大讲堂活动达成共识。

10月，医学美容技术专业通过合格性办学评估。

11月17日，湖南外国语职业学院与湖南洋光在线教育科技有限责任公司进行双方合作事宜的洽谈。学校董事兼校长助理宁翔、湖南洋光在线教育科技有限责任公司董事长刘红平出席会议，并签署校企合作协议。

11月，小咖主咖啡有限公司创始人兼首席执行官景建华来校访问，与我校确立合作意向。国际交流合作处处长兼西方语言学院副院长高嘉庆、国际交流合作处副处长张梦婷、西方语言学院院长助理李寅、葡萄牙语专业负责人雷思蒙出席洽谈活动。

12月2日，在教育与艺术学院308教室，教育与艺术学院院长陈敬良、艺术设计教研室全体教师，与湖南锐领视界互娱科技公司企业代表，召开新专业申报研讨会。会议确立了新专业名称、双方师资情况、申报材料的工作分配等事项，并对下一阶段的工作进行部署。

12月，在图书馆报告厅举办了一场以《党的二十大和我的人生路》为主题的青春使命教育演讲比赛。比赛由中共湖南外国语职业学院党委主办，中共湖南外国语职业学院西方语言学院党总支承办。决赛共评出一等奖1名、二等奖2名、三等奖3名。

12月，我校2021级日语专业学子入选湖南日报社"最美家乡推荐官"，他们摄制的用日语介绍家乡的10支短视频均上榜，视频点赞数最高破7万。此次由湖南日报社新湖南客户端推出的"最美家乡推荐官"活动，是为推进首届湖南省旅游发展大会的顺利举办，面向湖南省各大高校学生征集家乡推荐视频。

这一年，教育与艺术学院增设舞蹈教育专业，信息技术与工程学院增设软件技术特色班。

这一年，浏阳校区组织公共基础课教师建立中职文化普测线上题库，有效提高了学生复习效率和考试合格率。2020级349名学生参加2022年度湖南省公共基础课文化普测考试，参考率为100%，合格率为90.80%，优秀率为17.24%。

这一年，访企拓岗有成效，增加各类订单班7个，如厚溥软件技术（JAVA软件开发方向）特色班，医学美容店长班、医学美容技术管理班、"华友订单班"、"聚星汇梦阿语订单班"等。学校与湖南厚溥数字科技有限公司等6家企业共建7个专业，落户4个二级学院，共建4个生产性实训基地和校内医学美容技术实训室。

**（三）招生就业工作**

3月，浏阳校区圆满完成183名学生单独招生考试组考工作，首次对接浏阳地区三年制、五年制招生工作。

4月，在湖南省教育厅统一部署下，湖南省2022年高职（高专）院校单独招生考试如期举行。4月19日至4月21日，湖外新校区考点共迎来长沙地区3 000余名考生（含1 317名兄弟院校考生）。共5 300余名考生参加单招考试，考试在湖南省14个市（州）分别进行。

4月26日，学校召开2022届毕业生就业工作推进会议暨书记院长访企拓岗促就业专项行动动员部署会议。学校党委书记蒋阳飞、常务副校长肖建安、副校长刘孟祥等校领导参加会议。蒋阳飞号召全校上下齐心、千方百计抓就业,攻坚克难促就业,以更加务实的工作作风,推动就业工作"想在前、走在前","用心用情用力"帮助毕业学子"就好业、好就业、就业好"。

4月开始,学校党委书记蒋阳飞、副校长肖建安、校长助理宁翔、付兴华等校领导先后带队,走访调研58科创望城新经济产业园、微智医疗器械有限公司、湖南五新隧道智能装备股份有限公司、天童教育集团长沙雨花分校等企业。双方就进一步加强校企合作、促进毕业生就业工作,发挥我校"小语种+"人才优势、平台优势,围绕企业创业人才培养模式和就业岗位的提供,深化共建内容,创新合作方式,建立长效机制,促进毕业生就业工作落实,助力"湘企出海""湘品出境",实现三方共建、共赢、共享。

5月16日,学校召开学生实习与就业工作推进会,全面部署2020级学生岗位实习工作。宁平董事长表示,要完善"学校领导主抓、部门分工协作、师生全员参与"的实习就业工作机制,各职能部门齐抓共管,各学院加强访企拓岗,发掘实习就业岗位,注重精准帮扶及强化宣传教育,营造良好的师生成长氛围,以高质量的实习就业开创湖外高质量就业工作新局面。

6月24日,望城区人社局组织开展2022年"扬帆起航"职业指导进校园专场活动。此次活动主要针对该校2022届护理专业毕业生求职就业难的问题,开展政策宣讲和就业指导,引导毕业生树立正确的就业观、择业观,全面了解就业创业政策,实现充分就业。

7月4日,学校董事长宁平率队赴浙江华友钴业股份有限公司、苏州市凌臣采集计算机有限公司以及苏州恒和新自动化科技有限公司等知名企业开展"访企拓岗促就业"专项活动。常务副校长肖建安、副校长刘孟祥、体育协会秘书长刘兴、产教融合学院副院长李胜、校友会办公室主任邱楚随同。

7月5日,宁平董事长一行远赴江苏苏州,开启访企拓岗的第四站,走访在国内智能制造领域排名前五、由吕绍林董事长创办的上市企业博众精工科技股份有限公司。

7月7日,宁平董事长一行7人继续进行访企拓岗,来到第五站——浙江义乌,走访调研义乌市凝波进出口有限公司。公司副总经理刘耀如、翻译部经理张娟热情接待。张娟毕业于我校2008级西班牙语专业。此次江浙访企拓岗活动,由宁平亲自率队前往,历时7天,行程4 000余千米,访问了江浙2省6市10家企业(其中上市企业4家,校友企业3家)。

7月10日,图书馆报告厅召开实习就业暨2022年学期工作总结大会。宁平董事长在寄语中对湖外教职员工提出五点要求：一是正确对待已有成绩，了解正视自身不足；二是紧跟学校未来发展规划，统一思想认识；三是深入企业了解需求，提升就业水平；四是引培并举，加强人才队伍建设；五是以校庆为契机，全面提升学校形象。

7月，2022年大学生创新创业大赛在图书馆报告厅举行。湖南省普通高等学校毕业生就业促进会副秘书长王彬，学校董事会董事、校长助理兼国际创新创业学院执行院长宁翔，以及各二级学院书记到场助阵。比赛邀请创新创业领域著名的专家评委张兴霖、王维、吴衡、贺迅、李元基、陈东到场指导。全校共10支队伍参加本次校赛，采用路演、答辩、专家点评的形式进行。由国际创新创业学院常务副院长高嘉庆主持。大赛旨在深化我校教育综合改革，激发学生创造力，造就"大众创业、万众创新"主力军。

7月，2021年创新创业工作总结表彰大会在图书馆报告厅举行。常务副校长肖建安，纪委书记任征，学校董事会董事、校长助理兼国际创新创业学院执行院长宁翔，督学兼医学健康管理学院院长王明明，校长助理兼教务处处长赵慧敏，以及各二级学院院长、书记、相关职能部门负责人等出席了本次大会。大会由创新创业学院常务副院长高嘉庆主持。

7月，董事长和学校领导带头开展访企拓岗促就业专项行动，完成209家企业的走访，通过实地走访和视频联线等多种形式进行联系，与120家企业签订校企合作协议，80余家企业有合作意向，开拓4 500多个学生就业岗位。

11月1日，学校在湖南省教育厅、湖南省大中专学生信息咨询与就业指导中心的指导与支持下，成功举办省级"外语类"大型招聘会。200多家企业（含线上）云集于此，为前来参会的广大毕业生学子提供了4 000余个招聘岗位，涵盖我校大部分专业，涉及外语、服务业、教育、电子、财务、设计等多个领域。

11月8日，"逐梦金秋 职向未来"西方语言学院2023届毕业生岗位实习动员大会暨双选会召开。

这一年，学校实行招生分管片区责任制、地区负责人责任制，推动学校招生工作的开展。单独招生志愿填报我校的有6 023人，学校录取新生4 461人，录取报到率达81%以上。

**（四）师资队伍建设**

8月25日至28日，学校举行2022年新入职教职员工培训。学校新入职专任教师、辅导员、行政人员等100余人参加培训。本次培训还精心组织了特色团建活动，如观看师德榜样电影，带领新教职员工学唱校歌，参观学校发源地浏阳校区以及红色故地宋任穷故居、胡耀邦故居等。

8月29日，我校组织召开国家在线精品课程建设与申报工作研讨会。会议特邀国家级在线精品课程"铁道概论"负责人、湖南铁道学院龚娟教授做主题报告。学校副校长曾亚、教务处全体成员、各二级学院负责人及骨干教师参加会议。

这一年，学校完成189人的培养计划，其中推送40人参与国培、省培及研修班，申报4名省级骨干教师，推选2名国内访问学者；进行高校教师岗前培训，参加岗前培训的共计有118人，经过考试获得教师资格证的有108人；开展了2022年职称评审工作，65人通过评审，其中教授2人，副教授12人，讲师28人，助教28人。同时，学校制订了《学院绩效考核方案》，形成了教学、学工、科研、行政工作四类考评体系，建立了二级学院、行政处室、高级职称教师、普通教职员工四层绩效考核体系。

**（五）国际交流合作**

5月27日，由省教育厅国际交流处处长周芳友、职业教育与成人教育处四级调研员何国清，省教育科学研究院职业教育与成人教育所副书记舒底清等组成的专家组莅临我校，就所招收国际学生的资质进行现场考察指导。学校董事长宁平、校长江波（线上）、常务副校长肖建安、校长助理宁翔、校长助理兼教务处处长赵慧敏、督学王明明及各部门负责人参加汇报会。

6月16日至17日，美国南部工商贸易发展促进委员会访问团一行、丹麦威卢克斯公司一行分别到访湖外。学校董事长宁平、副校长肖建安、副校长刘孟祥、校长助理宁翔等校领导全程陪同，并举办座谈会。

6月21日，湖南省教育厅下发《关于同意湖南外国语职业学院备案为来华留学生招生单位的函》，正式同意我校招收国际学生。国际学生招收资格申请的成功获批，是我校国际交流与合作领域的重要里程碑，标志着我校办学国际化程度的进一步提升，也是我校近年来教育国际化取得的重大突破之一。

9月27日，由湖南省人民对外友好协会专职副会长郭向丽、秘书长兼办公室主任陈筱敏、办公室二级主任科员刘苗苗组成的调研组莅临我校，就我校国际交流合作工作进行调研和指导。学校董事兼校长助理宁翔、校长助理兼办公室主任付兴华、督学兼医学健康管理学院院长王明明、国际交流合作处处长高嘉庆、东方语言学院院长马亚琴，以及医学健康管理学院副院长杨玲、唐强参加了调研活动。

11月3日，湖南外国语职业学院与全菲集团举办共建学校菲律宾文化研究与交流中心签约仪式。国际交流合作处处长高嘉庆、东方语言学院院长马亚琴、国际交流合作处副处长张梦婷、国际交流合作处项目负责人李靓以及全菲集团总经理郭述杰、副总经理陈东、行政主管李欢容、业务主管杨靖红出席仪式。菲律宾文化研究与交流中心旨在适应国家对区域国别研究的需要，积极服务国家"一带一路"倡议，为湖南"三高四新"战略提供人才支持和智力支持，为中菲友谊与合作提供智库服务。中心将广泛开展菲律宾及东盟国家的相关研究，促进中菲人文交往与合作。同时，中心将与我校国际教育学院、东方语言学院密切配合，为我校招收国际学生、开设东盟国家小语种专业、外籍教师队伍建设等一系列工作提供平台。

11月27日，湖南外国语职业学院与安哥拉Wavida集团公司就双方合作事宜进行洽谈。我校董事兼校长助理宁翔与安哥拉Wavida集团公司总经理陈欣然签署了校企合作协议。

12月，我校收到世界法语大学联盟（AUF）主席索林·肯佩亚务的贺信，该联盟于2022年10月7日的会议中决定接纳我校作为成员单位。加入AUF，将有助于我校形成良好的法语学习、交流以及探索法语国家文化、艺术的氛围，学生可以借此机会进一步提高法语水平，同时AUF也将为应用法语专业建设提供更广阔的平台。

这一年，学校发展实施"双轮驱动"战略，即国际化办学与康养事业并驾齐驱推动学校办学发展。学校获得招收国际学生的资质；申报的"一带一路"人才交流外国专家项目，获得中华人民共和国科学技术部的批准；与全菲集团共建湖外菲律宾文化研究交流中心；与日本育英馆大学正式签署合作办学协议；成功加入世界法语大学联盟（AUF）。学校通过搭建多个国际化、高品质的合作平台，为学生提供多样化的国际交流学习与工作机会，促进我校国际交流与合作。

**（六）校园文化生活**

4月，学校于线上线下开展多种形式"4·15"全民国家安全教育日宣传教育主题活动。各二级学院以班级为单位，组织师生开展全民国家安全教育日主题班会活动，通过观看视频、课件学习、小组讨论等多种方式，引导湖外师生树立国家安全观。

5月18日，消防安全知识讲座在图书馆报告厅举行。学校邀请书堂山消防救援站副站长曾俊作为此次讲座的主讲人，保卫处、后勤处全体工作人员到场参与培训学习。

5月22日，英语学院团总支以"青春不停步·永远跟党走"为主题，组织开展橘子洲毅跑活动。

6月21日，经过近2个月的激烈角逐，在教育与艺术学院体育教研室、校团委等多部门协作下，第二届"湖外杯"篮球联赛圆满落幕。

6月29日，"五育融合"实践周之跳长绳比赛在学校火热开展。

7月5日，学校在图书馆报告厅举行湖南省第十二届大学生运动会暑期集训动员大会。学校纪委书记、工会主席任征，校长助理付兴华，校长助理刘文峰，教育与艺术学院党总支副书记王梓霖，以及各代表队的教练员及运动员出席本次大会。

9月10日，学校"庆中秋·迎国庆·迎新生"文艺晚会在灯光体育场火热开幕。学校董事兼校长助理宁翔，以及主要校领导、相关职能部门负责人、各二级学院领导出席活动。湖外学子和教职员工通过"现场观看+线上直播"的方式，共同欣赏了这场视听盛宴。

10月19日，校长助理刘文峰组织各二级学院书记及全体辅导员，在湖外举办了一场盛大的"喜迎二十大·文明我先行"万人签名活动。

10月25日，学校在排球场举办第二届"湖外杯"排球联赛暨教职员工气排球比赛。本次比赛由学校校团委、工会、教育与艺术学院联合举办。

11月2日，学校教职员工课间操第一课正式启动。

11月8日，第二届"湖外杯"排球联赛暨教职员工气排球赛圆满落下帷幕。学校董事长兼体育协会会长宁平、常务副校长肖建安、校长助理兼学工处处长刘文峰、督学兼医学健康管理学院院长王明明等校领导出席闭幕式。

11月22日，保卫处组织由教导大队、红色领帮团等组成的消防志愿者，赴辖区书堂山消防救援站开展"消防员体验日"活动，以切实提高教育安全水平，促进校园消防建设，进一步提高全校师生消防安全意识。

11月22日，校友领航之"校友面对面"系列座谈活动在图书馆报告厅举行。优秀校友们诚挚地分享了个人成长成才经历，为学弟学妹答疑解惑，为即将步入社会的毕业生更快更好地迈向人生新阶段"职"引未来。参与本次校友面对面座谈会的优秀校友代表有：李学虎、胡权、蒋平平、闫洪皎，宁渊、彭佳威、焦稳、熊康俊、袁俊涛、彭纯。

这一年，学校举行二十大精神领学讲座，组织开展了"党的二十大和我的人生路"青春使命教育演讲比赛，开展了"职教生心中的二十大"等系列宣传教育活动，组织全体党员集中观看开幕式并进行专题学习、座谈讨论，使党的二十大精神入脑入心。

**（七）社会服务**

1月19日，根据我校与丁字湾街道结对共建活动安排，纪委书记兼工会主席任征带领工会、董事会、资产处、后勤处等部门党员代表走访慰问望城区丁字湾街道兴城社区困难户，送上温暖和关怀，并致以新春祝福。兴城社区居委会相关领导陪同慰问走访。此次活动是为了深化党史学习教育效果，增强高校社会服务职能。

1月，法语专业教师乔兰婷为马里共和国驻华大使杰纳勒尔一行的湖南见面会提供全程口译服务。

1月，西班牙语专业李成老师、李梦姣老师承担湖南科技职业学院与"汉语桥"共同举办的湖湘文化在线课程项目的视频翻译工作。

1月，韩语专业教师唐文婷在湘潭市司法局公共法律服务中心，担任值班律师，参与司法局法律咨询服务工作。

2月，学校青年志愿者协会在丁字湾敬老院开展以"关爱老人 温暖社会"为主题的活动；在学校艺术楼前坪开展以"青春热血燃"为主题的志愿活动。

3月，学校青年志愿者协会在湘江沿岸开展环境保卫活动。

3月，法语专业教师乔兰婷为法中经济文化教育协会举办的"第二届法国诺曼底大区'中国风'活动"提供翻译服务。

3月，阿拉伯语专业教师杜德筠、法语专业教师谢楠参加教育部"汉语桥"线上团组优质录播课程小语种翻译项目。

3月12日，2022年上半年全国中小学教师资格考试（笔试）举行。湖外作为考点之一，迎接3场考试，总计约2 600名考生，考务工作整体安全、平稳，考风考纪良好、秩序井然，各项工作顺利完成。

5月，湖外以100万元现金捐助，荣登长沙市第二届（2021年度）"长沙慈善榜"榜单醒目位置，彰显无私奉献、扶危济困的民办教育力量。

5月，葡萄牙语专业教师雷思蒙、张婉婉带领2019级学生完成湖南省商务厅主办的"莫桑比克议会行政能力研修班"线上翻译任务。

6月6日，数车满载爱心物资的大型挂车从浏阳校区启程，携着师生们浓浓的情谊和关爱，运往河南获嘉县偏远中小学。此次爱心捐赠活动从5月正式启动，捐赠物品包含2 000套"爱心床铺"，用于集中改善贫困学生的住宿条件。

6月22日，由长沙市望城区社会科学联合会主办、湖南外国语职业学院与望城区丁字湾街道兴城社区携手承办的"夏至·乐享兴城"音乐会在兴城社区茶园子孝爱广场热闹开演。

6月28日，"湖南外国语职业学院青年志愿者协会实践基地"揭牌仪式在丁字湾社区服务中心举行，以此为契机，学校将与丁字湾社区正式开启校社联盟合作，积极构建"社区学院"。丁字湾社区党总支副书记兼居委会主任柳翠萍，我校校长助理兼学工处处长刘文峰出席仪式，40余名志愿者与社区的老人们共同参加了本次活动。

6月，葡萄牙语专业教师雷思蒙带领2020级学生参与中华人民共和国商务厅主办的"葡语国家传染病防治研修班"援外培训项目。

7月，由中华人民共和国商务部主办的"葡语国家传染病防治研修班（线上）"结业典礼在长沙圆满结束。葡萄牙语专业负责人雷思蒙带领两名2020级葡萄牙语专业学生胡燕红、谭小平，出色地完成了此次援外培训的课堂翻译任务，为巴西、安哥拉、佛得角等国家的学员提供线上实时翻译服务，搭建了中国与葡语国家沟通的桥梁，为"讲好中国故事，传播中国声音"贡献力量。

7月，西班牙语专业教师李梦娇、孙佳颖，参加"古巴可持续发展建筑材料和技术海外研修班"，完成相关翻译任务。

7月,韩语专业教师唐文婷在湘潭市政府政务服务中心所属12348热线,任线上值班律师,参与司法局法律咨询服务工作。

7月,马克思主义学院与共青团湖南外国语职业学院委员会延续传统,联合开展2022年暑期文化科技卫生"三下乡"社会实践活动之"大手牵小手"志愿服务活动。雷英、周亚鹏、张静瑶、向巧玲老师带领14位学生进入湘西州吉首市己略乡,圆满完成支教任务。

8月,由中华人民共和国商务部主办的对外援助项目"阿拉伯语投资政策管理研修班"在长沙圆满结束。应用阿拉伯语专业负责人杜德筠带领两名2021级应用阿拉伯语专业学生吴子华、陈雪妮,为突尼斯、伊拉克、利比亚等3个国家的共计19名学员提供线上实时翻译服务,出色地完成了此次援外研修的课堂翻译任务。14天的研修,让外籍学员们全面了解我国经贸行业的发展现状及投资前景,为中国与阿拉伯语国家加强地区合作交流提供参考。

8月,受郴州市中级人民法院委托,西班牙语专业教师李寅赴郴州负责涉外案件的司法翻译,受到郴州市中级人民法院及外国参赞的好评。

8月,意大利语专业王悦妮、向欣欣老师为湖南大学赴意出国人员进行意大利语短期培训。

9月,受湖南省高级人民法院委托,西班牙语专业教师李寅赴省高级人民法院负责涉外案件的司法翻译工作。

9月,应用阿拉伯语专业师生团队承接了由湖南省商务厅承办的"约旦手工编织研修班"援外研修的课堂翻译任务,提供线上实时翻译服务。

10月,受湖南中医药大学委托,韩语专业教师徐洁为圆光大学孔子学院提供韩语课程培训服务。

11月2日,董事宁翔、京东数码负责人刘珂赴宁乡市巷子口镇连心小学、双狮小学开展爱心助学公益行动,将"植爱"与"扶志"紧密结合,用实际行动全力助推乡村教育振兴。2021年1月,湖外设立"秋林助学帮扶基金",首期即捐助100万元帮扶浏阳大瑶中学学生圆求学梦。

11月,"中非志愿者之家"在长沙市雨花区高桥大市场启动。首批志愿者有180人,其中包括湖外学生在内的高校学生,以及埃及、埃塞俄比亚等国的留学生。我校董事兼校长助理宁翔,作为校企合作单位代表、"中非志愿者之家"建设校方代表,出席启动仪式。

11月,法语专业乔兰婷老师为"中国(湖南)大健康产业'走进非洲'推介对接会"提供翻译服务。

11月,受湖南中医药大学委托,韩语专业教师张圆为圆光大学孔子学院第七届理

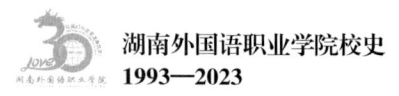

事会提供翻译服务。

12月，法语专业杨清文老师为湖南省文化和旅游厅组织的全国导游资格考试（湖南考区）提供现场考试考官（法语）服务。

12月，受永州市外事办邀请，葡萄牙语专业雷思蒙老师主导翻译永州市城市宣传片，为永州市与巴西马林加市建立友好城市相关接洽会议提供翻译服务。

这一年，学校多次组织志愿者赴双桥社区开办周六英语课堂，青年志愿者协会坚持每周六14点至16点赴石韵社区，开展以"幸福成长·快乐周末"为主题的爱心志愿活动。这些活动加强了与地方社区的交流联动，增强了党员的群众意识和服务意识。各基层党组织开展了形式多样的党建达标实践活动，如红色话剧汇报演出、"青春不停步 永远跟党走"橘子洲毅跑活动、义务讲解、义务支教、文化助残、送戏下乡、垃圾分类、敬老院送温暖等活动，以点带面发挥引领带动作用。同时，学校积极响应国家和湖南省的号召，在科技服务、志愿服务、就业服务等方面，为建设富饶美丽幸福的新湖南贡献湖外力量，用外语助力"湘企出海""湘品出境"。

### （八）主要荣誉成果

学校荣誉

6月，学校获湖南省语言文字工作者协会颁发的"2021年度语言文字工作先进理事单位"荣誉。

7月，学校获湖南省教育国际交流协会颁发的"湖南省教育国际交流协会第五届理事会副会长单位"称号。

7月，学校获湖南省学生资助研究会颁发的"2021年度湖南省学生资助研究会"称号。

8月，学校在第二届ICAD国际当代青年美术设计大赛中，荣获国际青年美术设计协会、亚太青年美术设计研究院、国际当代青年美术设计大赛组委会颁发的"最佳组织单位"。

11月15日，长沙市望城区卫生健康局、长沙市望城区教育局正式认定学校为"无烟学校"，并授予牌匾。

11月27日，我校在"第十届全国高等职业院校日语技能大赛"获"优秀组织奖"。

11月，经湖南省教育厅组织专家实地考察、综合评议，湖南外国语职业学院大学生创新创业孵化基地获评为"湖南省高校大学生创新创业孵化示范基地"。

11月，学校在"2022年外语微课优秀作品全国交流活动"中获评"优秀组织单位"。

12月，学校获中国外文出版发行事业局亚太传播中心颁发的第五届"人民中国杯"日语国际翻译大赛"优秀组织奖"。

学校获湖南省民办教育协会颁发的"规范办学""新闻宣传先进单位",望城区"无烟学校"和"湖南省教育系统网上政务公开政务服务工作优秀单位"等荣誉称号。

**学生获奖**

2月,刘卓荦、邓奕、杨昭同学获"第六届米兰设计周——中国高校设计学科师生优秀作品展"三等奖。

3月,李可彤同学获"国际大学生手绘艺术与设计大赛"银奖。

4月23日,在由湖南省教育厅主办、湖外承办的"2022年全国职业院校技能大赛"高职组英语口语赛项湖南省选拔赛中,英语学院商务英语专业彭震同学获英语专业组第一名、西方语言学院西班牙语专业柯静茹同学获非英语专业组第二名。彭震同学将作为唯一一名英语专业选手,代表湖南省参加"2022年全国职业院校技能大赛"高职英语口语赛项国赛。

4月28日,第十三届"蓝桥杯"全国软件和信息技术专业人才大赛个人赛省赛(软件类)湖南赛区(第一场)获奖名单公布。我校信息技术与工程学院学生凭借扎实的编程能力、高水平的临场发挥,斩获一等奖1项、二等奖2项以及三等奖3项。一等奖获得者、来自计算机网络技术专业2002班的李波同学,将代表湖南省参加本届"蓝桥杯"赛项的全国总决赛。

5月29日,由湖南省教育厅主办的"湖南省第八届大学生学习贯彻习近平新时代中国特色社会主义思想暨思想政治理论课研究性学习成果展示竞赛决赛(高职高专组)"在湖南化工职业技术学院顺利落下帷幕。我校学生作品在湖南省74所高职院校递交的6 000多个作品中脱颖而出,获一等奖1项、二等奖1项,充分展示了新时代湖外学子的马克思主义理论素养和精神风貌。

5月,彭震同学获"2022全国职业院校技能竞赛"口语赛项三等奖。

6月,在2022第十届"挑战杯"湖南省大学生创业计划竞赛中,刘志鑫同学获银奖、杨佳琪同学获铜奖。

6月,柳思情、龙慧香同学获"2022湖南—庆尚北道大学生韩国语演讲大赛"三等奖。

6月,在"第十三届蓝桥杯全国软件和信息技术专业人才大赛"全国总决赛中,李波同学获全国总决赛C/C++程序设计大学C组国赛三等奖、省级一等奖,周博同学获省级特等奖,颜晨涛、贺健同学获省级二等奖,蔡家豪、杨彬彬、胡明瑶同学获省级三等奖。

6月,在"外教社·词达人杯"全国大学生英语词汇能力大赛(全国决赛高职组)中,龙霞同学获一等奖,张可欣、陈明菠、李怡凤同学获二等奖。

9月26日至28日，"2022年全国职业院校技能大赛"高职组英语口语赛项开赛。来自全国30个省、自治区、直辖市以及新疆生产建设兵团的59支参赛代表队"云端"竞逐。谢莉、彭翊、吴立芳、林雅萍老师指导的西方语言学院商务英语专业的彭震同学获得全国三等奖。

9月，学校董事兼校长助理宁翔带队首次出战湖南省大学生运动会。我校参赛选手夺得女子单人竞技健美操银牌、啦啦操集体花球项目银牌等众多奖牌。我校参加了4个项目，位列69所高职高专院校积分榜第10名。

10月，在"第八届OCALE全国跨境电商创新创业能力大赛（春季赛）"中，杜雨诗、宁心茹、双凤同学获二等奖，王涛、王书亮、胡超翔同学获三等奖。

11月27日，"第十届全国高等职业院校日语技能大赛"在山东外事职业大学圆满落下帷幕。经过预赛、复赛、决赛的层层角逐，我校东方语言学院徐小雯、熊苗老师指导的谌玉倩、冯杨宇、易芊、唐博昊同学荣获团体赛特等奖，彭海霞老师指导的唐博昊同学获得个人赛二等奖。

11月，在2022"外研社杯"湖南省大学生英语写作比赛（高职高专组）中，陈明菠、李怡凤同学获一等奖，朱子鹤同学获三等奖。

11月，浏阳校区学生代表队在"长沙市中职学校英语技能竞赛"中，荣获一等奖1个、二等奖1个、三等奖1个。

12月2日，由中国外文局亚太传播中心（人民中国杂志社、中国报道杂志社）主办、中国日语教学研究会、中国日语教学研究会华南分会及广东外语外贸大学东方学研究院协办的"第五届人民中国杯国际翻译大赛"落下帷幕。我校应用日语专业的优秀学子，分别荣获一等奖1项、二等奖2项、三等奖5项。

12月17日，由许敏、梁婷婷老师带队，商务英语专业2020级学生李怡凤、谢姚、陈明菠、胡羽，在2022年第二届"学研汇智杯"全国高校商务英语综合能力大赛（微视频作品赛项）全国总决赛中捧获两项大奖：全国总决赛（高职组）二等奖和李怡凤获得的全场唯一一个最佳表演奖。

12月27日，由湖南省教育厅、湖南省文化和旅游厅主办的职业院校"技能传承中华优秀传统文化"展示与评比结果公布。我校报送的由教育与艺术学院艺术设计专业学生设计的3项作品全部获奖。

12月，杨柳柳、刘杰莉同学获湖南省职业院校"技能传承中华优秀传统文化"展示活动一等奖，阮嘉昕、焦钰钦、龙琴莉同学获二等奖。

12月，在第七届全国大学生人力资源管理综合能力竞赛（踏瑞杯）高职组全国总决赛、2022"一带一路"暨金砖国家技能发展与技术创新大赛人力资源管理技能全国总决赛中，涉外经济管理学院人力资源管理专业学生，在两场赛事中分别荣获二等奖、优秀奖。

西方语言学院何静茹通过初赛、复赛、决赛，进入湖南省高校学生优秀事迹五人宣讲团，成为进入宣讲团的高职院校的唯一代表。

这一年，学校组织 600 多名学生参加"挑战杯"全国大学生信息化素养技能大赛，6 名同学获得全国前 50 名的好成绩。

这一年，浏阳校区 349 名中职学生参加 2022 年度湖南省公共基础课文化普测考试，参考率为 100%，合格率为 90.80%，优秀率为 17.24%，合格率较 2021 年提升 16 个百分点。

教师成果

1 月，商务外语专业群专业教学资源库立项省级资源库。

1 月，马克思主义学院刘平、殷雨萍老师在"2021 年形势与政策说课竞赛"中获得特等奖。

2 月，医学健康管理学院杨玲老师的"妇产科护理学"课程获省级精品在线开放课程立项，英语学院袁芝妹老师的"英语国家概况"课程获省级精品在线开放课程立项。

3 月，湖南省教育厅下发《关于开展 2021 年湖南省职业教育省级教学成果奖评审工作的通知》，我校推送的《助推湘企出海的高职外语类专业"三双"人才培养模式改革与实践》（团队成员：周新云、江波、赵慧敏、谢莉、丁蕾、宁翔、梁婷婷、刘绽、毛先勇、黄仁华）和《致知植行，协作偕行：高职日语专业"四维三力"型教学改革与实践》（团队成员：马亚琴、宁翔、高嘉庆、寻懋梅、张佩霞、叶宏、刘慧君、陈爱平、路漫漫）分别获得省级教学成果奖一等奖、三等奖，实现了湖外省级教学成果奖零的突破。

3 月，东方语言学院徐小雯老师获"日语世界"杯配音大赛三等奖。

4 月，东方语言学院向开晴老师获"外研社"杯全国高校朝鲜语专业课程思政教学设计大赛优秀奖。

4 月，中华人民共和国教育部高校学生司下发了《关于公布第一期供需对接就业育人项目立项名单的通知》，公布第一期"供需对接就业育人项目"立项名单，学校与赛云九洲科技股份有限公司、深信服科技股份有限公司、沈阳自贸投资发展有限公司等用人单位共同开展的 8 个就业育人项目成功立项。

5 月，在"全国大学生 PPT 动画挑战赛"中，信息技术与工程学院唐亮荣老师获"优秀指导教师"荣誉。

6 月，教育与艺术学院周倚帆老师指导学生参加"KJC 亚洲国际艺术节"，荣获"优秀指导教师"奖。

6月，在外研社"教学之星"大赛（高职组）复赛中，西方语言学院谢莉老师、蒋小玲老师均获特等奖。

7月，西方语言学院谢莉副教授主持的商务英语专业群获湖南省楚怡高水平高职专业群建设计划立项。

8月，在"2022年职业院校外语微课优秀作品征集与交流活动"中，东方语言学院钟文彬老师获一等奖、东方语言学院彭海霞老师获二等奖、东方语言学院徐小雯老师获二等奖、东方语言学院黄俐华老师获二等奖。西方语言学院吴立芳、文霞武、向亚芳、许敏、肖婧老师获二等奖，西方语言学院徐立纯、谢莉、项敏、梁丹、刘亚琴、项敏老师获二等奖，西方语言学院周一阳、梁婷婷、欧卫华、吴江平老师获三等奖，西方语言学院刘绽、谢莉、范馨匀、林雅萍、熊琳老师获三等奖。

8月，在"2022年乐海长沙首届国乐艺术周湖南省首届扬琴艺术节器乐展演"中，教育与艺术学院陈赛娜老师获"优秀指导老师"奖。

8月，在外研社"教学之星"大赛（高职组）全国总决赛中，西方语言学院谢莉老师、蒋小玲老师、林雅萍老师均获三等奖。

9月21日，为纪念中日邦交正常化50周年，由日本侨报出版社主办，中国驻日本大使馆、读卖新闻社等协办的第五届日本人讲述"难忘的中国故事"征文大赛，经过半年多的征稿和严格审查，揭晓评选结果。我校日本籍教师横山明获得一等奖。

10月，湖南省"楚怡杯"职业院校教师职业能力大赛正式落下帷幕。我校商务英语专业教师团队高启荣、吴瑾、许敏、陶陶四位老师的参赛作品《商务接待与谈判》荣获三等奖。此次比赛于6月18日至7月4日在线上举行，省内74所高职高专院校在同一平台上，检验综合素养、展示教学成果。

11月，中华人民共和国教育部中外语言交流合作中心发布2022年度国际中文教育研究课题立项名单，共有278个项目通过专家评审。我校丁蕾副教授申报的《鉴思中华经典对外传播论述拓展汉语国际传播路径研究》青年课题项目获准立项。实现我校在该项部级课题立项工作方面零的突破。

11月，由高等教育出版社、全国高校教师网络培训中心与《中国外语》编辑部共同组织的"2022年外语微课优秀作品全国交流活动"圆满落幕，日语专业教师钟文彬、赵幸子、丁泽辉团队从4 000余名参赛教师中脱颖而出，荣获大赛其他语言组（职业）二等奖。

11月，东方语言学院彭海霞老师在"2022年CATTI杯全国翻译大赛决赛职业组口译"比赛中获得一等奖。

11月，在"第四届全国跨境电商专业教师实践教学能力竞赛"中，涉外经济管理学院刘莎莎老师获二等奖、涉外经济管理学院黄颖老师获二等奖。

11 月，在"2022 年职业院校外语课程思政优秀教学案例征集与交流活动"中，西方语言学院王莉、谢莉、刘绽、刘思思老师获二等奖，西方语言学院陶陶、谢莉、肖婧、王莉、徐立纯获二等奖。东方语言学院日语专业教师团队获一等奖 1 项、二等奖 3 项。

11 月，在 2022 年度湖南省"楚怡杯"职业院校技能竞赛中，教育与艺术学院陈贤武、王瑶筠老师获"优秀指导老师"荣誉。

11 月，教育与艺术学院周倚帆老师指导学生参加"湖南省第二届青少年才艺大赛"，获"优秀指导教师"荣誉。

11 月，在"第十届全国高等职业院校日语技能大赛"中，我校东方语言学院徐小雯、熊苗、彭海霞老师获"优秀指导教师"称号。

11 月，在"长沙市中职学院英语技能竞赛"中，李丹融、邓超群老师获"优秀指导老师"称号。

12 月，东方语言学院徐小雯老师获第五届"人民中国杯"日语国际翻译大赛职业组三等奖。

12 月，在第五届"人民中国杯"国际翻译大赛中，徐小雯、刘幼藜老师获"优秀指导教师"称号。

商务外语专业群教学资源库获 2021 湖南省职业教育专业教学资源库立项。

这一年，我校获得省部级项目立项 24 项，同比增长 33.3%；C 级以上高水平论文增长 250%，优秀论文获奖 35 篇，其中一等奖 9 篇，较去年增长 80%，科研成果数量与质量较之前有显著提升。我校出台《湖外教育》管理办法规范评审流程，稿件质量逐步提升；以"湖外大讲堂"为抓手，深入开展多形式的学术交流活动，全年举办"湖外大讲堂"活动 8 场。

**2023 年**

2023 年，根据学校"十四五"事业发展规划，学校实施"双轮驱动"发展战略，以"双高"建设为引领，落实"一紧两抓三突出"，实施"八大提升工程"，向"双高"建设目标稳步挺进。

所谓"一紧"，即紧紧锚定"双高"建设目标，聚焦专业群内涵建设。所谓"两抓"，即抓国际化办学措施落实，压实国际合作办学和国际生招生；抓医学康养专业群建设，服务"双轮驱动"战略。所谓"三突出"，即突出社会影响力建设，精细做好校园文化建设和 30 周年校庆工作；突出中层干部执行力建设，精准完成 2023 年招生就业任务，做好省厅民办院校专项督查迎检工作；突出标准化、规范化建设，层层落实绩效考核制度。所谓实施"八大提升工程"，即党建引领治理提升工程、"双高"

建设内涵提升工程、人才培养赋能提升工程、校园文化建设与影响力提升工程、后勤保障服务提升工程、国际合作与康养事业"双轮驱动"提升工程、招生就业与产教融合提升工程、师生幸福感提升工程。

围绕这一系列目标追求，湖外上下坚定发展信念，凝聚踔厉前行的磅礴力量，以"敢"字为先、"干"字当头、"实"字为要的精气神，朝着省内一流、国内知名、有较大国际影响力，具有鲜明特色的"双高"学校阔步前行，以优异的成绩迎接校庆30周年，奋力谱写新时代湖外建设发展的新篇章。

**（一）学校总体工作**

1月7日，学校举办2022年专业负责人说专业竞赛暨2022年校级高水平专业群申报答辩会。本次活动线上、线下同步进行。活动邀请湖南外贸职业学院副校长彭铁光、长沙民政职业技术学院教授方玲玉，我校常务副校长肖建安、副校长曾亚担任评委。经过紧张角逐与答辩，护理专业群获得一等奖，应用法语专业群、跨境电子商务专业群获得二等奖，应用日语专业群、大数据技术专业群获得三等奖。

1月10日，第二十届中央候补委员、中国工程院院士刘仲华教授一行莅临我校调研。招商银行长沙分行行长助理谷鹏、招商银行先导区支行行长朱颖、湖南华益科技有限公司总裁陈社行、湖南国茯高马高品总经理谌敏琪、企业代表赖勇福等人参加调研。学校董事长宁平、董事兼校长助理宁翔等校方代表陪同调研。刘仲华以"有文化、有视野、有品位"为关键词，高度肯定了我校的办学理念及校园文化。他指出，湖外是一所"中西教育优化结合，培养国际化精英人才"的高水平职业院校，有着优质的管理团队和师资队伍。今后在人才培养方面，务必继续加强国际交流，深化产教融合，推进职业教育提质增效。

2月9日，湖南省教育厅督导检查组深入学校督导检查党建工作开展情况。省委督查室副主任刘佛强、省教育厅民办教育处二级主任科员尹怡、市民办教育党委党建指导员曾军军出席本次党建工作迎检报告会。执行校长肖建安，纪委书记、工会主席任征，副校长兼教务处处长曾亚，校长助理兼办公室主任付兴华，校长助理兼学工处处长刘文峰，董事长助理兼董事会办公室主任樊静，以及各二级学院党总支书记、相关职能处室负责人参加会议。督查组领导评价我校党建工作扎实有效、有据可依，并对党建工作中亟待改进的一些问题提出了优化建议。

2月10日，学校2022年度工作总结暨表彰大会在图书馆报告厅举行。学校董事会、校务会领导，以及全体教职员工参会。

2月10日，浏阳校区2023年春季学期全体教职员工大会在长沙校区孵化楼会议室举行。执行校长肖建安，纪委书记、工会主席任征，董事、校长助理兼国际交流合作处处长高嘉庆，董事长助理兼董事会办公室主任樊静及浏阳校区全体教职员工参加会议。

2月11日，我校召开2021～2022年就业创业"一把手工程"督查迎检工作会，副董事长宁翔、执行校长肖建安、校长助理兼办公室主任付兴华，以及各二级学院、行政处室负责人参加会议。

2月20日，董事、校长助理兼国际交流合作处处长高嘉庆接受湖南教育电视台《湖南招考》栏目专访，在访谈中围绕考生亟需了解的湖外的单独招生考试、国际化办学、专业建设及就业前景等主题，为考生答疑解惑。

2月23日，湖南省教育厅就业创业工作"一把手工程"督查组来校现场督查、指导毕业生就业创业工作。湖南大众传媒职业学院党委书记李三福、湖南生物机电职业技术学院副校长刘晓魁、长沙职业技术学院招生就业处处长娄星明、长沙理工大学招生就业处副处长李娜、湖南省就业指导中心联络员史石峰，通过听取汇报、现场审阅材料、教师座谈、电话核查、实地察看等方式，对我校毕业生就业创业工作进行全方位调研。

2月27日，湖南体育职业学院党委副书记、副院长彭庆文一行7人来校开展考察交流活动。执行校长肖建安等领导陪同。

湖南外国语职业学院校史馆设计于2月初启动。2月，学校接洽了湖南美景创意文化建设有限公司等7家公司，学校为设计公司介绍湖外的建设发展史，协助各单位进行校史馆的设计地形勘察，并提供相应素材。

3月2日，广东科技学院常务副校长周二勇一行4人来到校考察。副董事长宁翔、党委副书记付兴华、董事兼校长助理高嘉庆等领导陪同。双方约定未来将在教育教学、国际交流等领域开展更多的交流与合作。

3月8日，长沙市教育局评估专家组李俊年一行8人莅临湖外，开展民办教育办学评估工作，通过听取报告、实地考察、查阅资料、推门听课等方式，全面细致地把脉湖外2022年度全年办学情况。各位专家在意见反馈会上就湖外2022年办学情况从不同方面进行讲评，并提出针对性建议。专家组成员一致认为，湖外整体办学工作扎实到位，各项管理规范有序，成果显著。李俊年指出，民办学校发展不易，能够克难攻坚打造出这样一所优质美丽又国际化特色鲜明的学校，背后付出的是无数心血。希望学校领导班子能够仔细研究专家们的整改建议。

3月10日，长沙市人民政府副市长邹特一行来校督导食品安全责任落实情况。望城区丁字湾街道党工委书记刘倍求、街道办事处副主任李诗文，湖外副董事长宁翔、黄硕，执行校长肖建安，纪委书记、工会主席任征，党委副书记付兴华，校长助理曹杨，董事长助理樊静等领导及相关部门负责人陪同检查。

3月22日，武汉大学国际教育学院原副院长程振教授来校指导工作并与我校部分领导干部座谈交流。董事会、校务会主要领导，以及各学院院长、书记，相关职能部门负责人参与座谈。程振表示，湖外无论是教学软硬件建设，还是人才培养模式与成果，已经走在了全国众多同类院校的前列。他阐述并分析了当前国际形势下的中美教育交流合作现状和发展趋势，充分肯定了我校"职业化、市场化、国际化"的发展战略，并就专业建设、人才培养等方面提出建议。

3月24日，学校党委召开2022年度二级学院党总支书记履行党建工作责任考核集中述职会议。

3月25日，湖外深圳校友分会成立大会在共青团深圳市委员会大楼举行。出席本次成立大会的有：共青团湖南省委驻深圳市工作委员会常务副书记蔺聪，学校执行校长肖建安，学校董事兼校长助理高嘉庆，校友工作办公室主任李胜、副主任邱楚，学校招生就业处副处长卢方龙，以及在深圳工作的30多位湖外校友。

3月，武汉外语外事职业学院副院长刘丹一行6人来校开展考察交流活动。执行校长肖建安、董事兼校长助理高嘉庆等陪同考察。

3月，董事兼校长助理高嘉庆、董事会办公室主任樊静、校长助理兼党委副书记付兴华对校史馆设计公司的设计方案进行初审，选定了其中的江苏鼎鸿建设科技有限公司、湖南杰克展览装饰工程有限公司、长沙尚格影视策划有限公司、湖南美景创意文化建设有限公司4家设计公司。3月28日各公司集体进行项目设计方案的演示汇报。各个公司轮流对自己的设计理念和方案进行介绍，由校方代表提出意见。宁平董事长总结发言，点评各个公司的优点与不足，并提出相应要求。各公司进行修改后再由学校进行选择。

4月11日，学校第十一届工会委员会工作会议暨教职员工代表大会第三次会议在图书馆报告厅召开。学校董事会、党委会、校务会主要领导，来自全校各职能处室、二级学院的正式代表57人参加会议。大会代表听取了董事长助理、董事会办公室主任樊静宣读的《关于监事会成员候选人建议人选的议案》，经民主推荐、协商研究，建议：赵慧敏、罗秀娟、宁江、卢方龙、陈思颖同志为监事会成员候选人。

4月18日，我校召开"以学谋私"专项整治工作部署会议。董事会成员、全体校领导、全体中层干部出席会议。会议由党委副书记付兴华主持。

4月22日，学校召开校庆晚会编排工作通气会。董事会、校务会主要领导，以及全体中层干部出席会议。会上，宁平董事长向参会人员隆重介绍担纲湖外30周年校庆晚会的总导演——中国电视艺术家、国家一级导演宁肖周。宁肖周是北京奥运会主创团队成员、核心创意小组成员，广州亚运会组委会庆典和文化活动部副部长。会议确定于2023年10月23日举办大型校庆焰火文艺晚会。届时，晚会将以经济、简约、震撼的演出形式向全球直播。晚会现场将邀请国家、省、市、区有关部门领导人，以及至少 10 个国家的驻华总领事馆外交官员参加。

4 月 27 日，湖南美景创意文化建设有限公司与宁平董事长在进行多轮方案讨论之后，基本确定合作意向，双方协商签订设计合同。学校强调要高度重视湖外校史馆建设进度的把控，确保项目按时完成。

5 月，学校举办 2023 年教师教学能力竞赛。经过二级学院初赛、学校复赛和现场决赛，最终决出一、二、三等奖共 11 支团队。5 月 5 日决赛当天，执行校长肖建安、副校长曾亚、校长助理刘文峰、总督学谢艳梅作为评委专家组于现场观赛。

5 月 11 日，学校与湖南美景创意文化建设有限公司正式签订有关校史馆设计的合同。

5 月 13 日，宁肖周团队提出了第一套校庆晚会策划方案。

5 月 19 日，学校召开 2023 届毕业生就业"百日冲刺"行动工作会议。主要校领导，各二级学院院长、党总支书记，产教融合学院、国际创新创业学院、招生就业处负责人及各二级学院就业专干参加会议。

5 月 22 日，宁肖周团队再次来到学校，解读校庆晚会策划方案，同时讨论主题背景和设计思路。

5 月 25 日，我校安全保卫处联合学生工作处、后勤资产处，对校园内的教师宿舍、学生公寓、食堂、商铺进行突击安全检查，逐一排查安全隐患。

5 月 26 日，湖南省教育厅专家组一行来校考察商务英语专业优秀人才培养方案落实情况。我校商务英语专业在 2021 年湖南省教育厅组织开展的高等职业学校专业人才培养方案优秀等级评价考察中，获湖南省优秀专业人才培养方案立项。此次考察系省教育厅对于"优秀"等级专业人才培养方案落实情况的现场论证。参与调研的专家有：湖南省教育科学研究院主任阚柯、湖南开放大学教授江波、湖南中医药高等专科学校教务处处长李辉、常德职业技术学院教务处处长陈刚、湖南高速铁路职业技术学院教授贾瑞晨。湖外执行校长肖建安，董事兼校长助理高嘉庆，党委副书记、校长助理付兴华，校长助理刘文峰等校领导陪同考察。在听取学校方面的工作汇报之后，专家组还仔细查阅了优秀人才培养材料、现场查看教学条件与实施情况，和学校师生分别进行面对面访谈，并按照当天课表随机抽取课程进行现场听课。

5 月 26 日，我校举行二级学院试点经营管理签约仪式。董事长宁平，执行校长肖建安，纪委书记兼工会主席任征，副校长曾亚，董事兼校长助理高嘉庆，党委副书记、校长助理付兴华，校长助理赵慧敏、刘文峰等校领导，相关二级学院院长、党总支书记参加会议。根据湖外章程，学校将依法依规致力于构建现代大学制度，完善学校内部治理体系，提升学校治理效能，稳步推进校院两级管理改革，逐步建立适应湖外发展战略的现代大学管理体制。在严格遵循民办高校两个办学规律的基础上，为进一步推动管理重心下移，学校特制定二级学院试点经营管理实施细则，并在西方语言学院、医学健康管理学院、艺术与教育学院、涉外经济管理学院、信息技术与工程学院5个二级学院中率先进行试点经营管理。

6月5日，我校举行2023年安全生产月启动仪式暨安全工作目标管理责任状签订仪式。主要校领导、相关二级单位负责人出席会议。

6月6日，我校2023届毕业典礼在学校图书馆报告厅举办。典礼采取"线下＋线上"联动的方式举行，4 700余名毕业生圆满完成学业。董事长宁平（线上）、主要校领导，以及各行政处室、二级学院负责人，优秀毕业生代表出席典礼。大会由任征书记主持。与往届毕业典礼不同，仪式还邀请了20位2023届优秀毕业生家长代表到场。

6月10日，湖外广州校友分会成立大会在广州科学城中元教育科技有限公司举行。副董事长宁翔、董事兼校长助理高嘉庆、校友工作办公室主任李胜、国际交流合作处副处长张梦婷，以及30余名湖外校友代表欢聚一堂，共襄发展大计。宁翔为广州校友分会授牌，并为理事会成员颁发聘书。

6月15日，学校召开校史编纂专题工作会议，全体校领导、各二级学院院长及书记、各职能处室负责人参会。会议听取了校史主要执笔人丁蕾老师针对校史编纂工作的过程与进度、构思与行文、形势与任务的介绍与阐发。执行校长肖建安、董事兼校长助理高嘉庆、校长助理兼党委副书记付兴华相继对接下来编纂工作的要点进行布置。

6月17日，董事长宁平、董事兼校长助理高嘉庆、董事会办公室主任樊静、校长助理兼党委副书记付兴华、国际交流处副处长张梦婷等人，进行了关于校史馆设计的讨论。会后，各相关负责人根据宁平提出的要求与湖南美景创意文化建设有限公司进行讨论修改。

6月19日，学校与湖南美景创意文化建设有限公司确定校史馆设计方案最终稿。

7月3日，湖南美景创意文化建设有限公司提交校史馆施工图后，由湖外设计院院长刘志华等人审议后提供修改方案。

7月5日，湖南美景创意文化建设有限公司根据学校设计院所提供的修改意见进行说明及方案调整，并提供了相应的物品清单。

7月5日，为热烈庆祝中国共产党成立102周年，学校在图书馆报告厅举行2023年"七一"表彰大会暨"颂党恩·念校情"红色教育展演活动。全体在校党委委员、校领导、长沙校区全体教职员工党员、浏阳校区党员代表欢聚一堂，共庆党的生日。经党委会研究决定，本次大会表彰优秀共产党员26人、优秀党务工作者4人、先进基层党组织5个。大会由学校党委副书记付兴华主持。

7月7日，学校召开校史馆招标前的碰头会议，明确了招标的方式、项目及流程等内容。副董事长黄硕、党委副书记付兴华，以及湖南美景创意文化建设有限公司代表在会后一起进行实地勘察，讨论在建设过程中可能会遇到的一些情况。

7月14日，宁翔副董事长一行前往澳门公职人员协会拜访澳门特别行政区立法会议员高天赐爵士。高天赐介绍了澳门公职人员协会的主要工作职责和内容。他表示，澳门作为联结中国与葡语国家的重要桥梁纽带，可以成为湖外与其他葡语国家沟通交流的良好平台。期待湖外尽快在澳门设立办事处，以促进与澳门本地高校和企业的合作。宁翔向高天赐介绍了我校作为秘书长单位的葡萄牙语职业教育产教联盟的情况，向其发出湖外30周年庆典活动的邀请。

7月19日，副董事长宁翔接受红网专访，讲述其从金融领域跨界教育领域，带领湖外探索教育国际化新模式、扩大中外教育"朋友圈"的精彩故事。

7月，校庆晚会策划文稿的最终稿提交董事会及董事长审核。此前策划文稿已经经过7次讨论与修改。

7月，为改善在校教师生活，学校获得"湖外健康花园"项目的《建设工程规划许可证》。

8月27日，全体教职员工大会在图书馆报告厅举行。会议对上半年学校工作进行总结，同时解读下半年各项工作要点。宁翔副董事长针对接下来的迎新工作、招生工作进行任务部署，以提升学生、家长的满意度。

8月29日，2023级新生报到工作正式启动。各个迎新点均有师生志愿者值守，流程严密科学，服务细致到位。

8月，学校实现整体验收，拿到产权证。在各方的努力协调下，湖外在建设过程中的历史遗留问题得到逐步解决。第四标段通过整体消防验收，顺利通过竣工验收。

9月4日，2023级新生开学典礼暨军训动员大会在田径场举行。长沙市教育局副局长杨庆江，学校董事长宁平，湖南省政府督导专员、学校党委书记蒋阳飞，董事会、校务会主要领导，各二级学院院长以及外籍教师代表在主席台就座。来自全国18个省份的5 000余名新生，以及部分教职员工到场观礼。

9月8日，以"历30年征程波澜壮阔·沐师道光芒薪火相传"为主题的教师节表彰庆祝典礼在图书馆报告厅举行。

9月12日，为加强校地党建工作联动，我校党委组织学校各二级学院党总支书记、专职组织员及学生支部书记共21人，赴望城区丁字湾街道党建工作特色活动场所开展现场经验交流活动。

**（二）人才培养工作**

年初，医学健康管理学院增设老年保健与管理专业，艺术与教育学院增设视觉传达专业。

2月23日，我校邀请望城分局智勇法制工作室法制宣讲团覃亚林主任为全校师生上了一堂生动的法制教育课。望城分局党委委员胡凌志、望城分局内保大队大队长黄辉、望城分局法制大队教导员刘智勇、丁字派出所所长虢志勇、望城分局智勇法制工作室法制宣讲团全体成员，我校董事长宁平、执行校长肖建安、党委副书记付兴华、保卫处副处长项要武出席。

2月27日，学校副董事长宁翔一行赴湖南省儿童医院调研，受到儿童医院党委委员、护理部主任谢鉴辉，国际合作中心主任王莉，护理部副部长肖志容等人的热情接待。双方就护理人员外语培训、援外培训合作、涉外护理专业学生实习就业等多方面合作达成共识，约定尽快安排对湖外进行更全面的实地考察，以便推动相关合作事宜。

2月27日，以"公平、公正、公开"为原则，依据实习岗前强化培训考核成绩和学生志愿，医学健康管理学院2023年实习分配工作圆满结束。共计1 496名学生进入中南大学湘雅医院、中南大学湘雅二医院、中南大学湘雅三医院、湖南省人民医院天心医院、湖南省人民医院马王堆医院、湖南省人民医院岳麓山医院、湖南省第二人民医院、湖南省妇幼保健医院、湖南省儿童医院、湖南省旺旺医院、湖南省中医药大学第一附属医院等多家三级甲等综合性医院实习，充分保证护理、助产、中医康复技术、医学美容技术等专业学生的实习和就业。

3月1日，湖南外国语职业学院与湖南一鸿教育科技公司举行校企合作签约仪式。一鸿教育董事长刘双、教学部长聂山长（湖外2011级毕业生），学校董事兼校长助理高嘉庆，相关二级学院、职能处室负责人参加了签约仪式。

3月14日，"不负青春、逐梦星河——国家奖学金、励志奖学金获得者优秀事迹报告会"在图书馆报告厅举行。来自二级学院的8名国家奖学金、励志奖学金获得者向大家分享了自己的学习与生活经历，多维度诠释湖外优秀学子的精神风貌与价值追求。

4月6日，一场外语类专业校企合作订单班集中签约仪式在学校举行，华自科技股份有限公司国际公司、湖南小咖主咖啡有限公司、正大集团、华友印尼镍资源产业集团、浙江华友钴业股份有限公司等13家国内知名企业代表共襄盛会。本次集中签约仪式上，针对学校的特色"外语+"专业育人模式，成立了包括日语专业理光订单班、泰语专业正大订单班、印尼语专业华友钴业订单班、韩语专业天空国际订单班、法语专业小咖主订单班等在内、提供各小语种"一对一"精准化就业服务的13个订单班。

4月16日，由学校主办的"外语专业建设高端论坛"成功举办。此次论坛邀请

11名国内外语教育领域的知名专家和学者，共同探讨外语专业建设的现状和未来发展趋势。来自湖南外国语职业学院、湖南师范大学、中南大学、湖南信息学院等院校的180余名师生到场参与。

4月21日，学校在校园茶山实践教学基地上盛大举行了首届"玉娥"采茶节活动，采茶节以"以茶知礼·以劳育人"为主题，把种茶、采茶、炒茶、品茗作为高校劳动育人模式的新途径，让茶文化作为大学生实践育人的生动课题。本次"玉娥"采茶节活动是近年来湖外以学生队伍建设为支撑、以课程引领为主线、以教学改革为重点，扎实推进"五育融合"，构建全面育人的教育新生态的成果展示。我校将继续依托采茶节、劳动实践周、"五育融合"实践周等活动，丰富劳动活动形式，强化实践体验，扎实推进劳动教育，大力培养德智体美劳全面发展的时代新人。

5月10日，"湖外留学大讲堂"首期讲座在学校图书馆自由讲堂精彩开讲。作为主讲嘉宾，副董事长宁翔以《留光溢彩·美好未来》为主题，带领在场的同学们"沉浸式"体验美国的留学生活。

5月16日，国家荣誉勋章获得者、全军一级战斗英雄罗振明先进事迹报告会在学校报告厅举行。长沙市望城区武装部政委文楚强一行出席报告会。董事长宁平，执行校长肖建安，纪委书记兼工会主席任征，副校长曾亚，党委副书记、校长助理付兴华，校长助理赵慧敏、刘文峰，总督学谢艳梅等校领导、全体中层干部、马克思主义学院全体教师以及优秀学生代表参加大会，共同聆听英雄奋勇御敌的烽火故事。

5月17日，由湖南厚溥数字科技有限公司主办、湖外信息技术与工程学院承办的2023年度"厚溥杯"商业程序开发大赛总决赛在图书馆报告厅举行。来自湖南外国语职业学院、湖南铁路科技职业技术学院、岳阳职业技术学院、张家界航空工业职业技术学院、常德职业技术学院、株洲幼儿师范高等专科学校6所高校的11组队伍、近百名选手参赛。

5月23日，湖南外国语职业学院与湖南省第二人民医院隆重举行校医合作共建签约暨心理健康教育基地揭牌仪式。湖南省第二人民医院党委副书记陈勇、发展部部长郭亮、躯体疾病精神科主任方政华、主治医师张婵娟、心理治疗师徐佳佳、发展部黄平等医院领导及专家，湖南外国语职业学院执行校长肖建安、纪委书记兼工会主席任征、校长助理兼学生工作处处长刘文峰及学校二级学院党总支书记、师生代表于图书馆报告厅见证合作硕果。该教育基地的建立，是为了进一步完善学生心理健康教育和心理危机预防体系，提高学生心理健康教育水平。

5月25日，由学校主办、西方语言学院承办、东方语言学院及国际交流合作处协办的第十一届"学习·成长·成才"外语演讲大赛汇演暨颁奖典礼在图书馆报告厅内隆重举行。本届外语演讲大赛分为大学英语组（非专业组）、英语专业组、小语种专业组展开。经过为期 1 个月的分组初赛、复赛，共 39 名参赛者进入总决赛。作为湖外特色外语类专业校级赛事，"学习·成长·成才"外语演讲大赛已走过 11 个年头，本届比赛汇聚了各语种专业的"王牌精英"。湖外学子以英语、俄语、法语、西班牙语、意大利语、日语、韩语、阿拉伯语等多语种同台炫技。

5 月 30 日，深圳市人才服务中心、深圳市黄金玉石珠宝商会、常青榕（深圳）医疗科技有限责任公司等 6 家单位来校考察交流。政企校正式签订战略合作协议，探索协同育人新路径，多措并举推动人才供需有效对接，是"深化产才融合、助力校企合作"办学目标的生动诠释。

5 月至 6 月，为拓展学生的求学、求职视野，国际交流合作处邀请我校多名具有港澳台地区及境外学习和工作经历的教师举办系列文化讲座。宁翔、张梦婷、李寅、雷思蒙、李先姿、李靓、刘幼藜、唐文婷、吴瑾共 9 位领导、教师纷纷开坛设讲。

6 月 19 日，学校隆重举行迎"七一"升国旗暨"五育融合"综合实践周启动仪式。此次实践周活动为期 5 天，将在 6 月 26 日至 6 月 30 日集中开展。学校制订总体实施方案，各二级学院及行政部门将根据所负责领域及专业特色拟定实施细则，以"德智体美劳"五育为主线，组织开展"青春向党"朗诵比赛、"用外语讲好湖南故事"短视频竞赛、校园十佳歌手大赛、楚怡读书行动系列活动等形式多样的实践活动。比如，在"劳育"环节，学校组织全体教职员工带头参加校园护绿活动，带领学生美化校园，以劳树德。

6 月 20 日，湖南外国语职业学院与长沙富力万达文华酒店、长沙步步高福朋喜来登酒店、湖南佳兴世尊酒店举行酒店管理与数字化运营专业校企合作签约仪式。董事兼校长助理高嘉庆，校长助理、涉外经济管理学院院长赵慧敏，涉外经济管理学院党总支副书记卢亚婷出席签约仪式。高嘉庆认为，湖外与三家省内知名酒店建立合作是贯彻落实产教深度融合、校企协同育人的重要举措，是学校推进专业建设，培养"双师型"教师的有效途径，希望校企双方共建共赢，发挥湖外专业特色，为社会输送更多高素质技能人才。

6 月 27 日，学校组织全体教职员工开展"五育并举·拔草护绿"活动。此次活动的举办是为了进一步落实"立德树人"根本任务，践行"五育并举融合育人"的新课程理念，引导学生树立正确的劳动观念和劳动态度，养成良好的劳动习惯。

6 月，湖南外国语职业学院与浪潮卓数（北京）大数据技术有限公司在科技孵化楼 212 会议室举行校企合作签约仪式，双方将在大数据技术专业和人工智能技术应用专业基础上，共建"浪潮卓数大数据产业学院"。浪潮卓数总经理商传辉一行，湖外董事长宁平、副董事长宁翔，相关二级学院、职能处室负责人参加了签约仪式。

6 月，湖南外国语职业学院与湖南锐领视界互娱科技有限公司举行校企合作签约仪式。学校董事兼校长助理高嘉庆，锐领视界副总经理李鑫、吕伟，以及学校产教融合学院、招生就业处、相关二级学院主要负责人出席仪式。校企双方希望以此次合作为契机，强化实习实训、岗位见习、就业考证等互利双赢的合作模式，为深化学校专业建设、拓宽学生就业渠道注入活力和动力，为企业的发展提供更好的科技支撑和人才支持。

6月，国际教育学院首届毕业生迎来就业、升学大考。最终，15位毕业生中，应用日语专业有8人，6人赴国外深造，1人被国内本科院校录取，1人在国企就业；商务英语专业有7人，3人赴国外深造，2人在国内就业，2人被国内本科学校录取。理想的升学及就业成绩，是该院3年以来精心培育的成果。

7月14日，宁翔副董事长应邀赴澳门与葡萄牙布拉干萨理工学院校长奥兰多会谈。双方就共建葡语专业、师生互换合作项目等事项交换了意见，就两校开展"2+1"专升本项目和"3+2"专升硕项目进行协商并达成共识。湖外与葡萄牙布拉干萨理工学院在2012年首次签订合作协议。2017年2月，时任葡萄牙布拉干萨理工学院教务副校长的蒂娜博士、副校长安娜贝拉博士、翻译硕士中心主任伊莎贝尔博士曾到访湖外。两校合作渊源颇深。

7月，湖南省教育厅发布《关于通报湖南省高等职业学校2021年优秀等级专业人才培养方案现场考察和2022年度学生专业技能抽查考核情况的通知》，西方语言学院商务英语专业优秀人才培养方案现场考察通过。此次商务英语专业优秀人才培养方案的现场考察将进一步规范商务英语专业人才培养方案的制订与执行工作，切实将人才培养工作落到实处，推动学校人才培养质量提升。

7月，湖南省"专升本"考试录取结果陆续公布，我校504名学生成功被湖南财政经济学院、湖南文理学院、吉首大学、湖南第一师范学院、湖南工商大学、湖南理工学院、衡阳师范学院、湖南城市学院、长沙学院、中南林业科技大学等本科院校录取。据继续教育学院统计数据，在2023年度"专升本"考试中，湖外报名总人数1 797人，实际参考1 201人，最终504人被录取。本次考试刷新了我校历年来成功实现"专升本"的人数纪录，位列同类院校升本人数第一位。

8月9日，"聚焦职教"发布平台根据教育部招生"阳光工程"指定信息发布平台"阳光高考信息平台"的数据统计，公布了国内各地区省份职业院校人气专业推荐名录。我校商务英语专业和应用阿拉伯语专业分别入选湖南省职业院校"推荐人数最多的专业"和"推荐指数最高的专业"榜单。

9月5日，湖南外国语职业学院与湖南德工装饰设计工程有限公司举行艺术设计专业校企合作签约仪式。执行校长肖建安，董事兼校长助理高嘉庆，艺术与教育学院院长陈敬良，产教融合学院副院长李胜与德工装饰设计有限公司总经理汤亚刚、投资部经理朱鸿良出席签约仪式。该企业计划初期投入 200 余万元在我校科技孵化楼 9 楼完成约 2 000 平方米合作场地的建设。

这一年，我校护理、助产专业共计 1 345 名应届毕业生参加了全国护士执业资格考试，其中 1 309 名学生考试成绩合格，获得"国家护士证"。我校护考通过率高达 96.8%，连续 6 年位列同类院校第一。

**（三）招生就业工作**

3 月 11 日，单独招生考试举行。湖南省教育厅学生处二级调研员李希敏、四级调研员陈衡，湖南省教育考试院成人高校招生考试处处长谢培元，湖南省教育考试院主任郭健，长沙市教育考试院副院长熊光余、高考科主任刘健等领导莅临湖外考点进行现场指导。湖外副董事长宁翔、执行校长肖建安、纪委书记兼工会主席任征、党委副书记付兴华等校领导及相关部门负责人陪同巡考。各项组考工作规范有序，获得了巡考领导们的高度认可。

3 月 26 日，执行校长肖建安带队前往广州、深圳，走访重点企业事业单位，深入了解企业用人需求，拓展就业岗位资源。产教融合学院副院长李胜、招生就业处副处长卢方龙、校友工作办公室副主任邱楚陪同走访。此轮访企拓岗，湖外代表团走访了深圳、广州两地 6 家单位，洽谈中聚焦校企双方人才培养，探索政校企合作的协同育人新模式。

3 月 28 日，学校举办《2023 届毕业生春季促就业攻坚行动——就业育人》主题讲座。讲座邀请麦当劳湖南区域招聘负责人、麦当劳青年无限量系列讲座开发负责人、麦当劳中国 520 人员品牌建设项目组成员、麦当劳认证就业指导王牌讲师肖赵杰作为主讲人。

3 月 31 日，学校董事兼校长助理高嘉庆带队赴张家界 3 家企业调研走访，深入了解企业用人需求，开发应用韩语专业实训实习基地和就业岗位，探索产教深度融合培养韩语人才新路径。东方语言学院院长马亚琴、党总支副书记王梓霖、院长助理王晓丹、应用韩语专业负责人兼韩阿教研室主任徐洁参加调研活动。

3 月，湖南省人力资源和社会保障厅组织的"稳企业 保就业"活动之"百名导师进校园"（第六站）走进了湖外。剑桥大学"学霸"、京桥教育创始人魏巍作为本次活动的主讲嘉宾，与湖外学子面对面交流学习心得，传授就业"秘笈"。

4 月 25 日，医学健康管理学院组织开启 2023 届毕业生专场招聘月的首场活动——"线下专场双选会"。有近百家企业申请，学校根据企业招聘岗位与专业契合度、企业发展前景等条件，择优筛选了 62 家企业参加。在首场"线下专场双选会"上，30 家参会企业给毕业生提供 400 多个岗位，已有 78 人与单位达成签约意向，招聘当日签约 22 人。医学健康管理学院院长王明明、副院长杨玲、党总支书记唐强、招生就业处副处长卢方龙以及毕业班辅导员，对毕业生们进行"一对一"的简历会诊等就业指导，并根据毕业生需求向企业进行人才推荐。

4月28日，执行校长肖建安，校长助理、涉外经济管理学院院长赵慧敏，涉外经济管理学院党总支副书记卢亚婷等一行前往长沙温德姆豪庭至尊酒店，为我校酒店管理与数字化运营专业毕业生的实习与就业工作，做好前期考察调研工作。

5月12日，在湖南省教育厅、湖南省人力资源和社会保障厅、湖南省大中专学校学生信息咨询与就业指导中心、长沙市人力资源和社会保障局、望城区人力资源和社会保障局的大力支持下，学校成功举办"坚守初心·逐光前行"学前教育专业园校合作研讨会暨2023届毕业生双选会。

6月14日，湖外2023年度大学生创新创业大赛决赛在图书馆报告厅举办。湖南省大中专学校学生信息咨询与就业指导中心事业发展部部长王彬，学校执行校长肖建安，董事、校长助理兼国际创新创业学院常务副院长高嘉庆，党委副书记兼校长助理付兴华等人出席。决赛还邀请吴轩辕、吴文平、张兴霖、贺迅、贺焱等创新创业领域著名的专家评委，与200余名师生代表共同见证湖外学子在创新创业方面展现出的创意思路与论证逻辑。

6月，我校"2022年创新创业工作总结表彰大会"在图书馆报告厅举行。湖南省大中专学校学生信息咨询与就业指导中心事业发展部部长王彬，学校执行校长肖建安，董事、校长助理兼国际创新创业学院常务副院长高嘉庆，党委副书记兼校长助理付兴华等出席大会。高嘉庆作《湖南外国语职业学院2022年度创新创业工作报告》。2022年，我校师生参与各项创新创业活动的人数比2021年度大幅上升，参与全国大学生创业服务申报项目达3 000余个，参与人数超10 000人。5个团队参加湖南省"黄炎培"职业教育奖创业大赛，涵盖主体赛及专项赛两个赛道，获得省级三等奖一项。在第十届"挑战杯"湖南省大学生创业计划竞赛中，我校学生荣获银奖2项、铜奖2项。

**（四）师资队伍建设**

3月21日，学校邀请长沙市民办教育协会秘书长李俊年做客湖外大讲堂，在图书馆报告厅开展题为《迈向新时代，争做好老师》的讲座，为我校教师传授教育教学经验。执行校长肖建安、纪委书记兼工会主席任征、副校长曾亚、党委副书记付兴华、相关职能处室负责人，教育厅专家库成员——湖南都市职业学院党委委员、副校长刘月花，以及湖南都市职业学院理事长助理师旷，与我校教师以"线上+线下"的方式聆听了本次讲座。

3月23日，2023年春季学期第二次全体辅导员大会暨建桥学院辅导员培训动员会在图书馆报告厅举行。

4月26日，2023年春季学期第三次全体辅导员大会在艺术楼511会议室举行。

5月23日，学校组织召开教师教学能力竞赛经验交流会。本次交流会邀请了全国职业院校技能大赛教学能力比赛一等奖团队负责人、长沙商贸旅游职业技术学院教务处副处长门利娟作主题报告。我校副校长曾亚、特聘专家方玲玉教授、本年度推荐参加省赛作品的所有团队成员、相关二级学院负责人及骨干教师代表参加会议。

8月22日至27日，学校举办新进教职员工培训班，通过多个主题课程的培训，协助教师提升师德素养和专业能力。

**（五）国际交流合作**

2月，为落实2020级应用外语（葡萄牙语）专业学生的岗位实习工作，学校副董事长宁翔、董事兼国际交流合作处处长高嘉庆、国际交流合作处副处长张梦婷、西方语言学院俄意葡教研室主任兼应用外语（葡萄牙语）专业负责人雷思蒙，护送10名学生赴安哥拉开展岗位实习，并对安哥拉开展考察调研。

2月4日，在安哥拉访问的副董事长宁翔一行访问中国驻安哥拉大使馆，中国驻安哥拉大使馆龚韬大使亲切会见了宁翔一行。湖外考察团相继访问中国驻安哥拉大使馆和中国总商会、福建总商会、江苏总商会等侨团组织，调研了中铁二十局、海山集团、安兴集团和奥德工业园等在安哥拉的中资企业，与各大商会和企业进行了深切交流，与企业共同分析和规划人才培养方向；并与让·皮亚杰大学、阿戈斯蒂尼奥内托大学及孔子学院洽谈合作事宜。

2月4日，湖南外国语职业学院非洲校友总会成立大会举行。学校董事、校长助理兼国际交流合作处处长高嘉庆主持成立大会，介绍了校友总会成立的一系列筹备工作。非洲校友总会的成立得到了安哥拉中国湖南总商会的大力支持和帮助，湖南总商会执行会长郑长华，秘书长向浩，常务副会长李建军、戴安勋、杨俊，副会长蔡国良，副秘书长陈振宇等商会领导莅临现场。

2月14日，我校收到湖南省中非经贸合作促进研究会的函，成为该研究会副会长单位。从2017年起，我校为"湖南—非洲地方产业合作对接会"和"中非经贸博览会"共提供志愿者超280人，承担了接送机、会场接待、产品介绍、联系合作、现场翻译、贴身管家等任务，同时进入"中非经贸博览会"主会场参与现场翻译、大使团服务等关键岗位志愿服务工作，得到了主办单位的一致好评。2022年11月25日，中非志愿者之家启动仪式在中非经贸合作促进创新示范园举行，湖外作为校企合作单位代表、"中非志愿者之家"建设校方代表出席仪式。

2月21日，葡萄牙驻广州总领馆总领事安娜·科尔代罗、副领事马里奥·费雷拉商务、领馆随员傅磊珂一行访问我校。董事长宁平、副董事长宁翔、执行校长肖建安、副校长曾亚等领导会见了来访贵宾。双方于学校国际友谊林共同种下一棵茶树。

会谈中，双方就高等教育合作、人才培养等议题展开交流，并就共同开展湖外葡萄牙语文化周活动、葡萄牙语国家交流活动等具体合作意向达成一致，约定10月在湖外建校30周年之际再次聚首湖外。

2月21日，学校成立葡萄牙文化研究交流中心。葡萄牙驻广州总领馆总领事安娜·科尔代罗亲临现场，与董事长宁平一道为中心揭牌。

2月21日至3月3日，葡萄牙作家奥古斯蒂娜·贝萨－路易斯的百年纪念展在图书馆举办，葡萄牙驻广州总领馆总领事安娜·科尔代罗与湖外董事长宁平共同为纪念展揭幕。宁平表示，学校在培养学生掌握外语技能的同时，还致力于培养学生的国际化视野和全面的综合素养，学校定期举行多种多样的跨文化交流活动，让学生开眼界、长知识。

2月27日，学校董事兼校长助理高嘉庆带队赴湖南省中非经贸合作促进研究会调研，受到研究会执行会长兼秘书长彭争、秘书处办公室主任王毅等领导的热情接待。

3月初，董事长宁平带队出访日本，共计走访了10余所学校和企业。3月1日至3日，出访的第一站来到日本淑德大学，我校与淑德大学老年照护中心专家组达成初步意向，对方将深度参与我校"太阳城"老年健康管理服务的建设。在为期3天的访问中，考察团深度考察了淑德大学的3个校区。日本千叶县知事熊谷俊人亲切接见了宁平一行，表示愿为双方合作尽可能地提供帮助。

3月4日，应日本三森财团法人三森一男会长的盛情邀请，董事长宁平前往神奈川县小田原市，与90岁高龄的三森一男会面。通过会谈，双方对湖外学子毕业后赴日实习及高质量就业，达成初步合作意向。双方期待下一步将在更多领域开展多层次、多渠道、多平台的国际合作。

3月5日，学校宁平董事长一行开启对日本养老介护保健设施的调研之旅。当日考察了江南介护设施，该机构是由长屋设计公司（以医院、养老院和社会福利院为主的建筑设计研究院）设计的。该机构社长长屋荣一向宁平介绍，他们在日本有621个设计案例。当听到湖外将着力建设"高校一体化＋智慧型养老服务模式"后，作为日本顶尖康养规划设计大师的长屋荣一当即表示愿意亲自带领团队参与湖外康养版块的设计工作，为"太阳城"老年康养护理中心项目出谋划策，并愿意为湖外护理专业毕业生赴日实习就业保驾护航。

3月6日，上午，受名古屋市天白区的知名看护专家、优秀企业家加纳千鹤子的邀请，宁平董事长一行来到其创建的5家养老看护院进行现场考察。下午，宁平一行人乘座新干线抵达关西地区的兵库县芦屋市，看望德高望重的企业家、实干家石川先生。石川先生与湖外团队有20多年的合作渊源。长期以来，他积极助推中日经贸活动的开展，也是投资中国第一所高尔夫球场的日本友人。双方就未来校企合作、学生海外实习就业进行了初步洽谈。

3月6日,东方语言学院邀请日本滋贺县驻湖南办事处所长荻野大来到"湖外大讲堂"举办日本文化讲座。本次讲座是荻野大所长继2020年后,在我校举办的第2场讲座。副董事长宁翔会见了荻野大所长。双方约定无论何时何地,都将为推动中日两国以及滋贺与湖南两省之间经贸、人文、教育等方面的交流与合作不断努力。

3月8日,宁平董事长一行访问京都看护大学,并与京都育英馆教育集团松尾英孝理事长进行会谈,双方初步建立海外留学方面的合作意向,更多的湖外学子将有机会在这里提升学历,从而进一步获取海外实习就业的宝贵机会和通道。

3月10日,宁平董事长一行拜访了日本众议院议员、众议院总务委员会委员长浮岛智子,以及日本众议院议员、自民党副干事长臼井日出男。

3月10日,受日本才力株式会社冈孝行社长盛情邀请,宁平董事长一行来到该企业的东京总部进行考察。宁平提议,通过湖外跨境电商专业等人才资源,帮助企业建立依托于校园的跨境电商及网上营销平台。"扩大企业海外销售规模和市场份额,将公司质优价廉的产品更多地推向普通老百姓,实现企业、社会价值效益双丰收。"冈孝行社长十分赞同宁平的这一提议,表示将尽快来到湖外进行实地考察,希望能够充分利用学校的丰富资源,把握好合作机会,实现互利共赢。

3月22日,国际教育学院西班牙语专业全体同学和任课教师与西班牙萨拉戈萨大学副校长弗朗西斯科、国际教育学院院长文森特举办线上见面会,学校董事、校长助理兼国际教育学院常务副院长高嘉庆,国际交流合作处副处长张梦婷,西方语言学院院长助理李寅参加了此次见面会。弗朗西斯科对湖外学生将在2023年前往西班牙学习表示欢迎,期待同学们到萨拉戈萨大学学习交流,体验纯正的西班牙语及当地文化。

3月23日,应日本旭东压铸株式会社三森一男会长的邀请,宁平董事长一行来到宁波宁海,对宁波旭东新盛汽配有限公司进行考察。这是一家由日本旭东压铸株式会社在宁海投资的企业。日本旭东压铸株式会社经历了80多年的发展历程,积累了丰富的压铸经验,在日本压铸界享有盛名。宁平在与三森一男的交流中,赞扬日本企业的精细管理模式,未来希望在校企合作中多层次、多渠道进行交流。同时,宁平邀请三森一男来湖外参观。三森一男欣然接受邀请,并表示自己的老家是宛如世外桃源的日本神奈川县小田原冰见市,希望能够推动自己的家乡与宁平的家乡浏阳市结为友好城市。

3月27日,加拿大国际关系研究所(Canadian International Relationships Institute)董事长陆荣一行来校访问并签订合作协议,湖外董事长宁平、副董事长宁翔会见了贵宾。陆荣就双方共同开设国际高中、赴加拿大开办国际学校等多项事宜达成共识并签订合作协议。

3月,美国韦恩州立大学国际合作副校长、全球化研究教授修华静博士来校访问。副董事长宁翔、董事兼校长助理高嘉庆会见了修华静。双方就"2+2"本科联合培养项目、教师的访学、学生的交换等多项合作达成共识并签订合作协议,致力于为学生的海外深造创造更为便捷、优质的升学通道。修华静还在我校举办《中美教育对比与思考》专题讲座,来自西方语言学院和涉外经管学院的300余名学生参加。

3月,湖南省中非经贸合作促进研究会执行会长兼秘书长彭争一行莅临我校并为湖外成为湖南省中非经贸合作促进研究会副会长单位进行授牌。彭争一行首先参观了我校法语专业实训中心、葡萄牙文化研究交流中心、国际友谊林等教学生活场所,随后在科技孵化楼举办授牌仪式。彭争传达了中非经贸博览会今后的工作计划,希望湖外能积极参与:一是计划在3至5个非洲国家建立中非经贸合作示范区境外试验区;二是计划建立非洲农产品进口绿色通道以及中非名优农产品采销中心;三是计划在"5+7"非洲重点国建立联动工作机制;四是计划为中非经贸博览会建立境外工作组。

5月9日,宁翔副董事长会见哥伦比亚驻华大使塞尔希奥·卡夫雷拉一行。会谈中,双方就高等教育合作、人才培养等相关事项展开务实交流,并就共同开展湖外哥伦比亚文化周活动、西班牙语国家交流活动等达成一致意向。

5月16日至18日,应宁平董事长邀请,日本旭东压铸株式会社三森一男会长来我校访问。三森一男对湖外校园的规划设计赞叹不已,表示应该让更多的日本企业来中国实地走访考察,促进双方经济、贸易及教育领域的合作交流。宁平还陪同三森一男参观考察了我校浏阳校区。

5月19日,由中华人民共和国商务部主办,中央财经大学培训学院承办的援外项目"发展中国家财务管理与零基预算技术研修班"全体学员来校学习考察。本期研修班的学员来自尼泊尔、柬埔寨、几内亚、加纳、尼日利亚、乌干达和乌兹别克斯坦7个国家,分别为各国的财政官员和经济专家。学校副董事长宁翔、执行校长肖建安、董事兼校长助理高嘉庆、西方语言学院院长刘金明、国际交流合作处副处长张梦婷陪同考察。考察期间,除了组织学员深入校园参观走访之外,还在图书馆505多功能教室安排了座谈交流活动。

6月6日,副董事长宁翔一行到访安哥拉驻广州总领事馆,拜会总领事朱迪特。朱迪特对湖外校友长期以来在安哥拉经济建设与发展方面作出的贡献表示感谢。她说,未来将帮助更多安哥拉籍的学生来到中国、来到湖外学习和生活,以增进两国青年间的了解与合作。朱迪特表示成立"中国葡萄牙语职业教育联盟"对安哥拉具有重大意义,她愿意为湖外邀请安哥拉高校加入联盟,并将合作相关事宜上报给安哥拉教育部。安哥拉驻广州总领事馆副领事李维、总领事秘书娜西莎、总领事助理司徒颖兰，我校董事兼校长助理高嘉庆、国际交流合作处副处长张梦婷、西方语言学院葡萄牙语专业负责人雷思蒙参加座谈。

6月6日，副董事长宁翔一行到访葡萄牙驻广州总领事馆，受到总领事安娜的热情接待。一直以来，安娜积极推动长沙与葡萄牙第三大城市布拉加（Braga）结为友好城市，同时为湖外与葡萄牙大学及葡语国家驻广州总领事馆牵线搭桥。她希望湖外通过此次来访与布拉加的米尼奥大学建立校际合作关系，共同搭建中葡两国青年文化交流与沟通的友好平台。葡萄牙驻广州总领事馆商务副领事马里奥、官员弗雷德里克，我校董事兼校长助理高嘉庆、国际交流合作处副处长张梦婷、西方语言学院葡萄牙语专业负责人雷思蒙参加座谈。

6月7日，副董事长宁翔、董事兼校长助理高嘉庆、国际交流合作处副处长张梦婷一行到访哥伦比亚驻广州总领事馆，与总领事赫尔南进行友好交流。希望通过总领馆的穿针引线，推动湖外与哥伦比亚在高等教育、文化交流领域的合作。

6月7日，董事、校长助理兼国际交流合作处处长高嘉庆拜访智利驻广州总领事西泽。西泽表示，将与智利外交部和教育部提议，为湖外提供更多教育资源。双方还就留学生互换、合作办学、西班牙语专业共建等事宜交换了意见。

6月9日，副董事长宁翔一行应邀出席葡萄牙驻广州总领事馆举办的国庆招待会。葡萄牙驻广州总领事安娜在致辞中特别提到，葡萄牙驻广州总领事馆与湖南外国语职业学院共同成立了"葡萄牙文化研究交流中心"，该中心旨在提高葡语教学水平、加深中国学生对葡萄牙的了解，为国际关系领域研究作出积极贡献。宁翔表示，湖外正充分挖掘自身优势，积极探索高水平国际化办学模式，不断提升创新力和服务水平。他邀请总领事与葡萄牙商界和企业家代表有机会来湖外参访，实现多领域的交流合作。

6月，宁翔副董事长一行到访加拿大驻广州总领事馆开展交流，受到副领事罗珊妮的热情接待。罗珊妮对宁翔关于加强中加青年友好往来的提议表示赞许，总领事馆将为湖外积极联络法语区学校，促进中外合作办学项目走实走深，并期待早日结出合作硕果。加拿大驻广州总领事馆商务专员李廷睿，我校董事兼校长助理高嘉庆、国际交流合作处副处长张梦婷参加会谈。

7月13日，职业院校非通用语种国际化建设研讨会暨葡萄牙语职业教育产教联盟成立大会在学校隆重举行。安哥拉中国总商会、湖南总商会分别与葡语职教产教联盟现场签订战略合作协议，共同探索人才培养和产教融合新模式。至此，全国葡语职教产教联盟秘书处正式落户湖外。成立后的全国葡语职教产教联盟将积极发挥引领作用，做好"政行企校"教育共同体建设的先行实践，携手中国与葡语国家高校共享优质资源，助推葡语专业人才发展。安哥拉驻广州总领事朱蒂特·科斯塔、副领事利瓦伊·冈扎，莫桑比克驻华使馆政治和商务参赞若昂·希林达，葡萄牙布拉干萨理工学院校长奥兰多·罗德里格斯（线上）等外宾，中国教育国际交流协会副秘书长傅博（线上），教育部中外人文交流中心副主任曹叠峰，湖南外国语职业学院名誉校长、教育部职业院校外语类专业教学指导委员会主任委员江波，中国职业技术学会外语教育工作委员会常务副主任、外语教指委副主任委员闫国华，湖南省中非经贸合作促进研究会执行会长彭争，中国职业技术学会外语教育工作委员会秘书长李淑静，安哥拉中国总商会副会长李建军，安哥拉湖南总商会会长郑长华，中外人文交流中心机制工作一处项目主管朱凯，湖南省中非经贸合作促进研究会办公室主任王毅等领导，海南外国语职业学院副校长邓颖颖，海南经贸职业技术学院、成都外国语学院、上海出版印刷高等专科学校、上海工商外国语职业学院相关负责人，以及我校董事会、校务会主要领导共襄盛会。

7月13日，莫桑比克共和国驻华大使馆政治和商务参赞若昂·希林达与我校副董事长宁翔，在国际友谊林共栽一棵桂花树。安哥拉共和国驻广州总领事馆总领事朱蒂特·科斯塔与我校名誉校长江波，在国际友谊林共栽一棵桂花树。

7月，学校副董事长宁翔、董事兼校长助理高嘉庆出访日本，先后访问了帝京平成大学、鹿岛学园高等学校、平安女学院大学、育英馆教育集团。本次出访的目的在于拓展常青藤教育集团旗下湖南外国语职业学院、甯平外国语中等职业学校与日本优质院校合作的实践路径，加速拓宽对外开放通道。

8月，应柬埔寨国防部常务国务秘书、国防部副部长宁帕（Neang Phat）将军邀请，学校董事长宁平率队前往柬埔寨开展人文交流活动，并于8月21日受到宁帕的热情接见。

**（六）校园文化生活**

2月至6月，我校积极响应湖南省教育厅组织开展的"湖南省职业院校楚怡读书行动"，并下发《湖南外国语职业学院楚怡读书行动方案》，号召全校师生争做读书行动的参与者、实践者、推广者。

4月3日，西方语言学院举行升国旗暨"楚怡读书行动"启动仪式，引导师生爱读书、读好书、善读书，争做读书行动的参与者、实践者与推广者。

4月7日，学生工作处联合后勤处开展自然课堂，以茶文化为中心，带学生体验观茶采茶、古法制茶、品茶体验系列活动，师生共同创作"一片叶子"成为"一杯茶"的故事。

4月，学生工作处开展以"干净一张床位，整洁一间寝室，带动整个楼层，影响整个学院"为主题的贯穿全年的寝室文化建设活动。4月10日，在执行校长肖建安教授和校长助理、学工处处长刘文峰的带领下，学生工作处相关人员、各二级学院党总支书记，对各二级学院申报的示范寝室进行全面验收。

4月15日，湖外开展以"同心聚力·共建湖外学工尖兵"为主题的户外团建活动，二级学院书记、辅导员及学生工作处、保卫处共100人参加此次活动。本次团建地点位于望城区千龙湖生态旅游度假区，活动环节包括寻宝、厨王争霸、趣味嘉年华，随机分成6个战队进行比赛。

5月9日，艺术与教育学院实践教学汇报演出在图书馆报告厅举行。汇报演出以"奋进新时代·师生心向党"为主题，师生们同台亮相竞技，为观众献上了一场精彩的视听艺术盛宴。湖南外贸职业学院党委书记唐瑾，湖南外贸职业学院党委委员、宣传部部长叶宏，国家二级导演王若实，著名画家左晋，著名雕塑家宁永昆等重要嘉宾，湖南外国语职业学院董事会、校务会主要领导全程观看演出。

5月19日，由涉外经济管理学院举办的"吟诵中华名著，陶冶书香风韵"系列经典诵读比赛展开决赛，该院全体师生组建的9支参赛队伍将诵读与音乐、舞蹈、表演等艺术形式完美融合、精彩呈现。

5月28日，由学校工会主办的"'师'情画意，宠爱于你"单身交友联谊活动在图书馆自由讲堂拉开帷幕。该活动吸引了来自长沙市公安局、长沙市人民检察院、湖南工商大学、湘江新区统战工作部、湖南粮食集团、湖南省交通勘察设计院等企事业单位的160余名青年参加。

5月29日，在图书馆自由讲堂，一场别具意义的图书捐赠仪式暖心呈现。由各二级学院学生汇集的3 100册爱心图书，经学生资助中心整理，正式赠予校图书馆。此批书籍涵盖科学、文学、法律等多种领域，价值10余万元，由首届"湖外家"图书捐赠活动发起。

5月，由我校学生资助中心主办的第一届"感恩在心·励志前行——湖外家"活动圆满落幕。活动分为"传递爱心火炬·共建美好湖外"捐书活动、"湖外家"手抄报大赛、"湖外我想对你说"视频录制等。

6月1日，学校工会、艺术与教育学院联合举办了一场以"童心荡YOUNG"为主题的教职员工亲子活动。部分教职员工携亲属、子女参加了此次活动。

6月29日，为落实立德树人根本任务，展现我校"五育融合"风采，马克思主义学院"青春向党"主题朗诵比赛在图书馆报告厅举行。经过选拔，最终有23名优秀学子参加本次比赛。马克思主义学院刘凤健院长表示，希望同学们与湖外同行，自觉肩负新时代青年的使命和担当，不断增强"做中国人的志气、骨气、底气"，主动融入学校发展、民族复兴大势之中，以奋斗的青春，逐梦新征程、担当新使命。

6月30日，湖外代表全市民办学校参加长沙市教育局组织的建党102周年"先锋故事会"活动，所展示作品题为《我们支教队的故事》。活动由学校党委牵头，由艺术与教育学院、马克思主义学院、东方语言学院、西方语言学院提供协助。

6月，为帮助学子放松身心、提升生活情趣、促进人际交往，培养积极的心理品质，在董事会的大力支持和学生工作处心理健康教育中心的精心筹划下，一处占地20余亩（13 333多平方米）的"心灵花园"在第一教学楼温馨搭建，开启学校"5·25大学生心理健康月"活动的序幕。

8月6日，我校2001级大23班校友重聚母校，再叙情谊。校友们从浏阳外国语专修学院原址出发，再到如今的湖外浏阳校区。依次走过体艺馆、教学楼、星光大道、宿舍楼、食堂、篮球场和图书馆。之后，在浏阳校区202会议室举办大23班校友返校师生座谈会。董事、校长助理高嘉庆，董事会办公室副主任肖婷到场参加座谈。

**（七）社会服务**

1月17日，湖南外国语职业学院工会、董事会采购中心、后勤资产处等部门党员代表，与望城区丁字湾街道兴城社区联合开展走访慰问街道贫困户活动。

2月17日，学校在图书馆门口举行"为叙利亚地震爱心捐赠物资发车仪式"。学校董事长宁平，副董事长宁翔，董事、校长助理兼国际交流合作处处长高嘉庆，董事长助理兼董事会办公室主任樊静，东方语言学院院长马亚琴、副书记王梓霖、院长助理王晓丹，国际交流合作处副处长张梦婷，叙利亚籍外教艾哈迈德，以及教师代表、全体阿拉伯语专业学生和志愿者参加了此次仪式。

6月29日至7月2日，第三届中非经贸博览会在长沙举行。本次博览会的学生志愿者汇聚了从8所高等院校遴选出来的精英团队。湖外此次派出164名学生服务中非经贸博览会，其中62名通过组委会选拔，于长沙国际会展中心主会场的关键岗位提供志愿服务。学生专业涉及阿拉伯语、葡萄牙语、英语、法语、西班牙语5个语种。同时，学校选派了15名优秀教师组成教师志愿者队伍。其中，法语教师乔兰婷、吴方宇、薛松，葡萄牙语教师张婉婉分别负责刚果（布）、刚果（金）、多哥、厄立特里亚、佛得角等国代表团的接待服务工作；英语教师李雅晴、林雅萍、罗雨、陶陶、袁芝妹、曾婷负责雨花区高桥分会场来访嘉宾的随行翻译工作；国际交流处李靓、校办公室孙佳颖、西方语言学院辅导员刘娜、法语教师薛瑶负责中非经贸示范园展区和国家馆的中外文讲解工作。据志愿者培训组负责人介绍，鉴于我校师生志愿者在前两届博览会中的出色表现和良好口碑，湖外作为本届博览会中的唯一高职院校深度参与了高规格的开幕式和晚宴环节。值得一提的是，由西方语言学院副院长谢莉领衔的湖南省"楚怡"中非语言服务名师工作室，为学生志愿者提供了专业的语言培训指导。

7月3日，由中国侨联主办，湖南省侨联指导，长沙市侨联、湖南省宋旦汉字艺术博物馆承办的2023年"中国寻根之旅"夏令营湖南（长沙）营正式开营。来自德国、西班牙、葡萄牙和加拿大的40余名华裔青少年和领队，以及来自长沙本地学校的16名文化传播小使者，共同开启为期10天的"寻根之旅"。西方语言学院西班牙语专业的唐瑜芩、尹璐莎同学，德语专业的虞雅赐、许晨同学作为优秀志愿者参加了本次夏令营活动。在今年创新推出的"一个字让你爱上中国"主题活动中，湖外志愿者以流利的西班牙语、德语，向海外青少年华侨讲述中国故事，传播中国文化，让营员们从汉字变迁中充分感受中华优秀传统文化的灿烂辉煌。

7月10日，我校信息技术与工程学院的党员教师们深入湘西，对该院的3名困难学生进行走访慰问。这些学生分别是原建档立卡户代表、助学金学生代表和父母长期在外的留守学生代表。家庭住址分别在怀化市溆浦县、辰溪县，湘西土家族苗族自治州的永顺县，均属于国家扶贫攻坚的重点区域"武陵山片区"。

7月中旬，共青团湖南外国语职业学院委员会与马克思主义学院联合组建"语梦同行"青年志愿者服务团队，深入湖南省怀化市通道侗族自治县，大力开展"推普"助力乡村振兴暑期"三下乡"实践活动。此次活动的开展是为了加大国家通用语言文字推广力度，助力乡村振兴战略实施。

8月16日，学校采购了一批爱心物资驰援因强台风"杜苏芮"影响，连日来遭受严重洪水灾害的河北省廊坊市文安县。本次捐赠与湖南省红十字会合作，对接灾区急需的物品清单。

**（八）主要荣誉成果**

*学校荣誉*

3月20日，2023年"金平果"中国高职院校竞争力排行榜1 000强隆重揭晓，湖外名列全国高职高专院校语言类型排行榜第三名。本次榜单根据中共中央国务院关于《深化新时代教育评价改革总体方案》的要求，重构了"政治标准、业务标准、效益标准"三结合的教育评价体系，突出"双高"建设背景，坚持质量第一、效益优先和中国特色为重的评价标准，响应教育部破"五唯"的精神，从学校、地区、类型、专业大类、专业类、专业和专业群等12个不同维度进行评价。

3月，学校获湖南省语言文字工作者协会颁发的"2022年度语言文字工作先进理事单位"称号。

3月，学校获湖南省民办教育协会颁发的"湖南省民办教育协会规范办学争先创优活动先进单位"。

3月，学校获湖南省民办教育协会颁发的"湖南省民办教育协会民办教育宣传工作先进单位"。

*学生获奖*

2月，在"首届人民中国杯日语国际写作大赛（高职高专组）"中，东方语言学院王平平同学获一等奖、谭紫艺同学获二等奖。

3月，湖南省教育厅、湖南省人力资源和社会保障厅主办的2023年度湖南省"楚怡杯"职业院校技能竞赛英语口语赛项成功落下帷幕。来自湖南省60多所院校的31名英语专业组选手和61名非英语专业组选手同台竞技。我校商务英语专业学生李怡凤获得专业组一等奖第一名，并成功入围国赛选拔赛；法语专业选手朱子鹤获得非专业组二等奖第一名。这是湖外学子继2022年商务英语专业学生彭震斩获全国职业院校技能大赛英语口语赛项三等奖之后，再度入围此项比赛。

3月，在2023年度湖南省"楚怡杯"职业院校技能竞赛高职组Python程序开发赛项中，信息技术与工程学院肖仕蘅同学获二等奖。

3月，在2023年度湖南省"楚怡杯"职业院校技能竞赛高职组健康与社会照护赛项中，医学健康管理学院颜瑕同学获二等奖，医学健康管理学院杨佩同学获三等奖，医学健康管理学院肖美艳同学获三等奖。

3月，艺术与教育学院参赛队获2023年度湖南省"楚怡杯"职业院校技能竞赛高职组建筑装饰技术应用赛项三等奖。

3月，在2023年度湖南省"楚怡杯"职业院校技能竞赛高职组互联网+国际贸易综合技能赛项中，涉外经济管理学院王书亮、王涛、蒋娜、徐欣娟同学获三等奖。

3月，在"湖南省第二届育婴员、保育师职业技能竞赛"中，医学健康管理学院刘子薇同学获二等奖。

4月，在"2022年全国高职院校商务西班牙语微视频大赛"中，西方语言学院王婷、叶紫琴、李婉玲同学获二等奖，文晶莹、刘恒谦、文一舒、杨洁、唐婷婷同学获三等奖。

4月，在"第十四届蓝桥杯全国软件和信息技术专业人才大赛"湖南赛区C/C++程序设计大学B组的角逐中，信息技术与工程学院李波同学获二等奖。

5月，在"第二届数字贸易技能大赛（跨境电商项目）"中，涉外经济管理学院吴道民、刘健、付智翔、邱晶晶、杨明贵同学获二等奖，王丽菲、李佳丽、徐芷晴等同学获二等奖，李丽源、邹诗菊、周晴同学获三等奖，杨培源、彭丽娜等同学获三等奖。

6月，在2023年度湖南省"楚怡杯"职业院校技能竞赛高职组声乐、器乐表演赛项中，艺术与教育学院郭品汐、杨宇琦、欧阳叶芝同学获三等奖，伍婧雯、潘柄琦、方梓同学获三等奖。

6月，在"2023年全国大学生英语竞赛"中，西方语言学院湛雅棋等4名同学获一等奖，钟颖等21名同学获二等奖，黄锭雨等36名同学获三等奖。

6月，在第三届"外教社·词达人杯"全国大学生英语词汇能力大赛国赛中，西方语言学院湛雅棋、罗斌同学均获二等奖。

7月15日，2023年全国职业院校技能大赛高职组英语口语赛项在江西落下帷幕。经过3天的激烈角逐，湖外商务英语专业师生彭翊、李怡凤组成的参赛队伍以全场排名第七的成绩斩获"英语专业组"全国二等奖。这是继2022年湖外商务英语专业师生谢莉、彭震参加此项赛事获得全国三等奖后，湖南省参赛代表队在国赛比拼中获得的又一大突破性进展。

8月，第十一届未来设计师·全国高校数字艺术设计大赛（NCDA）落下帷幕。艺术与教育学院参赛学生获得湖南省一等奖2项，得奖作品为肖佳慧、卢晋新、何文杰同学的参赛作品《长涧舍》和田文逸、蒋伊凡、李佳琪同学的参赛作品《南昌民宿改造设计——星空民宿》。同时我校学生还获得二等奖3项、三等奖8项。

*教师成果*

1月，由中共长沙市委外事工作委员会办公室主办的2022外国友人看长沙暨"看长沙"短视频比赛评选结果出炉。其中，我校教师获一等奖1名，二等奖2名，三等奖3名。我校阿拉伯语教师艾哈迈德拍摄制作的《我的第二故乡——长沙》获二等奖，日语教师横山明子拍摄制作的《我的长沙生活》获三等奖。

1月，在湖南省高校党组织"对标争先"计划第三批项目评选公示中，我校原英语学院学生党支部获评"全省高校党建工作样板支部"。这是自2021年以来我校开展"双创"建设的重要成果。

2月，曾卉老师获得由湖南省委教育工委颁发的湖南省第三批湖南省高校"党务工作示范岗"荣誉。

5月，湖南省教育厅发布《关于2022年湖南省职业教育"楚怡"行动高水平教师队伍建设项目遴选结果的公示》，谢莉副教授领衔的湖南省"楚怡"中非语言服务名师工作室正式立项，这是学校"双高"建设取得的重大标志性成果。

5月，以周新云、谢莉、梁婷婷作为主编的教材《世纪商务英语——外贸英文函电》成功入选首批"十四五"职业教育国家规划教材名单。

6月，谢莉副教授领衔的"英语语音"课程教学团队被授予"2023年湖南省高校外语课程思政教学团队"称号。

7月12日，在2023年外研社"教学之星"大赛全国半决赛中，西方语言学院吴瑾、文霞武、蒋小玲、谢莉、梁婷婷组成的教师团队荣获高职组特等奖，顺利晋级全国总决赛。

7月，在2023年湖南省"楚怡杯"职业院校教师职业能力竞赛教学能力比赛中，我校西方语言学院团队经现场决赛获二等奖，团队成员有吴瑾、谢莉、高启荣、许敏；涉外经济管理学院团队获三等奖，团队成员有罗岩、赵慧敏、刘芳、胡晨璐。

# 展望

 ## 湖外未来 30 年发展方向
宁　平

不舍昼夜、上下求索，《湖南外国语职业学院校史（1993—2023）》终于顺利出版，通过文献翻阅、资料整合、口述调研、考察审校，形成了一部凝聚了全体湖外人价值认同和集体记忆的史料合集与经验概述。这部校史较为翔实地展现了湖外事业肇基的艰辛探索、强本固基的风雨兼程、改革创新的跨越发展。通读之后，不禁心情澎湃，浮想连翩。

### 多方力量的共同培育和推动

湖南外国语职业学院自建校以来，一直坚持科学办学、民主办学。经过 30 年的逐日沉淀与深度积累，湖外已经基本完成第一个创业阶段的任务：在长沙、浏阳两地都拥有了属于自己的校园；设有 8 个二级学院，开办了 36 个专业；现有教职员工 700 余人，学生 15 000 余人；形成了以商务外语为主体，涉外商贸服务、涉外护理康养为两翼，现代信息技术、教育与艺术协调发展的"一体两翼多轮驱动"的五大专业群布局。同时，湖外为社会发展培养了数万名有外语特长的应用技能型人才。据不完全统计，我校外语外贸类毕业生 45% 以上就业于本省的外贸或跨境电商企业。以浏阳烟花出口企业外贸人才为例，我校毕业生占比高达 80% 以上，为"湘企出海""湘品出境"作出了卓越贡献。

湖外所取得的全部成就，受益于长期关心和支持民办教育事业发展的领导、同仁。原全国人大常委、中华人民共和国教育部常务副部长柳斌，全国老区建设促进会会长宋勤、黄德生夫妇，原湖南省人大常委会副主任刘玉娥，原湖南省纪委书记许云昭，原湖南省人大常委会副主任唐之享、王柯敏，原湖南省政协副主席谭仲池，中国教育国际交流协会原秘书长江波、王永利，北京外国语大学原校长陈乃芳、原副校长闫国华；历届湖南省教育厅领导：陈白玉、张放平、蒋忠昌、朱俊杰、陈光亮（已故）、杨定忠、李红、申纪云、周德义、符华兴、贺安溪、彭四龙等；历届长沙市委、市政府及各职能部门领导：欧代明、熊小强、张伟玦、陈中、刘明理、李科明、赵建强、郑耀频、彭新、周庆宪等；历届浏阳市委、市政府及各职能部门，历届望城区委、区政府及各职能部门，历届丁字湾街道党工委领导：吕兴胜、谭先仁、易武兴、钟经贤、范焱斌、王建林、胡正斌、肖长礼、王瓦利、侯井诚、孔矩高、方尉茗、周红旗等。以上各级部门、各位领导，都在湖外整个办学过程中给予过信任与支持。同时，还有一直陪伴、帮扶湖外走过坎坷征程的至亲挚友：李庆葵（已故）、汤思英（已故）、潘涤泉（已故）、武立（已故）、贺锡强、程文高、傅胜龙、潘正国、许生铁、章宏远（已故）、李光复、周明立、翟玉斌、宁友连、伍祥杰、宁友生（已故）、宁取生（已故）、宁瑶林、李舟、周爱华、许稳祥、张完英、骆仲华、何昌平、聂卫国、梁伏兴、卢乐林、罗成林、陈辉先（已故）、佘协斌（已故）、张军建、李永国、李远斌、张合平（已故）、肖建安、谢艳梅、王明明、梁锋、张静平、陈伟中、朱盛娥、刘平娥、邓恢光、高迈愉、刘世昌、黄旭、刘国宪、黎光明、彭建平、宁永杰、宁杨锁、宁肖周、宁太奎、宁亚功、宁金彪、李友文、宁海清、宁少可、宁康胜、宁西振、宁勤征、宁松、刘卫东、陈福初、刘辉成、罗成林、邹建国、武卫平、邹祖国、彭秉光、鲁优才、项要武、徐树人、李绍先、张昆明、吉文邦、陈俊雄、黄大玉、李龙、刘兴、谢少芳、熊跃辉、鲁水根、汤桂英夫妇等。还有30年来与湖外风雨同行的全体师生，以及积极参与两个校区建设的企业和材料供应商，共计700多家单位、2 000多名付出辛劳汗水的建筑工人，等等。在此向以上诸位致以崇高的敬意和真诚的感谢。

在新的发展阶段，我们还将继续依靠校内、校外多方力量，重点实现三个转变：一是在建设发展方面由空间规模的拓展，向内涵式发展倾斜；二是总结所积累的办学经验与成果，实现管理上的转型，推进教育治理体系和治理能力现代化；三是面对一系列历史新使命，应实现从被动适应向主动引领的转变。由是，应以"湖外精神"作为永续支撑，最终实现在优化内在治理结构、建设现代大学制度、创新人才培养模式、提升整体教学与科研水平、推进产教深度融合、深化国际交流合作等方面全面提质的"湖外梦想"。同时，为继续履行民办教育扎实推进教育事业发展的历史重任，湖外还需在运营模式、管理体制、教研水平、专业设置、师资建设、培养质量等方面开展更加深刻而严肃的探讨，不断拓展理论和实践的经纬度。

**"双轮驱动"的提出背景、应对形势和承载任务**

建校以来，湖外秉承"专家治校，名师治学"办学理念，坚持借鉴国际先进的教育管理理念，融汇东西方优秀文化成果，不断提亮国际化办学特色。国际交流与合作作为大学的第五功能被提出之后，"积极主动地与世界各地高校和其他机构组织进行教育、学术、文化交流与合作的活动，自觉树立服务国家、贡献世界的使命，通过综合改革探索具有中国特色的发展道路和符合国际标准的现代大学制度"成为高校首要任务。在国家倡导构建人类命运共同体、促进全球治理体系的变革中，大学肩负着尤为重要的责任和使命。"闭门造车"绝不符合大学自身发展的需要，只有持续推进有效的国际交流与合作，置身于国际高等教育的大格局之中，才能真正提升办学水平和办学特色。

学校全面贯彻党的教育方针，遵循现代职业教育发展规律。学校"十四五"发展规划的制定是基于30年办学历程中确定的"职业化、市场化、国际化"发展定位，对国际化办学的行动纲领、路线、指向、原则和内容所勾勒出的基本形态已经初步显现。然而，学校申报职业本科院校的计划被教育部否决后，湖外必须提前启动新一轮重大变革。另外，我国目前的生育率持续走低，人口发展呈现少子化、老龄化、区域人口增减分化的趋势性特征。受此影响，至2030年，我国高等职业院校和低层次、办学缺乏特色、人才供给与产业需求发生严重脱节的本科院校的入学率均有可能出现大幅下降，民办职业院校更是面临生源枯竭、关门停办的危机。

我们必须根据目前已经积累的办学优势、机制优势，以实现可持续发展为目标，以最快的速度，对学校"十四五"发展规划及相关改革举措进行重大调整，提前应对若干年后因生源匮乏带来的巨大挑战，即将大学康养事业、国际化办学模式作为拉动学校未来30年发展的"双轮驱动"。这是乘风帆，也是压舱石。那么，下一个发展阶段，为确保"双轮驱动"的合理配置，务必充分发挥专家、教师的主动性、创造性，促其从僵化、固态的思维模式中彻底解放出来，主动拥抱符合市场经济规律的办学思维方式的变革。

民办院校是改革开放以来，市场经济快速发展的产物，受到市场规律支配。民办院校的经营管理体制、机制极具灵活性，这样的办学优势必须发挥出来。如果我们沿袭此前僵化、固定的办学模式，走所有高校都走的"套路"，将失去许多的发展选项。学校务必将产业发展需求融入专业建设全过程，将社会需求标准融入教育教学全过程，将企业优秀文化融入人才培养全过程，才能真正结合市场的变量性因素和动态化需求，针对专业结构与课程设置部署优化调整机制，形成以专业核心能力和职业核心能力培养为导向的课程体系；务必真正将产教融合、校企合作、创新创业、教学科研等经验凝练、成果产出与社会效益、经济建设进行有机转化，实现彼此托举，营造出更具创新意识与活力的治学环境。

要实现学校内部的思想碰撞，形成百花竞放的图景，还应建设专业项目负责人制，即上下联动的岗位责任制，搭建看得清、跳得起、拿得到的事业发展平台。只有真正将专业链建设在产业链上，校企之间形成长效机制，才能解决目前高校在专业设置、质量标准、课程体系、教学内容与方法、培养目标与模式等方面与市场对人才培养的渐进性需求脱节，教师队伍整体上缺乏行业企业的工作背景和实战经验，以及"双师"特征不明显等问题。校企双方遵循教育规律和人才培养规律，结合国家政策、市场、社会的实际需求，不断强化育人特色与优势，推进教育教学改革形成更多的创新亮点，是教育现代化的重大标识与指向，也是使学校迸发生机、活力与创造力的原动力。

我们应更加重视鼓励和指导教师将专业技能知识、教学科研成果运用于企业、产业、行业的实践中，并置于市场维度中进行锤炼和检视，才能在市场机制对资源实现优化配置的过程中产生催化效应；我们将更加重视引进和培育奋发有为、苦干冒险、精于探研的管理团队，以现代企业管理文化孕育影响学生专业技能、职业能力的创新意识和经营能力，促其在职业选择与创业能力提升方面更加富有主见与前瞻性；我们将更加重视"引企入教"，不囿于通过订单班等方式来实现校企共育人才，而是吸纳优质企业参与人才培养过程，让企业成为创新人才培养模式、提升专业建设质量、开发校企合作课程、打造实习实训基地、建设高水平教师队伍、搭建产学研服务平台、完善管理体制机制的研究与实施主体。

## "双轮驱动"为湖外未来 30 年发展配置引擎

### 一、大学康养事业

深受当前市场经济规律和教育发展规律影响的中国民办教育，仍处于发展初级阶段，与现代国际大学模式实现全面接轨尚有很长的路要走，两者之间的罅隙直至生源危机窗口期临近也未必能够弥合，如不及时调整和改革现有的办学方向、思路和模式，留给我们的拓展生存空间的可能性将越来越小。故此，2023 年，运筹了 10 多年的大学康养事业正式启动并迅速进入实施阶段。

为什么将大学康养事业视作"双轮驱动"中的基础性工程？我们基于以下主客观因素进行研判：一是客观因素。2035 年，全国将有超 4 亿人步入 60 岁以上的老年阶段，国家进入重度老龄化社会。"60 后""70 后"的人口都将陆续进入这一行列。这批人对"居家养老"这一传统观念的看法逐渐发生变化，乐于寻找优越、舒适、自由、宜居，且具备完善的医疗保障体系的健康照护中心作为养老依托，以应对子女无力供养照护老人的窘境。二是主观条件。我校涉外护理康养相关专业的人才输出主要面向国内外医院和医疗卫生机构，人才培养的目标在于培育适应岗位群需要，知识、能力、素质综合协调发展的复合型、应用型、创新型高级医护人才。学校不断追加购入全新的教学仪器设备，使得包括基础医学课程、护理专业基础课程、人文外语课程、康复技能课程所用的实验实训设施以及临床护理模拟病房等更加实用化、现代化，确保与国际标准接轨，力图建设成为全国示范性老年健康管理产业基地和社区护理、涉外护理人才培训基地。其中，老年健康管理产业基地将涵盖老年宜居中心、老年康复中心、老年养生中心、老年学习中心、老年文化中心、老年休闲中心等，配套有健康检查、医疗救护、疾病诊治、临终关怀、医学研究等功能齐全的老年医院和老年病研究院，为老年养生、教育、文化、娱乐、医疗、保健等提供一体化服务。

我校的老年健康中心、太阳城项目以建成全国示范性老年健康管理产业基地和社区护理、涉外护理人才培训基地为目标，建成后，将满足 1 万名以上老年人的居住、养生、护理、医疗需要，形成 5 000 人以上的医护人才培训规模。学校现有的师资力量和专业资源强劲的医学健康管理学院将提供人才支撑、学科指导和专业服务，实现专业与行业的无缝对接。这将为全面提升学校内涵建设水平和综合竞争实力形成示范效应，更将成为助推湖南省高等教育事业和长沙区域经济社会发展的重要项目。

**二、国际化办学模式**

湖外不断加强各类外语语种建设，用语言搭建中外教育文化友好交往的平台，至今已获批开设 12 种外国语言专业。这是学校立足学科优势服务国家战略、加强国际传播能力建设、为构建新时代中国对外话语体系提供人才支撑的积极体现。从 12 种外语出发观察中国、诠释中国，就获得了展现中国形象的 12 个不同角度，也获得了讲述中国故事的 12 种途径，为我们用更丰富的视角同世界交流筑牢根基。

湖外在秉承历史使命、服务国家需求的宏图伟业中，始终彰显外语优势和国际化办学特色。师生志愿者在中非经贸博览会、世界园艺博览会、WFF 世界足球论坛等各类大型国际活动中，用专业知识架起中国和世界之间的沟通桥梁，成为中国与世界通联互动鲜活故事的参与者、讲述者和创造者。

如何进一步依托全球语言优势，助推世界范围内中华优秀文化的国际传播？如何以时代为坐标、以未来为参鉴，促进人类文明交流互鉴，助力构建人类命运共同体？湖外必须开拓"文化牵手世界，语言畅通情谊"的教学研究新领域和学科发展新格局，努力成为优秀的语言服务提供者、中国故事讲述者，为推动中外经贸和人文交流合作提供优质的语言公共产品和涉外服务产品。

我们必须把握住职业教育高质量对外开放的时代境遇，培养具备国际视野、通晓国际规则、具有较强跨文化交流能力和成长力的高素质人才。在国际化办学中要牢牢把握正确的政治方向和育人导向，既要扎根于中华优秀传统文化，又要具有广博的国际视野，博取古今中外文明精华，着力构建国际化与本土化高度融合的、跨中西文化的办学运行体系。这就要求我们必须在专业结构优化、高水平外籍专家引进、办学层次提升和国际教学科研合作等方面进行先行实验和综合改革，推进国际化办学新格局的形成。

学校投资主体常青藤教育集团，近期考虑优先在欧美发达国家、地区创设一所国际本科院校，采取4年专本连读、5年专本硕连读等模式，实现湖外专科、国外本科学历教育之间的师资共享、学分互认与学制贯通。学校以实现人类文明成果共建共享为愿景，希望建立覆盖学生各个学习阶段、融摄中西方优秀教育成果的多元教育体系和文化传播体系，让学生一站式实现学历文凭提升，获得走向国际职场的通道和平台。

为全方位提升学校治理能力和水平，我们还可借助国际化合作模式，谦虚谨慎地将先进的欧美经营管理体系、精细化的日本照护管理体系与人文关怀管理体系，融入我校大学康养事业的建设。为让老年健康中心项目成为多元文化教育体系成果的重要推手和应用平台，学校将着力将其塑造成高起点、高标准、高规格的，领先于国内外大学康养基地的优质范本。同时，学校将加大对在全国建设大学康养基地的可行性研究，力图实现在全国范围内的复制和推广。最终实现湖外在职业教育、国际教育、终身教育等领域的齐头并进和优势跨越。

我们在湖外建校的第一个30年，坚持中国特色社会主义办学方向，全面贯彻党和国家教育方针，以立德树人为根本任务，主动承接国家外向型经济发展需求，培养具有"人文素养＋职业素养，语言技能＋专业技能，学历证书＋职业技能等级证书"的实用型和外向型复合人才。跨入下一个30年之际，我们还需为学校总体发展安装"双轮驱动"，在总结30年阶段性成果的基础上，陆续启动老年健康中心、太阳城的建设，不断推动国际化办学理念的更新和相关制度建设，这是适应社会发展变革，同时审慎研判在各个方面业已具备的成熟条件而采取的重大举措。学校多次在重要会议与文件中，要求全校上下务必强化对学校办学思路转型的理解，加大投入学习新知识的精力与时间，用改革的思想推动各项工作的迭代升级，通过服务对外战略、搭建合作平台、广开交流渠道、聚焦学科发展，来规划、实施、推动高水平教育对外开放相关改革举措落地见效，确保发展动能频增，弦歌不辍。

立足于发展新纪元的湖外，正抖落肩上陈旧的灰印，不断开创教育对外开放新局面，奋力谱写国际化办学新篇章，以"双轮驱动"助力学校建设，在服务人类命运共同体的构建中展现新作为，在高质量发展道路上驰而不息，向着建设依法治校、质量立校、创新铸校、特色兴校、人才强校的高水平外国语大学的目标奋进。

#  编后记

在湖南外国语职业学院建校30周年之际,《湖南外国语职业学院校史（1993—2023）》正式出版问世。在研判湖外极具个性特征的发展历程后，本书将主体材料划分为蓬勃拔节的浏阳办学蕴力蓄势期（1993～2005）、艰苦卓绝的新校区筹建期（2006～2018）和革故鼎新的望城校区战略转型期（2019～2023）三个时期。在此基础之上，本书以编年的形式，按照时间正序进行史实解读与阐发。

本书以"实事求是"作为编纂工作总原则，以"留史、存影、资政、育人、研究、交流"为宗旨，以"真实不妄"的态度带领读者展开湖外建设与发展的历史图卷。本书采取的主要研究方法为文献调查法，即翻阅调查地方志、历年工作总结、各项评估与汇报材料、新闻宣传报道资料、会议纪要等重要内容，以及实地考察法，比如采访历史亲历者、走访校舍、调研珍贵物件等。为正本清源，编委会将收集到的资料悉数进行对照与剖析，去伪存真，求大同、存小异，力求展现脉络可辨的翔实图谱。此之谓"删繁就简三秋树，领异标新二月花"。

本书通过图文信息，将湖南外国语职业学院建校30年以来的风貌变迁与浑穆气象勾画出较为清晰的轮廓，融会时序的迁流、节物的变换、人事的离合升沉等方面，贯串忽翕忽张、参差错综，时而激奋雄快，时而深远宕逸的情绪基调，将学校显性与隐性的育人资源高度聚集。同时，本书正确总结、客观对待办学正反两方面的经验，探索民办高职院校办学规律与外语高等教育教学规律，旨在助力学校在新的历史起点上的科学发展。

校史编撰过程经历了三个阶段：

第一阶段，形成初稿。学校董事会和党委行政领导高度重视校史编纂工作。2023年2月，学校董事长宁平选定校史编纂主笔人员。2023年3月21日，按照校务会决定，学校董事兼校长助理高嘉庆主持召开校史编纂工作第一次会议，成立了以宁平、丁蕾为主编，以高嘉庆、付兴华为副主编，以董事会、校务会主要领导为顾问，以各

职能部门、各二级学院主要领导、教师为编写组成员的校史编纂委员会，会议明确编委会成员的职责和分工，制订了校史编写提纲及实施方案。编委会围绕校史编纂工作先后召开了6次会议，重点检查编写工作进度，研究决定编写工作中的重大问题。

参与校史初稿编写工作的有：丁蕾（第一章、第二章、第三章）和陈广勤（第一章）。编委会成员对第一章、第二章、第三章的主要内容进行了补充。肖建安校长对初稿及时提出了宝贵建议，使得校史在结构上更趋合理，在质量上更有保证。

第二阶段，撰写修改稿。校史初稿形成后，编委会分别召开各单位主要负责人专题座谈会，广泛听取和搜集建议意见。宁平就《展望》章节进行撰写；丁蕾负责校史大事记的再次统稿与梳理，《前言》章节的撰写以及对全部章节进行结构上的排布与内容上的提炼；各职能部门、各二级学院负责人承担校史附录资料的搜集、统筹、核对工作；档案室刘星杏老师、党政办赵雯珊老师负责对图片集、附录材料进行搜集和整理。

第三阶段，完成送审稿。在全校范围内进一步征求校史编委会成员及各单位主要负责人的意见与建议，送请宁平最终审定。根据予以采纳的意见与建议，编委会进一步对校史进行补充和深入加工。2023年8月，完成送审稿并交付同济大学出版社正式出版。在这一阶段，丁蕾负责主体材料、附录材料的校对及文字打磨；高嘉庆负责相关事务的统筹和协调工作；付兴华负责入册图片的遴选与审核工作；各部门主要负责人负责附录材料和重要信息的增补工作。

在本书编写过程中，一些关心湖外发展的国家、省、市级领导提出了中肯的意见与建议；学校各职能部门、各二级学院提供了重要的文件和档案资料；全校各单位及师生给予大力支持；宁平董事长、宁翔副董事长始终给予关键而有力的指导，解决编写过程中的具体困难和问题；宁平董事长亲自承担全书的主审工作，最终形成送审稿。在此，一并表示衷心感谢！

湖南外国语职业学院30年艰苦创建和跨越发展的辉煌历程，是几代湖外人呕心沥血，用从事高等教育建设发展的亲身经历和实践谱写而成的。由于时间跨度大，本书对某些历史问题、相关人物与事件的评价，尚需历史的检验。学校五迁校址，某些时期的资料因人员流动频繁，缺失极其严重，大量历史空缺难以填补，甚至出现一个事实有多种说法和数套数据的情况。譬如，2008年之前的资料内容缺失较多，故难以对年度大事记进行详细阐述和板块划分。另外，由于本书编写准备周期短促，对材料的搜集、挖掘、溯源工作的完成度仍不够理想，疏漏在所难免；且由于我们是首次修史，编写水平有限，必然有未尽人意之处。恳请广大领导、同事、校友和读者批评指正，留待再版时予以修订补充。

《湖南外国语职业学院校史（1993—2023）》编纂委员会

2023年8月